निबन्ध

परम्परा का मूल्यांकन

परम्परा का मूल्यांकन

रामविलास शर्मा

राजकमल प्रकाशन

ISBN : 978-81-267-0442-2

मूल्य : ₹ 895

पहला संस्करण : 1981
आठवाँ संस्करण : 2025

प्रकाशक : राजकमल प्रकाशन प्रा.लि.
1-बी, नेताजी सुभाष मार्ग, दरियागंज
नई दिल्ली-110 002
शाखाएँ : अशोक राजपथ, साइंस कॉलेज के सामने, पटना-800 006
पहली मंजिल, दरबारी बिल्डिंग, महात्मा गांधी मार्ग, प्रयागराज-211 001
1, अनमोल सोराबजी सन्तुक लेन, धोबी तलाव, मरीन लाइंस, मुम्बई-400 002
वेबसाइट : www.rajkamalprakashan.com
ई-मेल : info@rajkamalprakashan.com

मुद्रक : बी.के. ऑफसेट
नवीन शाहदरा, दिल्ली-110 032

PARAMPARA KA MULYANKAN
Essay by Dr. Ram Bilas Sharma

परम्परा का मूल्यांकन

क्रम

भूमिका

इस पुस्तक का विषय पहले निबन्ध से स्पष्ट हो जाएगा। साहित्य की परम्परा के मूल्यांकन की समस्या आलोचना की महत्त्वपूर्ण समस्या है। मार्क्सवादी आलोचना के लिए वह विशेष रूप से महत्त्वपूर्ण है। मार्क्स ने साम्यवाद के लिए कहा था कि वह ऐसा मानवतावाद है जो व्यक्तिगत सम्पत्ति के खात्मे से प्राप्त होता है। अपनी इस उक्ति से वह पुराने मानवतावाद और साम्यवाद का अन्तर बतलाते हैं। पुराना मानवतावाद उस व्यक्तिगत सम्पत्ति से अपने को सदा अलग नहीं रख पाता जिसके बल पर सम्पत्तिशाली वर्ग दूसरों का श्रमफल हथिया लेते हैं। किन्तु यदि पहले भी ऐसे साहित्यकार हुए हों जिनके पास व्यक्तिगत सम्पत्ति न रही हो तो उनका मानवतावाद मार्क्स के साम्यवाद के और भी निकट होगा। तुलसीदास कह गए हैं : 'लोक को न डर परलोक को न सोच देव सेवा न सहाय गर्व धाम को न धन को।' धाम और धन है ही नहीं, इनका गर्व कैसे होगा?

साम्यवादी संस्कृति समस्त मानव संस्कृति का अगला विकास है। यह विकास तभी सम्भव होगा जब इस संस्कृति का ज्ञान होगा। मानव संस्कृति का अर्थ है विभिन्न देशों की संस्कृति। इन देशों में भारत का स्थान महत्त्वपूर्ण है। भारतीय संस्कृति का सही ज्ञान तभी सम्भव है जब विश्व संस्कृति का भी थोड़ा बहुत ज्ञान हो। भारत में अनेक प्रदेश हैं। इन प्रदेशों की अलग-अलग भाषाएँ हैं। इन भाषाओं में रचा हुआ उनका अपना-अपना साहित्य है। हिन्दी साहित्य का महत्त्व समझने के लिए इन प्रादेशिक भाषाओं के साहित्य का थोड़ा-बहुत ज्ञान आवश्यक है। भारतीय साहित्य की सामान्य प्रवृत्तियों का विवेचन मेरी अन्य पुस्तक 'भारतीय साहित्य का इतिहास' में मिलेगा। (सम्भवत: यह पुस्तक अगले वर्ष प्रकशित हो जाएगी।) प्रस्तुत पुस्तक का सम्बन्ध हिन्दी प्रदेश

के साहित्य से है। इस साहित्य का मूल्यांकन करते हुए जो अनेक निबन्ध मैंने समय-समय पर लिखे थे, वे यहाँ संकलित हैं। पहले दो निबन्ध इस पुस्तक में पहली बार प्रकाशित हो रहे हैं। अन्य निबन्ध मेरे उन संग्रहों में आ चुके हैं जो बहुत दिनों से अप्राप्य हैं। प्रेमचन्द वाले निबन्ध की सामग्री 1941 में प्रकाशित प्रेमचन्द पर मेरी पहली पुस्तक से ली गई है। भाषा और साहित्य की परम्पराओं को अलग नहीं किया जा सकता। पुस्तक के कुछ निबन्धों में भाषा और भाषाशास्त्र की परम्परा का विश्लेषण है।

दीर्घ अवधि में लिखे हुए विभिन्न निबन्धों में एक-सा अपरिवर्तित दृष्टिकोण बना रहे, यह सम्भव नहीं है। अनुमान है कि मेरे दृष्टिकोण में कोई मौलिक परिवर्तन इन निबन्धों में न मिलेगा।

13 जनवरी, 1981

—रामविलास शर्मा

1

परम्परा का मूल्यांकन

जो लोग साहित्य में युग-परिवर्तन करना चाहते हैं, जो लकीर के फकीर नहीं हैं, जो रूढ़ियाँ तोड़कर क्रान्तिकारी साहित्य रचना चाहते हैं, उनके लिए साहित्य की परम्परा का ज्ञान सबसे ज्यादा आवश्यक है। जो लोग समाज में बुनियादी परिवर्तन करके वर्गहीन शोषणमुक्त समाज की रचना करना चाहते हैं, वे अपने सिद्धान्तों को ऐतिहासिक भौतिकवाद के नाम से पुकारते हैं। क्या आप कल्पना कर सकते हैं कि इतिहास के ज्ञान के बिना ऐतिहासिक भौतिकवाद का ज्ञान सम्भव है? कम-से-कम ऐतिहासिक भौतिकवाद के संस्थापकों की पुस्तकें पढ़ने से ऐसा नहीं लगता। जो महत्त्व ऐतिहासिक भौतिकवाद के लिए इतिहास का है, वही आलोचना के लिए साहित्य की परम्परा का है। इतिहास के ज्ञान से ही ऐतिहासिक भौतिकवाद का विकास होता है। साहित्य की परम्परा के ज्ञान से ही प्रगतिशील आलोचना का विकास होता है। ऐतिहासिक भौतिकवाद के ज्ञान से समाज में व्यापक परिवर्तन किए जा सकते हैं और नई समाज-व्यवस्था का निर्माण किया जा सकता है। प्रगतिशील आलोचना के ज्ञान से साहित्य की धारा मोड़ी जा सकती है और नये प्रगतिशील साहित्य का निर्माण किया जा सकता है। ऐतिहासिक भौतिकवाद कुछ अमूर्त सिद्धान्तों का संग्रह नहीं है, वह मानव-समाज के इतिहास का मूर्त ज्ञान है। वैसे ही प्रगतिशील आलोचना किन्हीं अमूर्त सिद्धान्तों का संकलन नहीं है, वह साहित्य की परम्परा का मूर्त ज्ञान है। और यह ज्ञान उतना ही विकासमान है जितना साहित्य की परम्परा।

ऐतिहासिक भौतिकवाद के संस्थापकों के अनुसार, जब से सभ्यता का विकास हुआ, व्यक्तिगत सम्पत्ति और वर्गों का अभ्युदय हुआ, तब से सारी संस्कृति, समस्त साहित्य का विकास ऐसी समाज-व्यवस्था में हुआ है, जिसमें सम्पत्ति अधिकांश जनता के शोषण का साधन रही है। सामन्ती व्यवस्था में सामन्ती सम्पत्ति और पूँजीवादी व्यवस्था में पूँजीवादी सम्पत्ति अपने साथ के तमाम आर्थिक सम्बन्धों सहित शोषण-व्यवस्था कायम किए रही है। सभ्य समाज में सदैव सम्पत्तिशाली वर्गों का प्रभुत्व रहा है। अब जिस नये समाज की रचना करनी है, उसमें इस प्रभुत्व

को समाप्त कर दिया जाएगा; जिस नई सभ्यता की रचना करनी है, वह पुरानी सभ्यता से गुणात्मक रूप से भिन्न होगी। तब पुराने इतिहास की जरूरत क्या है? नई सभ्यता को पुरानी सभ्यता की जरूरत क्या है?

नई सभ्यता पुरानी सभ्यता से गुणात्मक रूप से भिन्न होगी, ऐतिहासिक प्रक्रिया का यह एक पक्ष है। दूसरा पक्ष यह है कि वह पुरानी सभ्यता की समस्त उपलब्धियों को आत्मसात् करके आगे बढ़ेगी और इतने बड़े पैमाने पर, राष्ट्रीय और अन्तरराष्ट्रीय स्तर पर, उन्हें अपनाएगी कि वैसा कार्य मानव इतिहास में अभूतपूर्व होगा।

मनुष्य जाति का इतिहास—आदिम गण-समाजों के विघटन के बाद—वर्ग-संघर्ष का इतिहास है। जब-जब शोषित वर्गों ने अपने अधिकारों के लिए, अपनी स्थिति सुधारने के लिए संघर्ष किया, तब-तब उनका यह संघर्ष उनके उत्तराधिकारी नये समाज के विधायकों के लिए महत्त्वपूर्ण रहा है। इसके साथ उन्होंने अपने वर्ग-हितों के अनुकूल अपनी संस्कृति, अपने साहित्य की रचना की है। पर इसके अलावा सभ्यता का इतिहास वर्ग-सहयोग का इतिहास भी है। भले ही यह सहयोग शोषक वर्ग ने लोगों को फुसलाकर, डरा-धमकाकर या दबाकर प्राप्त किया हो, बल-प्रयोग द्वारा उन्हें अपनी आज्ञा मानने पर बाध्य किया हो, पर है वह वर्ग-सहयोग। प्रश्न इच्छा-अनिच्छा का नहीं है, प्रश्न ऐतिहासिक प्रक्रिया के वस्तुगत रूप का है। सैकड़ों पीढ़ियों तक श्रमिक जनता ने जिस सभ्यता का निर्माण किया है, जो उसके श्रम के बिना अस्तित्व ही में न आती, क्या उसके प्रति उसका नकारात्मक रुख अपनाना सही है? अनेक देशों में ऐसा हुआ है कि सामन्ती व्यवस्था खत्म करने के बाद जनता ने राजप्रासादों का उपयोग अपने हित में किया। उसने सामन्ती शोषण का प्रतीक मानकर उन प्रासादों को बारूद से उड़ा नहीं दिया, उसने उनकी पहले से और भी अधिक रक्षा की और पहले की अपेक्षा उनका और भी अच्छा उपयोग किया। तब पुरानी संस्कृति के कौन-से तत्त्व श्रमिक जनता के काम आ सकते हैं, कौन-से तत्त्व उसके लिए हानिकर हैं, इसका निर्धारण आवश्यक होता है।

ऐतिहासिक विकास-क्रम में किसी भी समाज-व्यवस्था के अन्तर्गत सम्पत्तिशाली वर्ग की भूमिका उस व्यवस्था के अभ्युदय काल में वही नहीं होती जो उसके ह्रास काल में होती है। अपने अभ्युदय काल में यह सम्पत्तिशाली वर्ग पुरानी व्यवस्था को बदलता है और सभ्यता के विकास का मार्ग प्रशस्त करता है। अपने ह्रास काल में वह अपना प्रभुत्व कायम रखना चाहता है, सामाजिक परिवर्तन के आड़े आता है, सभ्यता के विकास में बाधक बनता है। दोनों स्थितियों में वह जिस तरह की संस्कृति को प्रश्रय देता है, उसमें बहुत बड़ा अन्तर है।

इसलिए साहित्य की परम्परा का मूल्यांकन करते हुए सबसे पहले हम उस साहित्य का मूल्य निर्धारित करते हैं जो शोषक वर्गों के विरुद्ध श्रमिक जनता के हितों

को प्रतिबिम्बित करता है। इसके साथ हम उस साहित्य पर ध्यान देते हैं जिसकी रचना का आधार शोषित जनता का श्रम है, और यह देखने का प्रयत्न करते हैं कि वह वर्तमान काल में जनता के लिए कहाँ तक उपयोगी है और उसका उपयोग किस तरह हो सकता है। इसके अलावा जो साहित्य सीधे सम्पत्तिशाली वर्गों की देख-रेख में रचा गया है और उनके वर्ग-हितों को प्रतिबिम्बित करता है, उसे भी परखकर देखना चाहिए कि यह अभ्युदयशील वर्ग का साहित्य है या ह्रासमान वर्ग का। यह स्मरण रखना चाहिए कि पुराने समाज में वर्गों की रूपरेखा कभी बहुत स्पष्ट नहीं रही। जहाँ पूँजीवाद का यथेष्ट विकास हो गया है, वहीं यह सम्भावना होती है कि सम्पत्तिशाली और सम्पत्तिहीन वर्ग एक दूसरे के सामने पूरी तरह विरोधी बनकर खड़े हों। पुराने साहित्य में वर्ग-हित साफ-साफ टकराते हुए दिखाई दें, इसकी सम्भावना कम होती है। सभ्यता के अनेक तत्त्वों की तरह साहित्य में भी ऐसे तत्त्व होते हैं जो विरोधी वर्गों के काम में आते हैं। आग जलाकर खाना पकाना मानव सभ्यता का सामान्य तत्त्व बन गया है। कल-कारखानों में भाप और बिजली से चलनेवाली मशीनों का उपयोग समाजवादी व्यवस्था में होता है और पूँजीवादी व्यवस्था में भी। सभ्यता का हर स्तर वर्गबद्ध नहीं होता। इसी तरह साहित्य का हर स्तर सम्पत्तिशाली वर्गों के हितों से बँधा हुआ नहीं रहता। साहित्य की इस व्यापकता को स्वीकार न करना वैसे ही है, जैसे समाजवादी व्यवस्था में बिजली का उपयोग न करना क्योंकि इसका आविष्कार पूँजीवादी समाज में हुआ था और उसका उपयोग भी पूँजीपतियों ने अपने हित में किया था।

साहित्य मनुष्य के सम्पूर्ण जीवन से सम्बद्ध है। आर्थिक जीवन के अलावा मनुष्य एक प्राणी के रूप में भी अपना जीवन बिताता है। साहित्य में उसकी बहुत-सी आदिम भावनाएँ प्रतिफलित होती हैं जो उसे प्राणिमात्र से जोड़ती हैं। इस बात को बार-बार कहने में कोई हानि नहीं है कि साहित्य विचारधारा मात्र नहीं है। उसमें मनुष्य का इन्द्रियबोध, उसकी भावनाएँ, आन्तरिक प्रेरणाएँ भी व्यंजित होती हैं। साहित्य का यह पक्ष अपेक्षाकृत स्थायी होता है।

जिस समय ऐतिहासिक भौतिकवाद की स्थापना हुई, उस समय जीवविज्ञान में विकासवाद का बोलबाला था। यह विकासवाद सही हो चाहे गलत, यह बात सच है कि साहित्य में विकास-प्रक्रिया उसी तरह सम्पन्न नहीं होती, जैसे समाज में। सामाजिक विकास-क्रम में सामन्ती सभ्यता की अपेक्षा पूँजीवादी सभ्यता को अधिक प्रगतिशील कहा जा सकता है और पूँजीवादी सभ्यता के मुकाबले समाजवादी सभ्यता को। पुराने चरखे और करघे के मुकाबले मशीनों के व्यवहार से श्रम की उत्पादकता बहुत बढ़ गई है। पर यह आवश्यक नहीं है कि सामन्ती समाज के कवि की अपेक्षा पूँजीवादी समाज का कवि श्रेष्ठ हो। यह भी सम्भव है कि आधुनिक सभ्यता का विकास कविता के विकास का विरोधी हो और कवि

स्वयं बिकाऊ माल बन रहा हो। व्यवहार में यही देखा जाता है कि 19वीं और 20वीं सदी के कवि—क्या भारत में और क्या यूरोप में—पुराने कवियों को घोटे जा रहे हैं और कहीं उनके आसपास पहुँच जाते हैं तो अपने को धन्य मानते हैं। ये जो तमाम कवि अपने पूर्ववर्ती कवियों की रचनाओं का मनन करते हैं, वे उनका अनुकरण नहीं करते, उनसे सीखते हैं, और स्वयं नई परम्पराओं को जन्म देते हैं। जो साहित्य दूसरों की नकल करके लिखा जाए, वह अधम कोटि का होता है और सांस्कृतिक असमर्थता का सूचक होता है। जो महान् साहित्यकार हैं, उनकी कला की आवृत्ति नहीं हो सकती, यहाँ तक कि एक भाषा से दूसरी भाषा में अनुवाद करने पर उनका कलात्मक सौन्दर्य ज्यों-का-त्यों नहीं बना रहता। औद्योगिक उत्पादन और कलात्मक उत्पादन में यह बहुत बड़ा अन्तर है। अमरीका ने एटम बम बनाया, रूस ने भी बनाया, पर शेक्सपियर के नाटकों जैसी चीज का उत्पादन दुबारा इंग्लैंड में भी नहीं हुआ।

भौतिकवाद दो तरह का है : एक यांत्रिक भौतिकवाद, दूसरा द्वंद्वात्मक भौतिकवाद। यांत्रिक भौतिकवाद की विशेषता यह है कि वह चेतना को आर्थिक सम्बन्धों का प्रतिबिम्ब मात्र मानता है। प्रतिबिम्ब यांत्रिक होता ही है। जब चेतना प्रतिबिम्ब है, तब संस्कृति भी प्रतिबिम्ब है, साहित्य भी प्रतिबिम्ब है। इस स्थिति में पुराना आर्थिक ढाँचा बदलने पर संस्कृति का ताना-बाना भी पूरी तरह बदल जाता है। इस यांत्रिक भौतिकवाद का विकास फ्रांस में हुआ; 19वीं सदी में जब भौतिक विज्ञान का विकास हुआ, तो इस विज्ञान का दार्शनिक दृष्टिकोण इसी यांत्रिक भौतिकवाद से प्रभावित हुआ। इसके विपरीत द्वंद्वात्मक भौतिकवाद मनुष्य की चेतना को आर्थिक सम्बन्धों से प्रभावित मानते हुए उसकी सापेक्ष स्वाधीनता स्वीकार करता है। आर्थिक सम्बन्धों से प्रभावित होना एक बात है, उनके द्वारा चेतना का निर्धारित होना और बात है। भौतिकवाद का अर्थ भाग्यवाद नहीं है। सब कुछ परिस्थितियों द्वारा अनिवार्यत: निर्धारित नहीं हो जाता। यदि मनुष्य परिस्थितियों का नियामक नहीं है तो परिस्थितियाँ भी मनुष्य की नियामक नहीं हैं। दोनों का सम्बन्ध द्वंद्वात्मक है। यही कारण है कि साहित्य सापेक्षरूप में स्वाधीन होता है।

गुलामी अमरीका में थी और गुलामी एथेन्स में थी किन्तु एथेन्स की सभ्यता ने सारे यूरोप को प्रभावित किया और गुलामों के अमरीकी मालिकों ने मानव संस्कृति को कुछ भी नहीं दिया। सामन्तवाद दुनिया-भर में कायम रहा पर इस सामन्ती दुनिया में महान कविता के दो ही केन्द्र थे—भारत और ईरान। पूँजीवादी विकास यूरोप के तमाम देशों में हुआ पर रैफेल, लेओनार्दो दा विंची और माइकेल ऐंजेलो इटली की देन हैं। यहाँ हम एक ओर यह देखते हैं कि विशेष सामाजिक परिस्थितियों में कला का विकास सम्भव होता है, दूसरी ओर हम यह भी देखते

हैं कि समान सामाजिक परिस्थितियाँ होने पर भी कला का समान विकास नहीं होता। यहाँ हम असाधारण प्रतिभाशाली मनुष्यों की अद्वितीय भूमिका भी देखते हैं। जिस तरह औद्योगिक उत्पादन का समाजीकरण पूँजीवादी व्यवस्था में होता है, उस तरह साहित्यिक रचना का समाजीकरण नहीं होता। कारखाने में 1500 मजदूर मिलकर दिन-प्रतिदिन थान के थान कपड़े निकाल सकते हैं। यदि साहित्यकारों को साहित्य-रचना के कारखाने में भर्ती कर दिया जाए, तो हो सकता है कि उनके कुछ दोष दूर हो जाएँ, अथवा वे एक दूसरे से इतना लड़ें कि और किसी काम के लिए उन्हें फुरसत न मिले, पर नियमित रूप से उच्च कोटि के उपन्यास, काव्य, नाटक, पंचवर्षीय योजना के अनुसार, उस कारखाने से निकलते रहेंगे, इसकी सम्भावना जरा कम है। साहित्यकार आपसी सहयोग से लाभ उठाते हैं पर अभी उस तकनीक का पता नहीं लगाया जा सका जिसे लोगों को सिखाकर साहित्य का सामूहिक उत्पादन किया जा सके।

साहित्य के निर्माण में प्रतिभाशाली मनुष्यों की भूमिका निर्णायक है। इसका यह अर्थ नहीं कि ये मनुष्य जो कुछ करते हैं, वह सब अच्छा ही अच्छा होता है, या उनके श्रेष्ठ कृतित्व में दोष नहीं होते। कला का पूर्णत: निर्दोष होना भी एक दोष है। ऐसी कला निर्जीव होती है। इसीलिए प्रतिभाशाली मनुष्यों की अद्वितीय उपलब्धियों के बाद कुछ नया और उल्लेखनीय करने की गुंजाइश बनी रहती है। आजकल व्यक्ति-पूजा की काफी निन्दा की जाती है। किन्तु जो लोग सबसे ज्यादा व्यक्ति-पूजा की निन्दा करते हैं, वे सबसे ज्यादा व्यक्ति-पूजा का प्रचार भी करते हैं। अन्तर इतना है कि ब्रह्मा की जगह उन्होंने विष्णु को बिठा दिया। लेकिन पूजा तो पूजा। ईश्वर अल्ला तेरे नाम, सबको सन्मति दे भगवान। यदि कोई भी साहित्यकार आलोचना से परे नहीं है, तो राजनीतिज्ञ यह दावा और भी नहीं कर सकते, इसलिए कि साहित्य के मूल्य, राजनीतिक मूल्यों की अपेक्षा, अधिक स्थायी हैं। अंग्रेज कवि टेनीसन ने लैटिन कवि वर्जिल पर एक बड़ी अच्छी कविता लिखी थी। इसमें उन्होंने कहा है कि रोमन साम्राज्य का वैभव समाप्त हो गया पर वर्जिल के काव्य-सागर की ध्वनि-तरंगें हमें आज भी सुनाई देती हैं और हृदय को आनन्द-विह्वल कर देती हैं। कह सकते हैं कि जब ब्रिटिश साम्राज्य का कोई नामलेवा और पानीदेवा न रह जाएगा, तब शेक्सपियर, मिल्टन और शेली विश्व-संस्कृति के आकाश में वैसे ही जगमगाते नजर आएँगे, जैसे पहले, और उनका प्रकाश पहले की अपेक्षा करोड़ों नई आँखें देखेंगी।

साहित्य के विकास में प्रतिभाशाली मनुष्यों की तरह, जनसमुदायों और जातियों की विशेष भूमिका होती है। इसे कौन नहीं जानता कि यूरोप के सांस्कृतिक विकास में जो भूमिका प्राचीन यूनानियों की है, वह अन्य किसी जाति की नहीं है। जनसमुदाय जब एक व्यवस्था से दूसरी व्यवस्था में प्रवेश करते हैं, तब उनकी

अस्मिता नष्ट नहीं हो जाती। प्राचीन यूनान अनेक गण-समाजों में बँटा हुआ था। आधुनिक यूनान एक राष्ट्र है। यह आधुनिक यूनान अपनी प्राचीन संस्कृति से अपनी एकात्मकता स्वीकार करता है या नहीं? 19वीं सदी में शेली और बायरन अपनी स्वाधीनता के लिए लड़नेवाले यूनानियों को ऐसी एकात्मकता पहचनवाने में बड़ा परिश्रम किया। भारतीय स्वाधीनता-आन्दोलन के दौरान इस देश ने इसी तरह अपनी एकात्मकता पहचानी। इतिहास का प्रवाह ही ऐसा है कि वह विच्छिन्न है और अविच्छिन्न भी। मानव समाज बदलता है और अपनी पुरानी अस्मिता कायम रखता है। जो तत्त्व मानव समुदाय को एक जाति के रूप में संगठित करते हैं, उनमें इतिहास और सांस्कृतिक परम्परा के आधार पर निर्मित यह अस्मिता का ज्ञान अत्यन्त महत्त्वपूर्ण है। बंगाल विभाजित हुआ और है, किन्तु जब तक पूर्वी और पश्चिमी बंगाल के लोगों को अपनी साहित्यिक परम्परा का ज्ञान रहेगा, तब तक बंगाली जाति सांस्कृतिक रूप से अविभाजित रहेगी। विभाजित बंगाल से विभाजित पंजाब की तुलना कीजिए, तो ज्ञात हो जाएगा कि साहित्य की परम्परा का ज्ञान कहाँ ज्यादा है, कहाँ कम है, और इस न्यूनाधिक ज्ञान के सामाजिक परिणाम क्या होते हैं।

एक भाषा बोलनेवाली जाति की तरह अनेक भाषाएँ बोलनेवाले राष्ट्र की भी अस्मिता होती है। संसार में इस समय अनेक राष्ट्र बहुजातीय हैं, अनेक भाषा-भाषी हैं। जिस समय राष्ट्र के सभी तत्त्वों पर मुसीबत आती है, तब उन्हें अपनी राष्ट्रीय अस्मिता का शान बहुत अच्छी तरह हो जाता है। जिस समय हिटलर ने सोवियत संघ पर आक्रमण किया, उस समय यह राष्ट्रीय अस्मिता जनता के स्वाधीनता-संग्राम की समर्थ प्रेरक शक्ति बनी। सोवियत संघ के लोग हिटलर-विरोधी संग्राम को उचित ही महान् राष्ट्रीय (अथवा देशभक्तिपूर्ण) संग्राम कहते हैं। इस युद्ध के दौरान खास तौर से रूसी जाति ने बार-बार अपनी साहित्य-परम्परा का स्मरण किया। सोवियत समाज ज़ारशाही रूस के समाज से भिन्न है। समाज-व्यवस्था के विचार से इतिहास का प्रवाह विच्छिन्न है, जातीय अस्मिता की दृष्टि से यह प्रवाह अविच्छिन्न है। ज़ारशाही रूस के टॉल्स्टॉय सोवियत समाज में पढ़े जानेवाले लोकप्रिय साहित्यकार हैं, और रूसी जाति की अस्मिता को सुदृढ़ और पुष्ट करनेवाले महान् साहित्यकार हैं। समाजवादी व्यवस्था कायम होने पर जातीय अस्मिता खंडित नहीं होती वरन् और पूर्ण होती है। इसके साथ सोवियत संघ में बहुजातीय राष्ट्रीयता का पुनर्जन्म हुआ है और यह राष्ट्रीयता अब एक सामाजिक शक्ति है, जैसी वह 1917 से पहले नहीं थी। ज़ारशाही रूस में बहुत-सी जातियाँ पराधीन बनाकर रखी गई थीं। उन सब पर रूसी जाति के सामन्त और पूँजीपति शासन करते थे। जैसे और बहुत-से साम्राज्य होते हैं, वैसे ही यह भी एक साम्राज्य था। 1917 की क्रान्ति के बाद रूसी और गैर-रूसी जातियों के

आपसी सम्बन्धों में बहुत बड़ा परिवर्तन हुआ। बहुत-सी जातियाँ सोवियत संघ में शामिल न हुईं, अलग हो गईं। कुछ विलम्ब से, दूसरे महायुद्ध से कुछ ही पहले, अन्य जातियाँ उसमें शामिल हुईं। सोवियत संघ में आज जितनी जातियाँ शामिल हैं, उनका वैसा मिला-जुला राष्ट्रीय इतिहास नहीं है, जैसा भारत की जातियों का है। राष्ट्र के गठन में इतिहास का अविच्छिन्न प्रवाह बहुत बड़ी निर्धारक शक्ति है। यूरोप के लोग यूरोपियन संस्कृति की बात करते हैं। पर यूरोप कभी राष्ट्र नहीं बना। और अब तो पूर्वी यूरोप और पश्चिमी यूरोप, दो यूरोपों का अलग उल्लेख आम बात है। संसार का कोई भी देश, बहुजातीय राष्ट्र की हैसियत से, इतिहास को ध्यान में रखें तो, भारत का मुकाबला नहीं कर सकता। यहाँ राष्ट्रीयता एक जाति द्वारा दूसरी जातियों पर राजनीतिक प्रभुत्व कायम करके स्थापित नहीं हुई। वह मुख्यत: संस्कृति और इतिहास की देन है। इस संस्कृति के निर्माण में इस देश के कवियों का सर्वोच्च स्थान है। इस देश की संस्कृति से 'रामायण' और 'महाभारत' को अलग कर दें, तो भारतीय साहित्य की आन्तरिक एकता टूट जाएगी। किसी भी बहुजातीय राष्ट्र के सामाजिक विकास में कवियों की ऐसी निर्णायक भूमिका नहीं रही, जैसी इस देश में व्यास और वाल्मीकि की है। इसलिए किसी भी देश के लिए साहित्य की परम्परा का मूल्यांकन उतना महत्त्वपूर्ण नहीं है जितना इस देश के लिए है।

यदि समाजवादी व्यवस्था कायम होने पर ज़ारशाही रूस नवीन राष्ट्र के रूप में पुनर्गठित हो सकता है, तो भारत में समाजवादी व्यवस्था कायम होने पर यहाँ की राष्ट्रीय अस्मिता पहले से कितना पुष्ट होगी, इसकी कल्पना की जा सकती है। वास्तव में समाजवाद हमारी राष्ट्रीय आवश्यकता है। पूँजीवादी व्यवस्था में शक्ति का इतना अपव्यय होता है कि उसका कोई हिसाब नहीं है। देश के साधनों का सबसे अच्छा उपयोग समाजवादी व्यवस्था में ही सम्भव है। अनेक छोटे-बड़े राष्ट्र, जो भारत से ज्यादा पिछड़े हुए थे, समाजवादी व्यवस्था कायम करने के बाद पहले की अपेक्षा कहीं ज्यादा शक्तिशाली हो गए हैं, और उनकी प्रगति की रफ्तार किसी भी पूँजीवादी देश के अपेक्षा तेज है। भारत की राष्ट्रीय क्षमता का पूर्ण विकास समाजवादी व्यवस्था में ही सम्भव है।

और साहित्य की परम्परा का पूर्ण ज्ञान समाजवादी व्यवस्था में ही सम्भव है। समाजवादी संस्कृति पुरानी संस्कृति से नाता नहीं तोड़ती, वह उसे आत्मसात् करके आगे बढ़ती है। अभी हमारे देश की निरक्षर निर्धन जनता नये और पुराने साहित्य की महान् उपलब्धियों के ज्ञान से वंचित है। जब वह साक्षर होगी, साहित्य पढ़ने का उसे अवकाश होगा, सुविधा होगी, तब व्यास और वाल्मीकि के करोड़ों नये पाठक होंगे। वे अनुवाद में ही नहीं, उन्हें संस्कृत में भी पढ़ेंगे। और तब इस देश में इतने बड़े पैमाने पर सांस्कृतिक आदान-प्रदान होगा कि सुब्रह्मण्य भारती की कविताएँ

मूलभाषा में उत्तर भारत के लोग पढ़ेंगे और रवीन्द्रनाथ की रचनाएँ मूलभाषा में तमिलनाडु के लोग पढ़ेंगे। यहाँ की विभिन्न भाषाओं में लिखा हुआ साहित्य जातीय सीमाएँ लाँघकर सारे देश की सम्पत्ति बनेगा। जिस भाषा के बोलनेवाले अधिकतर निरक्षर हैं और अपने साहित्यकारों का बहुत-से-बहुत नाम सुनते हैं, वे तो इनकी रचनाएँ पढ़ेंगे ही। और तब अंग्रेजी भाषा प्रभुत्व जमाने की भाषा न होकर वास्तव में ज्ञान-अर्जन की भाषा होगी। और हम केवल अंग्रेजी नहीं, यूरोप की अनेक भाषाओं के साहित्य का अध्ययन करेंगे, और एशिया की भाषाओं के साहित्य से हमारा परिचय गहरा होगा। तब मानव संस्कृति की विशद धारा में भारतीय साहित्य की गौरवशाली परम्परा का नवीन योगदान होगा।

[1975]

2

हिन्दी जाति के सांस्कृतिक इतिहास की रूपरेखा

हिन्दी, बंगला, मराठी, तमिल आदि भाषाएँ बोलनेवाले समुदायों को जाति कहते हैं। प्रत्येक जाति आधुनिक पूँजीवादी आर्थिक सम्बन्धों के विकास का परिणाम है। इससे पहले सामन्ती व्यवस्था में जाति विभिन्न जनपदों में बँटी हुई रहती है, यथा : हिन्दी जाति ब्रज, बुन्देलखंड, अवध, आदि जनपदों में विभाजित रही है। सामन्ती व्यवस्था से पहले ये जनपद स्वयं गण-समाजों में विभाजित रहते हैं, जैसे : भरत, कोसल, मगध, आदि गण। सामाजिक विकास की प्रक्रिया यह है : पहले रक्त-सम्बन्ध पर आधारित, सामूहिक श्रम करनेवाले गण-समाज, फिर गण-समाजों के विघटन के बाद नये श्रम-विभाजन के आधार पर वर्ण-व्यवस्था वाले जनपद, फिर जनपदों के विघटन के बाद आधुनिक—वर्गों में विभाजित समाज वाली—जाति। इसलिए किसी जाति के सांस्कृतिक इतिहास को जानने के लिए गण-समाजों के सांस्कृतिक इतिहास से शुरुआत करनी चाहिए।

यह आवश्यक नहीं है कि आधुनिक काल में जो जाति किसी प्रदेश विशेष में रहती है, उसके गण-समाजों वाले पूर्वपुरुष भी उसी प्रदेश में रहते रहे हों। संयुक्त राज्य अमरीका में रहनेवाली अमरीकी जाति के पूर्वपुरुष अमरीका में न रहते थे। वे लोग ब्रिटेन और आयरलैंड से वहाँ गए थे। इनमें बहुत-से यूरोप के निवासी घुल-मिल गए या घुलने-मिलने की प्रक्रिया में हैं। बहुत-से यहूदी अमरीकी जाति का अंग हैं और उनके पूर्वपुरुष यूरोप नहीं, एशिया के निवासी थे। इनके अतिरिक्त अमरीकी जाति का काफी बड़ा भाग उन कृष्णवर्ण लोगों का है जिनके पूर्वपुरुष अफ्रीका में रहते थे। अमरीकी जाति अनेक महाद्वीपों के अनेक भाषाएँ बोलनेवाले मानव तत्त्वों से बनी है जिनकी भिन्नता और पृथक्ता आज भी अलग से पहचानी जा सकती है। अमरीकी जाति के सांस्कृतिक इतिहास की शृंखला गण-समाजों तक अविच्छिन्न रूप में नहीं पहुँचती। इसलिए प्राचीन संस्कृति से अपना सम्बन्ध जोड़ने, उसका मूल्यांकन करने की समस्या भी अमरीकी जाति के सामने उसी रूप में नहीं आती, जिस रूप में हमारे सामने आती है।

ब्रिटेन-निवासी अंग्रेज जाति मूलत: दो गण-समाजों के मेल से बनी है। ये थे : ऐंगल और सैक्सन, जो पहले जर्मनी में रहते थे। ब्रिटेन में आकर इन्होंने केल्त लोगों से युद्ध किया और यह युद्ध शताब्दियों तक चलता रहा। इन्होंने बलपूर्वक स्कॉटलैंड और वेल्स के केल्त निवासियों की स्वाधीनता का नाश करके, उन्हें अपने अधीन, एक ही राज्य में रहने पर विवश किया। इन्होंने आयरलैंड को अपना उपनिवेश बनाया और उसका उत्तरी भाग अब भी अपने अधिकार में किए हुए हैं। जब तक ब्रिटिश साम्राज्य में सूर्यास्त न होता था, तब तक ब्रिटेन के जातीय अन्तर्विरोध दबे हुए थे। किन्तु अब वहाँ सूर्यास्त होने लगा है, और अंग्रेज विश्व-बाजार के एकमात्र चौधरी नहीं रह गए। ब्रिटेन में एक ओर पूँजीपतियों और मजदूरों के बीच वर्ग-विरोध बढ़ रहा है, दूसरी ओर ब्रिटेन से उसके पुराने पराधीन देशों का अन्तर्विरोध बढ़ रहा है। और इन दोनों के साथ ब्रिटेन की पराधीन जातियाँ अपनी मुक्ति के लिए संघर्ष कर रही हैं। इनमें सबसे आगे है आयरलैंड जहाँ की जनता अपने राष्ट्रीय एकीकरण के लिए प्रयत्नशील है। उसके बाद वेल्स आता है जहाँ की भाषा अंग्रेजी से उतनी ही भिन्न है जितनी हिन्दी से कश्मीरी। उसके बाद स्कॉटलैंड है जहाँ अंग्रेजीकरण की प्रक्रिया अधिक हुई है। वेल्स और स्कॉटलैंड में स्वायत्तता के लिए प्रबल आन्दोलन चल रहा है और कुछ लोग पूर्ण स्वतंत्रता की माँग भी करते हैं। अब यदि ब्रिटिश जाति का सांस्कृतिक इतिहास लिखना हो, तो देखेंगे कि ब्रिटेन या जर्मनी के प्राचीन गण-समाजों से उसका वैसा ही सीधा सम्बन्ध नहीं है, जैसा हिन्दी जाति का भरत, कोसल और मगध गणों से है। पर अंग्रेजों की अपेक्षा आयरलैंड, वेल्स और स्कॉटलैंड की जनता प्राचीन केल्त समाजों से अपना सीधा सम्बन्ध जोड़ती है और ऐसा करना उसके लिए उचित है। आयरलैंड और वेल्स के लोग अपनी जिस प्राचीन भाषा और संस्कृति पर गर्व करते हैं, वैसी कोई चीज अंग्रेजों के पास नहीं है।

हिन्दी जाति की स्थिति आधुनिक यूनानी और इतालवी जातियों की स्थिति से मिलती-जुलती है। यूनान के प्राचीन गण-समाजों का इतिहास सुविदित है। इनके प्राचीन महाकाव्य, नाटक और गद्य-ग्रंथ यूरोप की संस्कृति का आदिस्रोत हैं, पर वे सबसे पहले यूनानी जाति की विरासत हैं। आधुनिक यूनानी भाषा प्राचीन ग्रीक भाषा (या भाषाओं) से वैसे ही मिलती-जुलती है, जैसे हिन्दी संस्कृत से। यूनान के उन प्राचीन गण-समाजों से लेकर आधुनिक यूनानी जाति के गठन और निर्माण तक सांस्कृतिक इतिहास की अटूट श्रृंखला विद्यमान है। यही स्थिति इतालवी जाति की है। लैटिन से आधुनिक इतालवी भाषा का वैसा ही सम्बन्ध है, जैसा आधुनिक यूनानी का प्राचीन ग्रीक से। लैटिन भाषा और साहित्य ने ब्रिटेन समेत, सारे यूरोप को प्रभावित किया, पर वे सबसे पहले इतालवी जाति की विरासत हैं। चौदहवीं सदी में इटली के महाकवि दांते ने अपना जातीय सम्बन्ध लैटिन के महाकवि वर्जिल से जोड़ा था। स्वर्ग और नरक की यात्रा में वर्जिल दांते के साथ रहते हैं। यह सम्बन्ध

धार्मिक नहीं है क्योंकि दांते ईसाई थे और वर्जिल के समय तक ईसामसीह का जन्म न हुआ था। अपने सांस्कृतिक इतिहास का यह ज्ञान इटली के पुनर्जागरण-काल में अत्यन्त प्रेरणादायक सिद्ध हुआ। उन्नीसवीं सदी में जब यूनान के लोग तुर्कों के विरुद्ध अपनी स्वाधीनता के लिए लड़ रहे थे, तब शेली और बायरन ने यूनानियों को बार-बार अपने प्राचीन गौरव का स्मरण कराके मुक्ति-संग्राम की प्रेरणा दी।

प्राचीन भारत में भरत, कोसल और मगध—इन तीन गण-समाजों की निर्णायक भूमिका थी। इनमें भरतगण का सम्बन्ध प्राचीन वैदिक भाषा और संस्कृति से है। इतिहासकार पुसालकर ने भरतों के बारे में लिखा है : "ऋग्वैदिक गणों में भरत सबसे महत्त्वपूर्ण हैं। सारे देश को उन्होंने अपना नाम दिया। ऋग्वेद के युग में वे सरस्वती और यमुना के बीच वाले प्रदेश में बसे हुए थे। ऋग्वेद में सुदास और त्रित्सु के सन्दर्भ में उनकी उल्लेखनीय चर्चा हुई है। वे पूरुगण के शत्रु हैं उनके राजा [अर्थात् गण नायक] सरस्वती, दृषद्वती और आपया के तटवर्ती प्रदेश में, जो आगे चलकर कुरुक्षेत्र कहलाया, यज्ञ करते थे।" ('दि वेदिक एज', ऐलन एंड अनविन, 1951, पृ. 245) वैदिक संस्कृत इन्हीं भरतों की भाषा थी। जिन कवियों ने वेद-मंत्रों की रचना की, वे अधिकतर भरतगण से सम्बद्ध थे।

भरतगण पूरुगण से मिल गए, तब कुरुगण का निर्माण हुआ। (देखें : 'दि वेदिक एज', पृ. 246) इसी कुरुगण ने कुरुक्षेत्र प्रदेश को यह नाम दिया। इस कुरुगण से सम्बन्धित युद्ध महाभारत कहलाया। उसे महाभारत इसलिए कहा गया कि कुरुगण में भरतगण समाहित था। ऋग्वेद की प्राचीनता प्रसिद्ध है। संसार के धार्मिक ग्रंथों में जीवन, कर्म और आनन्द की स्वीकृति जैसी यहाँ है, वैसी अन्यत्र नहीं है। भरतगण यज्ञवादी संस्कृति का उपासक था। मगधगण इसका परम विरोधी था। वेद-विरोधी मत-मतान्तरों का मुख्य केन्द्र मगध था। मगध की आधारभूमि से ही जैन और बौद्ध धर्मों का प्रवर्तन हुआ। एशिया के अन्य देशों में, सामन्ती व्यवस्था के प्रसार के साथ, बौद्ध धर्म का प्रसार हुआ। बौद्धों ने तर्कशास्त्र के विकास में महत्त्वपूर्ण योगदान किया। जैन दार्शनिकों ने अनेकान्तवादी तर्क-पद्धति का प्रवर्तन किया। इनके अतिरिक्त शक्ति-पूजा से सम्बन्धित मतों का चलन मगध और पड़ोसी गणों में बहुत अधिक था। गौतम बुद्ध ने बलि-प्रथा का विरोध किया, तो इसके लिए उनके सामने मगध की शाक्त धार्मिक पद्धतियाँ थीं। भारत में सबसे पहले संघबद्ध धर्म और संघबद्ध सामन्ती राज्य-विस्तार मगध ने किया। उस कार्य के प्रतीक रूप सम्राट् अशोक को लोग अब भी बहुत अच्छी तरह याद करते हैं। पर यह मगध की भूमि पवित्र वैदिक भूमि की सीमाओं से बाहर रखी गई थी। इसीलिए यह विश्वास फैल गया कि जो मगध में मरेगा, उसे मुक्ति न मिलेगी। और कबीर ने कहा, जो कासी तन तजै कबीरा रामहिं कौन निहोरा। जो लोग समझते हैं कि आर्य नाम की कोई गोरे वर्णवाली, सुनहले बालोंवाली नीली या पीली आँखोंवाली नस्ल थी, जो सारे उत्तर भारत में फैल

गई और जो एक ही भाषा बोलती थी, और जिसकी एक ही संस्कृति थी, वे मगध और भरत के गण-समाजों की परस्पर विरोधी सांस्कृतिक परम्पराओं पर ध्यान दें।

मगध और भरतगणों के बीच में पड़ते थे कोसल। ये लोग कर्मकांडी नहीं थे और वेद-विरोधी मतों के प्रचारक भी नहीं थे। ये लोग मुख्यत: कवि और कविता-प्रेमी जन थे। महाभारत और रामायण, इन दो महाकाव्यों का घनिष्ठ सम्बन्ध कोसलगण से है। महाभारत के आरम्भ में नैमिषारण्य में शौनक ऋषि दीर्घकालीन सत्र चलाते हैं। वहाँ उग्रश्रवा सौति पहुँचते हैं। वे पुराणों के विद्वान् और कथावाचक हैं। वहाँ एकत्र तपस्वी कथा सुनने के लिए उन्हें घेर लेते हैं। फिर व्यास-रचित महाभारत की कथा आरम्भ होती है। वाल्मीकि तमसा के किनारे रहते थे। वह आदिकवि के रूप में विख्यात हैं। रवीन्द्रनाथ ठाकुर ने 'भाषा ओ छंद' नाम की सुन्दर कविता लिखी है। वाल्मीकि नारद से कहते हैं कि अब तक देवताओं पर काव्य लिखा गया है, मैं अपने काव्य में मनुष्य को अमर करूँगा।

रवीन्द्रनाथ ने बड़े मर्म की बात पकड़ी है। वाल्मीकि उस काव्य-परम्परा को जन्म दे रहे थे जो देवोपासक नहीं, बड़ी गहराई से मानवतावादी है। उनके काव्य के आरम्भ में किसी देवता की वन्दना नहीं है। वह घोषित करते हैं कि यह काव्य द्विजों के लिए ही नहीं, शूद्रों के लिए भी है। उनके चरितनायक राम अपने मनुष्य होने की सगर्व घोषणा करते हैं। सीता को रावण हर ले गया, यह भाग्य की बात थी, दैव-सम्पादित दोष था, उसे राम ने मनुष्य होकर दूर कर दिया है। व्यास धर्म के लिए कहते हैं कि उसका तत्त्व गुफा में छिपा हुआ है। सार तत्त्व यह है कि संसार में मनुष्य से बढ़कर और कुछ नहीं है।

इन दो कवियों ने अपने काव्यों द्वारा, राम और कृष्ण—इन दो महापुरुषों को ऐसी लोकप्रियता प्रदान की कि उन्होंने समस्त वैदिक देवताओं को हटाकर, और उधर बौद्ध मत को निर्मूल करके, इन्हीं को उपासना का आलम्बन बना दिया। महाभारत के जिस अंश को गीता कहते हैं, उसमें वैदिक यज्ञ-संस्कृति के स्थान पर अध्यात्मवाद, योग, और परमात्मा के रूप में कृष्ण को प्रतिष्ठित करने का सचेत प्रयास दिखाई देता है। कोसल के लोग कथावाचक थे, कथाप्रेमी थे। यज्ञों, वेद-मंत्रों और बौद्धों के तर्कशास्त्र को उन्होंने कविता के द्वारा प्राय: निरस्त किया, प्राय: इसलिए कि उनके अनेक तत्त्व उन्होंने स्वीकार भी किए।

उल्लेखनीय है कि राम और कृष्ण, दोनों श्यामवर्ण के पुरुष हैं।

महाभारत में पहली बार भारत राष्ट्र की कल्पना कविता में साकार हुई। यहाँ के पर्वत, नदियाँ, गण-समाज, सामन्ती राज्य—इन सबको एक ही सूत्र में बाँधने का अद्‌भुत प्रयास यहाँ दिखाई देता है। पर यह स्थिति केवल महाभारत में नहीं है। अनेक पुराणों में भारतभूमि की कर्मभूमि कहा गया है जहाँ देवता भी जन्म लेने को तरसते हैं। यह नैमिषारण्य की परम्परा है जो काव्य, पुराण, इतिहास और कथावाचन

के द्वारा इस देश को एक सूत्र में बाँधती है। निस्सन्देह इस पौराणिक परम्परा में अतिरंजित परम्पराएँ और अन्धविश्वास भी हैं पर इनसे पहले राष्ट्रीय इकाई के रूप में भारतवर्ष का गौरवगान और किसने किया है?

भारतीय भाषाओं में आगे चलकर जिस साहित्य का विकास हुआ, उस पर जिन दो प्राचीन ग्रंथों का प्रभाव सबसे अधिक पड़ा, वे रामायण और महाभारत हैं। इन दो महाकाव्यों के बिना भारतीय साहित्य की स्थिति क्या होती, इसकी कल्पना करना कठिन है। वैदिक काव्य की परम्परा वेदों के साथ ही समाप्त हो गई। आधुनिक भाषाओं के काव्य-विकास पर उस परम्परा का प्रभाव नगण्य है किन्तु उन दोनों महाकाव्यों का प्रभाव निरन्तर गहरा होता गया है। महाभारत और पुराण भारतीय राष्ट्रीयता का आदिस्रोत हैं, महाभारत और रामायण समस्त भारतीय काव्य का आदिस्रोत हैं। यह प्रभाव आधुनिक भाषाओं पर ही नहीं, उससे पहले संस्कृत-काव्यों और नाटकों पर भी प्रत्यक्ष है।

संस्कृत के प्रमुख केन्द्र उन्हीं जनपदों में रहे हैं जिनसे आगे चलकर हिन्दी-भाषी प्रदेश बना। किस कवि का जन्म कहाँ हुआ और किस राजा के यहाँ किस शताब्दी में वह रहता था, इन प्रश्नों का उत्तर विवादास्पद हो सकता है, किन्तु उज्जयिनी से कालिदास का सम्बन्ध विवादास्पद नहीं है। इस नगर से इन महाकवि का सम्बन्ध वैसे ही है, जैसे प्राचीन यूनान के महान् नाटककारों का सम्बन्ध एथेन्स नगर से था। कालिदास प्रकृति के श्रेष्ठ कवि हैं। वह मानव-सौन्दर्य और प्रेम की उपासना नगर से दूर, वनों-उपवनों, पर्वतों, और शास्त्रों की सीमाओं के बाहर, करते हैं। भवभूति शेक्सपियर से अनेक शताब्दियाँ पहले मानव मन के विघटन का चित्रण करते हैं, और यूनानी लोग जिस तरह के नाटकों को ट्रैजेडी कहते थे, उनकी रचना में वह शेक्सपियर और सोफोक्लेस, दोनों के प्रतिद्वंद्वी हैं। उनका सम्बन्ध उत्तर भारत के प्रसिद्ध सांस्कृतिक केन्द्र कान्यकुब्ज से था। संस्कृत के अनेक केन्द्र दक्षिण भारत में थे और महान् वैयाकरण पाणिनि तक्षशिला के थे। संस्कृत के माध्यम से इस तरह सारा देश एक ही सांस्कृतिक सूत्र में बँध गया था। इस संस्कृति के मुख्य केन्द्र हिन्दी प्रदेश के प्राचीन जनपद थे।

यह संस्कृति व्यापक स्तर पर लोक-संस्कृति न बनी थी। लोक-संस्कृति का निर्माण और प्रसार लोक-भाषाओं के माध्यम से ही सम्भव था। भारत पर जिस समय अरबों और तुर्कों के आक्रमण आरम्भ होते हैं, उस समय सामन्ती व्यवस्था में आन्तरिक विघटन और ह्रास हो रहा है। यह एक कटु ऐतिहासिक सत्य है कि राजस्थान के सामन्त अपने प्रदेश का ही राजनीतिक एकीकरण न कर पाए। तब वे सारे देश का एकीकरण क्या करते? और राष्ट्रीय एकता के बिना राष्ट्रीय सुरक्षा की बात कैसे सोची जा सकती थी? भारतीय सामन्तवाद अनेक पड़ोसी देशों के सामन्तवाद की तुलना में जर्जर अवस्था में था। वर्ण-व्यवस्था के आधार पर जितना

ही उच्च वर्ण निम्न वर्णों को सताते थे, उतना ही विदेशी आक्रमणकारियों के लिए इस देश पर अधिकार करना आसान होता था। तुर्क राज्य के मुख्य केन्द्र हिन्दी-भाषी प्रदेश में थे। जो भी भारत पर अधिकार करना चाहता था, वह सबसे पहले प्राचीन मध्यदेश पर ही अधिकार करने का प्रयत्न करता था। विदेशी आक्रमणकारी यहाँ की जातियों में घुल-मिलकर, यहाँ की भाषाएँ बोलने लगे। जिन लोगों ने धर्म-परिवर्तन किया था, वे तो यहीं के थे, धर्म के साथ उनकी भाषा नहीं बदल गई। सामूहिक रूप से धर्म-परिवर्तन की घटनाएँ वहाँ अधिक हुईं, जहाँ बौद्ध मत का प्रभाव अधिक था।

बारहवीं सदी के बाद भारतीय समाज में महत्त्वपूर्ण परिवर्तन हुए। व्यापार की बड़ी-बड़ी मंडियाँ कायम हुईं। अकबर और शाहजहाँ के समय में इस तरह की सबसे बड़ी मंडी आगरा शहर था। उस समग्र ब्रिटेन की सबसे बड़ी मंडी लन्दन था। क्लाइव ने जब ढाका और मुर्शिदाबाद शहर देखे तो उसने कहा, इनके मुकाबले लन्दन शहर गाँव जैसा लगता है। इसीलिए अंग्रेजों की ईस्ट इंडिया कम्पनी हिन्दुस्तान का माल खरीदकर अपने यहाँ बेचने के लिए बनी थी, अपने यहाँ का मात्र हिन्दुतान में बेचने के लिए न बनी थी। अंग्रेज, पुर्तगाली, फ्रांसीसी आदि विदेशी व्यापारी आपस में इसलिए लड़े कि हिन्दुस्तान का माल खरीदने का इजारा उनके पास हो।

इस आर्थिक विकास के फलस्वरूप शहर के कारीगरों और गाँव के किसानों की सामन्त-विरोधी चेतना प्रखर हुई। इस नवीन चेतना के प्रमुख और आदि प्रतिनिधि कबीर हैं। उनकी कविता धार्मिक विद्वेष और ऊँच-नीच के भेदभाव की तीव्र आलोचना प्रस्तुत करती है। वैराग्य और निराशा के भावों के साथ उसमें विह्वल आनन्द की अभिव्यक्ति हुई है। कबीर का प्रभाव हिन्दी क्षेत्र के बाहर भी फैला। महाराष्ट्र के अनेक मन्दिरों में उनकी पांडुलिपियाँ सुरक्षित रखी बताई जाती हैं। गुरु ग्रंथ साहब में अन्य संतों के साथ कबीर के पदों को भी स्थान दिया गया है। आधुनिक काल में उनकी कविता के एक प्रेमी रवीन्द्रनाथ ठाकुर भी थे।

सौन्दर्य और प्रेम के अन्यतम कवि मलिक मुहम्मद जायसी हैं और उनके 'पद्मावत' का अनुवाद आलाओल ने बंगला में किया। पूर्वी बंगाल के मुसलमान उसे अपने धर्म-ग्रंथ के रूप में सम्मानित करते रहे। संस्कृत के बिना भी विभिन्न प्रादेशिक भाषाओं के बीच साहित्यिक आदान-प्रदान सम्भव है, यह सिद्ध हो गया। दक्षिण भारत के अनेक आचार्यों ने अपने मतों का प्रचार उत्तर भारत में किया। इस उत्तर-दक्षिण के नवीन सांस्कृतिक आदान-प्रदान से सूर और तुलसी, हिन्दी के इन दो महाकवियों का गहरा सम्बन्ध है। आलोचक इन पुराने कवियों को भक्तिमार्गी, ज्ञानमार्गी, प्रेममार्गी आदि कहते हैं। यह विभाजन बहुत युक्तिसम्मत नहीं है। तुलसीदास से अधिक ज्ञानी कवि उस युग में दूसरा नहीं है। कबीर बहुत बड़े भक्त हैं और सूरदास जायसी के समान सौन्दर्य-प्रेमी कवि हैं। वैराग्य और योग के सीधे विरोध में, संयोग-वियोग, आनन्द-उल्लास, दुःख-शोक की प्रबल धारा, शास्त्रों और

स्मृति-ग्रंथों की मर्यादा भंग करती हुई, सूरदास की कविता में प्रवाहित होती है। इस युग में महाकाव्य और गीत, दोनों बड़े पैमाने पर रचे गए। मीराबाई ने लिखा थोड़ा, पर उनकी तीव्र विह्वल आत्माभिव्यक्ति के कारण उनके गीत सारे देश में प्रसिद्ध हुए। दरबारी संगीत-परम्परा से अलग हटकर उत्तर भारत में जहाँ भी संगीत का पुनरुत्थान आरम्भ हुआ, वहाँ मीराबाई और सूरदास के गीतों को नवीन लोकप्रियता प्राप्त हुई। संचार-साधनों के विकास के साथ स्वाधीन भारत में यह लोकप्रियता और भी व्यापक हुई। सचमुच सूर और मीरा हमारे राष्ट्रीय गीतकार हैं।

भारत की बहुसंख्यक पीड़ित किसान-जनता की वेदना, सुखी जीवन के लिए उसकी अदम्य आकांक्षा, सामाजिक परिवर्तन के लिए संघर्ष करने की उसकी क्षमता, भारतीय साहित्य में, सर्वाधिक तुलसीदास के काव्य में अभिव्यक्त हुई। उनके सामाजिक विचारों को जानने के लिए रामचरितमानस के साथ 'कवितावली', 'गीतावली' और 'विनयपत्रिका' को हमेशा मिलाकर पढ़ना चाहिए। इससे पता चलेगा कि रामचरितमानस में प्रक्षिप्त अंश कौन-से हैं। इसके सिवा 'मानस' का अध्ययन करते हुए पात्रों के व्यवहार पर ध्यान देना चाहिए। इनका आचरण ही कवि की सामाजिक दृष्टि का असन्दिग्ध प्रमाण है। तुलसीदास के समय में अनेक धर्मों और सम्प्रदायों के साधु-संतों में विशद आदान-प्रदान हो रहा था। प्रसिद्ध है कि रामकृष्ण परमहंस ने अनेक धर्मों के अनुसार साधना की थी। यह परम्परा बहुत पुरानी है। तुलसीदास में उपनिषदों से आती हुई अद्वैतवाद की धारा है, दक्षिण भारत से नवीन भक्ति-आन्दोलन के साथ आती हुई विशिष्ट अद्वैत की धारा भी है। उनमें आनन्द के अतिरेक की अनुभूति रहस्यवादी कवियों जैसी है। उनके राम कोटि मनोज लजावनहारे, सौन्दर्य के प्रतीक हैं, साथ ही आत्मग्लानि को साधना की पद्धति बनाने का श्रेय भक्त कवियों में केवल तुलसीदास को है। यह आत्मग्लानि ईसाई संतों की साधना की विशेषता है। यह भाव संत औगस्तीन में देखा जा सकता है और इसकी झलक शेक्सपियर में भी है—उनके नाटक 'हैमलेट' में। आत्मग्लानि के मुख्य आलम्बन रामचरितमानस में भरत हैं। भरत के रूप में तुलसीदास अपनी ही अनुभूति, अपने ही मानसिक संघर्ष को प्रकट कर रहे हैं, यह 'विनयपत्रिका' पढ़ने से ज्ञात होगा। आत्माभिव्यक्ति की प्रेरणा उस युग की विशेषता है। 'विनयपत्रिका' में यह आत्माभिव्यक्ति प्रत्यक्ष रूप से होती है, 'मानस' में अप्रत्यक्ष रूप में। तुलसीदास आत्मपरक गीतिकाव्य के प्रणेता हैं और वस्तुपरक प्रबन्धकाव्य के प्रणेता भी। उनके काव्य में अनेक धर्मों की साधना का सारतत्त्व विद्यमान है, और धर्म के विशद अर्थ में, रामचरितमानस संसार का अनुपम धार्मिक काव्य है।

तुलसीदास जितने बड़े धर्म-साधक हैं, उससे भी बड़े कलाकार हैं। अनेक काव्यधाराओं का कौशल यहाँ आकर घुल-मिल गया है और उसके साथ उनकी मौलिक काव्य-प्रतिभा हमेशा ऐसा कुछ प्रस्तुत करती है, जो अन्यत्र नहीं है।

उनके समय में अनेक जनपद अपना अलगाव दूर करके एक दूसरे के निकट आ रहे हैं। यही कारण है कि वह ब्रजभाषा में लिखते हैं और अवधी में भी। उनकी ब्रजभाषा विशुद्ध ब्रजभाषा नहीं है, न उनकी अवधी विशुद्ध अवधी है। उनकी भाषा अनेक जनपदीय उपभाषाओं के प्रभाव ग्रहण करके अपना साहित्यिक रूप सँवारती है।

तुलसी के प्रसंग में उन भारतीय कवियों का स्मरण हो आता है जिन्होंने भारतीय भाषाओं में राम-काव्य की रचना की। तमिल के कम्बन, बंगला के कृत्तिवास, मराठी के रामदास और एकनाथ इसी काव्य-परम्परा से सम्बद्ध हैं। वाल्मीकि का प्रभाव कहीं अधिक है, कहीं कम, परन्तु आदिस्रोत वही है। संस्कृत में ही अनेक काव्यों और नाटकों में रामकथा और रामचरित काफी परिवर्तित और परिशोधित हो चुके हैं। आधुनिक भाषाओं में यह प्रक्रिया और आगे बढ़ती है। कृष्ण-काव्य में भागवत ने महाभारत का स्थान ले लिया पर तेलगू कवियों ने महाभारत की परम्परा मूल रूप में जीवित रखी। बीसवीं सदी में अनेक भारतीय भाषाओं के कवियों ने महाभारत से कथावस्तु लेकर नये काव्यों की रचना की। महाभारत और रामायण में भक्तिभाव जरा कम ही है। इसलिए भक्ति-आन्दोलन के दौरान पुरानी कथाओं को नया रूप दिया गया। जब यह भक्तिभाव कुछ कम हुआ, तब रामायण और महाभारत के वीरत्वपूर्ण मानवतावाद का पुनर्जन्म हुआ।

सूर और तुलसी के युग के बाद विघटित सामन्तवाद ने किसी हद तक अपनी स्थिति सँभाली। इसका परिणाम था : देव-बिहारी-मतिराम की काव्य-परम्परा, और उसका विकृत रूप था : नायिका-भेद, अतिशय अलंकरण, चमत्कार-प्रदर्शन। भूषण का काव्य एक सीमा तक इस रीतिवादी घेरे को तोड़कर बाहर निकलता है। जिस समय रीतिवादी कवि अलंकारों के, और नायिकाओं के, भेद-उपभेद गिनाने में लगे थे, उस समय इसी देश के सेठों से पैसा उधार लेकर, यहीं के सामन्तों को कर्ज देकर, अंग्रेज व्यापारी अब केवल व्यापारी न रहकर, हिन्दुस्तान के राजा बनते जाते थे। अवध, रुहेलखंड और भोजपुरी क्षेत्रों के हजारों किसान जीविका की तलाश में बंगाल जाकर अंग्रेजी फौज में भर्ती हो गए थे। इस फौज के सहारे अंग्रेजों ने पलासी के युद्ध के बाद क्रमश: अपना राज्य-विस्तार किया। जिनके सहारे वे राज्य-विस्तार कर रहे थे, उन सिपाहियों के प्रति उनका व्यवहार बहुत ही अन्यायपूर्ण था। अनेक स्थलों में और अनेक बार, फौज के सिपाहियों ने अपनी माँगों के लिए संघर्ष किया। यह संघर्ष अधिकतर अहिंसात्मक था और सत्याग्रह का आदिरूप था। कम-से-कम अंग्रेजों के विरुद्ध सत्याग्रह के अस्त्र का प्रयोग सबसे पहले फौज के सिपाहियों ने किया था। अपने अनुभव से उन्होंने बहुत-सी बातें सीखीं और क्रमश: उनकी राजनीतिक चेतना प्रखर होती गई। पलासी के युद्ध के बाद एक शताब्दी बीतने पर उन्होंने अंग्रेजों को इस देश से निकाल देने के लिए युद्ध छेड़ दिया। यह युद्ध संगठित रूप में हिन्दी प्रदेश की सीमाओं के भीतर हुआ। इस युद्ध के सूत्रधारों ने

प्रयत्न किया कि बम्बई और मद्रास प्रेसीडेंसियों की फौजें भी विद्रोह करें और युद्ध में उनका साथ दें। पर इन फौजों ने विद्रोह न किया।

कुछ लोग समझते हैं कि भारत में आकर अंग्रेज यहाँ का पुराना सामाजिक ढाँचा तोड़ रहे थे और इस तरह नये विकास के लिए रास्ता साफ कर रहे थे। उनकी इस नीति से उन वर्गों में असंतोष फैला जो पुरानी व्यवस्था से चिपके रहना चाहते थे। ये लोग यह नहीं बतलाते कि यह असंतोष हिन्दी प्रदेश में ही क्यों फूट पड़ा। बंगाल में अंग्रेजी राज्य का विस्तार पहले हुआ था। वहाँ अंग्रेजों ने पक्का जमींदारी बन्दोबस्त किया था। ये सब जमींदार अग्रेजों के समर्थक बने रहे। हिन्दी प्रदेश की अपेक्षा तमिलनाडु और महाराष्ट्र में अंग्रेजी राज पहले कायम हुआ। बम्बई और मद्रास अंग्रेजों के मुख्य अड्डे थे, दिल्ली और लखनऊ नहीं। दरअसल अवध प्रदेश अंग्रेजी राज में सबसे बाद में मिलाया गया, और अवध अंग्रेजों के विरुद्ध लड़ाई का प्रमुख केन्द्र रहा। अंग्रेजों ने हैदराबाद के निजाम, कश्मीर के राजा गुलाबसिंह और नेपाल के राणा जंग बहादुर तथा अन्य सामन्तों की मदद से भारतीय जनता के प्रतिरोध का दमन किया। ये सामन्त तो प्रगतिशील थे, किन्तु जिन सामन्तों ने फौज के साथ मिलकर अंग्रेजों का विरोध किया, वे सब प्रतिक्रियावादी थे!

यह तथ्य आँखों से ओझल नहीं किया जा सकता कि ब्रिटिश फौज के हिन्दुस्तानी सिपाही और हिन्दी प्रदेश के किसान अंग्रेजों के विरुद्ध अपनी स्वाधीनता के लिए लड़े और अंग्रेजों ने इस देश के सबसे प्रतिक्रियावादी सामन्तों के साथ मिलकर इस संघर्ष में विजय पाई। यह न भूलना चाहिए कि भारत में अभी ईस्ट इंडिया कम्पनी का राज था और यह कम्पनी व्यापारियों की थी, उद्योगपतियों की नहीं। इसके अलावा स्वयं ब्रिटेन में राज्यसत्ता पर भूस्वामी वर्ग का अधिकार था, उद्योगपतियों का नहीं।

जैसे संस्कृत साहित्य, सब नहीं तो अधिकांश, हमारा राष्ट्रीय साहित्य है, और हिन्दी प्रदेश की जातीय विरासत; जैसे हिन्दी राष्ट्रभाषा है और हिन्दी जनता की जातीय भाषा, वैसे ही 1875 का गदर भारत का राष्ट्रीय स्वाधीनता-संग्राम है और हिन्दी प्रदेश की जनता का जातीय संग्राम भी।

18वीं सदी के अन्तिम चरण में, जिसे नवाबी जमाना भी कहते हैं, मुगल साम्राज्य के विघटन काल में, राजभाषा फारसी के प्रभाव से हिन्दी के एक नये रूप का चलन हुआ जो आगे उर्दू कहलाया। औरंगजेब से पहले उत्तर भारत में सूफियों ने लोक-भाषाओं में बहुत-सा साहित्य लिखा था। यह साहित्य ईरान की दरबारी काव्य-परम्परा के प्रभाव से मुक्त था। औरंगजेब ने सृष्टियों का दमन किया और अपने दरबार में फारसी शायरों को प्रोत्साहन दिया। सूफियों के दमन के बाद हिन्दी में ही नहीं, बंगला, सिन्धी आदि भाषाओं में भी ईरान की दरबारी कविता का प्रभाव बढ़ा। फिर भी उन प्रदेशों में फारसी-प्रधान भाषा कविता का माध्यम न बन पाई। यह कार्य हिन्दी प्रदेश में हुआ। जैसे राजनीति में अंग्रेजों ने सामन्तों को अपना

साथी बनाया था, वैसे ही भाषा-क्षेत्र में उन्होंने फारसी-गर्भित भाषा को बढ़ावा दिया और हिन्दुओं-मुसलमानों में भेद-नीति चलाने के लिए धर्म के साथ भाषा को भी अपना अस्त्र बनाया। उनकी भेद-नीति के बावजूद हिन्दी-उर्दू की बुनियादी एकता कायम रही।

उर्दू नाम की विशिष्ट बोली के सबसे बड़े कवि ग़ालिब हैं। यद्यपि वह फारसी की दरबारी कविता से प्रभावित थे, पर इसके साथ उन पर फारसी की सूफी कविता का भी प्रभाव था। वह स्वयं दिल्ली दरबार का अंग थे और अंग्रेजों से उन्हें पेंशन मिलती थी, फिर भी उनकी कविता उनके इस सामाजिक परिवेश का सीधा प्रतिबिम्ब नहीं है। ग़ालिब अंग्रेजी राज की प्रगतिशीलता का गुण नहीं गाते। उनमें धर्म के नाम पर औरंगजेबी कट्टरता नहीं है। इसके विपरीत वह अनेक बार धार्मिक रूढ़ियों पर तीव्र व्यंग्य करते हैं। उनका भावबोध उस कवि का है जो अभिजात वर्ग के भीतर रहकर भी स्वयं को उसका अंग नहीं समझता। इसीलिए उनकी कविताओं में अकेलापन, उदासी, निराशा, अपनी प्रतिभा को लेकर अहंकारपूर्ण उक्तियाँ दिखाई देती हैं। उननें आधुनिकता के अनेक लक्षण हैं। उस समय की नागरिक संस्कृति उनमें खूब निखरी हुई दिखाई देती है। दरबारी परम्परा के विपरीत अपने व्यक्तित्व की अभिव्यंजना उनकी कविता का प्रधान गुण है। और कहीं-कहीं उनकी भाषा इतनी सादी और प्रभावशाली है कि उससे अच्छी हिन्दी की कल्पना करना कठिन है। इसीलिए उनकी बहुत-सी उक्तियाँ जनता में कहावतें बन गई हैं।

19वीं सदी के उत्तरार्द्ध में भारतेन्दु हरिश्चन्द्र ने नये हिन्दी साहित्य का विकास आरम्भ किया। उन्होंने हिन्दी भाषा को गद्य रचना का समर्थ माध्यम बनाया, नाटक लिखे, अनेक प्रकार की कविताएँ लिखीं, पत्रिकाएँ निकालीं, नये लेखकों का एक दल संगठित किया। उनका सबसे महत्त्वपूर्ण कार्य यह है कि उन्होंने हिन्दी साहित्य को, और उसके साथ समाज को साम्राज्य-विरोधी दिशा में बढ़ने की प्रेरणा दी। अब ब्रिटेन में राज्यसत्ता उद्योगपतियों के हाथ में थी और भारत पर सीधे महारानी विक्टोरिया और उनकी पार्लियामेंट का शासन था। हिन्दुस्तान में औद्योगिक क्रान्ति होने के बदले लाखों आदमी अकाल और दुर्भिक्ष में मर रहे थे। अंग्रेजों की आमदनी का मुख्य जरिया दस देश के किसानों की मेहनत थी। अंग्रेज हिन्दुस्तान का सबसे बड़ा जमींदार था। वह सारी जमीन को अपनी सम्पत्ति कहता था। वह किसानों को बेदखल कर सकता था और जमींदारों को भी। उस युग के स्वाधीनता-प्रेमी लेखक अच्छी तरह समझ गए कि अंग्रेजी राज के खात्मे के बिना इस देश की प्रगति असम्भव है। 1870 में भारतेन्दु ने 'कविवचन-सुधा' में लॉर्ड मेयो को लक्ष्य करके जब 'लेवी प्राण-लेवी' लेख लिखा, तब से हिन्दी साहित्य में एक नई साम्राज्य-विरोधी चेतना का प्रसार आरम्भ हुआ। 6 जुलाई, 1874 की 'कविवचन-सुधा' ने लिखा कि "जिस प्रकार अमेरिका उपनिवेशित होकर स्वाधीन हुआ है, वैसे ही भारतवर्ष

भी स्वाधीनता-लाभ कर सकता है।" उन्होंने तदीय समाज की स्थापना की जिसके सदस्य स्वदेशी वस्तुओं के व्यवहार की प्रतिज्ञा करते थे। भारतेन्दु की दृष्टि साहित्य को लोकप्रिय और व्यापक बनाने की ओर थी। साहित्य के लोक-रूपों को अपनाकर जनपदीय भाषाओं में साहित्य रचने पर भी उन्होंने जोर दिया।

19वीं सदी के अन्त में और 20वीं सदी के आरम्भ में इस कार्य का भार महावीर प्रसाद द्विवेदी ने सँभाला। 'सरस्वती' के माध्यम से उन्होंने हिन्दी लेखकों का एक शक्तिशाली संगठन कायम किया जिसके प्रसिद्ध लेखकों में रामचन्द्र शुक्ल और प्रेमचन्द भी थे। अपने साहित्यिक जीवन के आरम्भ से ही द्विवेदी जी को आर्थिक और राजनीतिक प्रश्नों से बड़ी दिलचस्पी थी। उन्होंने हिन्दी में अर्थशास्त्र पर पहली पुस्तक 'सम्पत्तिशास्त्र' लिखी, जो 1908 में प्रकाशित हुई। इस पुस्तक में अर्थशास्त्र के मूल सिद्धान्त बताने के साथ-साथ उन्होंने भारत में अंग्रेजी राज की भूमिका का विश्लेषण किया। उन्होंने बताया कि अंग्रेजों की हुकूमत ने सारे देश की जमीन अपनी सम्पत्ति बना ली है। ऐसा हिन्दुस्तान में पहले कभी न हुआ था। जमीन पर किसान का अधिकार होना चाहिए, न कि सरकार का या सरकार के मातहत जमींदारों का। अंग्रेजों की फौज, सरकारी हाकिम, देहात के चौकीदार और पटवारी तक किसानों से पैसा वसूल करके पाले जाते हैं। अंग्रेज खेती के बारे में अपने यहाँ एक तरह की नीति पर चलते हैं, हिन्दुस्तान में दूसरी तरह की नीति पर। इसी तरह व्यापार और उद्योग-धन्धों में ब्रिटेन के लिए एक नीति है, भारत के लिए दूसरी। विदेशी शासन के रहते भारत औद्योगिक उन्नति नहीं कर सकता।

इस पुस्तक में उन्होंने मजदूरों के ट्रेड यूनियन संगठन बनाने पर जोर दिया और बताया कि इस तरह के संगठन के बिना हड़तालें सफल नहीं हो सकतीं। अपने अन्य लेखों में उन्होंने किसानों के संगठन पर जोर दिया और रूसी क्रान्ति की मिसाल देकर बताया कि संगठित होने पर जनता क्या कुछ नहीं कर सकती।

द्विवेदी जी ने स्वयं, और 'सरस्वती' में प्रकाशित दूसरों के लेखों के माध्यम से, सामाजिक अन्धविश्वासों और रूढ़ियों की तीव्र आलोचना की। विज्ञान की जानकारी पर उन्होंने बहुत जोर दिया और विकासवाद पर अनेक लेख प्रकाशित किए। उन्होंने नवीन इतिहास लेखन की राह बताई। कहा कि इतिहास महापुरुषों का जीवनचरित नहीं है, उसमें समाजिक परिवर्तन और विकास का अध्ययन होना चाहिए। हिन्दी प्रदेश की जनता को रूढ़िवाद से मुक्त करने, उसमें वैज्ञानिक चेतना का प्रसार करने के लिए उन्होंने अथक परिश्रम किया। उन्होंने जातीय साहित्य की विशेष समस्याओं को पहचाना। रीतिवाद का तीव्र विरोध करते हुए मैथिलीशरण गुप्त के सहयोग से उन्होंने कविता में ब्रजभाषा की जगह आधुनिक हिन्दी को प्रतिष्ठित किया, और काव्य की विषयवस्तु को नायिका-भेद के दायरे से निकालकर मानव-सम्बन्धों की व्यापक भूमि पर उसे विकसित होने दिया। शुद्धतावादियों की चिन्ता न करके, हिन्दी

के जातीय स्वरूप की रक्षा करते हुए, उन्होंने उर्दू के प्रचलित शब्दों का निःसंकोच प्रयोग किया। वह हिन्दी-उर्दू भाषाओं की ही नहीं, उनके साहित्यों की भी एकता पर बराबर जोर देते रहे। अंग्रेजी के विरुद्ध, जातीय भाषा तथा राष्ट्रभाषा के रूप में, हिन्दी के सम्मान तथा उसके व्यवहार के लिए उन्होंने बड़ी लगन और धैर्य से परिश्रम किया। उनके युग के साहित्य ने अगले विकास के लिए जमीन तैयार की।

द्विवेदी-युग के एक लेखक प्रेमचन्द का मुख्य कार्य 1920 और 1936 के बीच होता है। भारतीय साहित्य में उनकी भूमिका युगान्तरकारी है। रूसी, फ्रेंच, अंग्रेजी आदि भाषाओं में ग्राम-जीवन से सम्बन्धित जो उपन्यास लिखे गए हैं, उनमें किसान पार्श्वभूमि में तो आते हैं, कथा की मुख्य भूमि पर वे छाए नहीं रहते। यहाँ किसानों से मतलब उन श्रमिकों से है जो खुद जमीन जोतते और बोते हैं—उस पर उनका अधिकार हो, चाहे न हो। किसान के मन को समझना भारत के मन को समझना है। यहाँ प्रेमचन्द अद्वितीय हैं। उनकी दृष्टि मूलतः सामन्त-विरोधी है। अन्धविश्वासों और रूढ़ियों के वह परम शत्रु हैं। उनकी भाषा ऐसी सरल और सरस है कि गाँव के किसान भी उसे पढ़कर समझ सकते हैं। चूँकि हिन्दुस्तान में सबसे बड़ा जमींदार अंग्रेज था, इसलिए किसानों का हर संघर्ष, चाहे वह महाजन के खिलाफ हो, चाहे जमींदार के, अंग्रेज-विरोधी हो जाता था, और इसलिए वह राजनीतिक संघर्ष भी होता था। प्रेमचन्द के साहित्य में साम्राज्य-विरोधी क्रान्ति अपनी पूरी गहराई में दिखाई देती है। जो स्वाधीनता-आन्दोलन सामन्त-विरोधी न हो, जो सबसे बड़े जमींदार अंग्रेज और उसके मातहत देशी जमींदारों के खिलाफ किसानों को संघर्ष में एकजुट न करे, उसकी राष्ट्रीयता उथली होगी, उसका साम्राज्य-विरोध सतही होगा। किसान-संघर्षों से सम्बन्धित प्रेमचन्द का कथा-साहित्य ही सही अर्थ में भारत का क्रान्तिकारी साहित्य है, और यह साहित्य समकालीन राजनीतिक आन्दोलनों से बहुत आगे बढ़ा हुआ है।

प्रेमचन्द के समकालीन, समर्थ गद्य लेखक और कवि सूर्यकान्त त्रिपाठी निराला, प्रेमचन्द के समानधर्मा अपने युग के श्रेष्ठ कवि हैं। भारतीय काव्य में जो उदात्त स्वर लुप्त हो गया था, वह निराला में फिर सुनाई दिया। वह आधुनिक काल के सबसे बड़े ट्रैजिक कवि हैं। उनमें संघर्ष की उत्कट अभिलाषा के साथ निराशा और पराजय की कटु अनुभूति भी है। जीवन के अन्तिम चरण में उन्होंने जो मृत्यु-सम्बन्धी कविताएँ लिखीं, उनमें मानो उन्होंने अपने ही व्यक्तित्व को तटस्थ होकर देखा है। वैसा अनुभव संसार के विरले ही कवियों में दिखाई देता है।

निराला के साहित्य की मुख्य दिशा क्रान्तिकारी है। वह भारतीय जनता के संघर्ष के कवि हैं। रूढ़ियों का नाश करके सामाजिक न्याय के आधार पर रची जानेवाली भावी व्यवस्था के कवि हैं। ट्रैजिक कवि केवल दुःख के कवि नहीं होते। दुःख और पराजय के अनुभव के साथ-साथ, जहाँ मनुष्य पूरी शक्ति से संघर्ष करता है, वहीं

उदात्त की सृष्टि होती है। निराला-साहित्य में ओजगुण उसके प्राणों की तरह स्पन्दित है। उनके साहित्य का कलात्मक स्तर विषम है किन्तु गद्य और पद्य, दोनों में ही वह साहित्य को उस कलात्मक ऊँचाई तक ले गए हैं जहाँ उनसे पहले कवियों की दृष्टि कम ही पहुँची थी। सामाजिक चेतना के प्रसार के साथ-साथ उनकी कृतियाँ महान् कलात्मक उपलब्धियाँ हैं।

हिन्दी जनता की संस्कृति मुख्यत: उसके साहित्य में, और साहित्य में भी विशेषत: काव्य में विकसित हुई है। पर अन्य कलाओं में भी उसका विकास महत्त्वपूर्ण है। जिस संगीत को हिन्दुस्तानी संगीत कहा जाता है, वह हिन्दी प्रदेश का संगीत है। ग्वालियर, आगरा, दिल्ली, लखनऊ, बनारस आदि नगर इसके मुख्य केन्द्र रहे हैं। पुराने संगीत की जो बन्दिशें गायकों में प्रचलित हैं, वे प्राय: सभी ब्रजभाषा में हैं। इस संगीत में जो रागों के थॉट रचे गए हैं, वे अक्सर यहाँ के लोक-संगीत पर आधारित हैं। भारतीय संगीत की कर्णाटक पद्धति अंशत: इस हिन्दुस्तानी पद्धति से भिन्न है। दोनों का आधार वही सात स्वर स रे ग म प ध नि हैं। द्रविड़ भाषाओं में सघोष महाप्राण स्पर्श-ध्वनियाँ नहीं होतीं। सात स्वरों में धैवत स्पष्ट ही इस तथ्य की ओर संकेत करता है कि यह सप्त स्वर वितान उसी प्रदेश की रचना है, जिसमें इन ध्वनियों का चलन था और अब भी है। सामान्य उच्चारण-पद्धति के अनुसार कन्नड़भाषीय 'प' को 'ह' में परिवर्तित कर देते हैं किन्तु कर्णाटक संगीत में पंचम स्वरवाला 'प' सुरक्षित बना रहता है।

खजुराहो और ताजमहल यहाँ के स्थापत्य के प्रसिद्ध नमूने हैं। कुछ लोगों का विचार है कि ताजमहल ईरानी कला की देन है। पर ईरान में या अन्य किसी भी देश में ताजमहल जैसा स्थापत्य नहीं है।

हिन्दी जाति की संस्कृति भारतीय संस्कृति का एक अंग है और उसके सन्दर्भ में ही उसका विकास और महत्त्व समझा जा सकता है। जब वेद-मंत्र रचे गए, तब उस युग के आस-पास सिन्धु घाटी की महान् सभ्यता विकसित हुई थी। संस्कृत के विशाल वाङ्मय के एक छोर पर तक्षशिला में पाणिनि हैं और दूसरे छोर पर केरल में शंकराचार्य हैं। आधुनिक भाषाओं में लगभग चौथी ईस्वी शताब्दी से अब तक तमिल साहित्य की अटूट गौरवशाली परम्परा है। जातीय चेतना का प्रसार महाराष्ट्र में संतों के द्वारा हुआ और समर्थ गुरु रामदास ने समस्त मराठी-भाषियों से एक झंडे के नीचे संगठित होने को कहा। जनसाधारण को अपना आधार बनाकर शिवाजी ने भारतीय युद्ध-कौशल में क्रान्तिकारी परिवर्तन किया और उन्होंने संसार में सबसे पहले छापेमार लड़ाई का विकास किया। महाराष्ट्र में उन्होंने मराठी-भाषी जनता की जातीय राज्यसत्ता स्थापित की। रामकृष्ण परमहंस, स्वामी विवेकानन्द और रवीन्द्रनाथ ठाकुर के बंगाल ने भारतीय नवजागरण में महत्त्वपूर्ण भूमिका निबाही। खजुराहो के मन्दिरों के साथ एलोरा और अजंता की शिल्प-चित्र-स्थापत्य कलाएँ स्मरणीय हैं।

भारत के अन्य जातीय प्रदेशों की अपेक्षा हिन्दी प्रदेश के लोगों में जातीय चेतना का अभाव है। यह इसलिए नहीं है कि इनमें देशभक्ति बहुत ज्यादा है, वरन् इसलिए कि यहाँ जात-बिरादरी के बन्धन अब भी बहुत मजबूत हैं और जनपदीय अलगाव काफी है। इसके अलावा धार्मिक विद्वेष से जनता विभाजित है। साहित्य में हिन्दी-उर्दू का जैसा भेद है, वैसा भेद अन्य किसी प्रदेश में नहीं है। और अंग्रेजी का एक गढ़ हिन्दी प्रदेश भी है, जहाँ का शिक्षित वर्ग अपनी भाषा और अपने साहित्य के प्रति उदासीन रहा है और अपने अज्ञान पर गर्व भी करता है। अन्य प्रदेशों के राजनीतिज्ञों की अपेक्षा यहाँ के राजनीतिज्ञ अधिकतर यहाँ के साहित्य और संस्कृति के बारे में अशिक्षित जनों के समान हैं, यद्यपि समय-समय पर लेखकों को उपदेश देने से वे नहीं चूकते।

अन्य प्रदेशों की अपेक्षा प्रशासनिक दृष्टि से हिन्दी प्रदेश सर्वाधिक विभाजित है। इस विभाजन का वैज्ञानिक या अवैज्ञानिक कारण क्या है, यह किसी ने आज तक नहीं बताया। भाषावार प्रान्त बनाने का सिद्धान्त इस प्रदेश पर लागू नहीं होता। इस बारे में सभी राजनीतिक दल चुप्पी साधे रहते हैं। अनेक राज्यों में बैठे रहने के कारण हिन्दी-भाषी जनता अपनी शक्ति नहीं पहचान पाती। ऐतिहासिक सत्य यह है कि अशोक, समुद्रगुप्त या अकबर के समय में इस देश में जितनी भी राजनीतिक एकता स्थापित हुई है, उसका आधार हिन्दी प्रदेश की एकता रही है। हिन्दी प्रदेश की राजनीतिक एकता सुदृढ़ नहीं होती तो राष्ट्रीय एकता भी सुदृढ़ न होगी। अनेक राजनीतिज्ञ और विद्वान् तात्कालिक स्वार्थों के लिए हिन्दी प्रदेश के विघटन को बढ़ावा देते हैं किन्तु वे यह भूल जाते हैं कि आगे चलकर उनके लिए यह सब हानिकारक होगा।

आर्थिक दृष्टि से हिन्दी प्रदेश काफी पिछड़ा हुआ है। पंचवर्षीय योजनाओं में जितना धन अन्य प्रदेशों पर व्यय किया गया है, उतना प्राकृतिक साधनों और जनसंख्या के अनुपात में इस प्रदेश पर नहीं किया गया। सांस्कृतिक दृष्टि से यह प्रदेश निरक्षरता में काफी आगे है। और निरक्षर लोग तो अपने दैनिक जीवन में काफी सभ्य और सुसंस्कृत व्यवहार करते हैं, किन्तु अनेक साक्षर लोग अपने व्यवहार में कितने असभ्य और असंस्कृत हैं, उन्हें इसका ज्ञान नहीं है। जब तक राजनीतिक, आर्थिक और सांस्कृतिक दृष्टि से इस प्रदेश की जनता अपना रूपान्तरण नहीं करती, पुनर्गठित नहीं होती, अपनी निगूढ़ और सम्भाव्य शक्ति को क्रियात्मक रूप से चरितार्थ नहीं करती, तब तक वह स्वयं तो अपाहिज रहेगी ही, सारे देश को भी आगे बढ़ने से रोकेगी। हिन्दी जनता के सर्वांगीण विकास में उसकी सांस्कृतिक परम्परा का ज्ञान महत्त्वपूर्ण प्रेरक शक्ति बन सकता है।

[1977]

3

नाटककार भवभूति

भवभूति के दो प्रसिद्ध नाटक 'मालती-माधवम्' और 'उत्तर-रामचरितम्' सुखान्त होने पर भी 'ट्रैजेडी' हैं, वैसे ही, जैसे शेक्सपियर के 'हैमलेट', 'किंग लियर' आदि और यूनान की बृहत्त्रयी के वे नाटक, जिन्हें वे 'त्रगोदिया' कहते थे। अंग्रेजी में ट्रैजेडी का विकास दु:खान्त नाटक के रूप में हुआ, किन्तु यूनानी नाटकों में 'ट्रैजेडी' सुखान्त भी होती है। अंग्रेज आलोचक सुखान्त ट्रैजेडी को ट्रैजी-कॉमेडी कहते हैं, किन्तु यूनानियों के लिए वह त्रगोदिया ही थी। मूल बात है करुणरस की उदात्त अभिव्यंजना। भवभूति के काव्य-संसार में सुख आकाश में चमकती हुई बिजली के समान है : 'सौदामिनी स्फुरण चंचलमेव सौख्यम्' ('मालती-माधवम्' में मकरन्द), इसलिए उसकी चमक से दु:ख की सघनता ही बढ़ती है। नाटक का प्रधान रस होता है करुण : 'एको रस: करुण एव निमित्तिभेदात्' इत्यादि ('उत्तर-रामचरितम्' में तमसा)। यूनान की बृहत्त्रयी और शेक्सपियर की ट्रैजेडी-रचनाओं के सन्दर्भ में ही भवभूति के नाटकों पर विचार करना उचित है। (भवभूति का 'महावीर चरितम्' शेक्सपियर के उन नाटकों से मिलता-जुलता है, जिनका सम्बन्ध ब्रिटेन के इतिहास से है। वह ट्रैजेडी से भिन्न कोटि का नाटक है।)

नाटक की विशेषता है : संघर्ष का चित्रण। संघर्षहीन, एकरस भाव-व्यंजना प्रगीत काव्य में सम्भव है, नाटक अथवा महाकाव्य में नहीं। पात्रों का संघर्ष, एक ही पात्र में विरोधी भावों का तनाव, वातावरण में विषम तत्त्वों का मिश्रण, विचार-मूर्ति-विधान-शब्दचयन आदि प्रत्येक स्तर पर विविधता, फिर भी विविध विषम तत्त्वों का परस्पर संतुलन—करुण-रसप्रधान, उदात्त-गुणयुक्त नाटक की ये विशेषताएँ हैं।

यूनानी नाटकों का मूल सूत्र है : न्याय-व्यवस्था और मानव का संघर्ष। न्याय-व्यवस्था देवताओं के हाथ में है, उससे टकराता है सीमित शक्तिवाला मनुष्य; संघर्ष देखकर दर्शक के मन में उत्पन्न होती है अगाध करुणा। देवताओं की व्यवस्था का उल्लंघन करने से पीड़ित होता है मनुष्य के लिए अग्नि लानेवाला प्रोमीथिउस। इदीपुस के जन्म से पहले देवताओं ने व्यवस्था कर दी है कि वह पिता की हत्या करेगा, माँ

से संतान उत्पन्न करेगा, अन्धा होकर दर-दर ठोकरें खाएगा। कुछ नाटककारों के लिए यह व्यवस्था न्यायपूर्ण है, उससे कष्ट पाने पर भी उसे स्वीकार करना होगा। कुछ अन्य—विशेषत: यूरीपिदीस के लिए—वह अन्यायपूर्ण है और अस्वीकार के योग्य है। दोनों ही स्थितियों में सामान्य बात यह है कि व्यवस्था के लिए उत्तरदायी हैं देवता, न कि मनुष्य।

शेक्सपियर के नाटकों का युगान्तरकारी महत्त्व यह है कि व्यवस्था मूलत: मानवकृत है, अपने कर्म और दु:ख के लिए मनुष्य स्वयं उत्तरदायी है। वह जिस न्याय-व्यवस्था से टकराता है, वह देव-निरपेक्ष है। यूरोप में यह नवजागरण का युग है, प्राचीन नियतिवाद से मुक्त होकर कवि नये मानवतावाद का विकास करते हैं। शेक्सपियर से नौ सौ वर्ष पहले भारत में यह कार्य भवभूति ने किया। जिस व्यवस्था से टकराकर मनुष्य पीड़ित होता है, वह मानवकृत है, उससे मनुष्य टकराता है स्वेच्छा से—कर्म करने में अपनी स्वतंत्रता का उपयोग करके, किसी पूर्व-निश्चित दैवी विधान से बाध्य होकर नहीं।

व्यवस्था कहती है कि नागरिकों का प्रवाद शान्त करने के लिए श्रीराम कठोरगर्भा सीता को त्याग दें। राजा राम स्वतंत्र हैं, वह चाहें तो सीता को त्यागें, चाहें तो न त्यागें। इक्ष्वाकु-वंश की प्रतिष्ठा निर्मल बनाए रखने के लिए वह सीता को त्यागने का संकल्प करते हैं। इस कर्म के लिए वह स्वयं उत्तरदायी हैं।

यद्यपि दुष्यन्त भी गर्भवती शकुन्तला को त्यागता है, तथापि कालिदास के नाटक में इस कर्म के लिए वह स्वयं उत्तरदायी नहीं है। दुर्वासा के शाप के कारण वह शकुन्तला को भूल गया है, इसलिए पश्चात्ताप, ग्लानि, आत्मपीड़न आदि से उसका धीरोदात्त मन मुक्त रहता है। भवभूति और कालिदास में यह अन्तर है; यद्यपि दोनों नाटक सुखान्त हैं, तथापि 'उत्तर-रामचरितम्' ट्रैजेडी है, 'अभिज्ञान शाकुन्तलम्' ट्रैजेडी नहीं है।

भवभूति के नाटक में दर्शक की सहानुभूति किसके प्रति हो : व्यवस्था के प्रति या उससे पीड़ित होनेवालों के प्रति? इस प्रश्न के उत्तर में दुविधा की गुंजाइश नहीं है। सारी सहानुभूति पीड़ित होनेवालों के प्रति उमड़ती है। तब क्या व्यवस्था अनुचित थी? राम का कार्य अनुचित था? या राम और सीता के साथ हम आँसू बहा लें, फिर व्यवस्था के सामने सिर झुका दें, राम का कार्य उचित मान लें?—इन प्रश्नों का उत्तर थोड़ा पेचीदा है।

'अपने वचन का पालन करूँगा, तभी प्रजा संतुष्ट होगी'—यह सोचकर महाराज दशरथ ने युवराज राम को त्याग दिया। राम के साथ अपने प्राण भी त्याग दिये। राम अपने पिता के इस कृत्य पर विचार करते हैं। वंश-कीर्ति की रक्षा के लिए सीता को त्यागना होगा। जय दुर्मुख उनके कठोर निर्णय पर आपत्ति करता है, तब राजा राम कहते हैं : 'कथं दुर्जना: पौरजानपदा:।' नागरिक दुर्जन कैसे हो सकते हैं? अयोध्या

से इतनी दूर अग्नि में सीता की शुद्धि हुई, कौन उस पर विश्वास करता? राम का यह तर्क आगे भागीरथी दोहराती हैं। लंका में सीता की शुद्धि हुई, उस पर लोग कैसे विश्वास करते? समस्त लोक को संतुष्ट रखना जब इक्ष्वाकु-वंश की परम्परा है, तब इस विषम परिस्थिति में श्रीराम क्या करते?

राजा राम जानते हैं कि तीर्थ का जल और अग्नि शुद्ध नहीं किए जा सकते, उसी प्रकार सीता को शुद्ध करने की बात व्यर्थ थी। 'त्वया जगन्ति पुण्यानि'—यद्यपि सीता से समस्त लोक पवित्र होते हैं, तथापि व्यवस्था की रक्षा के लिए उनका त्याग आवश्यक है। अन्तिम अंक में भागीरथी और पृथिवी कहती हैं, सीता की संगति से हमारी पवित्रता और बढ़ी है।

देवियाँ भी जिसके सम्पर्क से पवित्र हों, ऐसी हैं राम-पत्नी सीता। क्या व्यवस्था उनसे भी अधिक पवित्र है?

पवित्र व्यवस्था की रक्षा करने से यह अपराध-भावना, यह आत्मग्लानि क्यों? या राम के दो व्यक्तित्व हैं : एक राजा, दूसरा पति, और दोनों में कोई सामंजस्य नहीं है?

जनक ब्रह्मज्ञानी हैं। जब वह सोचते हैं कि अपमान से दुखी, प्रसव-पीड़ा से कराहती हुई, वन में हिंस्र पशुओं से घिरी मेरी कन्या मुझे पुकार रही होगी, तब वह राम और राम की प्रजा, दोनों का नाश करने को उद्यत हो जाते हैं : 'अहो, निर्दयता दुरात्मानां पौराणाम्। कहो, रामभद्रस्य क्षिप्रकारिता।' वह दुरात्मा पौरजनों की निर्दयता और राम की विवेकहीनता की निन्दा करते हैं। कहते हैं, यह वज्रपात मन को बहुत दिन से कष्ट देता रहा है, अब अवसर आ गया है कि धनुष उठाकर अथवा शाप देकर मैं अपना क्रोध व्यक्त करूँ।

जनक की बात सुनकर लव प्रसन्न होते हैं। कहते हैं, अपमानित होने पर मनस्वियों को ऐसे ही प्रायश्चित्त करना चाहिए।

अरुन्धती जनक को शान्त करती हैं : 'राम आपके ही पुत्र हैं, प्रजा दयनीय है, उसकी रक्षा करनी चाहिए।' अरुन्धती यह तर्क नहीं देतीं कि राम का कार्य उचित था, इसलिए आपका क्रोध अनुचित है!

व्यवस्था की सबसे कठोर आलोचना चौथे अंक में कंचुकी द्वारा इस बात का उल्लेख है कि क्रोध के कारण माता कौशल्या ने बारह वर्ष तक पुत्र राम का मुँह नहीं देखा। विधवा होकर जो माता चौदह वर्ष तक पुत्र-वियोग सहे, फिर राम के राजा बनने पर बारह वर्ष तक उनका मुँह न देखे—उसकी वेदना की थाह कौन ले सकता है?

कौन अधिक पवित्र है : माता कौशल्या या राजा राम की न्याय-व्यवस्था?

राम ने सीता को त्यागने के समय पृथिवी से प्रार्थना की थी : यह आपकी पुत्री हैं, आप इनकी रक्षा करें। पृथिवी ने रक्षा की, अपने वचन का पालन किया।

तब राम कहते हैं : 'कृतापराधोऽपि भगवति त्वयानुकम्पयितव्यो रामः प्रणमति।' यद्यपि राम ने अपराध किया है, तथापि वह अनुकम्पा के योग्य है, वह आपको प्रणाम करता है।

कौन अपराध स्वीकार करता है, राजा या पति या दोनों? जो भी हो, अपराध की स्वीकृति के बिना राम को पुन: सीता प्राप्त नहीं हो सकतीं।

व्यवस्था की रक्षा के लिए राजा राम ने जहाँ सीता का परित्याग किया, वहाँ उन्होंने एक काम और किया : शूद्र तपस्वी शम्बूक का वध। शूद्र और नारी, व्यवस्था के अनुसार, दोनों अधिकार-वंचित हैं। सम्पत्ति पर अधिकार पुरुष का है, नारी का नहीं। प्रवाद मात्र से भीत होकर पति स्त्री को त्याग सकता है, दो या अधिक रानियाँ रखने पर भी स्त्री पति को नहीं त्याग सकती। ब्रह्मज्ञान पर अधिकार द्विजों का है।

राजा राम जिस व्यवस्था की रक्षा करते हैं, उससे सीता, राजा जनक, माता कौशल्या, स्वयं राम, सभी कष्ट पाते हैं। सुख पाते हैं सम्भवत: वे नागरिक, जिनके संतोष के लिए राम ने सीता को त्याग दिया, किन्तु नाटक में कहीं उनके दर्शन नहीं होते। केवल अन्त में, अरुन्धती के कहने से, सीता पवित्र हैं, यह मानने को वे आ जाते हैं।

व्यवस्था से सहृदय मनुष्य की टक्कर—'उत्तर-रामचरितम्' में इस तत्त्व का चित्रण दुष्कर था, क्योंकि व्यवस्था के रक्षक राम हैं। वह आदर्श राजा हैं। उनके प्रति जनता की परम्परागत श्रद्धा है। 'मालती-माधवम्' में ऐसी कोई कठिनाई नहीं है। मालती और माधव एक-दूसरे से प्रेम करते हैं। राजा चाहता है कि मालती का विवाह उसके कृपापात्र नन्दन से हो। मालती और माधव के दु:खों का यह एक कारण है। अन्त में राजा मालती और माधव के प्रेम को मान्यता देता है, अपनी इच्छा में परिवर्तन करता है। मालती-माधव के दु:खों का दूसरा कारण है कापालिक अघोरघंट। वह देवी के मन्दिर में मालती की बलि देना चाहता है। माधव उसका वध करता है। अघोरघंट से राजा का प्रत्यक्ष सम्बन्ध नहीं है, किन्तु कराला का मन्दिर, जहाँ मालती बलि के लिए ले जाई जाती है, उसके राज्य में ही है। धर्म की विकृति का प्रतीक है अघोरघंट; स्वयम्वरा नारी के प्रेम का विरोधी है राजा। राजा के सैनिक मकरन्द पर आक्रमण करते हैं; मकरन्द वीरता से उनका सामना करता है। माधव ने अघोरघंट का वध किया, मकरन्द ने सैनिकों का। नाटक में पात्रों का परस्पर-विरोध संघर्ष का यह रूप ले लेता है। भवभूति जिस समाज का चित्रण कर रहे हैं, उसमें वेश्या, कापालिक, क्लीव, तांत्रिक, निरकुंश राजा और उसके सेवक हैं। इस समाज में युवती को यह अधिकार नहीं है कि युवा पति का वरण वह स्वयं करे। रीतिवादी शृंगार की दुनिया में प्रेम के नये सामाजिक मूल्य को केन्द्र बनाकर 'मालती-माधवम्' की रचना की गई है। इस मूल्य की प्रतिष्ठा

के लिए सहृदय मनुष्य जर्जर व्यवस्था से संघर्ष करता है। शेक्सपियर के नाटकों की तरह भवभूति के नाटकों में भी यह व्यवस्था देव-निरपेक्ष, मानव-कृत है। यह उनका ऐतिहासिक महत्त्व है।

भवभूति करुण रस की निष्पत्ति के लिए प्रसिद्ध हैं। शोक की अभिव्यक्ति वाल्मीकि में है, यूनानी नाटककारों में है। भवभूति और उनके पूर्ववर्ती कवियों की शोकाभिव्यक्ति में अन्तर क्या है?

पूर्ववर्ती कवियों का शोक अन्तर से बाहर की ओर बह निकलता है, वाल्मीकि के शोक ने श्लोक का रूप ले लिया। यूनानी नाटककारों में शोक घनीभूत होकर चेतना में विक्षेप उत्पन्न नहीं करता। यद्यपि दांते में घनीभूत शोक की प्रखर अभिव्यंजना है, तथापि स्वप्नाविष्ट होने पर भी उन्हें दुनिया बहुत साफ दिखाई देती है। इससे आगे की स्थिति है शेक्सपियर की, जहाँ शोक की अतिशयता मन को ऐसे संध्यालोक में खींच ले जाती है, जहाँ चेतना मूर्च्छित होकर भी इतनी सजग रहती है कि दु:ख का अनुभव उसे होता रहता है। मनुष्य की सुनने, देखने, स्पर्श पहचानने की शक्ति प्राय: नष्ट हो जाती है। इन्द्रियों की सामान्य क्रिया अवरुद्ध होने से चेतना सिमटकर दु:खानुभूति की एक ही बिन्दु पर ठहर जाती है। मनुष्य को जीवन में मृत्यु का साक्षात्कार होता है।

शेक्सपियर ने चेतना की इस अवस्था के लिए 'एक्सटैसी' शब्द का प्रयोग किया है। रहस्यवादी कवि आनन्दातिरेक में, आपा भूलकर, चारों ओर प्रकाश देखते हैं। विशोका वा ज्योतिष्मती, उन्हें जिस ऋतम्भरा के दर्शन होते हैं, वह आनन्दमय, प्रकाशमय है। शेक्सपियर की सविकल्प समाधि इससे एकदम उल्टी है। चित्तवृत्तियों का निरोध होने पर निरवधि दु:ख की चेतना, अथाह अन्धकार की अनुभूति ही शेष रहती है।

मैकबेथ कहता है कि हमने अपनी शान्ति के लिए दूसरों का वध किया, शान्ति उन्हें मिली; अच्छा हो कि हम भी उनमें जा मिलें। इस अशान्त 'एक्सटैसी' में मन जो निरन्तर पीड़ा सहता है, उससे मृत्यु अच्छी। लियर अपनी पुत्र कौर्डिलिया को देखकर कहता है कि यद्यपि तुम स्वर्ग की देवी हो, तथापि मैं यहाँ अग्निचक्र से बँधा हूँ, मेरे आँसू गले हुए राँगे की तरह मेरे ही अंगों को दग्ध कर देते हैं। ओथेलो और हैमलेट इसी अग्निचक्र से बँधे होने, 'रेस्टलेस एक्सटैसी' में पीड़ा सहने की स्थिति से गुजरते हैं।

इस एक्सटैसी की पहली झलक 'जूलियस सीजर' नाटक के ब्रूटस में दिखाई देती है। उसका अधिक सघन रूप हैमलेट में है, ओथेलो, मैकबेथ और लियर में उसका रूप सघनतर होता गया है। 'ऐंटनी एंड क्लिओपाट्रा' में उनकी फीकी झाँईं भर बच रही है। निस्सन्देह यह शेक्सपियर की व्यक्तिगत अनुभूति है, जिसे विभिन्न रचनाओं में उन्होंने नाटकीय रूप दिया है। यही स्थिति भवभूति की है।

लियर, मैकबेथ, ओथेलो और हैमलेट की दु:खानुभूति के सामान्य तत्त्व लेकर सार-रूप में उनका वर्णन करना हो, तो वह इस प्रकार होगा :

दलति हृदयं गाढोद्वेगं द्विधा तु न भिद्यते
वहति विकल: कायो मोहं न मुंचति चेतनाम्।
ज्वलयति तनूमन्तर्दाह: करोति न भस्मसात्
प्रहरति विधिर्मर्मच्छेदी न कृन्तति जीवितम्।

यद्यपि गाढोद्वेग हृदय का दलन करता है, तथापि उसको दो भागों में विच्छिन्न नहीं करता। यद्यपि विकल काया मोह वहन करती है, तथापि चेतना का साथ नहीं छूटता। यद्यपि शरीर में अन्तर्दाह प्रज्वलित है, तथापि शरीर भस्म नहीं होता। यद्यपि दैव मर्मस्थल पर प्रहार करता है, तथापि जीवन का नाश नहीं करता।

यह उक्ति 'मालती-माधवम्' के नये अंक में माधव की है, यही उक्ति 'उत्तर-रामचरितम्' के तीसरे अंक में ज्यों-की-त्यों राम की है। अनुभूति, व्यक्तिगत, भवभूति की है।

दांते का नरक इस लोक से परे है, जहाँ मृत्यु के बाद मनुष्य विभिन्न प्रकार की यंत्रणाएँ सहते हैं। शेक्सपियर के पात्र नरक-त्रास इसी जीवन में, इसी लोक में भोगते हैं। भवभूति ने असूर्यलोक में जीवित ही मनुष्य के प्रवेश करने की बात लिखी है। उनका मकरन्द कहता है, प्रविक्षिप्त (अथवा प्रतिक्षिप्त) चित्त मोहान्ध तमस में प्रवेश करता है (प्रविक्षिप्तं चेत: प्रविशति च मोहान्धतमसम्)। कुछ समय बाद वह फिर कहता है : हृदय का दलन हो रहा है, अन्तर्ज्वाला जल रही है, अन्तरात्मा अन्ध तमस में डूब रही है (सीदनन्धे तमसि विधुरो मज्जतीवान्तरात्मा)। उसी अंक में माधव कहता है : अंग जल रहे हैं, चारों ओर अन्धकार फैलता आ रहा है (ज्वलन्तीवाङ्गानि प्रसरति समन्तादिव तम:)।

मकरन्द कष्ट के समय अपनी माँ को याद करता है : 'मातर्मातर्दलति हृदयं ध्वंसते देह बन्ध:।' राम सीता को याद करते हुए कहते हैं : 'हा हा देवि स्फुटति हृदयं ध्वंसते देह बन्ध:।' पद्य की शेष तीनों पंक्तियाँ 'उत्तर-रामचरितम्' में वैसी ही हैं, जैसी 'मालती-माधवम्' में। मकरन्द की तरह राम की अन्तरात्मा भी अन्ध-तमस में निमज्जित होती है। जनक सीता के स्मरण से दुखी होकर सोचते हैं : जो आत्महत्या करते हैं, वे अन्धतमिस्त्र असूर्य लोकों में प्रवेश करते हैं। उसी अंक में जनक आगे कहते हैं : इस घोर जीवलोक नरक में मुझ पापी को जीने का धिक्कार है।

नरक-त्रास की यह अनुभूति भवभूति की अपनी है, उसे कहीं मकरन्द, कहीं माधव, कहीं राजा जनक, कहीं राम के माध्यम से वह व्यक्त करते हैं।

शेक्सपियर के चारों महानाटकों में जिस वातावरण की सृष्टि की गई है, उसमें अन्धकार का साम्राज्य है। विशेष कर 'मैकबेथ' में रात्रि और अन्धकार,

उनसे सम्बद्ध प्रतीकों का आह्वान अथवा चित्रण बार-बार किया गया है। 'मालती-माधवम्' के वातावरण में भी अन्धकार अत्यन्त सघन है। तमाल के पुष्पगुच्छों की तरह क्षितिज पर अन्धकार की वल्लरियाँ छा गई हैं; लगता है, धरती के सीमान्त पुन: जल में डूबते जा रहे हैं; वात्याचक्र से मथे हुए धुएँ की तरह अन्धकार सघन होता जा रहा है; रात्रि अभी शुरू हुई है, फिर भी वन में उसकी नीलिमा गाढ़ी हो गई है।

यहाँ वातावरण का अन्धकार एक प्रकार से आन्तरिक मन:स्थिति का ही बाह्य रूप है। मन अन्ध तमस में प्रवेश करता है, पृथ्वी जल में डूबती-सी मालूम होती है; बात एक ही है। इस अन्धकार में माधव को पिशाच-लीला दिखाई देती है, मैकबेथ को भी वैसे ही विकृत और बीभत्स दृश्य दिखाई देते हैं। माधव श्मशान में नर-मांस बेचने जाता है। उसके हाथ से मनुष्य का रुधिर टपक रहा है। मैकबेथ के हाथ मनुष्य के रक्त से रँगे हुए हैं। यद्यपि भवभूति और शेक्सपियर, दोनों अत्यन्त सुकुमार संवेदनाओं के कवि हैं, तथापि उनकी कल्पना में विकृत, बीभत्स और भयानक दृश्य क्यों छाए रहते हैं?

भवभूति और शेक्सपियर उस नये युग की देन हैं जिसकी विशेषता है, कवि का विभाजित व्यक्तित्व। वाल्मीकि, होमर और यूनानी नाटककार स्वस्थ मन के लोग थे, वे शोक की अनुभूति पर श्लोक रचते थे, किन्तु दु:स्वप्नों से पीड़ित मन के विक्षेप का अनुभव उन्हें न था। भवभूति और शेक्सपियर के काव्य-जगत् में मनुष्य आत्महत्या करने का विचार करता है, आत्महत्या की भावना वेश बदलकर दूसरों की हत्या के रूप में प्रकट होती है। वैसे तो अधिकांश शेक्सपियर-युगीन नाटकों में प्रतिहिंसा और रक्तपात के दृश्यों की कमी नहीं है, किन्तु उनमें साधारणत: ये दृश्य कवि की अन्तर्विघटित चेतना के प्रतीक नहीं हैं, जैसे वे 'मैकबेथ' में हैं।

जनक को लगता है कि तीखी धार का आरा उनके मर्मस्थलों पर चलता रहा है ('उत्तर-रामचरितम्', चौथा अंक)। भीतर की यह निरन्तर मर्मच्छेदी व्यथा विकृत और बीभत्स रक्तमज्जित दृश्यों का रूप ले लेती है। यद्यपि इस तरह के दृश्य 'मालती-माधवम्' में अधिक है, 'उत्तर-रामचरितम्' में कम, तथापि हैं दोनों में। भवभूति और शेक्सपियर उस मन:स्थिति के वर्णन में अत्यन्त दक्ष हैं जिसमें एक साथ अनेक भाव, बहुधा परस्पर विरोधी भाव, मन को झकझोर देते हैं। मालती को कराला के मन्दिर में देखकर माधव का मन आतंक से विकल, करुणा से द्रवित, विस्मय से विक्षोभित, क्रोध से प्रज्वलित और आनन्द से विकसित हो उठता है।

गर्भवती सीता का शीश अपनी बाहु पर रखते हुए राम स्पर्श की संवेदना से ऐसे अभिभूत हो जाते हैं कि वह निश्चय नहीं कर पाते, यह सुख है या दु:ख है, मोह है या निद्रा है, विष है या मद है; स्पर्श से इन्द्रियाँ परिमूढ़ हो गई हैं, विकार चेतना को विक्षुब्ध करता है, उल्लसित भी करता है।

मालती को देखकर माधव को लगता है कि उसकी दृष्टि अमृत और विष में एक साथ डूबी हुई उसके मन में पैठ गई है।

अदृश्य सीता वन में वियोग-व्यथित राम के वाक्य सुनती हैं। तमसा उन वाक्यों के बारे में कहती हैं कि वे मधु और विष की वर्षा एक साथ करते हैं।

भवभूति को अमृत की अपेक्षा विष की ही अनुभूति अधिक है। दबा हुआ विष कुछ दिन बाद जैसे वेग से शरीर में फैलने लगे; फोड़ा जिसमें भीतर गाँठ पड़ गई हो, जैसे मर्मस्थल में फूट पड़े, वैसे ही पुराना शोक नया होकर राम को विकल करता है। ('उत्तर-रामचरितम्,' दूसरा अंक)। मर्म में जैसे विष का दाँत लगा हो या गर्म लोहे की कील ठोंक दी गई हो, ऐसी पीड़ा राम को होती है (उप., तीसरा अंक)।

यह सब शेक्सपियर में है, विशेष रूप से 'हैमलेट' और 'किंग लियर' में, अन्तर्द्वंद्व से पीड़ित नये युग की अव्यवस्थित चेतना।

भवभूति और शेक्सपियर, दोनों जानते हैं, इस संसार में जीवित रहने के लिए धैर्य अत्यन्त आवश्यक है। मनुष्य ने धैर्य खोया कि उद्वेग उसके विवेक पर हावी हुआ। भवभूति के पात्र विवेक की रक्षा करते हुए धैर्य से उद्वेग को रोके रहते हैं।

आलोचक कहते हैं कि शेक्सपियर के नायकों की विशेषता है उनका आन्तरिक संघर्ष, किन्तु यह आन्तरिक संघर्ष है क्या? अरस्तू का अनुसरण करते हुए ब्रैडले ने नायक की विपत्तियों का कारण बताया—उसके चरित्र की कोई खास कमजोरी यूनानियों की हमार्तिया (अथवा हमार्शिया)। शेक्सपियर के नायकों की मानसिक स्थिति की व्याख्या इससे नहीं होती। उद्वेग का दमन, उद्वेग का घनीभूत होकर फूटना, उद्वेग की प्रबलता से चित्त में विक्षेप का उत्पन्न होना—नायकों की मन:स्थिति की यह विशेषता है। यह विशेषता भवभूति के पात्रों की मन:स्थिति की भी है।

पृथिवी दु:सह स्नेह संवेग की बात करती है। कोई भी उद्वेग हो, दु:सह होने पर विवेक को आच्छन्न कर लेता है। भागीरथी मन की मूढ़ ग्रंथि अथवा मोह सन्धि की बात करती है, चेतनावान् व्यक्तियों के अन्तर में वह रहती है और अत्यन्त शक्तिशालिनी है। भवभूति को ज्ञात है कि प्रबल उद्वेगों के दमन का परिणाम क्या होता है। इस सन्दर्भ में 'ग्रंथि' शब्द का प्रयोग करनेवाले सम्भवत: वह पहले साहित्यकार हैं।

राम को नींद नहीं आती। 'न चास्मि सुप्त:; कुतो रामस्य निद्रा?' ओथेलो, मैकबेथ आदि का मन, नींद न आने से, और भी उद्वेग-पीड़ित होता है। जो परोक्ष है, वह उनकी स्वप्नाविष्ट आँखों को प्रत्यक्ष दिखाई देती है। राम जाग रहे हैं, सीता सामने नहीं हैं, फिर भी उन्हें उनके कर-स्पर्श का अनुभव होता है। वासंती कहती हैं, अतिभूमि में गए हुए स्वयं को—'अतिभूमिं गतमात्मानम्'—अपने लोकोत्तर धैर्य से सँभालिए। कथा-प्रसंग में सीता का स्पर्श वास्तविक है यद्यपि वह अदृश्य हैं, तथापि भवभूति जिस अनुभव का वर्णन कर रहे हैं, वह मन के उत्तेजित होने पर स्पर्श का मिथ्याभास है। 'मालती-माधवम्' के पहले ही अंक में, मालती की अनुपस्थिति में,

माधव की यह दशा है कि 'मनो निष्ठाशून्यं भ्रमति च किमप्यालिखति च।' निष्ठा-शून्य मन भटकता है और जो कल्पना में है, उसे बाहर देखता है। उसी अंक में आगे चलकर माधव कहता है, मैं उसे यहाँ देखता हूँ, वहाँ देखता हूँ, अपने पीछे देखता हूँ, आगे देखता हूँ, अपने भीतर देखता हूँ, बाहर देखता हूँ, चारों ओर देखता हूँ।

दुःसह स्नेह-संवेग, प्रेम की अतिशयता से मन स्वप्नाविष्ट होकर प्रत्यक्ष के रूप में परोक्ष की प्रतीति करता है। जनक सीता का ध्यान बराबर किया करते हैं। निरन्तर चिन्तन से उनका शोक आँखों के सामने उद्भासित-सा हो उठता है : 'प्रति क्षण परिभावना स्पष्ट निर्भासः।' राम सीता का ध्यान करते हैं। लगता है, सीता सामने आकर खड़ी हो गई हैं : 'निहित इव निर्माय पुरतः।' मन को इससे सान्त्वना मिलती है, किन्तु स्वप्न के नष्ट होने पर—विकल्पव्यूपरमे—संसार फिर अरण्य जैसा हो जाता है। परोक्ष सीता को आत्रेयी देखती हैं : प्रत्यक्ष दृष्टामिव इत्यादि।

विकल्प, स्पष्ट निर्भास, आलेखन, अतिभूमि आदि अनेक शब्दों को नया अर्थ देकर भवभूति अपना नया अनुभव व्यक्त करते हैं। उनके इस प्रयास का महत्त्व न केवल साहित्य वरन् मनोविज्ञान के लिए भी है। चेतना की अतिभूमि पर पहले पैर रखा भवभूति ने, उनके पीछे उस पर विचरण किया शेक्सपियर ने।

भवभूति में अतीत को प्रत्यक्षवत् देखने की अद्भुत शक्ति है। रूमानी लेखकों के अवसादपूर्ण धूमिल अतीत-स्मरण से यह बिलकुल भिन्न है। 'उत्तर-रामचरितम्' के पहले अंक में राम और सीता विवाह, वनवास आदि के चित्र देखते हैं। चित्र अनावश्यक थे, राम को सब वैसे ही दिखाई देता था : पिता तब जीवित थे, सीता नई-नई ब्याह कर आई थीं, छोटे भाई सेवा करते थे, वे दिन सदा के लिए बीत गए (जीवत्सु तातपादेषु इत्यादि)। छोटे-से अनुष्टुप में उन्होंने पूरा इतिहास प्रत्यक्ष कर दिया है। जिस अतिभूमि में वह संक्रमण करते हैं, वह इस समर्थ परोक्षदर्शी कल्पना की ही सीमान्त भूमि है।

जिस तरह वह अपनी मर्मच्छेदी शोकानुभूति विभिन्न पात्रों के माध्यम से अभिव्यक्त करते हैं, वैसे ही शोकमिश्रित अतीत की सुखानुभूति भी वह अनेक पात्रों के माध्यम से व्यक्त करते हैं। मालती के वियोग में माधव विवाह का क्षण याद करता है जब मालती ने स्वयं अपने हाथ में मंगलसूचक कंगन पहना था। स्वयम्वरा मालती का वह हाथ माधव के लिए ऐसा आनन्ददायक था मानो समग्र उत्सव उसके सामने मूर्तिमान हो उठा हो! 'मालती-माधवम्' में उन्होंने इस सुखानुभूति की स्मृति इस प्रकार चित्रित की :

प्रिय माधवे किमसि मय्यवत्सला
ननु सोऽहमेव यमनन्दयत्पुरा।
स्वयामागृहीत कमनीय कंङ्कण-
स्तव मूर्त्तिमानिव महोत्सवः करः।

माधव को लगता है, मालती उसके प्रति अवत्सला हो गई है। यह वही माधव है जिसे मालती का कंकणयुक्त हाथ पहले आनन्दित कर चुका है।

भवभूति ने फिर यह सुखानुभूति राम के माध्यम से व्यक्त की :

समय: स वर्तत इवैष यत्र माँ
समनन्दयत्सुमुखि गौतमार्पित:।
अयमागृहीत कमनीय कङ्कण-
स्तव मूर्त्तिमानिव महोत्सव: कर:।

पहली दो पंक्तियाँ उन्होंने बदल दीं, अन्तिम दो पंक्तियाँ ज्यों-की-त्यों रहने दीं। ('मालती' वाले रूप में तीसरी पंक्ति का पाठान्तर अयमागृहीत भी है और 'उत्तर' वाले रूप में उसी पंक्ति का पाठान्तर स्वयामागृहीत।) 'उत्तर-रामचरितम्' को इस तरह 'मालती-माधवम्' के साथ मिलाकर पढ़ने से नाटक का आनन्द कुछ कम हो सकता है; यह राम ही बोल रहे हैं, यह कल्पना मिथ्या सिद्ध होती है। किन्तु एक नये प्रकार का आनन्द इस सत्य से प्राप्त होता है कि राम और माधव के माध्यम से भवभूति का व्यक्तित्व ही यहाँ बोल रहा है। चाहे शोकानुभूति हो, चाहे सुखानुभूति, अपने उदात्त रूप में वह अनुभूति है भवभूति की।

भवभूति करुण रस के तो श्रेष्ठ कवि हैं ही, प्रेम के चित्रण में भी वह अन्यतम हैं। परम्परागत श्रृंगार-रस से प्रेम की यह भूमि बहुत दूर है। कालिदास का यक्ष मेघ को अलका तक पहुँचाने से पहले उसे पचीसों स्त्रियों के दर्शन करा देता है; किन्तु मालती से अलग होने पर माधव को, सीता से अलग होने पर राम को, श्रृंगार-रस की उत्तेजक अन्य कोई रमणी याद नहीं आती। रीतिवादी युग में जहाँ नारी निरन्तर कामिनी—पुरुष की भोग्या—के रूप में चित्रित की गई है, वहाँ भवभूति, वाल्मीकि की परम्परा को पुनरुज्जीवित करते हुए, और रघुवंश के रचनाकार की परम्परा सम्वर्द्धित करते हुए, प्रेम की उदात्त अभिव्यंजना करते हैं। वाल्मीकि की सीता बचपन से—विवाह के बाद—राम के साथ रही हैं; राज-प्रासाद से लेकर वन में भटकने तक दु:ख-सुख में बराबर एक साथ रहने से उनमें प्रगाढ़ मैत्री का विकास हुआ है। इस मैत्री के लिए कोई वार्धक्य नहीं है। जब तक जीवन है, तब तक वह प्रेम है। सुख और दु:ख में वह अद्वैत है। वह अपने को सभी अवस्थाओं के अनुकूल बना लेता है। हृदय के लिए वह विश्राम-स्थल है। बुढ़ापा जिसके रस का हरण नहीं कर सकता (यत्र जरसा यस्मिन्नाहार्यो रस:), वरण के समय से शरीर-पात तक जो निरन्तर सम्वर्धित होता हुआ प्रेम के उत्कृष्ट रूप को प्राप्त होता है (यत्प्रेम सारे स्थितं), ऐसा अटूट स्नेह-सम्बन्ध भवभूति का काव्य-विषय है। ('उत्तर-रामचरितम्', प्रथम अंक)

भवभूति का यह प्रेम अशरीरी नहीं है, न वाल्मीकि ने अशरीरी प्रेम का चित्रण किया, कालिदास का तो उल्लेख ही व्यर्थ है। किन्तु अशरीरी न होने पर भी भवभूति

का प्रेम वाल्मीकि और कालिदास के प्रेम-चित्रण से भिन्न है। विशेषता यह है कि आनन्द की अतिशयता वैसे ही असह्य है, जैसे शोक की। यद्यपि सीता का स्पर्श राम की मूर्च्छा दूर करता है, तथापि आनन्दातिरेक से वह पुन: जड़ता से ग्रस्त हो जाते हैं। माधव मालती की जिस दृष्टि का स्मरण करता है, वह अमृत और विष, दोनों में डूबी हुई है। यद्यपि मालती और माधव एक-दूसरे के सामने हैं, तथापि मालती अपनी मृत्यु के बारे में सोच रही है : ऐसा न हो कि मेरे लोकान्तर जाने पर इनकी लोक-यात्रा के लिए मेरी स्मृति ही शेष रह जाए!

प्रथमानुराग के साथ मृत्यु की कल्पना—यह प्रेम की अतिशयता के ही कारण नहीं है, सौन्दर्य की एक विशेषता के कारण भी है। मालती का विवाह होने जा रहा है, माधव के साथ नहीं, नन्दन के साथ। विवाह के गहने पहने वह पीली और दुबली दिखाई दे रही है। वह उस लता की तरह है, जिसमें ऊपर फूल खिले हुए हैं, किन्तु भीतर से जो सूख रही है। कालिदास की 'पर्याप्तपुष्पस्तबकावनम्रा संचारिणी पल्लविनी लता' से यह अन्त:परिशोषित लता कितनी भिन्न है! नन्दन से अपने विवाह की सम्भावना से मालती अचानक पीली पड़ गई हो, ऐसा नहीं है। पहले अंक में ही उसे देखने के बाद माधव कहता है कि उसके कपोल नये हाथी-दाँत की तरह पीले हैं। वह मूर्च्छा से जागती है तो उसका सौन्दर्य उस मुरझाए हुए कमल जैसा है जो सवेरा होने पर अपनी विगत श्री को फिर पा रहा है। 'उत्तर-रामचरितम्' की सीता के कपोल यद्यपि पीले हैं, तथापि वे सुन्दर हैं। शोक ने उन्हें क्षीण कर दिया है, जैसे शरद का घाम केतकी के गर्भपत्र को सुखा दे! 'मालती-रामचरितम्' में भवभूति ने लिखा :

परिपाण्डु पांसुल कपोलमाननं दधती मनोहरतरत्वंआगता।

पीत कपोलों के कारण मालती और भी सुन्दर लगती है—'मनोहरत्वं' नहीं, 'मनोहरतरत्वं आगता।' 'उत्तर-रामचरितम्' में महाकवि ने सीता के लिए लिखा :

परिपाण्डु दुर्बलकपोल सुन्दरं
दधती विलोलकवरीकमाननम्

दोनों नाटकों में जब वह मूलत: एक ही अनुभूति का चित्रण कर रहे हैं, तब यह स्वाभाविक ही है कि उसकी प्रेरणा का स्रोत भी कोई एक ही हो। यद्यपि अन्तर्दाह से सूखती हुई, पीताभ, मृत्यु की छाया से म्लान, तथापि अत्यन्त सुन्दर—इस तरह की नारी का चित्रण शेक्सपियर से आरम्भ हो जाता है। उसका पूर्ण वैभव दिखाई देता है उन्नीसवीं सदी के जर्मन, फ्रांसीसी और अंग्रेज कवियों में।

किन्तु भवभूति आत्मगत कवि मात्र नहीं हैं। यहाँ बात उस मूल अनुभूति की है, जिसके चारों ओर अन्य देखी-सुनी बातें जोड़कर वह नाटक रचते हैं। शेक्सपियर

जैसे 'एक्सटैसी' के साथ शोक के ऐसे रूपों का चित्रण करता है जो कम सघन हैं, वैसे ही कामन्दकी, कौशल्या आदि पात्रों में भवभूति शोक का घनत्व घटाते-बढ़ाते रहते हैं। एक पात्र में भी शोक एक-सा नहीं रहता, साधारण खेद से लेकर उन्माद की अवस्था तक दुःख की न्यूनाधिक मात्राएँ वह प्रदर्शित करते हैं। इसी तरह सुख के चित्रण में विविधता है, शेक्सपियर से कुछ अधिक। दादी और नाना के साथ लव और कुश, राम और सीता का मिलन भी जहाँ फीका लगता है, वह दृश्य वाल्मीकि के सच्चे शिष्य भवभूति ही अंकित कर सकते थे। जनक और कौशल्या यद्यपि थोड़ी ही देर के लिए मंच पर आते हैं, तथापि मन पर अमिट छाप छोड़ जाते हैं। भवभूति मैत्री के चित्रण में अद्वितीय हैं : जनक और दशरथ की मैत्री और 'मालती-माधवम्' में माधव और मकरन्द की मैत्री। मकरन्द को अपनी प्रेमिका की उतनी चिन्ता नहीं है; माधव को मृत समझकर वह आत्महत्या के लिए उद्यत होता है। लव-कुश के समान दोनों ने एक ही साथ माँ का दूध पिया था (मातुः पयोधर पयोऽपि समं निपीय)। नारी के प्रति भवभूति की सहज सहानुभूति है। 'महावीर-चरितम' के राम ताड़का का वध नहीं करना चाहते, क्योंकि वह स्त्री है। 'मालती-माधवम्' में भवभूति ने यद्यपि अघोरघंट का वध करा दिया है, तथापि उसकी शिष्या कपोलकुंडला जीवित रह जाती है। उनके नाटकों में वृद्धा स्त्रियाँ अत्यन्त सहृदय हैं। 'मालती-माधवम्' में कामन्दकी मालती को पुत्री की तरह प्यार करती है, वैसे ही 'उत्तर-रामचरितम्' में अरुन्धती सीता को। लव-कुश के स्मरण से सीता के स्तनों में दूध भर आता है। कौशल्या लव को गोद में लेकर कहती हैं : इसकी बनक राम-जैसी है, शरीर का स्पर्श भी वैसा है। उसके स्वर में यद्यपि राम की प्रतिध्वनि है, तथापि मुख में मेरी बहू सीता की छवि दिखाई देती है।

एक ओर स्नेह-संवेदना की ऐसी सुकुमारता, दूसरी ओर श्मशान में नर-मांस बेचता हुआ माधव, जलते हुए शरीर की अस्थियों से मज्जा पीते हुए पिशाच, वध-चिह्नों से अंकित मालती पर खड्ग उठाए अघोरघंट। क्रूरता की पराकाष्ठा। शेक्सपियर इन दोनों छोरों के बीच की दुनिया को बहुत अच्छी तरह जानते हैं और उसकी विविधता को कौशल से चित्रित करते हैं, किन्तु पराकाष्ठा वहाँ नहीं है—न संवेदना सुकुमारता की, न बीभत्स और भयानक की। शेक्सपियर में जितनी गहराई है, उससे बहुत ज्यादा प्रसार है; भवभूति में प्रसार बहुत कम है, गहराई शेक्सपियर से भी ज्यादा है। क्रूरता और सुकुमारता की पराकाष्ठा भवभूति में है।

ट्रैजेडी के अलावा शेक्सपियर कॉमेडी के लेखक भी थे और उनकी कॉमेडी यूनानियों की इस विधा से भिन्न है। 'मालती-माधवम्' का सातवाँ अंक शेक्सपियर की कॉमेडी कला के स्तर का है—अपने रोचक, उत्तेजक, यथार्थ चित्रण के कारण। इस तरह भारत की स्त्रियाँ ही खुलकर आपस में सरस वार्तालाप कर सकती हैं। मदयन्तिका और लवंगिका इतनी जीवन्त स्त्रियाँ हैं कि मालती की छवि

कुछ समय के लिए फीकी पड़ जाती है। भवभूति ने विदूषक का सहारा लेकर प्रहसन लिखने के बदले चरित्र, वार्तालाप और नाटकीय परिस्थितियों में मनोरंजक तत्त्व जुटाकर हास्य को उसकी रूढ़िगत परिधि से बाहर निकाला है। मदयन्तिका समझती है कि मालती सो रही है, मुँह ढाँपे लेटा है उसका प्रेमी मकरन्द। एकान्त समझकर सखी से मन की बातें कहती है। मकरन्द प्रेम की अन्तरंग कथा का आनन्द-लाभ करता है।

अनेक तरह के पात्र, अनेक तरह की परिस्थितियाँ, अनेक स्तरों पर व्यक्त होनेवाली सुख और दु:ख की अनुभूति—यह सब प्रगीत काव्य का नहीं, नाटक का विषय है। 'मालती-माधवम्' में सूत्रधार कहता है कि अभिनेताओं से सहज मैत्री होने के कारण भवभूति ने अपना नाटक उसे दिया है। भवभूति रंगमंच और नटों से भली भाँति परिचित जान पड़ते हैं, उनसे मैत्री अवश्य रही होगी। स्वयं वाल्मीकि नाटक लिखते हैं जो 'उत्तर-रामचरितम्' के अन्तिम अंक में खेला जाता है, जिसके दर्शकों में राम, सीता, लव, कुश, लक्ष्मण, जनक, कौशल्या आदि हैं, उसके निर्देशक हैं भरत मुनि। नाटककारों और नटों के प्रति इससे भवभूति का आदर-भाव और प्रेम सूचित होता है।

सम्भवत: उन्होंने 'महावीर-चरितम्', 'मालती-माधवम्', 'उत्तर-रामचरितम्'—इसी क्रम से तीनों नाटक रचे थे। उनका नाट्य-कौशल क्रमश: विकसित होता गया है। 'महावीर-चरितम्' में पात्र बहुत अधिक हैं, घटनाक्रम लम्बा है। अनुभूति की तीव्रता, जो अन्य दो नाटकों की विशेषता है, यहाँ अभी देखने को नहीं मिलती।

अभिनय की दृष्टि से 'मालती-माधवम्' सबसे सफल नाटक है। उसमें विचित्र घटना संयोग और उदात्त काव्य का संतुलन है। कथाक्रम में कहीं सुस्ती नहीं है, भाव-प्रदर्शन के साथ निष्क्रियता नहीं है। विभिन्न पात्र अपने-अपने क्षेत्र में कर्मरत दिखाई देते हैं। 'मालती-माधवम्' उन थोड़े-से नाटकों में है जिनमें अपना एक भावात्मक वातावरण है; इस दृष्टि से उसकी तुलना 'मैकबेथ' से की जा सकती है। भवभूति का नाट्य-कौशल इस बात में दिखाई देता है कि जहाँ एक ही सूत्र में उन्होंने परस्पर-विरोधी भावों को बाँधा है, वहाँ उन्होंने अन्धकारमय वातावरण को प्रधानता देने के साथ, सुखानुभूति के अनुकूल, भिन्न वातावरण की सृष्टि भी की है। एक में चिता की लपटें और जलते हुए मांस की दुर्गन्ध है तो दूसरे में चाँदनी है मानो केतकी का पराग हवा में उड़ रहा हो!

'उत्तर-रामचरितम्' उस कोटि का नाटक है, जिसमें एक ही नायक प्रधान है और उसके आगे शेष सभी पात्र गौण लगते हैं। इस दृष्टि से यह शेक्सपियर के महानाटकों से बहुत मिलता-जुलता है। शोकानुभूति के मूल माध्यम ओथेलो और हैमलेट हैं, डेस्डिमोना और ओफीलिया नहीं। कौर्डीलिया की भूमिका कुछ अधिक महत्त्वपूर्ण है, उससे अधिक लेडी मैकबेथ की, फिर भी लियर और मैकबेथ की

तुलना में उनकी भूमिका गौण है। 'मालती-माधवम्' में यह दोष है कि मालती और माधव, दोनों ही शोकानुभूति के माध्यम हैं, इसलिए नाटक में भावात्मक पुनरावृत्ति होती है। 'उत्तर-रामचरितम्' में भवभूति ने सीता को पृष्ठभूमि में रखते हुए रंगमंच के अग्रभाग में राम को रखकर सारा ध्यान उन्हीं पर केन्द्रित किया है। यह कार्य किसी भी नाटककार के लिए बहुत बड़ी चुनौती हो सकता था।

राम ने गर्भवती सीता को घर से निकाला, कथा का यह सूत्र पकड़कर सीता के प्रति करुण भाव जगाना बहुत आसान था। भवभूति ने करुण भाव जगाया है राम के प्रति, न्याय-व्यवस्था से सहृदय मनुष्य के द्वंद्व का अनुपम चित्रण करके। डंकन की हत्या करनेवाले मैकबेथ के प्रति दर्शक में सहानुभूति उत्पन्न करना अपेक्षाकृत सरल कार्य था, सीता को निकालनेवाले राम के प्रति सहानुभूति उत्पन्न करना प्राय: असम्भव। यह कार्य वाल्मीकि ने नहीं किया, कालिदास ने नहीं किया। उस प्राय: असम्भव कार्य को भवभूति ने सम्भव कर दिखाया।

यदि हैमलेट की भूमिका किसी भी अभिनेता के कौशल को परखने की कसौटी है, तो कुछ वैसी ही कसौटी 'उत्तर-रामचरितम्' में राम की भूमिका भी है।

नाटक के रचना-कौशल में एक बात परखने की यह है कि भाव का घनत्व कहाँ ज्यादा है, कहाँ कम, और यह कम-ज्यादा का भेद उचित है या नहीं। 'मालती-माधवम्' में करुण रस पहले अंक से ही सघन हो जाता है, बीच में बीभत्स, भयानक, हास्य उस घनत्व को कम करते हैं, अथवा करुण रस से दर्शक के मन को मुक्त करके उसे दूसरे प्रकार की सघनता के दर्शन कराते हैं। करुण रस अन्त की ओर फिर सघन हो उठता है। 'उत्तर-रामचरितम्' में भी आरम्भ से ही करुण रस सघन है, बीच में पहुँचने पर सघनता दुर्भेद्य हो उठती है। चौथे अंक में जनक के प्रवेश के बाद दूसरे प्रकार की सघनता दिखाई देती है; कम दुर्भेद्य, क्रोध के स्थल पर शोक प्राय: तिरोहित हो जाता है और उल्लास की-सी भावना पैदा होती है। लव और कुश के प्रवेश के बाद यह सघनता और कम हो जाती है और भवभूति दर्शक के लिए शोकानुभूति को सह्य बना देते हैं। शेक्सपियर के नाटकों के तीसरे अंक में साधारणत: भावात्मक घनत्व सबसे ज्यादा होता है, चौथे में हल्कापन, पाँचवें अंक में एक बार फिर सघनता में वृद्धि। यूनानी नाटककार इस कला से प्राय: अनभिज्ञ हैं। इसमें सर्वाधिक कुशल हैं भवभूति और शेक्सपियर।

शेक्सपियर ने यद्यपि बहुत-से नाटक लिखे, तथापि उन्हें अपना उच्च स्थान प्राप्त है मूलत: अपने चार महानाटकों के कारण। यद्यपि भवभूति के तीन ही नाटक सुलभ हैं, तथापि उनमें दो शेक्सपियर के चार नाटकों के समकक्ष हैं। प्रसार—यथार्थ की विविधता, मनोवैज्ञानिक सूझ-बूझ, चरित्र-निर्माण की वास्तविकता—में यद्यपि शेक्सपियर आगे हैं, तथापि गहराई—शोकानुभूति की तीव्रता, करुण रस ही नहीं, वात्सल्य आदि सुकुमार भावों की पराकाष्ठा—में भवभूति आगे हैं।

प्रत्येक युग, प्रत्येक समाज, करुण रस-प्रधान उदात्त नाटकों का आदर नहीं कर सकता। जहाँ काव्यशास्त्र इस प्रश्न का उत्तर देने में लगा हो कि शोकानुभूति से आनन्द क्यों मिलता है, वहाँ साहित्यकार मनोरंजन की चीजें लिख सकते हैं, ट्रेजेडी नहीं। मिल्टन ने जैसे 'पैराडाइज लॉस्ट' अभिजात-वर्गीय चेतना के प्रतिकूल होकर लिखा, वैसे ही भवभूति ने रीतिवाद से प्रतिकूल दिशा में करुण रस की सार्वजनीनता घोषित करते हुए 'उत्तर-रामचरितम्' की रचना की। कोई आश्चर्य नहीं कि उन्होंने अवज्ञा करनेवालों से कहा : 'यह प्रयत्न तुम्हारे लिए नहीं है।' समानधर्मा की तलाश में उन्होंने निरवधि काल और विपुल पृथ्वी पर दृष्टि डाली। राम की तरह, भवभूति अपने युग में, समानधर्मा के अभाव में, बहुत अकेले रहे होंगे।

उनके नाटकों में जगह-जगह उनका व्यक्तित्व झाँकता दिखाई देता है। अहंकार की मात्रा काफी रही होगी। 'उत्तर-रामचरितम्' में सूत्रधार घोषित करता है कि वाणी की देवी वश्या (दासी) के समान भवभूति का अनुसरण करती है। भवभूति जानते थे कि जो वह कहना चाहते हैं, उसे शब्दों में कह देना कितना कठिन है। 'परिच्छेदातीत: सकल वचनानामविषय: '। माधव कहता है कि उसका मनोविकार सीमित, स्पष्ट रूपवाला नहीं है, वह शब्दों में व्यक्त नहीं किया जा सकता। अतिभूमि में संचरण की बात यद्यपि वह अनेक शब्दों से व्यक्त करते हैं, तथापि संतोष नहीं होता। 'दलतिहृदयं-गाढ़ोद्वेगं'—इस पद्य में अभिव्यक्ति की जो पूर्णता है, उस तक पहुँचने के लिए उन्होंने बहुत-से अधूरे प्रयत्न किए हैं। वे सब 'मालती-माधवम्' में बिखरे पड़े हैं और सुरक्षित हैं।

दूसरी ओर जो शब्द उन्हें प्रिय लगता है, उसका प्रयोग विभिन्न सन्दर्भों में बार-बार करते हैं—महोत्सव, निरवधि आदि। संस्कृत शब्दों की ध्वनि से वह खेलते हैं, विशेषत: सघोष महाप्राण ध्वनियों से। गद्य में लम्बे समासवाले पद वह रचते हैं। यहाँ वाणी उनकी वश्या है किन्तु जब परिच्छेदातीत अनुभव को व्यक्त करना होता है, तब वह वाणी के पीछे दौड़ते हैं और लगता है कि संस्कृत-जैसी समृद्ध भाषा भी उनकी भावाभिव्यक्ति के लिए अक्षम है। प्रत्येक समर्थ कवि की तरह वह पुराने शब्दों को नये अर्थ से दीप्त कर देते हैं।

भवभूति का जन्म विदर्भ प्रदेश के पद्मपुर नगर में हुआ था। माधव भी विदर्भ का रहनेवाला है। लड़कपन में घर छोड़कर वह पद्मावती जाता है जहाँ मालती रहती है। भवभूति को दंडकारण्य अत्यन्त प्रिय है। 'महावीर-चरितम्' और 'उत्तर-रामचरितम्' में इस अरण्य का वर्णन स्वाभाविक है, किन्तु 'मालती-माधवम्' में माधव भी पद्मावती के आसपास कहीं दक्षिणारण्य में पहुँच जाता है। इस वन का वर्णन करते हुए भवभूति ने एक पद्य रचा : 'दधति कुहरभाजामत्र भल्लूक यूनाम्' इत्यादि। इसका उपयोग किया उन्होंने पहले 'महावीर-चरितम्' के पाँचवें अंक में, फिर 'मालती-माधवम्' के नौवें अंक में, अन्त में 'उत्तर-रामचरितम्' के दूसरे अंक में। इस तरह की कारीगरी वह पद्य ही नहीं, गद्यांशों में भी करते हैं।

अरण्य उन्हें प्रिय है, अप्रिय भी। गोदावरी और पर्वतों का वर्णन बड़े प्रेम से करते हैं। प्रेमी को वियोग में संसार जब सूना-सूना लगता है, तब उसकी तुलना वह अरण्य से ही करते हैं। कालिदास से प्रतिद्वंद्विता का-सा भाव है; माधव मेघ द्वारा सन्देश भेजता है; 'महावीर-चरितम्' में पुष्पक विमानवाली यात्रा, नाटकों में कई जगह उपवनों के वर्णन आदि में वह कालिदास से होड़-सी करते हैं और पीछे रह जाते हैं। जहाँ वह महान् हैं, वहाँ कालिदास की गति नहीं। वाल्मीकि के लिए उनके हृदय में अत्यन्त श्रद्धा है। वाल्मीकि के रचे हुए नाटक की प्रति खो न जाए, इसलिए कुश धनुष-बाण लेकर उसकी रक्षा करते हुए भरत मुनि के यहाँ जाते हैं।

भारतीय साहित्य में भवभूति का आविर्भाव विश्व-साहित्य में नये युग का सूत्रपात है। यूनानी नाटककारों की देवसापेक्ष न्याय-व्यवस्था की जगह देवनिरपेक्ष न्याय-व्यवस्था का चित्रण शेक्सपियर से पहले भवभूति ने किया। निरुद्ध संवेग, चेतना की मोह-ग्रंथि, ब्रह्मानन्द से उल्टी तीव्र शोकानुभूति, चेतना की सीमान्त भूमि में संचरण, नाटक-रचना में भाव सघनता का उतार-चढ़ाव—ये सब शेक्सपियर से पहले भवभूति में हैं। उनके अन्तर्विह्वल हृदयवाले व्यक्तित्व की छाया अनेक परवर्ती साहित्यकारों में देखी जा सकती है।

[1970]

4

संत-साहित्य के अध्ययन की समस्याएँ

संत कौन थे? संत-साहित्य में किस साहित्य को लिया जाए, किसको छोड़ा जाए?

कुछ विद्वान् 'संत' का अर्थ निर्गुणपंथी साधु ही लगाते हैं। उधर गोस्वामी तुलसीदास जैसे सगुणपंथी कवि भी 'संत' शब्द अपनाते हैं, अपने को उसी संत-परम्परा का अनुयायी मानते हैं। 'संत' शब्द से संसार-त्यागी महात्मा का अर्थ लेना भी ठीक नहीं। संतों में बहुत-से गृहस्थ थे। संतों से केवल हिन्दू महात्माओं का बोध करना ठीक नहीं; इनमें अनेक मुसलमान थे जो इस्लाम की कट्टरता के भले विरुद्ध रहे हों, लेकिन उसे छोड़कर हिन्दू न हो गए थे। संतों से हम पुरुष-कवियों या महात्माओं का ही बोध करें, यह भी उचित नहीं। यदि मीराबाई संत नहीं तो संत कौन है?

संतों में स्त्री और पुरुष, संन्यासी और गृहस्थ, हिन्दू और मुसलमान, सगुणवादी और निर्गुणवादी—दोनों हैं।

संतों की और संत-साहित्य की विशेषताएँ क्या हैं? संत लोकधर्म के संस्थापक हैं। हिन्दू धर्म, इस्लाम, इनके कर्मकांड, धर्मशास्त्र, कट्टर आचार-विचार और पुजारियों और मौलवियों की रीति-नीति के विरुद्ध ये संत मूलत: प्रेम के आधार पर मुक्ति, ईश्वर-प्राप्ति आदि के पक्ष में थे।

पुरोहितों और मौलवियों की धार्मिक भाषाओं—संस्कृत और अरबी—के बदले वे अपने लोकधर्म का प्रचार जनता की भाषा में करते थे।

दरबारी कवियों के विपरीत लक्षण-ग्रंथों, नायिक-भेद, अलंकारवाद का रास्ता छोड़कर इन्होंने मनुष्य की व्यापक और सहज भावनाओं का चित्रण किया।

इनके दार्शनिक दृष्टिकोण के अनुसार : बहुधा यह संसार असार बताया जाता है; काम, क्रोध, मद, लोभ आदि मनुष्य के शत्रु बताए जाते हैं। इनमें से कुछ योग-ध्यान की बातें करते हैं, कुछ योग आदि का विरोध भी करते हैं। मोटे तौर से संत-साहित्य की ये विशेषताएँ हैं।

संत-साहित्य का सामाजिक आधार क्या है? इसका सामाजिक आधार जुलाहों, कारीगरों, किसानों और व्यापारियों का भौतिक जीवन है। संत-साहित्य भारतीय

संस्कृति की आकस्मिक धारा नहीं है। यह देश की विशेष सामाजिक परिस्थितियों में उत्पन्न हुई थी। इसीलिए यह एक भाषा या एक प्रदेश तक सीमित नहीं रही। उसका प्रसार श्रीनगर से कन्याकुमारी तक, गुजरात से बंगाल तक हुआ था। यह इस देश का सबसे विराट् सांस्कृतिक आन्दोलन था जिसकी जड़ें दूर-दूर गाँवों तक पहुँची हुई थीं।

संत-साहित्य भारतीय जीवन की अपनी परिस्थितियों से पैदा हुआ था। उसका स्रोत बौद्ध धर्म या इस्लाम में—या हिन्दू धर्म में—ढूँढ़ना सही नहीं है। इन धर्मों का उस पर असर है लेकिन ये उसके मूल स्रोत नहीं हैं। मलिक मुहम्मद जायसी कुरान के भाष्यकार नहीं हैं, न कबीर और दादू त्रिपिटकाचार्य हैं, न सूर और तुलसी वेद, गीता या मनुस्मृति के टीकाकार हैं। संत-साहित्य की अपनी विशेषताएँ हैं जो मूलत: किसी प्राचीन धर्म-ग्रंथ पर निर्भर नहीं हैं।

भारतीय जीवन की जिस परिस्थिति से संत-साहित्य का घनिष्ठ सम्बन्ध है, वह है : सामन्ती शक्ति का ह्रास, सामन्ती ढाँचे का कमजोर पड़ना। कुछ लोगों का विचार है कि अंग्रेजी राज कायम होने से पहले भारत में सामन्तवाद पूरी शक्ति से जमा हुआ था। यह धारणा इतिहास के तथ्यों के विपरीत है। 15वीं, 16वीं और 17वीं सदी में यहाँ व्यापार की बड़ी-बड़ी मंडियाँ कायम होती हैं, पचीसों नगर व्यापार और सांस्कृतिक आदान-प्रदान के केन्द्र बनकर उठ खड़े होते हैं। लोहे और कपास का सामान काफी बड़े पैमाने पर तैयार किया जाता है। सैकड़ों वर्ष के बाद सामाजिक जीवन की धुरी गाँव से घूमकर नगर की ओर आ जाती है। सामाजिक जीवन की बागडोर सामन्तों के हाथ ही में नहीं रहती, व्यापारी भी उसमें हाथ बँटाने लगते हैं। राज्यसत्ता सामन्तों के हाथ में रहती है लेकिन बहुत-से सामन्त भी अपनी शक्ति के लिए व्यापारियों का सहारा लेते हैं। गोला-बारूद का प्रयोग, एक-से सिक्कों का काफी बड़े प्रदेशों में चलन, जागीरदारों का एक जागीर से दूसरी जगह भेजा जाना, सड़कों और नहरों का बनना, समाचार भेजने के लिए हलकारों की व्यवस्था, किसानों से सीधे राज्य-कर लेने की व्यवस्था, आदि ऐसी बातें थीं जिनसे गाँवों का अलगाव कम हुआ और सामन्ती शक्ति कमजोर हुई।

भारतीय समाज में यह परिवर्तन उसकी अपनी ही शक्तियों से हो रहा था। यहाँ के लोगों को व्यापार करना ईरानियों, पठानों, अरबों या तुर्कों ने नहीं सिखाया था। सैकड़ों वर्षों से कायम भारतीय सामन्तवाद कभी का अपनी ऐतिहासिक भूमिका खत्म कर चुका था। उसे समाप्त करनेवाली शक्तियाँ उसी के गर्भ में पुष्ट हो रही थीं। ये शक्तियाँ व्यापारियों, जुलाहों, कारीगरों, गरीब किसानों की थीं जिनके सांस्कृतिक विकास और सुखी जीवन में सबसे बड़ी बाधा थी—सामन्तवाद। इन वर्गों का हित इस बात में न था कि हिन्दू और मुसलमान आपस में लड़ें। जो

सामन्त उन्हें सताते थे, उनमें हिन्दू और मुसलमान सामन्त, दोनों थे। जो धार्मिक नेता सामन्तों को ईश्वर का अवतार कहकर उनका राज्य कायम रखने में सहायता देते थे, उनमें मौलवी, पंडित, सभी तरह के पुरोहित थे। इसीलिए धार्मिक विद्वेष के बदले संत-साहित्य में धार्मिक सहिष्णुता है, धार्मिक कट्टरता का विरोध है।

संत-साहित्य से पहले गाँव-गाँव और जनपदों में अपने धार्मिक रीति-रिवाज, अपने अन्धविश्वास थे। थोड़े-से विद्वान् हिन्दू धर्म या इस्लाम की मूल पुस्तकें पढ़कर भले ही अपने को सच्चा हिन्दू और मुसलमान मानते रहे हों, लेकिन अपने दैनिक जीवन में जनता हर दस कोस पर धर्म को एक स्वतंत्र रूप देती चली गई थी। वास्तव में यह बात अभी भी—सामन्ती अवशेषों के साथ—भारतीय जीवन में बाकी है। सूर और तुलसी ने, प्रेममार्गी सूफियों ने लाखों मनुष्यों को, उनके ग्रामीण और जनपदीय अन्धविश्वासों से अलग, नये सूत्रों में बाँधना शुरू किया। यह कार्य भी व्यापार की बढ़ती और यातायात की अधिक सुविधा से सम्भव हुआ।

इन संतों की भाषा में अनेक बोलियों के शब्द मिलते हैं, इसका कारण इनका जहाँ-तहाँ घूमना ही नहीं है। अवध, ब्रज, बुन्देलखंड आदि की जनता ज्यों-की-त्यों अपने जनपदों में बन्द न रहकर इधर-उधर बिखरने लगी थी। भोजपुरी और मिथिला जनपदों में अवधी बोलनेवाले, अवध में ब्रजभाषा या खड़ी बोली बोलनेवाले प्रवेश करने लगे थे। भारतेन्दु हरिश्चन्द्र और रामचन्द्र शुक्ल, दोनों ही ने इस तथ्य पर प्रकाश डाला है कि पूर्व में खड़ी बोली का प्रसार पछाँह की व्यापारी जातियों ने किया। 16-17वीं सदी के आगरा और बनारस में एक से अधिक बोलियाँ सुनी जाती थीं। न केवल अनेक जातियों के व्यापारी वहाँ आते थे वरन् कारीगर, बुनकर, नौकरी-पेशा लोग, सैनिक आदि भी वहाँ एकत्र होते थे। जनपदों का अलगाव कम होना, बोलियों का परस्पर घुलना-मिलना इसी परिस्थिति से सम्भव हुआ। ब्रजभाषा के पद ब्रज तक सीमिति न रहे; वे सुदूर मिथिला और बुन्देलखंड के गाँवों में भी प्रवेश कर गए। गोस्वामी तुलसीदास ने ब्रजभाषा ही में कविता नहीं की, उन्होंने अवधी में भी वैसी ही लोकप्रियता प्राप्त की। इसका कारण यह था कि जनपदों में बँटी हुई जनता के बदले अब एक जातीय सूत्र में गठी हुई विराट् जनता हिन्दी-भाषी प्रदेश में विकास की नई मंजिल की ओर बढ़ रही थी।

इससे स्पष्ट है कि धार्मिक प्रभावों की छानबीन से ही संत-साहित्य की विषयवस्तु या रूप—भाषा, भाव और विचार—का पूरा विश्लेषण नहीं हो सकता। उसका आधार सामन्ती ढाँचे में व्यापारियों और जनसाधारण की बढ़ती हुई शक्ति है।

संतों के लोकधर्म का महत्त्व क्या है? संतों का लोकधर्म सामन्ती व्यवस्था को दृढ़ नहीं करता वरन् उसे कमजोर करता है। सामन्ती व्यवस्था में धरती पर सामन्तों का अधिकार था तो धर्म पर उन्हीं के समर्थक पुरोहितों का। संतों ने धर्म पर से

पुरोहितों का यह इजारा तोड़ा। खास तौर से जुलाहों, कारीगरों, गरीब किसानों और अछूतों को साँस लेने का मौका मिला। यह विश्वास मिला कि पुरोहितों और शास्त्रों के बिना भी उनका काम चल सकता है। वर्ग-युक्त समाज में बहुधा सामाजिक संघर्ष धार्मिक रूप ले लेते हैं। यह तब और भी होता है जब जनता असंगठित होती है। यूरोप में भी मजदूर वर्ग के अभ्युदय और संगठन के पहले सामाजिक संघर्षों ने धार्मिक रूप लिया था। सामन्तों के खिलाफ जनता के संघर्ष ने धार्मिक ठेकेदारी के खिलाफ संघर्ष का रूप लिया था। इसलिए किसी आन्दोलन का धार्मिक रूप देखकर उसकी भीतरी ऐतिहासिक विषयवस्तु न भूल जाना चाहिए। आजकल अनेक आलोचक संत-साहित्य को—विशेष कर तुलसी साहित्य को—प्रतिक्रियावादी करार दे देते हैं; धर्म की बात सामने आते ही वह बिदक उठते हैं। इस तरह का दृष्टिकोण इतिहास के वैज्ञानिक अध्ययन के विरुद्ध है।

साथ ही यह भी याद रखना चाहिए कि मध्यकालीन भारत में सामाजिक संघर्ष धार्मिक रूप इसलिए लेता था कि जनता असंगठित थी और उसकी राजनीतिक चेतना अभी पूरी तरह निखर नहीं पाई थी। संत-साहित्य के धार्मिक रूप पर बल देना—संसार को मिथ्या बताना, जनता से मुक्ति के लिए राम का नाम जपने और भाग्य के भरोसे बैठे रहने को कहना—और संत-साहित्य की सामाजिक विषयवस्तु को भूल जाना अवैज्ञानिक है।

संत-साहित्य का दार्शनिक दृष्टिकोण मूलत: क्या है? उसका हमारी जातीय संस्कृति के विकास के लिए महत्त्व क्या है?

संत कवियों का एक सुसंगत दार्शनिक दृष्टिकोण नहीं है। उस दृष्टिकोण में असंगतियाँ हैं। एक ओर ये कवि संसार को मिथ्या, ब्रह्म या परलोक को एक मात्र सत्य कहते दिखाई देंगे, दूसरी ओर वे प्रकृति, सामाजिक जीवन और मानव-सम्बन्धों के प्रति भी गहरी आसक्ति प्रकट करते दिखाई देंगे। इस असंगति का पहला कारण वर्ग-युक्त समाज में शासकवर्ग के दर्शन का प्रभाव है। इस दर्शन ने जनता को यह सिखाने की कोशिश की थी कि संसार मिथ्या है, इसलिए मनुष्य का इसी संसार में अपने सुखी जीवन के लिए लड़ना आवश्यक नहीं है। इस दर्शन ने मनुष्य को सिखाया था कि उसके दु:खों और निर्धनता का कारण सामाजिक व्यवस्था नहीं है, शासकवर्ग द्वारा उसकी मेहनत का फल छीनना नहीं है, वरन् उसके कर्मों का फल है, पूर्व जन्म के पाप हैं, ईश्वर से काफी प्रार्थना न करना है, इत्यादि। इस दर्शन का प्रभाव पूरी तरह तभी मिटता है जब जनता संगठित होती है, अपनी एकता की शक्ति पहचानती है। सामाजिक संघर्ष के दौर में वह अपने वास्तविक शत्रुओं को, उनकी नीति, उनके शोषण और अत्याचार को पहचानती है। मध्यकालीन साहित्य पर भाग्यवाद, मायावाद, निष्क्रियता आदि की भावनाओं का असर है—इसका ऐतिहासिक कारण है, उस समय के जनजीवन की सीमाएँ हैं।

कुछ लोग प्राचीन परम्परा के नाम पर जनता को गुमराह करते हैं। वे निष्क्रियता और भाग्यवाद की भावनाओं को ही सच्ची परम्परा कहकर उन्हें पूजते-पुजवाते हैं। इतिहास के प्रति अवैज्ञानिक दृष्टिकोण रखनेवाले कुछ लेखक प्रगतिशीलता के नाम पर यही बात दुहराते हैं और दार्शनिक क्षेत्र में संत-साहित्य के दूसरे पक्ष को छोड़ देते हैं जहाँ लोक-जीवन और लौकिक जीवन की स्वीकृति मिलती है।

संत-साहित्य में सैकड़ों ऐसी पंक्तियाँ मिलेंगी जिनमें संसार त्यागनेवाले, संसार से मुँह मोड़कर, मनुष्य से दूर, ईश्वर की खोज करनेवाले महात्माओं पर व्यंग्य किया गया है। संतों में अनेक गृहस्थ थे, इसलिए यह अनिवार्य था कि वे संसार छोड़कर महात्मा बनने की परम्परा का कहीं-न-कहीं विरोध करें। बौद्ध और वेदान्ती दार्शनिक जहाँ संसार को मिथ्या और दु:ख का कारण बतलाते रहे थे, वहाँ तुलसीदास ने बहुत ही स्पष्ट शब्दों में अलगावादियों का खंडन किया है। संसार को झूठा कहनेवालों को गँवार कहा है।

तुलसीदास की उक्ति है :

झूठो है झूठो है झूठो सदा जग संत कहंत जे अंत लहा है।
ताको सहै सठ संकट कोटिक, काढ़त दंत करंत हहा है।
जानपनी को गुमान बड़ो तुलसी के विचार गँवार महा है।
जानकी जीवन जान न जान्यो तो जान कहावत जान्यो कहा है।

सूरदास ने अपने अनूठे पदों में निराकार ब्रह्म और योग द्वारा उसकी प्राप्ति का सरस खंडन किया है। सैकड़ों वर्षों से योग का जो महत्त्व चला आ रहा था, संसार छोड़नेवाले योगियों को महामानव समझने की जो प्रथा चली आ रही थी, उसका सबसे सबल विरोध सूरदास ने किया है। कबीर की व्यंग्यपूर्ण शैली में वे कहते हैं :

आए जोग सिखावन पाँड़े।
परमारथी पुराननि लादे ज्यों बनजारे टाँड़े।

संत-कवियों का लौकिक जीवन के लिए आग्रह, साकार ब्रह्म की उपासना, अवतारवाद, जायसी के साकार प्रतीकों में प्रकट हुआ है। एक बार जहाँ निराकार ब्रह्म को साकार माना, वहीं उसमें मानवोचित गुणों की प्रतिष्ठा होने लगी। साकार ब्रह्म की उपासना के बहाने संत-कवियों ने उन मानव-मूल्यों की प्रतिष्ठा की है जो इस देश की संस्कृति में अमर रहेंगे।

संत-साहित्य के महत्त्वपूर्ण मानव-मूल्य कौन-से हैं? संत-साहित्य की सामाजिक विषयवस्तु का ऐतिहासिक मूल्य क्या है?

संत-साहित्य भारतीय जनता के प्रेम, घृणा, आशाओं और वेदना का दर्पण है। वह उसके हृदय की सबसे कोमल, सबसे सबल भावनाओं का प्रतिबिम्ब है।

वह उसकी मानवीय सहृदयता, लौकिक जीवन में आस्था और उज्ज्वल भविष्य की कामना का प्रमाण है। किस साहित्य में सूर के बालकृष्ण का-सा सौन्दर्य वर्णन मिलेगा? यह हिन्दी-भाषी जनता की अपनी विरासत है। पता नहीं, सूरदास के आँखें थीं या नहीं, लेकिन उन्होंने बालकृष्ण में जो कुछ हमें दिखाया है, वह हमारे किसान नित्य अपने बालकृष्णों में देखते हैं, देखना चाहते हैं। मनुष्यता की बहुत बड़ी निशानी भोले शिशुओं की रक्षा, उनसे स्नेह है। इस एटम बम के युग में जब लाखों नर-नारियों और बच्चों को एक क्षण में नष्ट करने के षड्यंत्र रचे जा रहे हैं, भारत के अमर गायक सूर द्वारा कृष्ण की बाल-लीला का वर्णन ध्वंस और विनाश के विरुद्ध एक चुनौती बनकर मानव को सजग करता है। सामन्ती गायकों ने जहाँ नायिकाओं के नखशिख और हावभाव के वर्णन से अपने अन्नदाताओं की निम्न वासनाओं को ही उभारा था, वहाँ सूरदास ने साहित्य में यशोदा और कृष्ण के नवीन और लोकप्रिय पात्रों की अवतारणा की, जनता के श्रेष्ठ संस्कारों को निखारा। हिन्दू और तुर्क सामन्तों का दुहरा उत्पीड़न सहती हुई भारतीय जनता के हृदय की अमिट सुकुमार भावनाएँ ही यहाँ प्रकट हुई थीं, किसी अगोचर ब्रह्म के अलौकिक गुण नहीं।

'कवितावली' के वे छंद बहुत ही सुन्दर हैं जिनमें तुलसी ने राम के बाल-रूप का वर्णन करते हुए सूर से होड़ की है। यों तन्मय और आत्मविभोर होकर तुलसी ने भी कम छंद रचे हैं।

सूर ने राधा और गोपियों के प्रेम में भारतीय नारी के हृदय में छिपी हुई प्रेम की प्यास को वाणी दी। यह प्रेम कृष्ण के लिए है, अलौकिक है। सामन्ती समाज में जाति-प्रथा, कुंडली चक्र, दहेज और सम्पत्ति के अनेक बन्धन-बाधाएँ होते हुए भी कौन नहीं जानता कि निर्धन जनता में राधा और कृष्ण का-सा प्रेम लौकिक जीवन में, अपने लौकिक रूप में भी वर्तमान था? सूर, मीरा, चंडीदास आदि कवियों ने इसी वास्तविक प्रेम के गुण, प्रेम की सच्ची लगन, विरह की सच्ची व्यथा, सामाजिक बन्धनों की वास्तविक अवहेलना राधा और कृष्ण के प्रेम में चित्रित की है। 'वैष्णव कविता' में रवीन्द्रनाथ ठाकुर ने ठीक ही वैष्णव कवियों के प्रेम-वर्णन के लौकिक आधार की ओर संकेत किया है।

कालिदास ने 'मेघदूत' में जिस प्रेम-कविता का स्वर मुखर किया था—वह प्रेम-कविता जिसका आधार मांसलता, नारी से भोग की कामना ही नहीं है, जो यूरोप के रोमांटिक कवियों की 'लिरिक' रचनाओं का भारतीय पूर्व-संस्करण है—उस व्यक्तिगत प्रेम के स्वर को सूर और मीरा ने और भी उदात्त किया। राज-दरबारी कविता में नारी के प्रेम को कभी वह स्थान न मिला था जो उसे सूर और मीरा ने दिया। नारी उपभोग की वस्तु थी, उससे प्रेम-याचना करनेवालों की कमी न थी लेकिन उसे भी अपनी रुचि के अनुसार प्रेम करने का अधिकार है, यह बात

दरबारी कवियों की समझ से परे थी। नारी के इस दबे हुए व्यक्तित्व को सूर और मीरा ने वाणी दी। उसकी निर्भीकता, लगन और प्रेम के लिए त्याग और बलिदान को उन्होंने वाणी दी।

यह प्रेम अतीन्द्रिय नहीं था। उसमें मानव-सुलभ सुख-कामना भी है। लेकिन मानव-सुलभ सुख-कामना एक बात है, राजदरबारों की विलासिता दूसरी बात। सूर और तुलसी ने राजदरबारों की विलासिता और संसार को मिथ्या कहनेवाले संन्यासियों—दोनों से अपने को दूर रखा है। उनका जीवन-दर्शन इस संसार की ओर, मानव-सम्बन्धों की ओर उदासीन नहीं है, वह संसार और मानव-सम्बन्धों की सरसता और नीरसता का पारखी है। इसीलिए तुलसी के राम पुष्प-वाटिका में मदन-दुन्दुभी सुन सके, बरवै रामायण में तुलसी ने अपनी सुकुमार श्रृंगार-कल्पना को पराकाष्ठा पर पहुँचा दिया।

अनेक संतों को काम, क्रोध, मद, लोभ से परेशानी थी। वे समझते थे कि इनको निर्मूल किए बिना मनुष्य मुक्ति नहीं पा सकता। तुलसी ने रामचरितमानस में दिखलाया है कि इनको नियंत्रित करके—न कि उन्हें निर्मूल करके—मनुष्य आदर्श जीवन बिता सकता है। एक ओर काम की अतिशयता रावण में है और इसीलिए उसका पतन होता है। दूसरी ओर नारद मुनि काम को निर्मूल करने का दम्भ करते हैं और उन्हें बन्दर की शक्ल मिलती है। इनके विपरीत नियंत्रित श्रृंगार-भावना उन्होंने राम और सीता के चरित्र में दिखाई है। क्रोध की अतिशयता परशुराम में दिखाई देती है, इसीलिए उन्हें हास्यास्पद बनना पड़ता है। उधर सुग्रीव क्रोध करना भूल गया है, अपनी पराजय से संतप्त अलग पड़ा रहता है। सात्त्विक क्रोध का उदाहरण राम में दिखाई देता है, जब वह समुद्र पर कोप करते हैं।

काम, क्रोध, मद, लोभ को निर्मूल न करके उन्हें नियंत्रित करने का अर्थ है : जीवन की स्वीकृति। मलिक मुहम्मद जायसी ने जब ईश्वर-वन्दना करते हुए लिखा था :

दीन्हेसि नयन जोति उजियारा। दीन्हेसि देखै कहँ संसारा

तब जीवन की यही स्वीकृति व्यक्त की थी। यह संसार सुन्दर है। यहाँ सुनने, देखने, सूँघने के लिए अनेक पदार्थ हैं। मनुष्य के पास जो इन्द्रियाँ हैं, वे उसे भरमानेवाली नहीं वरन् ईश्वर को स्मरण करने का साधन हैं। जायसी जब सुरंग कपोल और पान से रचे ओठ देखते हैं तब ईश्वर को धन्यवाद देते हैं कि तुमने संसार खूब बनाया है।

अनेक उदार विचारक मध्यकाल में हिन्दू और मुस्लिम सभ्यता के समन्वय की बात करते हैं। मुसलमान अनेक देशों से आए थे, उनकी जातियाँ और भाषाएँ भिन्न-भिन्न थीं। कोई अरब था, कोई ईरानी, कोई पठान, कोई तुर्क। इन सबका धर्म एक होते हुए भी इनकी जातीय संस्कृति अलग-अलग थी। इसी तरह यहाँ भी बंगाल, महाराष्ट्र, पंजाब आदि की संस्कृति अलग-अलग थी। इसीलिए पंजाबी,

बंगला, ब्रज आदि में मुसलमानों ने जो कविता की थी, उसकी विषयवस्तु इस्लाम नहीं है, न इस्लाम और हिन्दू धर्म का समन्वय है वरन् उनका मूल तत्त्व जनता की जातीय संस्कृति है। इसीलिए यह समन्वय की बात उदार लगते हुए भी अवैज्ञानिक है; उसका आधार धार्मिक आचार-विचार को संस्कृति समझ बैठना है। उसका आधार यहाँ की जनता के सांस्कृतिक विकास को कम करके आँकना है। इसके सिवा पूर्वी बंगाल के या पश्चिमी पंजाब के या सिन्ध के या अवध के मुसलमान सब बाहर से नहीं आए थे। उनमें से अधिकांश यहीं के थे और धर्म बदलने से उनकी संस्कृति नहीं बदल गई।

इसलिए जायसी जैसे कवि को सांस्कृतिक समन्वय का कवि न कहकर जन-संस्कृति का कवि कहना ज्यादा उचित होगा। जायसी ने कुरान की भी दुहाई दी है, पुराण और वेदों की भी दुहाई दी है, लेकिन जायसी के काव्य की मूल विषयवस्तु, उसकी शैली और कला यहाँ की जनता की अपनी वस्तु है। हीरामन तोता की कहानी जायसी ने यहीं के गाँवों में सुनी थी। यहीं के पनघट देखकर लिखा था :

पानि भरै आवहिं पनिहारी। रूप सुरूप पद्मिनी नारी॥
पदुमगंध तिन्ह अंग बसाहीं। भँवर लागि तिन्ह संग फिराहीं॥

यहीं के बारहमासे सुनकर जायसी ने काँस के वनों, कार्तिक की चाँदनी, आम के बौरों का वर्णन किया था। यहीं के धूम, साम, धौरे घनों पर से सेत धजा बग-पाँति देखी थी। यहीं के सेंदुर, बुक्का और धमारी देखकर जायसी ने लिखा था :

सेंदुर-खेह उड़ा अस, गगन भएउ सब रात।
राती सगरिउ धरती, राते बिरिछन्ह पात॥

जायसी की महत्ता इस बात में है कि वह अवध की धरती, वहाँ की जन-संस्कृति, वहाँ की बोली-बानी के सबसे निकट हैं। अवध की सरसता को किसी ने इस तरह नहीं पहचाना जैसे जायसी ने। लोक-संस्कृति में कितना सौन्दर्य है, शक्ति है, उससे कविता में कैसे जान पड़ जाती है, यह हम जायसी से सीख सकते हैं।

सूर और तुलसी ने इस लोक-संस्कृति के आधार पर ग्राम-जीवन के अनुपम चित्र दिये हैं। सीता के साथ ग्रामवधूटियों की सरस चर्चा, केवट और निषाद का प्रेम, मन्दिर में सीता द्वारा राम को पति-रूप में माँगने आदि का आधार यहाँ की जन-संस्कृति हैं। ब्रज की होली का कैसा सजीव वर्णन सूरदास ने किया है :

हो हो हो हो लै लै बोलें। गोरस केरे माते डोलैं॥
ब्रज के लरिकनि संग लिये जो लैं। घर घर केरे फरके खोलैं॥
गोपी ग्वाल मिले इकसारी। बचत नहीं बिनु दीन्हे गारी॥
आनि अचानक अँखिया मीचैं। चन्दन बन्दन ऊपर सीचैं॥

एक ओर दरबारी कविता की अतिशयोक्तियाँ हैं, वीररस और शृंगार, दोनों में जमीन-आसमान के कुलाबे मिलाए जाते हैं, अलंकारों की झड़ी लगा दी जाती है, दूसरी तरफ यह संत-काव्य है जिसका रुझान यथार्थवाद की ओर है। यह काव्य जनता के रीति-रिवाज, उनके त्योहार और आनन्दोत्सव, उनकी सुख और सौन्दर्य की कामना ही प्रकट नहीं करता, वह जनता के दुःख का भी प्रतिबिम्ब है। वह जनजीवन की अनेक समस्याओं को बहुत स्पष्टता से पाठकों के सामने रखता है। तुलसीदास ने 'कवितावली' और 'विनयपत्रिका' के अनेक पदों में अपनी व्यथा का वर्णन किया है। यह वर्णन काल्पनिक नहीं है। यह राम को धोखा देने के लिए नहीं किया गया। तुलसी ने स्वयं ही कष्ट नहीं सहे थे वरन् सारे देश को कष्ट सहते देखा था। तुलसी की महत्ता का सबसे बड़ा कारण यह है कि मध्यकालीन कवियों में वह जनता की वेदना को सबसे ज्यादा समझते थे।

जनता में सबल पीड़ित वर्ग स्त्रियों और अछूतों का था। इसलिए इनकी ओर तुलसी जैसे कवि की सहानुभूति होना स्वाभाविक था।

तुलसी ने ही एक स्त्री शबरी को यह अधिकार दिया था कि वह अपने जूठे बेर राम को खिलाए। निषाद को ही इतना भाग्यशाली उन्होंने समझा था कि राम उसे भरत के समान प्यार करते। नारी-समाज और शूद्रों के बारे में तुलसीदास के विचार जानने के लिए उनके चरित्र-चित्रण पर ध्यान देना आवश्यक है; इसके सिवा उनके समूचे ग्रंथों को पढ़कर कोई धारणा बनानी चाहिए। स्वयं तुलसी को अपने जीवन में जाति-प्रथा के ठेकेदारों का कोपभाजन बनना पड़ा था। तुलसी के राम, भक्तों को मुक्ति देते समय, जाति-पाँति का विचार नहीं करते। जाति-पाँति पर निर्भर धर्मशास्त्र एक ओर हैं; तुलसी की भक्ति, जो सभी के लिए मुक्ति का द्वार खोलती है, दूसरी ओर है। कहते हैं :

कौन धौं सोमयागी अजामिल अधम कौन गजराज धौं बाजपेयी।

संत-काव्य में जनता के दुःख-दर्द का ही चित्रण नहीं है, उसमें जनता का दबा हुआ आक्रोश भी फूट पड़ा है। तुलसी की उपयुक्त पंक्ति में उनका व्यंग्य स्पष्ट है। कबीर ने धर्मध्वजियों को वह चुन-चुनकर सुनाई हैं, जैसी सम्पत्तिहीन वर्ग ही सुना सकते हैं। संत-साहित्य में व्यंग्यपूर्ण रचनाओं का विशेष स्थान है; ये रचनाएँ सामन्तों और धर्माधिकारियों को लक्ष्य करके जनता का रोष प्रकट करती हैं।

तुलसी की यह विशेषता है कि उन्होंने अन्याय का सक्रिय विरोध करने के लिए राम का आदर्श चरित्र रखा। इससे जनता में आशा का संचार हुआ; उसने मर्यादा पुरुषोत्तम में एक आज्ञाकारी पुत्र, स्नेही भाई और मित्र आदि ही नहीं देखा, उसने राम में अन्याय से युद्ध करनेवाला धनुर्धर योद्धा भी देखा। एक जो किंवदन्ती प्रचलित है कि बाँसुरीवाले कृष्ण से तुलसी ने कहा था कि माथा तब झुकेगा जब

हाथ में धनुष-बाण लोगे, वह इसी तथ्य की ओर संकेत करती है। शताब्दियों तक सामन्तों ने जनता को निरस्त्र करके अपने काबू में बनाए रखने की कोशिश की थी लेकिन जनता के हृदय से सक्रिय प्रतिरोधवाला भाव—वाल्मीकि और व्यास का रचा हुआ संस्कार न मिटा, न मिटा। संत-कवियों ने अपने समय का जनवादी साहित्य रचते हुए उसी संस्कार को फिर पल्लवित किया। इसीलिए तुलसी के राम अन्यायी के सामने कष्ट सहकर उसका हृदय-परिवर्तन करने यानी उससे समझौता करने का प्रयत्न नहीं करते।

संत-साहित्य में मानवमात्र की समानता की भावना एक मूल सूत्र की तरह विद्यमान है। विभिन्न धर्मों, जातियों और वर्णों में बँटे हुए समाज में निर्धन जनता यह विश्वास प्रकट किए बिना न रह सकी कि सभी मनुष्य भाई-भाई हैं। संत-साहित्य शोषण से त्रस्त जनता की इस आकांक्षा को प्रकट करता है कि ऐसे समाज का निर्माण हो जिसमें ऊँच-नीच का भेद न हो, जिसमें सतानेवाले राजा न हों, धर्म के ठेकेदार न हों, समाज-व्यवस्था का आधार प्रेम हो, जहाँ लोग रोग और अकाल से न मरें, जहाँ स्त्रियों और पुरुषों के लिए एक-से नियम हों। तुलसी का रामराज्य ऐसे ही सुखी समाज का चित्र है। इस तरह के चित्र मध्यकालीन निर्धन किसानों, जुलाहों, कारीगरों आदि की साम्य-भावना प्रकट करते हैं, एक वर्गहीन सुखी समाज का स्वप्न प्रकट करते हैं। ये चित्र सिद्ध करते हैं कि भारतीय जनता में वर्गहीन समाज की आकांक्षा बहुत पुरानी है। वह आज वैज्ञानिक आधार पर, संगठन और एकता के बल पर चरितार्थ होना चाहती है।

संत-साहित्य की सामाजिक विषयवस्तु का यह ऐतिहासिक महत्त्व है कि वह जीवन की स्वीकृति का साहित्य है। उसमें जनता का ह्रास और उल्लास है, जनता का क्रोध और आवेश है, एक सुखी समाज की आकांक्षा है। उसमें अन्याय का सक्रिय विरोध करनेवाले वीरों के चित्र हैं। इस विषयवस्तु ने दुःख के दिनों में जनता का मनोबल कायम रखा, जीवन में उसकी आस्था बनी रहने दी।

संत-साहित्य का कलात्मक महत्त्व क्या है?

संत-साहित्य की कला निरुद्देश्य नहीं है। यह साहित्य केवल मनोरंजन के लिए नहीं लिखा गया। ध्वनि, रस, वक्रोक्ति और अलंकारों से 'सहृदय' सामन्तों का मनोरंजन करने के बदले इस साहित्य का मूल मंत्र है :

कीरति भनिति भूति भलि सोई। सुरसरि सम सब कहँ हित होई॥

संत-साहित्य की कला अत्यन्त लोकप्रिय है। संत कवियों ने अपनी रचनाओं को इस तरह सँवारा कि वे करोड़ों जनता का कंठहार बन गईं। ऐसे लोकप्रिय साहित्य की रचना और—प्रेस, रेडियो आदि के अभाव में—उसका प्रसार एक अपूर्व सफलता है। इससे पता चलता है कि लोकप्रियता और उच्चकोटि की कला में बैर नहीं है।

संतों ने अधिकतर भजन रचे जो जनता में गाए जाते थे और आज भी गाए जाते हैं। संगीत और काव्य का यह समन्वय उनकी लोकप्रियता का एक कारण था। रीतिकालीन कवियों ने कवित्त, सवैया और दोहे तक ही बहुधा अपने को सीमित रखा। संत कवियों ने अपने पदों में तरह-तरह की गति, ताल और लय का परिचय दिया। कुछ आचार्य ऐसे भी हुए थे जिन्होंने दो-दो अक्षरों की पंक्तियाँ लिखकर अपना पिंगल ज्ञान प्रदर्शित किया था। केशवदास ऐसे ही आचार्य थे। उनकी 'रामचन्द्रिका' छंदों का अजायबघर बन गई। इस तरह का पांडित्य-प्रदर्शन संतों का उद्देश्य न था।

चौपाई हिन्दी का छोटा-सा सीधा-सादा छंद है जिसे ठाठ-बाट का कोई गुमान नहीं। इसमें भी यति-परिवर्तन करके, स्वरों के उतार-चढ़ाव से तुलसी ने विविध और विचित्र ध्वनि-सौन्दर्य पैदा किया। सीधी गति यह है :

तदपि कही गुरु बारहिं बारा। समुझि परी कछु मति अनुसारा॥

दूसरी गति—उदात्त भाव-व्यंजना के लिए—यह है :

बुध विश्राम सकल जन रंजनि। रामकथा कलिकलुष बिभंजनि॥

अन्त में लघु गुरु देकर तीसरी तरह की गति :

मंत्र महामनि विषय ब्याल के। मेदत कठिन कुअंक भाल के॥—

इत्यादि।

दोहे लिखने में भी तुलसी ने इसी ध्वनि-सौन्दर्य का परिचय दिया है। उनके कवित्त, सवैया, सोरठे, बरवै आदि छंदों पर उनका असाधारण अधिकार प्रकट करते हैं।

संत कवियों ने अलंकारों का प्रयोग किया है लेकिन प्रदर्शन के लिए नहीं, भावोत्कर्ष के लिए। तुलसी ने एक-एक दोहे में जो रूपक बाँध दिये हैं, वे अपनी चित्रमयता में अनुपम हैं।

उदित उदयगिरि मंच पर, रघुबर बाल पतंग।
बिकसे संत सरोज सब, हरषे लोचन भृंग॥

संत कवियों ने प्रबन्ध-काव्य लिखे। 'पद्मावत', 'रामचरितमानस' जैसे काव्य कथा-विन्यास, चरित्र-चित्रण आदि में वह कौशल प्रकट करते हैं जो 'रामचन्द्रिका' लिखनेवालों को सुलभ न हुआ। संत-साहित्य की मुख्य धारा गीति-काव्य है। भावुकता, आत्म-निवेदन, गेयता—ये गुण उस कविता में मुख्य

हैं। 'लिरिक' के ये गुण पदों ही में नहीं हैं, वे 'रामचरितमानस' जैसे प्रबन्ध-काव्य में भी हैं। तुलसी के सवैया कवित्तों और दोहों में भी हैं। चातक पर लिखे हुए तुलसी के दोहे सभी दोहा लिखनेवालों को मात देते हैं। रीतिकालीन कवियों ने अपने दोहों, कवित्तों में बौद्धिक चमत्कार ज्यादा दिखाया, सहृदयता कम। संत कवियों में चमत्कारवाद कहीं-कहीं अपवाद रूप में मिल जाएगा, मूलत: उनका काव्य-स्रोत मानवीय सहानुभूति और सहृदयता है। 'लिरिक' कविता का एक गुण रचना पर कवि के व्यक्तित्व की छाप है। संत-साहित्य में कवि का व्यक्तित्व खूब उभरकर आया।

हमारे सामने कबीर एक निर्भीक और उद्दंड आलोचक के रूप में आते हैं तो सूर एक आत्म-विभोर गायक के रूप में। तुलसी ने अपने बारे में सबसे अधिक लिखा है। उनके व्यक्तित्व में करुणा और क्रोध, शोक और क्षोभ, व्यथा और आत्मविश्वास का अद्भुत सम्मिश्रण है। सामन्ती समाज में जहाँ व्यक्तित्व का कोई मूल्य नहीं, काव्य में यह व्यक्तित्व का प्रकाशन स्वयं एक सामन्त-विरोधी मूल्य है।

इस तरह विविध छंदों और अलंकारों में, प्रबन्ध और गीतिकाव्य में, कला के नये रूपों में संत कवि दरबारी कवियों से आगे रहे। अपनी सरस और लोकप्रिय कला द्वारा उन्होंने जनता की रुचि को सुसंस्कृत किया, उसे कलात्मक आनन्द दिया और उसके सामाजिक संस्कारों का परिष्कार किया।

संत-साहित्य ने सिद्ध कर दिया कि जनसाधारण में कलात्मक विकास की कितनी शक्ति छिपी हुई है। संत-साहित्य ने सिद्ध कर दिया कि संस्कृति पर सामन्तों और पुरोहितों का इजारा टूट गया है। संत-साहित्य ने सिद्ध कर दिया कि यहाँ की जन-संस्कृति इतनी समर्थ है कि विभिन्न देशों और धर्मों के लोगों को अपने में मिला सकती है।

संत-साहित्य सिद्ध करता है कि अंग्रेजों के आने पर ही यहाँ सामाजिक और सांस्कृतिक विकास का सिलसिला नहीं शुरू हुआ। अंग्रेजों के आने से पहले यहाँ के सामाजिक जीवन में व्यापक परिवर्तन हो रहे थे। उन सामाजिक परिवर्तनों का अध्ययन किए बिना संत-साहित्य का मर्म पूरी तरह समझ में नहीं आ सकता। संत-साहित्य सिद्ध करता है कि अंग्रेजों के आने से पहले यहाँ के लोग असभ्य न थे। उन्होंने 16-17वीं सदियों में यहाँ जो साहित्य रचा, वह तत्कालीन यूरोप के साहित्य से किसी तरह घटकर नहीं है।

संत-साहित्य ने भारतीय जनता के अगले विकास पर व्यापक प्रभाव डाला। 19वीं सदी के उतरार्द्ध में जब भारतेन्दु ने एक नये राष्ट्रीय और जनवादी साहित्य की नींव डाली, तब उनकी दृष्टि स्वभावत: संत-साहित्य की ओर गई। साम्राज्यवाद और सामन्तवाद के उत्पीड़न और उनकी पतनोन्मुख संस्कृति के

विरुद्ध भारतीय लेखक जब भी राष्ट्रीय और जनवादी साहित्य रचने की बात सोचेंगे, उन्हें संत-साहित्य से बराबर प्रेरणा मिलेगी, उसमें सीखने-समझने के लिए बहुत-सी सामग्री मिलेगी।

भारत में जब नये शोषण-मुक्त समाज की रचना होगी तब संत-साहित्य का महत्त्व और भी निखरकर सामने आएगा। भारतीय जनता जिस नई वैज्ञानिक संस्कृति का विकास करेगी, उसका मूल सूत्र कथनी और करनी की वह एकता होगी जिसकी ओर कबीर ने संकेत किया था। वर्गयुक्त समाज-व्यवस्था के शासक सदा ही कहते कुछ रहे हैं, करते कुछ और रहे हैं। कबीर ने कर्म और वचन की कसौटी पर ही अनेक मत-मतान्तरों और विश्वासों को परखकर उनकी आलोचना की थी। यह कसौटी आज भी उतनी ही आवश्यक है, जितनी कबीर के समय।

संत-साहित्य की सीमाएँ उस बीते हुए युग के साथ छूट जाएँगी। उसके प्रगतिशील तत्त्व भावी संस्कृति के प्रासाद में अनमोल रत्नों जैसे जड़े रहेंगे।

[1955]

5

तुलसी की भक्ति

कलकत्ते में **तुलसी**-जयन्ती मनाने की परम्परा काफी पुरानी है। 16 अगस्त, 1924 के **'मतवाला'** में इस तरह के एक जयन्ती समारोह का विवरण छपा है। उस सभा में राधामोहन गोकुल जी, अम्बिकप्रसाद जी वाजपेयी, सकलनारायण शर्मा, लक्ष्मणनारायण गर्दे, जगन्नाथप्रसाद चतुर्वेदी, माधव शुक्ल, झाबरमल्ल जी शर्मा आदि हिन्दी-प्रेमी विद्वान् और साहित्यकार उपस्थित थे। इस सभा में श्री सूर्यकान्त त्रिपाठी 'निराला' ने तुलसीदास पर अपना निबन्ध पढ़ा।

'मतवाला' के विवरण में लिखा है : "सज्जनों की सम्मति से निराला जी अपना प्रबन्ध पढ़ने के लिए उठे। आपने अपने प्रबन्ध में तुलसीकृत रामायण में अद्वैत मत की प्रधानता दिखाई। आपने कहा, अद्वैत ही सत्य है, यही सबसे उच्च तत्त्व है, जड़विज्ञान अभी अपने चरम लक्ष्य पर नहीं पहुँचा। गोस्वामी जी सिद्ध महात्मा थे। वे द्वैतभाव की पुष्टि तो कर ही नहीं सकते थे।"

सेवहिं लखन सीय रघुबीरहिं।
जिमि अबिबेकी पुरुष शरीरहिं॥

"इस तरह रामायण के अनेक उदाहरण देकर निराला जी ने अद्वैत मत की पुष्टि की। आपने रामायण की भूमिका में भी अद्वैतवाद सिद्ध किया। आपने कहा, रामचरितमानस सरोवर अद्वैत का ही रूपक है", इत्यादि।

निराला जी ने तुलसीदास की रचनाओं में अद्वैत मत की जो पुष्टि की, उसके अलावा ध्यान देने की बात यह है, स्वयं युग-प्रवर्तक कवि होते हुए उन्होंने किस तरह हिन्दी साहित्य की परम्परा और तुलसीदास से अपना सम्बन्ध तोड़ा नहीं, वरन् उसे दृढ़ किया। तुलसी को निकालकर हिन्दी साहित्य की परम्परा से सम्बन्ध जोड़ना असम्भव है। इस परम्परा में जो कुछ मूल्यवान है, जो कुछ महत्त्वपूर्ण है, जो कुछ सदा के लिए संग्रह करने योग्य है, वह तुलसी में सुरक्षित है, और बहुत बड़ी मात्रा में सुरक्षित है। यह तथ्य तुलसी की अपराजेय प्रतिभा का द्योतक है कि उन्हें त्यागकर कोई भी युग-प्रवर्तक कवि हो नहीं सकता।

निराला जी ने तुलसीदास पर अनेक बार लिखा है। कहना चाहिए, तुलसीदास जीवन-भर उनके प्रिय कवि रहे। जिस समय उन्होंने कविता लिखना आरम्भ न किया था, उस समय भी वे तुलसीदास के भक्त थे। जिस समय उनकी प्रतिभा पूर्ण विकास पर थी, उस समय उन्होंने अपनी प्रसिद्ध कविता 'तुलसीदास' लिखी। निराला जी की जो दो सर्वश्रेष्ठ कविताएँ हैं, उनमें एक है : 'राम की शक्ति-पूजा' और दूसरी है : 'तुलसीदास'। इससे स्पष्ट हो जाना चाहिए, कैसे इस युग में भी हमारे कवियों के लिए तुलसीदास अजस्र प्रेरणा के स्रोत रहे हैं। यहाँ यह भी उल्लेखनीय है कि निराला जी की रचना से अच्छी कविता अभी तक तुलसीदास पर दूसरी लिखी नहीं गई।

अनेक आलोचकों ने तुलसी के दैन्य को देखा है, राम के सामने उनकी करुण पुकार को सुना है किन्तु उनके वीरतापूर्ण संघर्ष को नहीं देखा। निराला जी ने बड़े ही ओजपूर्ण ढंग से तुलसीदास के साधना-काल के इस संघर्ष का चित्रण किया है। कवि की चेतना की लहरें जिस समय तामसी संस्कारों का नाश करने के लिए उमड़ती हैं, उस समय का चित्रण है :

कल्मषोत्सार कवि के दुर्दम
चेतनोर्मियों के प्राण प्रथम
वह रुद्ध द्वार का छाया-तम तरने को—
करने को ज्ञानोद्धत प्रहार—
तोड़ने को विषम वज्र-द्वार,
उमड़े, भारत का भ्रम अपार हरने को।

तुलसी की चेतना की लहरें ज्ञानोद्धत प्रहार करती हैं। जिसे तोड़ना है, वह विषम वज्र-द्वार है। साधारण प्रहार से वह टूट नहीं सकता। इस क्रिया का जो फल है, वह असाधारण है। वह केवल तुलसी के लिए नहीं, सारे भारत के लिए है। उनके ज्ञान से सारे भारत को प्रकाश मिलता है। तुलसी के सार्वदेशिक महत्त्व का इससे अच्छा प्रतिपादन और क्या हो सकता है?

तुलसीदास भक्त-कवि थे। उनके साधना-काल के लिए निराला जी ने 'ज्ञानोद्धत प्रहार' शब्दों का प्रयोग किया है। तुलसीदास अपने युग में साधारण जनता के लिए ज्ञानमार्ग को कठिन समझते थे। इसलिए उन्होंने भक्ति पर विशेष बल दिया है और भक्तिमार्ग का प्रतिपादन किया है। इसका यह अर्थ नहीं है कि वे स्वयं ज्ञानी न थे या ज्ञानमार्ग पर चलनेवाले संत और योगी जिसे ज्ञान कहते हैं, वह उन्हें प्राप्त न हुआ था। 'मानस' के आरम्भ में ही गुरुपद वन्दना करते हुए उन्होंने 'दिव्य दृष्टि' का उल्लेख किया है। इस दृष्टि से मोहान्धकार नष्ट हो जाता है और "उघरहिं विमल विलोचन ही के। मिटहिं दोष दु:ख भव रजनी के।" ये हृदय के विमल

विलोचन ज्ञान-नेत्र ही हैं जिनके खुलने पर अज्ञान की रात्रि दूर हो जाती है। तुलसी की भक्ति का दृढ़ आधार है, उनका ज्ञान। दूसरों को वह भले दुर्लभ हो, उन्हें तो वह सुलभ ही है।

तुलसी के ज्ञान में कौन-सी मौलिक विशेषता हो सकती है? ज्ञान की जितनी बातें थीं, वे सब प्राचीन दार्शनिक पहले ही कह गए थे। तुलसीदास ने बहुत-से-बहुत उन्हें पढ़कर दोहराया होगा। कुछ विद्वानों ने तुलसी के युग को भारतीय दर्शन का ह्रास युग कहा है। दार्शनिक चिन्तन उच्चतम शिखर तक पहुँच चुका था। अब उसके टीकाकार रह गए थे। देश में अनेक मत-मतान्तर फैले हुए थे। ऐसी स्थिति में तुलसीदास क्या करते? विद्वानों के अनुसार उन्होंने विभिन्न मतों का समन्वय किया और इस प्रकार समाज को टूटने और विश्रृंखल होने से बचाया। कठिनाई तब पैदा होती है जब इस समन्वय की छानबीन की जाती है। तुलसीदास की रचनाओं में जहाँ-तहाँ प्रत्येक दार्शनिक धारा के तत्त्व दिखाई देते हैं किन्तु वे किसी भी दर्शन-विशेष की सीमाओं में बँधते नहीं दिखाई देते।

तुलसीदास के दार्शनिक दृष्टिकोण की सबसे बड़ी विशेषता यह है कि वह जीवन से विमुख नहीं है, वह लोकोन्मुख है। वह जीवन को सुखी और सार्थक बनाने के लिए है। अनेक बैरागियों की तरह तुलसीदास मृत्यु के गीत नहीं गाते। संसार क्षणभंगुर है, इसीलिए परोक्ष सत्ता से लौ लगाओ—यह उनका उपदेश नहीं है। संसार में ऐसे अनेक धर्म हैं, अनेक मत हैं जो मनुष्य को सिखाते रहे हैं कि संसार ही दु:ख का कारण है। संसार में जब तक जीना है, तब तक दु:ख उठाना है, इसलिए मनुष्य को परलोक-साधना में लगना चाहिए। तुलसी का दर्शन इसी जीवन में, इस संसार में रहते हुए ही संसार के बन्धनों से मुक्त होने की बात कहता है। उनका प्रसिद्ध पद है :

अब लौं नसानी अब ना नसैहौं।
रामकृपा भवनिसा सिरानी जागे अब न डसैहौं।

तुलसी को जागरण की यह अवस्था इस जीवन में ही प्राप्त हुई है, उनकी भवनिशा इस भवसागर में रहते हुए ही समाप्त हुई है। अपनी साधना से उन्होंने अपने जीवन में जो परिवर्तन देखा, उसका उल्लेख उन्होंने अनेक बार किया है।

परलोक की चिन्ता उन्हें बिलकुल नहीं थी, यह कहना ठीक न होगा। किन्तु परलोक की ओर से जितना वह निश्चिन्त हैं, उतना बहुत कम भक्त मिलेंगे। "लोक को न डर, परलोक को न सोच, देवसेवा न सहाय गर्व धाम को न धन को।" तुलसी की दृष्टि में परोक्ष ब्रह्म की चिन्ता में लीन रहनेवाले साधकों को चिन्ता के मारे नींद नहीं आती। संसार के मोह में फँसे हुए भोगियों को भी सुख नहीं

मिलता। संसार में रहते हुए जीवन-मुक्त कवि तुलसी ही राम के भरोसे निश्चिन्त होकर सोते हैं। कहा है :

जागैं जोगी जंगम, जती जमाती ध्यान धरैं,
डरैं उर भारी लोभ मोह कोह काम के।
जागैं राजा राजकाज, सेवक समाज साज,
सोचैं सुनि समाचार बड़े बैरी बाम के॥
जागैं बुध विद्याहित पंडित चकित चित,
जागैं लोभी लालच धरनि धन धाम के।
जागैं भोगी भोग ही, वियोगी रोगी सोगबस,
सोवैं सुख तुलसी भरोसे एक राम के॥

तुलसी के दर्शन का फल इस जीवन में प्राप्त है। वे लोक के मोह और परलोक की चिन्ता से मुक्त होकर सुख की नींद सोते हैं।

तुलसी जिस राम या ब्रह्म के उपासक हैं, वह परोक्ष सत्ता नहीं है। वह उनके लिए प्रकट सत्य है। साथ ही उनका ब्रह्म प्रत्यक्ष सत्ता मात्र नहीं है। वह परोक्ष भी है और प्रत्यक्ष भी। इसीलिए तुलसीदास न विशुद्ध निर्गुणवादी हैं, न विशुद्ध सगुणवादी। उनकी प्रसिद्ध उक्ति है :

अगुन सगुन दुइ ब्रह्म सरूपा। अकथ अगाध अनादि अनूपा॥

यदि प्राचीन दर्शन की शब्दावली को थोड़ी देर के लिए छोड़ दें तो इस उक्ति में कोई ऐसी बात नहीं जो आधुनिक विज्ञान को अग्राह्य हो। मनुष्य का ज्ञान सीमित है, उसके ज्ञान के साधन सीमित हैं। जगत् अनन्त है। इसलिए वह जितना जानता है, वह पूर्ण इकाई का अंश मात्र ही है। साथ ही जो नहीं देखा, वही सत्य है। जो देखा है, वह भ्रम ही होगा, यह सोचना भी सही नहीं है। इसलिए वैज्ञानिक दृष्टिकोण के अनुसार संसार को व्यक्त और अव्यक्त, परोक्ष और प्रत्यक्ष की एकता मानना चाहिए। इसके सिवा जो भौतिक रूप स्थिर और अचल दिखाई देते हैं, वे वास्तव में स्थिर और अचल नहीं हैं। वे प्रतिक्षण गतिशील हैं और शक्ति या ऊर्जा का ही मूर्त रूप हैं। यह ऊर्जा हमारी दृष्टि से ओझल रहती है। प्राचीन दर्शन की शब्दावली में इसी बात को यों कहते हैं :

एक दारुगत देखिय एकू। पावक सम जुग ब्रह्म बिबेकू॥

अग्नि दिखाई भी देती है और काष्ठ के अन्दर अव्यक्त भी रहती है। यही हाल ब्रह्म का है।

इससे एक निष्कर्ष निकलता है : जो प्रत्यक्ष जगत् को पूर्ण मानते हैं, उन्हें रज्जु में अहि का भ्रम हुआ है। जो इसके दृश्य-रूपों को स्थिर अचल मान लेते हैं, वे मोह में फँस जाते हैं। पूर्णता परोक्ष और प्रत्यक्ष की एकता में है। एक दूसरा निष्कर्ष भी निकलता है : जिसे हम देखते हैं, वह अनदेखे से विलग नहीं है, उसी का अभिन्न अंग है। इस प्रकार जिसे हम सगुण और प्रत्यक्ष सत्ता कहते हैं, वह असत्य नहीं है। वह परोक्ष और निर्गुण सत्ता से अभिन्न रूप में जुड़ी हुई है। इसी न्याय से तुलसी को प्रत्यक्ष जगत् ब्रह्ममय दिखाई देता है :

सिया राममय सब जग जानी। करौं प्रनाम जोरि जुग पानी॥

उन्होंने संसार के जो चेतन प्राणी, उन्हीं को राममय नहीं देखा। जड़ और चेतन—सभी को राममय मानकर पहले ही स्पष्ट कह चुके हैं :

जड़ चेतन जगजीव जल, सकल राममय जानि।
बन्दउँ सबके पद कमल, सदा जोरि जुग पानि॥

मनुष्य का मोह मिथ्या है, उसका अहंकार मिथ्या है। प्रत्यक्ष संसार तो राममय है। वह मिथ्या नहीं हो सकता। तुलसी के राम अन्तर्जामी ही नहीं, बाहिरजामी भी हैं :

अन्तर्जामिहु तें बड़ बाहिरजामी हैं राम जो नाम लिये तें।
पैज परे प्रहलादहु को प्रगटे प्रभु पाहन तें, न हिये तें॥

इन पंक्तियों को उद्धृत करने के बाद स्वर्गीय आचार्य रामचन्द्र शुक्ल ने तुलसीदास पर अपनी पुस्तक में भक्त-मार्ग के लिए लिखा था : 'वह लोक या जगत् को छोड़कर नहीं चल सकता। भक्तिमार्ग का सिद्धान्त है भगवान् को बाहर जगत् में देखना।'

संसार को राममय जानकर सत्य मानना तथा स्वार्थ और अहंकार से मुक्त होना—यह एक प्रकार का दृष्टिकोण है। संसार मिथ्या है, ब्रह्म इससे परे है, मनुष्य का जीवन ही उसका बन्धन है—यह मानना दूसरा दृष्टिकोण है। एक लोकोन्मुख है; दूसरा लोकविमुख। तुलसी का दृष्टिकोण लोकविमुख नहीं है, इसीलिए वे समाज के आचार-विचारों, मानव जीवन के विविध व्यापारों का विस्तार से वर्णन करते हैं। भवसागर से मुक्ति पाने के लिए इन लोक-व्यापारों को छोड़ना आवश्यक नहीं है। आवश्यक है स्वार्थ और अहंकार का त्याग।

बहु उपाय संसार-तरनहित बिमल गिरा श्रुति गावै।
तुलसिदास 'मैं मोर' गये बिनु जिय सुख कबहुँ न पावै॥

इस 'मैं' और 'मोर' की भावना का दूर होना ही मनुष्य का जागना है। जब तक मनुष्य इस अहंकार से बँधा रहता है, तब तक वह बराबर कष्ट सहता है। बिस्तर पर सोते हुए मनुष्य को जैसे स्वप्न में लगता है कि वह समुद्र में डूब रहा है, वैसे ही मनुष्य को अहंकारजन्य कष्ट सहने पड़ते हैं।

सुभग सेज सोवत सपने वारिधि बूड़त भय लागै।
कोटिहुँ, नाव न पार पाव कोउ जब लगि आपु न जागै॥

वारिधि में डूबने का भय मिथ्या है; सुभग सेज पर सोना मिथ्या थोड़े ही है। जो लोग संसार को मिथ्या कहते हैं, तुलसीदास ने उनका तीव्र खंडन किया है। 'कवितावली' का प्रसिद्ध पद है :

झूठो है, झूठो है, झूठो सदा जग संत कहंत जे अन्त लहा है।
ताको सहै सठ संकट कोटिक, काढ़त दंत, करंत हहा है॥
जानपनी को गुमान बड़ो, तुलसी के विचार गँवार महा है।
जानकी जीवन जान न जान्यो तौ जान कहावत जान्यो कहा है॥

इस पद का अर्थ यही लगाया जाता रहा है कि जो लोग संसार को झूठा कहकर ज्ञान का दम्भ करते हैं, वे वास्तव में अज्ञान में फँसे हुए हैं। तुलसी-साहित्य के विशेषज्ञ डॉ. उदयभानु सिंह ने अपने शोध-ग्रंथ 'तुलसी-दर्शन-मीमांसा' में इसका दूसरा अर्थ किया है। उनका विचार है कि तुलसी ने यहाँ संसार को मिथ्या घोषित करनेवालों का ही समर्थन किया है।

पहली दो पंक्तियाँ उद्धृत करने के बाद उन्होंने लिखा है : ''कवितावली' की उपर्युक्त पंक्तियों में तुलसी ने अपनी मान्यता बड़े ही जोरदार शब्दों में उपस्थापित की है। कवि की ये पंक्तियाँ जगन्मिथ्यावादियों का मजाक उड़ाने के लिए लिखी गई हैं—यह कहना न्यायोचित नहीं है। हमारे विचार से, तुलसी का आशय बिलकुल स्पष्ट है—तत्त्वज्ञानी वेदान्तियों ने जिस जगत् के मिथ्यात्व की डंके की चोट पर बारम्बार घोषणा की है, उसके लिए मूढ़ जीव करोड़ों क्लेश सहता है, चारों ओर खीस निपोरता फिरता है। जगत् के असत्यत्व और दोष-दर्शन की यह व्यंजना विरागभाव उद्दीप्त करने के लिए की गई है। यहाँ पर उन्होंने जगन्मिथ्यावाद का समर्थन किया है।'

डॉ. उदयभानु सिंह ने केवल दो पंक्तियाँ उद्धृत की हैं और यह नहीं बताया कि तुलसी ने आगे किसके जानपनी के गुमान पर व्यंग्य किया है। जानपनी का गुमान है उन्हें, जो भक्तों को क्षुद्र समझते हैं, जो संसार को मिथ्या कहते हुए भी कष्ट पाते हैं। उत्तरकांड में वेद संसार विटप की स्तुति करते हैं:

पल्लवत फूलत नवल नित संसार विटप नमामहे।

यदि संसार मिथ्या है, तो संसार विटप नमामहे कहना निरर्थक है। अहंकार और मोह में फँसे हुए मनुष्य को संसार जैसा दिखाई देता है, वह असत्य है। इसका यह अर्थ नहीं कि संसार की सत्ता ही नहीं है।

'विनयपत्रिका' के एक पद में तुलसीदास ने कहा है:

केसव कहि न जाइ का कहिए?
देखत तव रचना विचित्र अति समुझि मनहिं मन रहिए।

और आगे लिखा है :

कोउ कह सत्य, झूठ कह कोऊ, जुगल प्रबल करि मानै।
तुलसिदास परिहरै तीनि भ्रम सो आपन पहिचानै॥

डॉ. उदयभानु सिंह ने इन पंक्तियों की बहुत सुन्दर व्याख्या की है। उन्होंने बताया है कि ये पँक्तियाँ पुष्पदन्त के महिम्न स्तोत्र के एक श्लोक पर आश्रित हैं और उस श्लोक की व्याख्या मधुसूदन सरस्वती ने की थी जिसके अनुसार सांख्य-पातंजलमतानुसारी संसार को सत् कहते हैं। क्षणिकतावादी बौद्ध उसे असत् कहते हैं। न्याय-वैशेषिक दर्शनों के अनुयायी वायु, तेज, जल और पृथ्वी को अनित्य तथा आकाश, काल, दिक् और आत्मा को नित्य मानते हैं।

संसार तुलसीदास के लिए किस अर्थ में सत्य है, यह हम ऊपर देख चुके हैं। वह असत्य है क्षणवादियों के लिए और मायावादियों के लिए भी—यह मानना चाहिए।

तुलसीदास को मानव-जीवन पर गर्व है, अपने देश पर गर्व है। भारत में मानव-जन्म पाने की सार्थकता उनके लिए भगवद्-भक्ति में है।

भलि भारतभूमि भले कुल जन्म समाज सरीर भलो लहिकै।
करषा तजि कै परुषा बरषा हिम मारुत घाम सदा सहिकै॥
जो भजै भगवान सयान सोई तुलसी हठ चातक ज्यों गहिकै।
न तु और सबै विष-बीज बये हर-हाटक कामदुहा नहिकै॥

यदि संसार माया है तो भारतभूमि भी माया है और भारतभूमि में जन्म लेनेवाले महाकवि तुलसीदास भी माया हैं।

'मानस' के अरण्य कांड में माया के दो रूप बताए गए हैं :

एक दुष्ट अतिसय दुखरूपा। जा बस जीव परा भवकूपा॥

यह मोह और अहंकारवाली माया है जिससे मनुष्य में अज्ञान उत्पन्न होता है। इसी का नाम अविद्या है। दूसरी माया विद्या है, वह आदिशक्ति है। वह संसार की सृष्टि, स्थिति और संहार का कारण है। सीता इसी आदिशक्ति का अवतार हैं। यह

बिलकुल स्पष्ट है कि संसार को मिथ्या कहनेवाले लोग जिस माया की बात करते है, वह माया सीता नहीं हैं।

उद्भवस्थिति संहारकारिणीं क्लेश हारिणीम्।
सर्वश्रेयस्करीं सीता नतोऽहं रामवल्लभाम्॥

[बालकांड, मंगलाचरण]

सीता सर्वश्रेयस्करी हैं, वह रामवल्लभा हैं, तुलसी उनके सामने नत हैं। वह तुलसी को राम के निकट ले जानेवाली हैं। इसीलिए उन्होंने विनय की थी :

कबहुँक अम्ब अवसर पाइ।
मेरियो सुधि द्याइबी कछु करुन कथा चलाइ॥

अम्ब और जगज्जननी कहकर तुलसीदास ने उनके प्रति आदर-भाव व्यक्त किया है।

सीता के प्रति तुलसीदास का जो दृष्टिकोण है, उसे ध्यान में रखते हुए उन्हें प्रचलित अर्थ में मायावादी सिद्ध करना आसान नहीं है। डॉ. उदयभानु सिंह ने अविद्या को भी सीता का एक रूप माना है। यदि उनका एक रूप अविद्यामय है, तो उनके प्रति पूज्य बुद्धि क्यों है? इस समस्या का निराकरण उन्होंने यह कहकर किया है : "वे भक्तों के लिए विद्यारूपा हैं और अभक्तों के लिए अविद्यारूपा।" (पृ. 86)

अब दूसरा प्रश्न उठता है : क्या वेदान्त में भी माया का कोई ऐसा रूप स्वीकार किया गया है जो भक्तों के लिए कल्याणकारी हो? स्पष्ट ही ऐसा कोई रूप वेदान्त में स्वीकार नहीं किया गया। डॉ. उदयभानु सिंह ने ही लिखा है : "अद्वैतवाद में अज्ञान, अविद्या, और माया शब्दों का प्राय: पर्यायरूप में प्रयोग हुआ है।" अर्थात् माया अज्ञान और अविद्या का पर्याय है, विद्या का नहीं। इसके बाद उन्होंने बताया है कि अविद्या की दो शक्तियाँ हैं : एक विक्षेप शक्ति, जो रजोगुणी है और जो सभी प्रवृत्तियों का कारण है; दूसरी आवरण शक्ति, जो तमोगुणी है और जिससे भ्रम उत्पन्न होता है। वेदान्त के लिए दोनों शक्तियाँ अविद्या हैं। किन्तु डॉ. उदयभानु सिंह कहते हैं : "किन्तु अध्यात्म रामायणकार आदि की भाँति तुलसीदास भी विक्षेप शक्ति को विद्यामाया और आवरण शक्ति को अविद्यामाया मानते हैं।" इस वाक्य के आरम्भ में जो 'किन्तु' शब्द आया है, वह स्पष्ट घोषित कर रहा है कि लेखक की दृष्टि में वेदान्त तथा तुलसी-दर्शन में महत्त्वपूर्ण भेद है।

तुलसीदास संसार को सियाराममय कहते हैं, तब उसकी सृष्टि, स्थिति और लय की आदिशक्ति के असत्य और अविद्या कैसे कह सकते हैं? तुलसीदास के लोकोन्मुख दर्शन का यह प्रमाण है कि जो लोक को रचनेवाली शक्ति है, उसे वे अविद्या नहीं मानते। संसार के प्रति उनके जिस दृष्टिकोण का उल्लेख पहले किया गया है, वह विद्यामाया अथवा आदिशक्ति के प्रति उनकी धारणा से पुष्ट होता है।

संसार और सृष्टि करनेवाली आदिशक्ति, दोनों ही के प्रति उनका दृष्टिकोण स्वीकृति का है, अस्वीकृति का नहीं।

अब जीव को लीजिए। मायावादियों के लिए जीव की प्रतीति मिथ्या है। डॉ. उदयभानु सिंह ने यहाँ स्पष्ट स्वीकार किया है कि जीव के प्रति तुलसी का दृष्टिकोण वेदान्ती नहीं है। उन्होंने लिखा है कि वेदान्त के अनुसार प्रकृति पर ब्रह्म का जो प्रतिबिम्ब पड़ता है, वही जीव है 'जो एक काल्पनिक वस्तु है, भ्रान्ति-भावना या मिथ्या प्रतीति है। इस अन्तःकरण (अर्थात् जीव के जीवत्व) का नाश ही मोक्ष है।' किन्तु तुलसीदास के अनुसार जीव के जीवत्व का नाश हो नहीं सकता क्योंकि :

ईस्वर अंस जीव अविनासी। चेतन अमल सहज सुखरासी॥

इसलिए डॉ. उदयभानु सिंह को मानना पड़ा है कि 'जीव के विषय में अनित्य प्रति-बिम्बवाद तुलसी-सम्मत नहीं है, क्योंकि वे जीव को मिथ्या न मानकर उसे नित्य और ईश्वर का अंश मानते हैं।'

ब्रह्म, जगत् और जीव—तीनों के प्रति तुलसी के विचारों में तारतम्य है। ऐसा नहीं है कि ब्रह्म की चर्चा में तो उन्होंने वेदान्त की बात कही है और जीव की चर्चा में उनकी मान्यता वेदान्त-विरोधी हो गई है। जो दार्शनिक ब्रह्म को व्यक्त और अव्यक्त, सगुण और निर्गुण, दोनों मानता है, वह जगत् को भी ब्रह्ममय स्वीकार करता है और जीव को ब्रह्म का अंश मानकर चेतन और अविनाशी मानता है। यह है तुलसीदास का ज्ञान, जो जीवन की स्वीकृति का दर्शन है, जीव के जीवत्व का विनाश करके मोक्षलाभ करने का दर्शन नहीं है। जिसने संसार विटप नमामहे लिखा था, उसने यह भी बताया था कि संसार में कैसे जीना चाहिए। तुलसी की रचनाओं में जो व्यावहारिक ज्ञान की सैकड़ों बातें भरी पड़ी हैं, वे उनके लोकोन्मुख दर्शन से विच्छिन्न नहीं हैं वरन् उसका अनिवार्य परिणाम हैं।

तुलसी ने जनसाधारण को भरमाने के लिए किसी काल्पनिक स्वर्ग की रचना नहीं की जहाँ रामनाम जपकर पहुँचने से सब दुःख दूर हो जाएँगे। दुःख दूर करना है इसी संसार में और भक्त को राम-कृपा की आवश्यकता है इस संसार में रहते हुए मुक्ति पाने के लिए। रामचरितमानस के आरम्भ में उन्होंने संत-समाज को तीर्थराज कहा है, राम-भक्ति गंगा के समान है। उसमें स्नान करने से इस शरीर के रहते हुए ही चारों फल प्राप्त होते हैं।

सुनि समुझहिं जन मुदित मन मज्जहिं अति अनुराग।
लहहिं चारि फल अछत तनु साधु समाज प्रयाग॥

इस संसार में रहते हुए मनुष्य को अनेक कष्ट होते हैं। इन कष्टों का एक कारण काम, क्रोध, मद, लोभ आदि विकार हैं। एक दूसरा कारण और है जिसे

तुलसीदास ने बार-बार याद किया है। यह कारण है दरिद्रता। 'नहिं दरिद्र सम दु:ख जग माहीं।' शायद दरिद्रता पर जितना अकेले तुलसीदास ने लिखा है, उतना हिन्दी के समस्त नये-पुराने कवियों ने मिलकर न लिखा होगा। दरिद्रता का दु:ख ऐसा है जिसे संसार को माया कहकर मिटाया नहीं जा सकता। 'रामचरितमानस', 'विनयपत्रिका' और सबसे अधिक 'कवितावली' में भूख और दरिद्रता का वर्णन किया गया है। कहीं कलिकाल का वर्णन करते हुए इनका उल्लेख किया गया है, कहीं तुलसी ने स्वयं को इनसे पीड़ित दिखाया है। समुद्र के भीतर जिस भयानक अग्नि की कल्पना कवियों ने की थी, उससे भी भयानक पेट की आग है, ऐसा तुलसीदास का विचार था (आगि बड़वागि ते बड़ी है आगि पेट की)। उन्होंने एक कवित्त में देश की आर्थिक दशा का बड़ा मार्मिक वर्णन किया है। किसानों की खेती चौपट है, व्यापारियों का वाणिज्य तबाह हो गया है, नौकरीपेशा लोग बेकार हो गए हैं। इस कवित्त में उन्होंने दरिद्रता को रावण कहा है जिसने सारे संसार को दबा रखा है। उस दारिद-दसानन से वे अपनी और संसार की मुक्ति चाहते हैं।

तुलसीदास ने भगवान के आगे अपनी दीनता दिखाने के लिए कुछ बातें बढ़ा-चढ़ाकर कही हैं। जैसे उन्होंने अपने को संसार में सबसे अधम कहा :

तुलसी सो पोच, न भयो है, नहिं ह्वै है कहूँ,
सोचैं सब या के अघ कैसे प्रभु छमिहैं।

अथवा

भयो न तिकाल तिहूँ लोक तुलसी सो मन्द।
निंदैं सब साधु, सुनि मानौ न सकोचू हैं॥

तुलसी ने तीनों कालों और तीनों लोकों में अपने को सबसे बड़ा पातकी और अधम घोषित किया है। यह सब दैन्य प्रदर्शन के लिए कहा गया है। इसे अतिरंजित चित्रण भी नहीं कह सकते। पातकी होने का यह घोष इसलिए किया गया है कि दीनदयालु का ध्यान जरा जल्दी आकर्षित हो। किन्तु यही बात उनकी बाहुपीड़ा के बारे में नहीं कही जा सकती। बाहुपीड़ा वास्तविक थी और उन्हें इस बात की ग्लानि होती है कि इतनी छोटी-सी बात के लिए इष्टदेव से बार-बार कहना पड़ता है। काशी में जिस भयंकर महामारी का उन्होंने वर्णन किया है, वह भी वास्तविक है। इसी तरह उन्होंने अपने जीवन के कष्टों और दरिद्रता का जो वर्णन किया है, उसकी सचाई किसी सहृदय से छिपी नहीं रह सकती। इसीलिए उन्होंने राम को दारिद्र्य-नाशक कहा है :

तुलसी भजु दारिद दोषदवानल संकट कोटि कृपानहि रे।

अथवा

दीनता दारिद दलै को कृपा बारिधि बाज।

तुलसी के राम दीनबन्धु हैं। इन दीनों में गरीब हैं, समाज के दलित प्राणी हैं, स्त्रियाँ हैं, नीच समझे जानेवाले लोग हैं। तुलसी की भक्ति का सामाजिक उत्पीड़न से घनिष्ठ सम्बन्ध है। वह राजाओं, सामन्तों, धनी लोगों के सामने हाथ पसारनेवालों में आत्मसम्मान का भाव जाग्रत करते हैं। उनसे कहते हैं—राम से माँगो, वह सब कुछ देगा, मनुष्य के आगे हाथ मत फैलाओ।

जाचै को नरेस, देसदेस को कलेस करै,
दैहै तो प्रसन्न ह्वै बड़ी बड़ाई बौंडिये।
कृपापाथनाथ लोकनाथ नाथ सीतानाथ,
तजि रघुनाथ हाथ और काहि ओड़िये।

राम का भरोसा होने से उन्हें मनुष्य की दासता से मुक्ति मिल जाती है।

जग में गति जाहि जगत्पति की, परवाह है ताहि कहा नर की।

तुलसी ने अपने और दूसरों के दुःख का जो यथार्थ वर्णन किया है, उसका कारण भी उनका लोकोन्मुख दर्शन है। इस दुःख ने उन्हें सिखा दिया था कि संसार को असत्य कह देने से उसके दुःख असत्य न हो जाएँगे। उन्होंने दुःख का ही नहीं, संसार के अनेक व्यापारों, मानव जीवन के अनेक पक्षों का चित्रण किया है। यहाँ उसका विवेचन करना अनावश्यक है। दुःख की चर्चा इसलिए की गई है कि उससे उनकी भक्ति का घनिष्ठ सम्बन्ध है।

तुलसी के युग में किसी ने अपने बारे में इतना नहीं लिखा जितना उन्होंने। हम उनके बारे में बहुत-सी बातें जानना चाहते हैं, इसलिए उन्होंने अपने बारे में जो कुछ लिखा है, वह अपर्याप्त मालूम होता है। किन्तु उस युग के अन्य कवियों से तुलना करने पर पता चलेगा कि उन्होंने जितना लिखा है, वह बहुत लिखा है। तुलसी के लिए मनुष्य का व्यक्तित्व नगण्य नहीं है। इसीलिए उनके अपने व्यक्तित्व की इतनी चर्चा है। तुलसीदास हिन्दी के पहले कवि हैं जिनकी रचनाओं में कवि का व्यक्तित्व इतना उभरकर आया है। उनका व्यक्तित्व किस तरह का है? इस व्यक्तित्व से उनकी भक्ति का क्या सम्बन्ध है?—इन प्रश्नों का उत्तर देना आवश्यक है।

तुलसीदास के व्यक्तित्व का एक पक्ष है—उनका दैन्य। उन्होंने अतिशय विनम्रता से अपने को तीनों कालों और तीनों लोकों में महाअधम कहा। उनके व्यक्तित्व का दूसरा पक्ष है—उनका गर्व। उनकी आत्मसम्मान की भावना। इस आत्मसम्मान के कारण वह किसी को भी सिर झुकाने को तैयार नहीं होते, वैसे साधारण रूप से सियाराममय कहकर समस्त संसार को प्रणाम कर लें, वह बात

अलग है। उनके विचार से कवियों ने मनुष्यों की प्रशंसा में छंद रचे, इसीलिए सरस्वती सिर धुनकर पछताने लगीं। वह रामभक्त हैं। उन्हें किसी के भी सामने हाथ न फैलाना चाहिए, न सिर झुकाना चाहिए, यह भाव सदा उनके मन में रहता है। जिस मनुष्य को आजीवन तरह-तरह के कष्ट सहने पड़े हों और जिसने भूख और निर्धनता की यातना का स्वयं अनुभव किया हो, उसके लिए तत्कालीन समाज में भक्ति ही सबसे बड़ा सम्बल थी।

तुलसी को अपनी भक्ति पर ही गर्व नहीं था, उन्हें अपनी साहित्य-रचना के सौन्दर्य का भी ज्ञान था और उस पर सहज अभिमान भी था। पहले उन्होंने अपने को 'सकल कला सब विद्या हीनू' कहा, 'कवित्त बिबेक एक नहिं मोरे'—यह घोषणा की। उसके बाद उन्होंने अपने दोहों और चौपाइयों की प्रशंसा में जो कुछ कहा है, उससे अधिक उनकी प्रशंसा आज तक कोई कर नहीं सका :

पुरइनि सघन चारु चौपाई। जुगुति मंजु मनि सीप सुहाई॥
छंद सोरठा सुन्दर दोहा। सोइ बहुरंग कमल कुल सोहा॥
अरथ अनूप सुभाव सुभासा। सोइ पराग मकरन्द सुबासा॥

तुलसीदास उन कवियों में न थे, जो बेसुध अवस्था में कुछ ऊँची बातें कह जाते हैं, और स्वयं उनका मर्म नहीं समझते। वह सचेत कवि थे और पाठकों से भी सचेत होकर ही 'मानस' को पढ़ने के लिए कहते हैं।

सप्त प्रबन्ध सुभग सोपाना। ग्यान नयन निरखत मन माना।

उनके विमल विलोचन खुल चुके हैं। वे भक्त हैं, इसलिए कोई ज्ञानी उनसे बड़ा होगा, यह मानने को वे तैयार नहीं हैं। वे पाठकों से भी ज्ञान-नेत्र खोलने को कहते हैं।

ऐसे अभिमानी कवि के हृदय से जब आर्त पुकार निकलती है, तब उसकी वेदना को असाधारण ही मानना चाहिए। 'विनयपत्रिका' में उनकी वेदना का स्रोत काम, क्रोध, मद, लोभ आदि मनोविकार ही अधिक हैं। फिर भी अनेक पदों में उनके भौतिक जीवन की वेदना, उनकी युवावस्था के कष्ट आदि भी व्यक्त हुए हैं :

नाम राम रावरोई हित मेरे।
स्वारथ परमारथ साथिन्ह सों भुज उठाइ कहौं टेरे।
जननी जनक तज्यो जनमि, करम बिनु विधिहु सृज्यो अवडेरे।
मोहुँ से कोउ-कोउ कहत रामहि को सो प्रसंग केहि केरे?
फिर्‌यौ ललात बिनु नाम उदर लगि दुखउ दुखित मोहिं हेरे।

कहते हैं : दु:ख भी मुझे देखकर दुखी हो जाता था। उन्होंने अवश्य असह्य यातना सही होगी, तभी उन्होंने राम के द्वार पर आर्त पुकार की थी :

द्वार हौं भोर ही को आज।
रटत रिरिहा आरि और न कौर ही तें काज।

तुलसी के लिए प्रसिद्ध है कि बाँसुरीवाले भगवान को देखकर उनका माथा न झुका था—तुलसी मस्तक तब नवैं, धनुषबाण ल्यो हाथ—उनका माथा झुकाने के लिए भगवान को धनुष-बाण धारण करना पड़ा था। इस कहानी में सार यह है कि भगवान के सामने भी उनका माथा आसानी से न झुकता था। वे तुलसीदास जब कहते हैं कि भोर ही से द्वार पर मैं पुकार रहा हूँ, तब समझना चाहिए कि उनकी वेदना साधारण नहीं है।

तुलसीदास की भक्ति की विशेषता समझने के लिए यहाँ भक्ति-आन्दोलन के सम्बन्ध में दो शब्द कह देना जरूरी है। कुछ लोगों का विचार है कि भारत में मुसलमानों का शासन कायम होने से देश में निराशा फैल गई। निराशा में भगवान का भजन करने के सिवा कोई चारा न था, इसलिए मुस्लिम शासन की प्रतिक्रिया-रूप भक्ति-आन्दोलन का प्रसार हुआ। यह धारणा सही नहीं है क्योंकि भक्ति-आन्दोलन का सूत्रपात यहाँ तुर्कों के आक्रमण से बहुत पहले हो गया था। इसके सिवा भक्ति-आन्दोलन का प्रसार उत्तर से पहले दक्षिण के उन प्रदेशों में हुआ जहाँ मुसलमानों का शासन नहीं था। वास्तव में भक्ति-आन्दोलन भारत से बाहर यूरोप के देशों में भी पाया गया है। इसका कारण विभिन्न देशों में एक सी समाज-व्यवस्था की सामान्य परिस्थितियाँ हैं। इस समाज-व्यवस्था में समाज का मुख्य वर्ग भूमिपतियों का होता है। धर्म, संस्कृति, और शिक्षा आदि का कार्य पुरोहित वर्ग के हाथ में रहता है। इस समाज में थोड़े-से महाजन और व्यापारी होते हैं और शेष जनता खेती करती है या कपड़ा आदि बुनना जैसे दस्तकारी के अन्य काम करती है। इस समाज-व्यवस्था में धर्म और संस्कृति कर्मकांड से बँध जाते हैं। धर्म की साधना के लिए भी द्रव्य आवश्यक होता है। श्रम करनेवाली जनता को दबाकर रखने के लिए पुरोहित वर्ग नरक का भय दिखाता है। यूरोप में धार्मिक कार्यों का माध्यम लैटिन थी और भारत में संस्कृत। इन भाषाओं को मध्यकाल में कुछ थोड़े-से पढ़े-लिखे ही समझते थे। इन परिस्थितियों में भक्ति-आन्दोलन का जन्म हुआ। यह सम्पत्तिशाली वर्गों का सांस्कृतिक-आन्दोलन न था। इसका नेतृत्व उन लोगों ने किया जिन्होंने संस्कृत की जगह भारतीय भाषाओं और लैटिन की जगह यूरोपीय भाषाओं को प्रतिष्ठित किया। इस आन्दोलन में उच्चवर्णों के अलावा निम्नवर्णों के लोग भी आए और इस तरह धर्म और संस्कृति पर पुरोहित वर्ग का एकाधिकार टूट गया। कर्मकांड के बदले हर देश का भक्ति-आन्दोलन प्रेम को महत्त्व देता है। यदि हृदय में प्रेम नहीं है तो

कितने भी यज्ञ करो, भगवान प्रसन्न होने के नहीं। इस प्रकार धार्मिक साधना सबके लिए सुलभ हो गई; जाति और जन्म के कारण कोई ईश्वर-भक्ति से वंचित न रह सकता था। आधुनिक शब्दावली में कहें तो कह सकते हैं कि भक्ति-आन्दोलन मध्यकालीन समाज-व्यवस्था में जनता का सामन्त-विरोधी सांस्कृतिक आन्दोलन था।

कुछ विद्वान संतों, सूफियों और भक्तों को अलग करके देखते हैं। वास्तव में ये सब एक ही आन्दोलन के अंग हैं। प्रेम-तत्त्व इन सबमें सामान्य है। ये सभी जन प्राचीन धार्मिक रूढ़िवादिता के विरुद्ध दिखाई देते हैं। इस आन्दोलन में न केवल हिन्दी वरन् भारत की अनेक भाषाओं में मुसलमान भी शामिल रहे हैं। सूफियों ने विशेष रूप से धार्मिक कट्टरता का विरोध किया। यही कारण है कि तुलसीदास के युग में, उससे पहले और बाद को भी मुसलमान संतों ने उत्तर भारत की प्राय: सभी भाषाओं और उनके साहित्य की उल्लेखनीय सेवा की है। साथ ही भक्ति-आन्दोलन अपने व्यापक रूप में सामन्त-विरोधी था, इसलिए वह हिन्दू सामन्तों के साथ मुस्लिम सामन्तों और उनके उत्पीड़न के विरुद्ध भी था।

भक्ति-आन्दोलन का सर्वत्र सम्बन्ध लोक-भाषाओं से रहा है। तुलसीदास का युगान्तरकारी महत्त्व इसी बात से प्रकट है कि वह हिन्दी भाषा के सर्वश्रेष्ठ कवि के रूप में विख्यात है। अपने रामचरितमानस द्वारा उन्होंने हिन्दी भाषा को संस्कृत के समकक्ष महत्त्व प्रदान किया। रामचरितमानस ने पिछली अनेक शताब्दियों में जिन करोड़ों हिन्दी-अहिन्दीभाषियों के हृदय को स्पर्श करके उन्हें मानसिक शान्ति प्रदान की है और उनके जीवन को उन्नत बनाया है, उसकी तुलना मेरी दृष्टि में संसार की किसी भी भाषा के किसी भी ग्रंथ से नहीं की जा सकती। और जिन तुलसीदास को मालूम था कि उनकी चौपाइयाँ पुरइन के सघन पात हैं और छंद सोरठा सुन्दर दोहा कमल के फूल हैं, वे अपने मन में यह भी भली भाँति जानते थे कि वे एक अमर ग्रंथ की रचना कर रहे हैं जो शताब्दियों तक भावी संतति द्वारा पढ़ा जाएगा। तात्पर्य यह कि जैसे उन्हें अपने काव्य-सौन्दर्य का बोध था, वैसे ही उन्हें लोकभाषा के महत्त्व का भी ज्ञान था। इसीलिए उन्होंने भाषा के कवियों की वन्दना करते हुए लिखा था :

जे प्राकृत कवि परम सयाने। भाषा जिन्ह हरि चरित बखाने॥
भये जे अहहिं जे होइहहिं आगे। प्रनवउँ सबहि कपट-छल त्यागे॥

उन्होंने भाषा के उन समस्त कवियों को प्रगाम किया है जो उनसे पहले हो चुके थे, जो उनके युग में थे और जो भावी युगों में होनेवाले थे।

हिन्दी भाषा की सेवा—तुलसी की भक्ति का यह मधुर फल था।

भक्ति-आन्दोलन सामन्ती समाज की विषम परिस्थितियों में उत्पन्न हुआ था, इसलिए उसमें जनता की वास्तविक दशा का चित्रण मिलता है। भक्त-कवियों की

करुण पुकार तत्कालीन जनता की ही करुण पुकार है। तुलसी की भक्ति-सम्बन्धी रचनाओं में हृदय को विगलित करनेवाली करुणा के स्रोत फूट पड़े हैं। कोई भी भक्त-कवि अपने इष्टदेव से इतना खुलकर, इतनी स्पष्टता से, अपने दु:ख-सुख की हर छोटी-बड़ी बात इतने कवित्वपूर्ण ढंग से नहीं कह सका जितना तुलसीदास। ऐसी गेयता, ऐसी आत्मविभोर तल्लीनता, ऐसा मार्मिक आत्मनिवेदन जैसा 'विनयपत्रिका' और 'कवितावली' में है, अन्यत्र दुर्लभ है। सैकड़ों वर्षों तक भारतीय जनता ने जो कुछ सहा था, जो कुछ सोचा था, जिस कुछ की कामना की थी, वह सब सिमटकर 'विनयपत्रिका' और 'कवितावली' के छंदों में समा गया है। यहाँ करुणा और वेदना का ऐसा विशाल और अगाध सागर लहराता है कि उसके आगे और सब करुण-संगीत हेच मालूम होता है।

तुलसी आत्मकेन्द्रित व्यक्ति न थे। उन्हें जितना अपने दु:ख का ज्ञान था, उतना ही दूसरों के दु:ख का भी। उन्होंने राम में जितनी करुणा की कल्पना की थी, वह सब उनके हृदय में विद्यमान थी। तुलसी की यह विराट् मानवीय सहानुभूति उनकी भक्ति का अभिन्न अंग है। इसी कारण वह हमारी जनता के गुणों का जितना सुन्दर चित्रण कर सके हैं, उतना अन्य कवि नहीं। राम, लक्ष्मण, सीता, भरत आदि के चरित्र में उन्होंने भारतीय जनता की ही शूरता, धैर्य, त्याग, स्नेह आदि गुणों की उदात्त अभिव्यंजना की है। 'कामायनी' के लेखक जयशंकर प्रसाद जी ने तुलसी और राम के सम्बन्ध में एक बड़ी मार्मिक पंक्ति लिखी थी :

मानवता को सदय राम का रूप दिखाया।

राम के जिस रूप से हम परिचित हैं, उसे तुलसी ने ही हमें दिखाया है। तुलसी की करुणा भरत और कौशल्या के चित्रण में दिखाई देती है, उनकी मानवीय सहानुभूति निषाद, शबरी, सीता से प्रश्न करनेवाली ग्रामवधुओं आदि के सन्दर्भ में दिखाई देती है। जहाँ वे कलिकाल, दुर्भिक्ष, महामारी आदि का वर्णन करते हैं, वहाँ उनकी यही सहानुभूति प्रकट होती है। तुलसी की नैतिकता का यही स्रोत है। सबसे बड़ा धर्म है, दीनों की सेवा; सबसे बड़ा पाप है, उनका उत्पीड़न। 'परहित सरिस धर्म नहिं भाई, परपीड़ा सम नहिं अधमाई।' इसीलिए उन्होंने प्रजा को सतानेवाले राजाओं के लिए नरक की व्यवस्था की है :

जासु राज प्रिय प्रजा दुखारी। ते नृप अवसि नरक अधिकारी।

तुलसी की करुणा का अन्त न तो भाग्यवाद में होता है, न निराशा में। उनके इष्टदेव आदर्श कर्मवीर हैं। वे साधारणत: युद्ध नहीं करते, अपने तीर तरकश में ही रखते हैं किन्तु उनकी प्रतिज्ञा है : 'जो रन हमैं प्रचारै कोऊ, लरहिं सुखेन काल किन होऊ।' राम के चरित्र में ही नहीं, तुलसी की अपनी उक्तियों में

ओज और आवेश की मात्रा कम नहीं है। वे प्रजापीड़क राजाओं को शाप देते हुए कहते हैं :

राज करत बिनु काजही, सजहिं कुसाज कुठाट।
तुलसी ते दसकंध ज्यों, जइहैं बारह बाट॥

तुलसी इस स्वर में बोल सकते थे क्योंकि उनके पास भक्ति के अलावा अपना और कुछ नहीं था। वह अपने युग के सर्वहारा थे अर्थात् उनका स्थान सम्पत्तिहीन जनों में था। उन्होंने दरिद्रता और भूख का दुःख भोगा था तो राम के भरोसे निश्चिन्त होकर सोने का सुख भी भोगा था। उनकी रचनाओं में जगह-जगह चुनौती का स्वर सुनाई देता है, उसका रहस्य यही है कि उन्हें किसी की गुलामी नहीं करनी पड़ती। 'माँगि कै खैबे, मसीत को सोइबे, लेबे को एक न देबे को दोऊ'—वे ही लिख सकते थे। उनके व्यक्तित्व में कातरता नहीं है। 'लोग कहैं पोचु, सो न सोचु न संकोचु, मेरे ब्याह न बरेखी, जाति पाँति न चहत हौं।' वे किसी की सुनकर चुप रह जानेवाले जीव नहीं हैं। खरी-खरी कहना उनका स्वभाव है। बाहुपीड़ा से जब बहुत कष्ट होता है और बार-बार प्रार्थना करने पर भी वह पीड़ा दूर नहीं होती, तब वे शंकर, हनुमान और राम—सभी को सावधान करके सुना देते हैं—आप नहीं सुनते हैं तो मैं भी अब चुप हो जाऊँगा। समझूँगा, जो बोया था, वही काट रहा हूँ :

कहौं हनुमान सों, सुजान रामराय सों,
कृपानिधान संकर सों, सावधान सुनिए।
हरष-विषाद-राग रोग-गुन-दोष-मई,
विरची विरंचि सब देखियतु दुनिए॥
मायाजीव काल के, करम के, सुभाय के,
करैया राम, वेद कहैं, साँची मन गुनिए।
तुमतें कहा न होय, हा हा! सो बुझैये मोहिं
हौंहूँ रहौं मौन ही, बयो सो जानि लुनिए॥

यह स्वर तुलसी का सहज और साधारण स्वर नहीं है। फिर भी वह उनकी रचनाओं में एक से अधिक बार सुनाई देता है जिससे उनकी असाधारण यातना का अनुमान होता है। ऊपर के छंद में उन्होंने बाहुपीड़ा के सन्दर्भ में मौन रहने की बात कही है; 'कवितावली' के एक अन्य छंद में जीवन-भर दुःख पाने, स्वप्न में भी सुख न पाने की चर्चा के बाद कहा है कि उन्हें न कुछ और कहना है, न करना है; बस, मरना ही शेष रह गया है :

जीव जहान में जायो जहाँ सो तहाँ तुलसी तिहुँ दाह दहो है।
दोस न काहू, कियो अपनो, सपनेहु नहीं सुख लेस लहो है॥

राम के नाम तें होउ सो होउ, न सोऊ हिये, रसना ही कहो है।
कियो न कछू, करिबों न कछू, कहिबो न कछू, मरिबोई रहो है॥

ऐसी तिक्तता तुलसी-काव्य में अपवाद रूप में ही है। किन्तु उससे अनुमान किया जा सकता है कि उन्होंने कितने घोर दु:ख में डूबकर यह सब लिखा होगा। इन पंक्तियों को पढ़कर मुझे निराला जी के वे मर्मबेधी शब्द याद आते हैं जो उन्होंने अपनी पुत्री सरोज के देहान्त के बाद लिखे थे :

दु:ख ही जीवन की कथा रही,
क्या कहूँ आज जो नहीं कही!
हो इसी कर्म पर वज्रपात
यदि धर्म, रहे नत सदा माथ
इस पथ पर, मेरे कार्य सकल
हों भ्रष्ट शीत के से शतदल!
कन्ये, गत कर्मों का अर्पण
कर, करता मैं तेरा तर्पण!

सम्भवत: दु:ख की यह अतल गहराई देखे बिना कोई बड़ा कवि हो नहीं सकता। तुलसी ने उसे देखा था और उनके दु:ख का स्मरण इसलिए आवश्यक है कि हम आज के युग में उनकी भक्ति को कल्पना-विलास न समझ लें। भक्ति उनकी जीवन-साधना की गाढ़ी कमाई थी, विषम सामाजिक परिस्थितियों में वह उनका एकमात्र सम्बल थी। इस दु:खानुभूति ने उनकी भक्ति का साधारणीकरण कर दिया। जिस करुण रस को भवभूति ने सभी रसों का स्रोत कहा था, उसने तुलसी की भक्ति को मानवमात्र की सम्पत्ति बना दिया।

तुलसी की भक्ति उन सबकी सम्पत्ति है जिनके पास अपनी और कोई सम्पत्ति नहीं है। यह भक्ति उन भक्तों की सम्पत्ति है जिन्हें राम में आस्था है। वह उन लोगों की सम्पत्ति भी है जिनकी आस्था का केन्द्रबिन्दु मानव ही है। इसका कारण यह है कि अपने युग में मानवतावाद की सर्वश्रेष्ठ प्रतिष्ठा तुलसी की भक्ति में ही हुई है। प्रचलित अर्थ में जिसे हम धर्म कहते हैं, और जिसके लिए लड़ते हैं, वह रहे, चाहे न रहे, तुलसी की भक्ति अवश्य रहेगी और प्रत्येक मानव-प्रेमी को उसका स्मरण करके श्रद्धानत होना होगा।

भगवान बड़ा है, उससे बड़ा और कुछ हो नहीं सकता, तुलसी भगवान को और बड़ा न बना सकते थे। किन्तु भक्त भगवान की तुलना में छोटा होता है, तुलसी ने उसे बड़ा बनाया है। उत्तरकांड में उन्होंने कागभुंशुडि से कहलाया है : 'मोरे मन प्रभु अस बिस्वासा, राम ते अधिक राम कर दासा।' राम का दास राम से भी बढ़कर है। मध्यकालीन भक्ति में मानवतावाद की यह पराकाष्ठा है।

रामचरितमानस के कथा-प्रसंग में उन्होंने अपने इसी विश्वास को चरितार्थ किया है। राम भी वन गए थे और उन्हें वापस लाने के लिए भरत भी गए थे। किन्तु बादलों ने छाया करके भरत के लिए मार्ग जैसा सुखद कर दिया, वैसा राम के लिए भी न किया था :

किये जाहिं छाया जलद, सुखद बहइ बर बात।
तस मगु भयउ न राम कहँ, जस भा भरतहिं जात॥

राम ने पिता की आज्ञा पालने के लिए राज्य छोड़ा था, भरत ने भाई के प्रेम के कारण राज्य-त्याग किया था। इसीलिए भक्त भगवान से बढ़ गया।

और भी कहा है :

तुलसी रामहू ते अधिक, रामभक्त जिय जान।
ऋनिया राजा राम भे, धनिक भये हनुमान॥

भक्त के प्रति इस आदर-भावना के कारण तुलसीदास के व्यक्तित्व में कितना परिवर्तन आया है, यह देखते ही बनता है। एक ओर यदि उनका दैन्य चरम सीमा को पहुँचा हुआ है, तो दूसरी ओर उनका गर्व भी, उनका यह भाव कि भक्ति ने उनमें असाधारण परिवर्तन कर दिया है, चरम सीमा को पहुँचा हुआ है :

नामु रामु को कलपतरु, कलि कल्यान निवासु।
जो सुमिरत भयो भाँग ते, तुलसी तुलसीदासु॥

भाँग और तुलसी का एक साथ उल्लेख करके उन्होंने दैन्य और गर्व की भावनाओं का एक साथ निर्वाह किया है। ध्यान देने की बात है कि भक्ति ने उनका दैन्यभाव दूर कर दिया है। वह भाँग का पेड़ नहीं, पवित्र तुलसी का वृक्ष हो गए हैं। मानस के अन्त में उन्होंने अपनी सिद्धि का उल्लेख करते हुए कहा है :

जाकी कृपा लवलेस ते मतिमन्द तुलसीदासहूँ।
पायो परम विश्रामु राम समान प्रभु नाहीं कहूँ॥

परम विश्राम मृत्यु के बाद मिलने को नहीं है; वह उन्हें इसी जीवन में मिल गया है।

'कवितावली' में कहीं कहते हैं कि राम ने बक समान तुलसी को हंस बना दिया। कहीं कहते हैं कि खर के असवार को हाथी पर चढ़ा दिया। 'विनयपत्रिका' में कहते हैं :

पतित पावन राम नाम सों न दूसरो।
सुमिरि सुभूमि भयो तुलसी सो ऊसरो॥

नाम-स्मरण से ऊसर भी उर्वर भूमि में परिणत हो गया। राम नाम के कारण यद्यपि उनका व्यक्तित्व महान् बना, फिर भी दूसरे भक्तों के सामने उन्होंने अपने को छोटा ही कहा। बड़ी ही प्रीति और विनम्रता से उन्होंने राम पर सब कुछ वारनेवालों के लिए कहा है :

आप आपने तें अधिक, जेहि के सीताराम।
तेहि के पग की पानहीं, तुलसी तनु को चाम॥

जिस भक्ति की परिणति ऐसे उत्कुष्ट मानवतावाद में हो, उसका प्रभाव आधुनिक हिन्दी साहित्य पर जितना ही पड़े, उतना ही अच्छा है। तुलसीदास की परम्परा से आधुनिक साहित्य का सम्बन्ध कैसे जोड़ना चाहिए, यह निराला जी ने अपने काव्य और लेखों से अच्छी तरह प्रकट कर दिया हुए। तुलसी की भक्ति का आधार ज्ञान है। वह भक्त होने के साथ दार्शनिक कवि भी हैं। उनके लिए ब्रह्मा सगुण और निर्गुण, दोनों हैं। ब्रह्म संसार से परे नहीं है, वह प्रत्यक्ष जगत् में व्याप्त है। संसार को रचनेवाली शक्ति विद्या है, अविद्या नहीं। वह मनुष्य के लिए श्रेयस्करी है। राम ब्रह्म हैं तो सीता आदिशक्ति हैं। जीव ब्रह्म का ही अंश है। तुलसी का यह लोकोन्मुख दर्शन है जिसके कारण वे संसार के विभिन्न व्यापारों का, अपने तथा अन्य मनुष्यों के दु:खों का, वर्णन करते हैं। उनकी भक्ति का घनिष्ठ सम्बन्ध मानवीय सहानुभूति और करुणा से है। इसीलिए वे उसके द्वारा उच्चकोटि के मानवतावाद की प्रतिष्ठा करते हैं, वे अपने जीवन में भक्ति द्वारा किए जानेवाले परिवर्तन का उल्लेख करते हैं और भक्त को भगवान से भी बड़ा कहकर मनुष्य की महत्ता की घोषणा करते हैं। इसी कारण उनकी भक्ति का महत्त्व सार्वदेशिक और सार्वकालिक है।

[1962]

6

तुलसी-साहित्य के सामन्त-विरोधी मूल्य

दो तरह के लेखकों ने तुलसी-साहित्य का मूल्यांकन बहुत आसान बना दिया है। पहली तरह के लेखक वे हैं, जो समझते हैं कि तुलसीदास ने रामचरितमानस लिखकर इस्लाम के आक्रमण से हिन्दू धर्म की रक्षा कर ली और राम, सीता आदि के चरित्रों द्वारा हिन्दू समाज और हिन्दू संस्कृति के लिए अमर आदर्शों की प्रतिष्ठा कर दी। दूसरी तरह के आलोचक वे हैं, जो समझते हैं कि तुलसीदास ने वर्णाश्रम धर्म के छिन्न-भिन्न होने के समय फिर ब्राह्मणवाद का समर्थन किया, नारी की पराधीनता आदर्श रूप में रखी और जनता को भक्तिरूपी अफीम की घूँटी देकर सुला दिया।

पहली तरह के आलोचक तुलसीदास को श्रद्धा की दृष्टि से देखते हुए उन्हें हिन्दू धर्म का उद्धारक मानते हैं। दूसरी तरह के आलोचक उन्हें प्रतिक्रियावादी कहते हैं। उनकी कला का महत्त्व स्वीकार करते हुए भी उनकी विचारधारा को प्रगति-विरोधी मानते हैं। दोनों तरह के आलोचक—श्रद्धा के बावजूद—एक ही नतीजे पर पहुँचते हैं और वह यह कि तुलसीदास जर्जर होती हुई सामन्ती संस्कृति के पोषक थे, इसलिए आज की जातीय संस्कृति के निर्माण में—'ऊँची' जाति और 'नीची' जाति के हिन्दुओं, मुसलमानों आदि की मिली-जुली संस्कृति के निर्माण में—उनकी विचारधारा कोई मदद नहीं कर सकती।

दोनों ही तरह के आलोचक भारतीय जनता को—खास कर हिन्दी-भाषी जनता को—तुलसीदास की सांस्कृतिक विरासत से वंचित कर देते हैं।

क्या इस तरह की धारणाएँ वैज्ञानिक हैं? क्या वे जनता के हित में, हमारी जातीय संस्कृति के विकास के हित में हैं?

सोलहवीं सदी या उससे कुछ आगे-पीछे भारत में भक्त कवियों की एक बाढ़-सी आ गई। न सिर्फ ब्रज, अवध आदि हिन्दी प्रदेशों में बल्कि बंगाल, पंजाब, महाराष्ट्र आदि प्रदेशों में भी यह बाढ़ दिखाई दी। संत-साहित्य ने एक विराट् आन्दोलन का रूप ले लिया। जनता की भाषा में ऐसी रचनाएँ होने लगीं जो गाँवों तक फैल गईं। इन रचनाओं में प्रेम को सबसे ज्यादा महत्त्व दिया गया, वर्ण और धर्म का भेद

प्रेम में बाधक न समझा गया। अक्सर इस तरह के भेद की कड़ी आलोचना भी की गई। इन प्रेममार्गी कवियों में हिन्दू, मुसलमान, सवर्ण और अछूत—सभी तरह के लोग हैं। उनमें कुछ सगुणवादी थे, कुछ निर्गुणवादी, कुछ कृष्ण के उपासक थे, कुछ राम के, कुछ यह सब कुछ एक साथ थे। मूल बात यह थी कि वे उपासना में प्रेम को मुख्य चीज मानते थे।

क्या यह भक्ति-आन्दोलन आकस्मिक घटना थी? क्या वर्ण-व्यवस्था और धार्मिक कट्टरता के बन्धन तोड़कर प्रेम की इस धारा का बहना दैवेच्छा से हुआ? मार्क्सवाद के अनुसार संस्कृति किसी समान-व्यवस्था का मानसिक प्रतिबिम्ब है। आर्थिक व्यवस्था अगर नींव है तो संस्कृति उसके ऊपर की इमारत है। भक्ति-आन्दोलन का आधार क्या था?

जो लोग समझते हैं कि सोलहवीं सदी में सामन्ती समाज का ढाँचा ज्यों-का-त्यों बना हुआ था, अपने भीतर पैदा होनेवाली नई शक्तियों के प्रसार से चरमराने न लगा था, वे भक्ति-आन्दोलन को या तो पुराने सामन्ती सम्बन्धों का ही प्रतिबिम्ब मानेंगे या फिर उसे शुद्ध कल्पनाजन्य आन्दोलन मानेंगे जिसकी जड़ें नये सामाजिक यथार्थ में गहरे न पैठी थीं। दोनों ही हालत में वे भक्ति-आन्दोलन के ऐतिहासिक महत्त्व से इनकार करेंगे।

संत-साहित्य का प्रसार भारतीय संस्कृति के इतिहास में एक अनूठी घटना थी, इस बात से इनकार नहीं किया जा सकता। अचानक संस्कृत का प्रभुत्व, जो सैकड़ों साल से चला आ रहा था, खत्म होता दिखाई दिया। जनता की संस्कृति, जिसे पुरोहितों ने अब तक दबाया था, पुष्पित और पल्लवित होने लगी। जो लोग खुलकर पुरोहितों के खिलाफ एक शब्द न कह सकते थे, अब खुलेआम उन्हें चुनौती देने लगे। इसका कारण क्या था? क्या सामन्ती-व्यवस्था के कमजोर हुए बिना यह सब सम्भव था?

16वीं सदी के लगभग—शेरशाह और अकबर के शासनकाल में—उत्तर भारत में सामन्ती-व्यवस्था काफी कमजोर हुई। नहरें खुदने और सड़कें बनने से यातायात में उन्नति हुई; एक ही तरह की मुद्रा के चलन से व्यापार में सुविधा हुई; राज्य और काश्तकार में सीधा सम्बन्ध स्थापित होने से जनपदों का अलगाव कम हुआ; बारूद के इस्तेमाल से केन्द्रीय राज्यसत्ता जागीरदारों की स्वच्छंदता कम करके उन्हें अपने मातहत कर सकी; यूरोप में भारत का व्यापार बहुत बड़े पैमाने पर आगे बढ़ा, उत्तर भारत में शहरों की संख्या ही नहीं बढ़ी, उनकी जनसंख्या और उनका व्यवसायी महत्त्व भी बढ़ा; जगह-जगह अपने अधिकारों के लिए जनता ने संघर्ष किए और इस तरह भी उसकी एकता बढ़ी। इन परिस्थितियों में सामन्ती ढाँचा जर्जर हुआ। उस ढाँचे के भीतर व्यापारियों द्वारा पैदा किए पूँजीवादी सम्बन्ध जन्म लेने लगे। पुराने जनपदों का अलगाव काफी दूर हुआ और वे मिलकर एक जाति

(नेशन) के रूप में संगठित होने लगे। भक्ति-आन्दोलन इस जातीय-आन्दोलन का सांस्कृतिक प्रतिबिम्ब था।

इस जातीय-आन्दोलन में भाग लेनेवाले व्यापारी, जुलाहे, कारीगर, किसान आदि थे। इनकी एकता की चाह, सामन्ती अलगाव को दूर करके मिलने की चाह भक्ति-आन्दोलन में प्रकट हुई। ऊपर से देखने में मालूम होगा कि भक्त कवियों की मूल समस्या संसार से मुक्ति पाने की समस्या थी। उनके सबसे बड़े शत्रु काम, क्रोध, मद, लोभ आदि उनके मनोविकार ही थे। गांधीवादी विचारक संत-साहित्य को इसी दृष्टि से महत्त्वपूर्ण मानते हैं। लेकिन मजदूर वर्ग और पूँजीपतियों के संघर्ष के पहले आम तौर से देखा यह गया है कि वर्ग-संघर्ष एक धार्मिक लिबास में सामने आता है। उस लिबास के नीचे छिपे हुए ऐतिहासिक तथ्य को देखना हर वैज्ञानिक विचारक का कर्तव्य है।

पुरोहितों और राजाओं से दबे हुए लोगों ने जब सांसारिक बन्धनों से मुक्ति पाने के लिए अपना अधिकार घोषित किया तब शासकवर्ग प्रसन्न नहीं हुआ। मुक्ति और धर्म पर वह अपना इजारा समझता था। हर वर्ण के लिए उसने धर्म-कर्म की व्यवस्था कर रखी थी; उसमें किसी तरह का हेर-फेर करने पर कठोर दंड देने की व्यवस्था भी थी। इसलिए सामन्तों और पुरोहितों के खिलाफ जनता के संघर्ष ने अगर धार्मिक लिबास पहना तो वह एक अनिवार्य ऐतिहासिक आवश्यकता थी।

16वीं सदी के जातीय-आन्दोलन का नेतृत्व बहुधा व्यापारी कर रहे थे। उस आन्दोलन ने जहाँ-तहाँ सक्रिय संघर्ष का रूप भी लिया। उसके सांस्कृतिक प्रतिबिम्ब—भक्ति—आन्दोलन-पर अक्सर निष्क्रियतावाद का रंग चढ़ा दिखाई देता है। क्रान्तिकारी मजदूर वर्ग और उसके नेतृत्व के अभाव में यह रंग चढ़ना भी एक हद तक अनिवार्य था। आज उसके लिए किसी तरह का ऐतिहासिक समर्थन बाकी नहीं रह गया।

गोस्वामी तुलसीदास किस हद तक भक्ति-आन्दोलन का प्रतिनिधित्व करते हैं? किस हद तक उनके विचार हमारे सांस्कृतिक विकास में आज सहायक हो सकते हैं?

रामचरितमानस में जहाँ-तहाँ विप्रपद पूजा को बहुत बड़ा धर्म बतलाया गया है और विशेष रूप से उत्तरकांड में शूद्रों के अपना वर्ण-धर्म त्यागने पर क्षोभ प्रकट किया गया है। इन पंक्तियों को अलग करके देखने से यह धारणा बन सकती है कि तुलसीदास अपने समय की सामन्त-विरोधी गतिविधि से असंतुष्ट थे और वे पुरानी व्यवस्था को ही बनाए रखना चाहते थे। क्या हम वर्ण-धर्म के समर्थन को तुलसीदास के विचारों की ऐतिहासिक सीमा मानें जिससे उनकी मूल विचारधारा पर आँच नहीं आती?

यथार्थ यह है कि वर्णाश्रम धर्म के समर्थक पुरोहितों ने तुलसीदास को काफी सताया था और तुलसीदास ने भी उनका उचित उत्तर देने में आगा-पीछा न किया था।

तुलसीदास अपने जन्म के बारे में कहते हैं :

जायो कुल मंगन बधावनो बजायो सुनि,
भयो परिताप पाप जननी जनक को।
बारे तें ललात बिललात द्वार द्वार दीन,
जानत हौं चारि फलचारि ही चनक को॥

यह समझने का कोई कारण नहीं दिखाई देता कि केवल अपनी दीनता से इष्टदेव को प्रभावित करने के लिए उन्होंने यह लिख दिया है। इसी तरह 'लालची ललात बिललात द्वार द्वार दीन, बदन, मलीन मन मिटै न बिसूरना' आदि में अत्युक्ति हो सकती है लेकिन तुलसी ने, निर्धन और अकुलीन बालक को जो अपमान सहना पड़ता है, उसे स्वयं सहा था, इसमें सन्देह नहीं। और यह अपमान बालकपन तक सीमित न था। जैसे-जैसे उनकी लोकप्रियता बढ़ती गई, वैसे-वैसे उनका विरोध भी बढ़ा। जब लोग उनकी जाति-पाँति की चर्चा करके उनका उपहास करते थे, तब तुलसीदास यही कहकर जवाब देते थे कि जो गोत्र राम का है, वही गोत्र उनके सेवक का है। कभी इन विरोधियों से उदासीन होकर वे कहते : 'मेरे जाति पाँति न चहौं काहू की जाति पाँति, मेरे कोऊ काम को न हौं काहूके काम को।' लेकिन कभी-कभी जातिवादियों को चुनौती देते हुए वह कहते :

धूत कहौ, अवधूत कहौ, रजपूत कहौ, जुलहा कहौ कोऊ।
काहू की बेटी सों बेटा न ब्याहब काहू की जाति बिगार न सोऊ॥
तुलसी सरनाम गुलाम है राम कौ जाको रुचै सो कहै कछु ओऊ।
माँगि कै खैबो मसीत को सोइबो लेबे को एक न देबे को दोऊ॥

इस एक छंद में तुलसीदास के समूचे जीवन का संघर्ष चित्रित हो गया है। निःसन्देह उनके कार्यों से पुरोहित वर्ग आतंकित हो उठा था। वह उन्हें तरह-तरह के नाम देने लगा था और तुलसीदास को कहना पड़ा—तुम अपनी जाति लेकर खुश रहो, हमें तुमसे लेना एक है न देना दो।

जो लोग समझते हैं कि गोस्वामी तुलसीदास शूद्रों पर ब्राह्मणों के प्रभुत्व का समर्थन करते थे, वे भूल जाते हैं कि उन्होंने स्वयं इस प्रभुत्व का कटु अनुभव किया था। 'कवितावली' के इन छंदों में महाकवि का एक निडर व्यक्तित्व हमारे सामने उभरकर आता है जो रामभक्ति का प्रचार करता हुआ वर्णवादियों के विरोध की जरा भी परवाह नहीं करता। समूचा तुलसी-साहित्य इस चित्र की सत्यता प्रमाणित करता है।

वर्ण और जाति की व्यवस्था को चुनौती देता हुआ तुलसी का व्यंग्य-स्वर सुनिए : 'कौन धौं सोमयागी अजामिल अधम कौन गजराज धौं बाजपेयी।'

इससे स्पष्ट है कि तुलसी की भक्ति सभी जातियों और वर्णों के लोगों को मिलानेवाली थी।

और जो लोग समझते हैं कि तुलसीदास ने इस्लाम से हिन्दू धर्म की रक्षा की, वे कृपा कर उस पंक्ति पर विचार करें जिसमें महाकवि ने माँगकर खाने और मस्जिद में सोने की बात कही है। वर्ण-व्यवस्था के रक्षकों ने ही भारतीय जनता के हृदय सम्राट् तुलसीदास की यह दशा की थी। यदि तुलसीदास कुलीनता और जातिवाद के समर्थक होते तो उनकी आत्म-निवेदन वाली रचनाओं में बार-बार यह स्वर न सुनाई देता : 'लोग कहैं पोचु, सो न सोचु न सँकोचु मेरे ब्याह न बरेखी जाति पाँति न चहत हौं।' तुलसीदास की रामभक्ति का एक प्रमुख कारण यह है कि उनके प्रभु ने जातिहीन व्यक्तियों को अपनाया था। 'दोहावली' का यह दोहा देखिए :

जातिहीन अघजनम महि, मुकुत कीन अस-नारि।
महामन्द मन सुख चहसि, ऐसे प्रभुहिं बिसारि॥

पार्वती-मंगल में शिव-विवाह का वर्णन करते हुए वर की विशेषताओं में यह भी है :

कहहु काह सुनि रीझिहु बरु अकुलीनहिं।
अगुन अमान अजाति मातुपितु हीनहिं॥

अकुलीनता का जिक्र रामचरितमानस में भी है :

निर्गुन निलज कुबेष कपाली।
अकुल अगेह दिगम्बर ब्याली॥

भक्त कवियों का मूल मंत्र था : 'जाति-पाँति पूँछै नहिं कोई, हरि का भजै सो हरि का होई।' तुलसीदास इस मंत्र को सिद्ध करनेवालों की चर्चा बार-बार करते हैं। वह वाल्मीकि का हवाला देते हैं जो मरा-मरा कहकर भी मुनि हो गए : 'जहाँ बालमीकि भये ब्याध ते मुनीन्द्र साधु, मरामरा जपे सुनि सिष ऋषि सात की।' और भी :

जान आदि कवि तुलसी नाम प्रभाउ।
उलटा जपत कोल ते भे ऋषिराउ॥

इसी तरह शबरी, गीध आदि का हवाला सभी संतों के साहित्य में मिलता है जिन्हें प्रेम के वश होकर राम ने मुक्ति दी :

सबरी गीध सुसेवकनि, सुगति दीन्ह रघुनाथ।
नामु उधारे अमित खल, बेद बिदित गुनगाथ॥

तुलसीदास की भक्ति वर्ण, जाति, धर्म आदि के कारण किसी का बहिष्कार नहीं करती। जो 'अति अघरूप' समझे जाते हैं, उन 'आभीर जवन किरात खस

स्वपचादि' के लिए भी वह कहते हैं कि राम का नाम लेकर वे भी पवित्र हो जाते हैं। इससे उनकी भक्ति का जनवादी तत्त्व अच्छी तरह प्रकट हो जाता है। जिन तमाम लोगों के लिए पुरोहित वर्ग ने उपासना और मुक्ति के द्वार बन्द कर दिये थे, उन सबके लिए तुलसी ने उन्हें खोल दिया। तुलसी की जाति और कुलीनता पर पुरोहितों के आक्षेपों का यही कारण था।

जब राम चित्रकूट पहुँचते हैं, तब तुलसीदास कोल-किरातों को नहीं भूलते : 'यह सुधि कोल किरातन्ह पाई। हरषे जनु नबनिधि घर आई॥' बीस पंक्तियों में राम से उनकी भेंट का वर्णन करने के बाद तुलसी यह टिप्पणी देते हैं : 'रामहिं केवल प्रेम पियारा। जानि लेउ जो जाननिहारा॥' जब आप याद करेंगे कि मुगल बादशाहों के जमाने में इन कोलकिरातों का आखेट होता था और जो पकड़े जाते थे, वे काबुल में बेच दिये जाते थे और ब्रिटिश साम्राज्यवाद के शासन में लाखों की तादाद में इन्हें जरायामपेशा करार दिया गया, तब तुलसीदास की प्रगतिशीलता समझ में आएगी।

केवट और निषाद के प्रसंग में तुलसीदास ने विशेष रूप से दिखलाया है कि ये 'नीची' जाति के लोग राम को प्यार करके भरत और लक्ष्मण का दर्जा पा जाते हैं। जब निषाद अयोध्या पहुँचता है तब सब लोग उसका इस तरह आदर करते हैं मानो लक्ष्मण आ गए हों!

कहि निषाद निज नाम सुबानी।
सादर सकल जोहारी रानी॥
जानि लखन सम देहिं असीसा।
जिअहु सुखी सम लाख बरीसा॥
निरखि निषादु नगर नर-नारी।
भए सुखी जनु लखनु निहारी॥

राम के अयोध्या लौटने पर जब निषाद विदा होता है, तब राम स्वयं कहते हैं :

तुम्ह मम सखा भरत सम भ्राता।
सदा रहेहु पुर आवत जाता॥

वास्तव में तुलसी के राम पर कुछ पक्षपात का दोष भी लगाया जा सकता है कि उच्चवर्णों में से किसी को उन्होंने न तो सखा कहा, न भरत सम भ्राता कहा! यह स्नेह मानो उन्होंने वर्णाधम लोगों के लिए ही रख छोड़ा था। तुलसी का रामराज्य वर्णहीन नहीं है। लेकिन सरयू के राजघाट पर चारों वर्ण एक साथ स्नान जरूर करते हैं :

राजघाट सब विधि सुन्दर वर।
मज्जहिं तहाँ बरन चारिउ नर॥

इस तरह के राजघाटों का आज भी कितना अभाव है, सभी लोग जानते हैं। इसलिए जब उत्तरकांड में हम तुलसी को इस बात पर क्षोभ प्रकट करते देखते हैं कि शूद्र ब्राह्मणों की बराबरी करने लगे हैं, तब हम इसी नतीजे पर पहुँचते हैं कि या तो उनके विचारों में अन्तर्विरोध है या फिर यह पुरोहितों का चमत्कार है जिन्होंने अपने काम की बातें मिलाकर रामचरितमानस को अपने अनुकूल बनाने की कोशिश की। यह काम उनके लिए कुछ नया भी न था; वह और भी ग्रंथों के साथ यह कांड कर चुके थे। तुलसी की भक्ति पुरोहितों का इजारा तोड़नेवाली थी। वह आभीर जवन किरात खस स्वपचादि—सभी को गले लगाती थी। केवट और निषाद जैसे वर्णाधमों पर उसका स्नेह और भी ज्यादा था। वह भक्ति उस व्यवस्था का विरोध करती थी जो मनुष्य-मनुष्य को वर्णों के आचार-विचार की जंजीरों में जकड़े हुए थी। तुलसी स्वयं उन लोगों में से थे जिन पर जातिहीनता और अकुलीनता का आक्षेप किया जाता था। उन्होंने बड़ाई पाने के लिए पुरोहित वर्ग की खुशामद नहीं की; स्वयं कुलीन बनकर पैर नहीं पुजाए। उन्होंने समाज के इतर जनों का पक्ष लिया और राम के प्रेम के आधार पर उनकी समानता की घोषणा की। उनकी भक्ति का यह सामन्त-विरोधी मूल्य है जिसे हमें अपनाना चाहिए और समाज में ऊँच-नीच का भेद, आभीर जवन किरात खस स्वपचादि का भेद, सदा के लिए खत्म कर देना चाहिए। गोस्वामी तुलसीदास ने जो काम भक्ति द्वारा किया था, आज जनता वह काम मानववाद और जातीय पुनर्जागरण के द्वारा करती है।

पुरोहित वर्ग ने जो व्यवहार 'नीची' जातियों के साथ किया था, वही व्यवहार उसने स्त्रियों के साथ किया था। उपासना और उच्च शिक्षा से उन्हें वंचित किया गया था। उनके लिए एक ही धर्म था कि पति की सेवा करें। तुलसीदास ने स्त्रियों के लिए उपासना के द्वार खोल दिये। राम से मिलने, उनका स्वागत-सत्कार करने, उनका स्नेह पाने में स्त्रियाँ सबसे आगे रहती हैं। चाहे जनकपुर हो, चाहे अयोध्या हो, चाहे चित्रकूट का मार्ग हो, हर जगह इनकी भीड़-की-भीड़ दिखाई देती है। जितनी आत्मीयता तुलसी ने परस्पर ग्रामीण स्त्रियों और सीता में दिखाई है, उतनी राम, भरत या निषाद में भी नहीं दिखाई। ये ग्रामीण स्त्रियाँ ही पूछ सकती थीं : 'कोटि मनोज लजावन हारे। सुमुखि कहहु को आहिं तुम्हारे।' और सीता ही उनके प्रश्न का उत्तर दे सकती थीं :

बहुरि बदन बिधु अंचल ढाँकी।
पियतन चितै भौंह करि बाँकी॥
खंजन मंजु तिरीछे नैननि।
निज पति कहेउ तिन्हहिं सिय सैननि॥

और लोग राम के पैरों पड़ते हैं, उनसे भक्ति का वरदान माँगते हैं, ये स्त्रियाँ सीता के पैर तो पड़ती हैं लेकिन उल्टा उन्हें आशीष देती हैं :

अति सप्रेम सिय पायँ परि, बहु बिधि देहिं असीस।
सदा सोहागिनि होहु तुम, जब लगि महि अहि सीस॥

और जब राम अयोध्या लौटते हैं तो उनका स्वागत करने में स्त्रियाँ सबसे आगे हैं। रामचन्द्र को उदय होते देखकर अयोध्या नगर में समुद्र की तरह ज्वार आ गया है और इस ज्वार की बढ़ती हुई तरंगें स्त्रियाँ ही हैं। रामचरितमानस में भी यह दोहा अद्भुत है :

राकाससि रघुपति पुर, सिंधु देखि हरखान।
बढ़ेउ कोलाहल करत जनु, नारि तरंग समान॥

दूसरी जगह राम के विरह का सूर्य अस्त होने पर तुलसी अयोध्या के सर में स्त्रियों को कुमुद की तरह खिला हुआ देखते हैं। इन सबको तुलसीदास अपावन समझते हों तो इससे ज्यादा आश्चर्य की बात क्या हो सकती है!

सूरदास की तरह तुलसी की स्त्रियाँ भी कृष्ण को देखने के लिए पति को भी छोड़कर भाग आती हैं : 'तुलसिदास जेहि निरखि ग्वालिनी भजीं नात पति तनय बिसारी।' इससे यह तो नहीं मालूम होता कि पति ही ईश्वर है। लेकिन सामन्ती समाज में पति-भक्ति पर सबसे सुन्दर टिप्पणी रामचरितमानस में है जहाँ उमा अपनी माँ से विदा होती हैं :

जननी उमा बोलि तब लीन्ही। लै उछंग सुन्दर सिख दीन्ही॥
करेहु सदा संकर पद पूजा। नारि धरम पति देव न दूजा॥
बचन कहत भरि लोचन बारी। बहुरि लाइ उर लीन्हि कुमारी॥
कत बिधि सृजी नारि जग माहीं। पराधीन सपनेहुँ सुख नाहीं॥
भै अति प्रेम बिकल महतारी। धीरज कीन्ह कुसमउ बिचारी॥

एक तरफ पति-सेवा का उपदेश, दूसरी तरफ पराधीन नारी के लिए स्वप्न में भी सुख न मिलने पर क्षोभ; यह कला तुलसीदास को छोड़कर और कहीं नहीं है। जो लोग 'ढोल गँवार शूद्र पशु नारी' वाली पंक्ति को वेद-वाक्य समझते हैं, वे इन पंक्तियों पर विचार करें :

कत बिधि सृजी नारि जग माहीं।
पराधीन सपनेहुँ सुख नाहीं॥

तुलसीदास स्त्रियों को पराधीन जानते हुए भी उन्हें पशुओं की तरह ताड़न की अधिकारी कहें तो इससे अधिक निर्ममता और क्या हो सकती है? लेकिन जैसा

ममतापूर्ण हृदय तुलसीदास ने पाया था, वैसा हृदय और किस कवि ने पाया है? 'ढोल-गँवार' वाली पंक्ति समुद्र की बातचीत में आई है जहाँ वह जल होने के नाते अपने को जड़ कहता है और इस नियम की तरफ इशारा करता है कि जड़-प्रकृति को चेतन ब्रह्म ही संचालित करता है। वहाँ एकदम अप्रासंगिक ढंग से यह 'ढोल-गँवार-शूद्र' वाली पंक्ति आ जाती है। नि:सन्देह यह उन लोगों की करामात है जो यह मानने के लिए तैयार नहीं थे कि नारी पराधीन है और उसे स्वप्न में भी सुख नहीं है।

सामन्ती व्यवस्था में स्त्रियों के लिए एक धर्म है तो पुरुषों के लिए दूसरा है। तुलसी के रामराज्य में दोनों के लिए एक ही नियम है :

एक नारिब्रतरत सब झारी।
ते मन बच क्रम पतिहितकारी॥

इस तरह पुरुष के विशेषाधिकारों को न मानकर तुलसीदास ने दोनों को समान रूप से एक ही व्रत पालने का आदेश दिया था। लेकिन विशेषाधिकार वालों ने 'ढोल-गँवार' आदि जैसी पंक्तियाँ तो गढ़ लीं, और एक नारिव्रतरत होने की बात चुपचाप पी गए। वर्तमान समाज में भी नारी अधिकार-वंचित है। पराधीनता में उसे सुख नहीं है। तरह-तरह की मीठी बातों से उसे भुलावा दिया जाता है लेकिन उसकी दासता ढँकी नहीं जा सकती। तुलसीदास के समय में ऐसी परिस्थितियाँ नहीं थीं कि पराधीनता के पाश तोड़े जा सकें। वह केवल इस पराधीनता पर क्षोभ प्रकट कर सकते थे और एक ऐसे समाज का स्वप्न देख सकते थे जिसमें पुरुष भी एक-नारी व्रतधारी हों। राम के चरित में उन्होंने यही दिखाया। यह दूसरी बात है कि हिन्दी आलोचना में जितनी चर्चा सीता के पतिव्रत की है, उतनी राम के पत्नीव्रत की नहीं। आज हम इस परिस्थिति में हैं कि तुलसी के स्वप्न को सत्य कर दिखाएँ।

सामन्ती समाज में साधारणत: विवाह पहले हो जाता है, प्रेम बाद में शुरू होता है। तुलसीदास ने राम और सीता के विवाह में यह दिखलाया है कि विवाह प्रेम की परिणति है। यद्यपि सीता की प्रीति पुरातन है, फिर भी लोक-व्यवहार की दृष्टि से कंकन किंकिन नूपुरधुनि में राम का मदन दुन्दुभी सुनना, सियमुख की तरफ नयन-चकोरों का देखना, और सीता द्वारा राम को हृदय में बिठाकर पलक-कपाट लगा देना आदि क्रियाओं का वर्णन तुलसी के मर्मी कवि हृदय का परिचय ही नहीं देता, उनके रूढ़ियों को तोड़नेवाले साहस का भी परिचय देता है। तुलसी केवल भक्त नहीं हैं, वे प्रेम और सौन्दर्य के कवि भी हैं। विवाह-मंडप में सीता की तन्मयता का कितना सजीव और बारीक चित्र उन्होंने खींचा है :

राम को रूप निहारति जानकी कंकन के नग की परछाहीं।
याते सबै सुधि भूलि गई कर टेकि रही पल टारति नाहीं॥

और अपने बरवै छंदों में तो मानो तुलसीदास ने अवध के ग्राम-गीतों की सारी मिठास उँडेल दी है :

का घूँघट मुख मूँदहु नवला नारि।
चाँद सरग पर सोहत यहि अनुहारि॥
गरब करहु रघुनन्दन जनि मन माँह।
देखहु आपनि मूरति सिय कै छाँह॥
उठी सखी हँसि मिस करि कहि मृदु बैन।
सिय रघुबर के भये उनींदे नैन॥

तुलसीदास ने जनसाधारण के सौन्दर्यबोध की जैसी सुकुमार व्यंजना की है, वह हिन्दी साहित्य में अनुपम है। वर्तमान अर्द्ध-सामन्ती व्यवस्था में मनुष्य की प्रेम और सौन्दर्य की कोमल भावनाएँ बुरी तरह कुचली जाती हैं। विवाह का आधार है सम्पत्ति और कुलीनता; प्रेम करने के लिए प्रेयसी अलग होती है, बच्चे पैदा करने के लिए पत्नी अलग। सामन्ती बन्धनों के खत्म होने पर सौन्दर्य और प्रेम की भावनाएँ अपने सहज रूप में पल्लवित होंगी और नारी कवियों की नायिका-मात्र न रह जाएगी। वह श्रम करनेवाली, समान अधिकारवाली नागरिक भी होगी।

तुलसीदास ब्रह्मचर्य पालन करके तपस्या द्वारा ज्ञान प्राप्त करने का आदर्श नहीं रखते। नारद में ब्रह्मचर्य पालन करने का दम्भ पैदा हुआ था, सो वह बन्दर का चेहरा पाकर नारी के पीछे दौड़ते फिरे। और विन्ध्याचल में जो व्रतधारी तप कर रहे थे, वे अहल्या का उद्धार करनेवाले राम के आने की बात सुनकर बहुत प्रसन्न हुए कि अब सब शिलाएँ चन्द्रमुखी हो जाएँगी, तुलसीदास के नायक साधारणजनों की तरह विवाहित जीवन बितानेवाले हैं। इसलिए तुलसीदास योगवादियों के सहज विरोधी बन जाते हैं। उनके लिए वह कहते हैं : 'जागैं जोगी जंगम जती जमाती ध्यान धरैं डरैं उर भारी लोभ मोह कोह काम के।' काम, क्रोध, मद, लोभ को जीतनेवाले वीर लोग रात-भर ध्यान लगाए जागा करते हैं लेकिन 'सोवै सुख तुलसी भरोसे एक राम के।' सूरदास जैसे कवियों की तरह तुलसीदास भी योग के मुकाबले में सगुण की सरस उपासना की हिमायत करते हैं। 'कृष्ण गीतावली' में तुलसी की गोपियाँ भी कहती हैं :

जोग जुगति अरु मुकुति विविध विधि वा मुरली पर वारौं।

हिन्दी में अनेक ऐसे पुरानपंथी लेखक हैं जो योग के उद्धार में भारतीय संस्कृति का प्रसार देखते हैं। उन्हें याद रखना चाहिए कि तुलसी, सूर आदि कवियों ने चार सौ साल पहले ही भारतीय संस्कृति को चमत्कारवादियों के प्रभाव से मुक्त करने का बीड़ा उठाया था। कुंडलिनी जगाने की कितनी ही नवीन कोशिशें करें, यह अर्द्धसामन्ती समाज-व्यवस्था अब कुछ ही दिनों की मेहमान है।

जहाँ तक संसार के प्रति दृष्टिकोण का सम्बन्ध है, तुलसीदास और निर्गुणवादियों में एक सीमा तक कोई अन्तर नहीं है। उनके लिए भी ब्रह्म व्यापक बिरज, अनीह और अभेद है। वेदान्तियों की तरह एक जगह वह कहते हैं : 'सोहमस्मि इति वृत्ति अखंडा। दीपसिखा सोइ परम प्रचंडा॥' निर्गुनिये संतों की तरह वह कहते हैं, 'सून्य भीति पर चित्र उरेहे, तनु बिन लिखा चितेरे।' 'द्वैत जनित संसृति दुःख'—वह भी दूर करना चाहते हैं। तुलसीदास ने ये धारणाएँ प्राचीन भाववादी दर्शन से ली हैं। लेकिन इन स्थापनाओं पर उन्होंने अपनी तरफ से जो टीका-टिप्पणी की है, वह मूल स्थापनाओं को काफी बदल देती है। वह टीका-टिप्पणी ध्यान देने योग्य है।

गोस्वामी तुलसीदास नाम और रूप को ब्रह्म की दो उपाधियाँ मानते हैं। इनमें भी वह रूप को नाम के अधीन मानते हैं। उनका कहना है कि नाम के बिना रूप का ज्ञान नहीं होता।

देखिअहिं रूप नाम आधीना। रूप ज्ञान नहिं नाम बिहीना॥
रूप बिसेष नाम बिनु जाने। करतलगत न परहिं पहचाने॥

नाम के माने भाषा, तुलसी के सिद्धान्त का परिणाम यह निकलता है कि ज्ञान भाषा से परे नहीं है। वाणी और अर्थ की एकता की घोषणा करते हुए वह कहते हैं : 'गिरा अरथ जल बीचि सम, कहिअत भिन्न न भिन्न।' भाववादी दर्शन ज्ञान को भाषा से स्वतंत्र मानता है, वस्तुवादी दर्शन दोनों की एकता मानता है। तुलसीदास की स्थापना भाववादी दर्शन के प्रतिकूल है।

नाम के बिना निर्गुनपंथियों को भी निर्गुन ब्रह्म का पता नहीं लगता, इसलिए अगुन और सगुन के बीच तुलसीदास नाम की साखी मानते हैं, नाम के बिना ब्रह्म का ज्ञान नहीं होता, इसलिए वह नाम को ब्रह्म से भी बड़ा मानते हैं : 'कहेउँ नाम बड़ ब्रह्म राम तें।' सच्चिदानन्द ब्रह्म नाम-निरूपण से ही प्रकट होता है। इस तरह ब्रह्म को नाम से बाँधकर, नाम को ब्रह्म से भी बड़ा दिखाकर गोस्वामी जी ने ब्रह्म की अगोचरता पर प्रतिबन्ध लगा दिया है। वास्तव में उनका सारा दर्शन ब्रह्म की गोचरता पर निर्भर है, इसीलिए संसार में उसकी 'लीला' उनके लिए इतनी आकर्षक हो जाती है।

गोस्वामी तुलसीदास ने कई जगह माया की चर्चा की है लेकिन उससे यह नतीजा निकालना कठिन होगा कि वह संसार को मिथ्या मानते थे। उल्टा वह उन लोगों को फटकारते हुए दिखाई देते हैं जो संसार को मिथ्या कहते हैं।

तुलसीदास की रचनाओं में बहुत-से देवी-देवता मिलते हैं। उनका ऐसा सजीव चित्रण हुआ है कि पाठक यही समझता है कि गोस्वामी जी इन सबके अस्तित्व पर विश्वास करते होंगे। लेकिन वह 'व्यापकु एक ब्रह्म अविनासी' में भी विश्वास

प्रकट करते थे और जहाँ अविनासी ब्रह्म एक है, वहाँ अनेक देवी-देवताओं का अस्तित्व भ्रम ही हो सकता है।

वास्तव में देवताओं को अपना काव्य-विषय बनाते हुए तुलसीदास ने पुराणों में बताई हुई उनकी रूपरेखा में काफी फेरफार किया है। उनका उद्देश्य स्पष्ट है, भिन्न मत वालों को राम की भक्ति के आधार पर एक करना। निर्गुण और सगुणवादियों को वह नाम के आधार पर एक करते हैं; शैवों, शाक्तों और वैष्णवों को एक करने के लिए शिव को राम का प्रेमी, सीता को जगदम्बा का अवतार आदि कहते हैं। तमिलनाडु के मन्दिरों में जैसे विष्णु और शक्ति की मूर्तियाँ एक साथ दिखाई देती हैं, वैसे ही रामचरितमानस में शैव, शाक्त और वैष्णव—तीनों को संतुष्ट करने की सामग्री दी गई है। बहुदेवोपासना का यह रूप लौकिक व्यवहार से ही निश्चित हुआ है। कृष्ण के लिए उन्होंने 'कृष्ण गीतावली' भी लिख दी। उनके समय में जातीय-आन्दोलन की जो धारा एकता की तरफ बह रही थी, भिन्न मत वालों के इष्टदेवों के साथ यह उदार व्यवहार उसी का प्रतीक है।

लेकिन तुलसी-साहित्य का मूल्य इससे अधिक है। तुलसी की भक्ति मानववाद में डूबी हुई है। यह कवि मनुष्य का सबसे बड़ा उपासक है। तुलसी ने प्राचीन महाकाव्यों की मानववादी परम्परा को आगे बढ़ाया है। 'न मानुषात् श्रेष्ठतरं हि किंचित्' पर रामचरितमानस मानो सजीव भाष्य है। अनेक बार तुलसी ने भक्त को भगवान से बड़ा बतलाया है, इससे अधिक वह मानव-प्रेम का प्रमाण क्या दे सकते थे?

राम के प्रति तुलसी का सेवक-भाव है। दरिद्रता और सामाजिक उत्पीड़न के बीच तुलसी राम की तरफ हाथ उठते हैं, कितनी व्यथा के साथ, यह 'कवितावली' और 'विनयपत्रिका' के अनेक पदों में देखा जा सकता है। ऐसी पीड़ा, ऐसा उत्कट आत्मनिवेदन हिन्दी-साहित्य में और कहीं प्रकट नहीं हुआ। तुलसीदास जानते थे : 'नहिं दरिद्रसम दुःख जग माहीं।' उन्होंने अनुभव किया था : 'आगि बड़वागि ते बड़ी है आगि पेट की।' उन्होंने राम से प्रार्थना की थी कि दरिद्रता के रावण ने संसार को दबा रखा है, आकर रक्षा करो : 'दारिद दसानन दबाई दुनी दीनबन्धु दुरित दहन देखि तुलसी हहा करी।' इसीलिए वह इतना व्यथित होकर राम से कहते हैं : 'तुम जनि मन मैलो करो लोचन जनि फेरो।'

राम उनके लिए 'दारिद दोष दवानल हैं' जो औरों के सामने जाँचना खत्म कर देते हैं। जब वह सामन्तों को गजशाला और पत्नीशाला से सुशोभित अपनी सम्पत्ति पर गर्व करते देखते हैं तो कहते हैं : 'ऐसे भये तो कहा तुलसी जुपै जानकीनाथ के रंग न राते।'

तुलसी के राम उनकी आशाओं के केन्द्र ही नहीं हैं, मनुष्य में वह जिन तमाम नैतिक गुणों को प्यार करते थे, वह उनके प्रतीक भी थे। ब्रह्मरूप में भले ही वह निर्गुण निर्विकार हों, मानव-रूप में वह किसी देश-काल की सीमाओं में गतिशील

समाज के मानव का ही प्रतिबिम्ब हो सकते हैं। तुलसी के राम भारतीय जनता के नैतिक गुणों का प्रतिनिधित्व करते हैं। उनके चरित्र में पितृभक्ति, भ्रातृप्रेम आदि पर बार-बार लिखा गया है लेकिन तुलसीदास का लक्ष्य परिवार में पिता के अधिकार की रक्षा करना न था। राम की मानवीय सहानुभूति माता, पिता, भाई, निषाद—सभी के लिए है। विशेषता यह है कि जो जितना त्यागी है, निःस्वार्थ है और दलित है, राम का प्रेम उसके लिए उतना ही अधिक है। भरत और निषाद पर उनका प्रेम इसी कारण है। यह प्रेम पारिवारिक सम्बन्धों पर ही निर्भर नहीं है, उसका आधार व्यापक सामाजिक सम्बन्ध है। समाज में चाहे दुखी-दीनों और निःस्वार्थ सेवकों को कोई न पूछे, राम उन्हें पूछनेवाले हैं।

तुलसी के राम न्याय-अन्याय के संघर्ष में तटस्थ नहीं हैं। वह न्याय का सक्रिय पक्ष लेते हैं। लक्ष्मण के मुकाबले में वह ज्यादा धैर्य दिखलाते हैं लेकिन उनके धैर्य की एक सीमा है। वह सीमा पार होने पर वह शस्त्र उठाने में जरा भी आगा-पीछा नहीं करते। यह गुण हमारी जनता का विशेष गुण है। वह बड़ी सहनशील है लेकिन एक सीमा तक ही। उस सीमा के पार होने पर वह अन्यायी को दंड देने के लिए उठ खड़ी होती है। रासलीलावाले कृष्ण की अपेक्षा तुलसी को धनुर्धर राम अधिक प्रिय हैं, इसका यही कारण है : 'राजिव नयन धरे धनुसायक। भगत बिपति भंजन सुखदायक॥'

जब परशुराम का क्रोध सीमा पार कर जाता है, तब राम उन्हें दृढ़ चेतावनी देते हैं :

देव दनुज भूपति भट नाना। समबल अधिक होइ बलवाना।
जौं रन हमहिं प्रचारै कोऊ। लरहिं सुखेन काल किन होऊ॥

इसी तरह जब समुद्र राम को रास्ता नहीं देता; समझाने और विनती करने पर भी नहीं पसीजता, तब तुलसी कहते हैं :

विनय न मानत जलधि जड़, गए तीन दिन बीति।
बोले राम सकोप तब, भय बिनु होय न प्रीति॥
संधाने प्रभु बिसिख कराला॥
उठी उदधि उर अन्तर ज्वाला॥

इसी तरह रावण का अन्याय देखकर पहले दूत द्वारा राम उसे समझाने की कोशिश करते हैं लेकिन जब वह नहीं मानता, तब उसका हृदय-परिवर्तन करने के लिए वह सत्याग्रह नहीं करते, उससे युद्ध छेड़ देते हैं। राम का सारा चरित्र आत्म-पीड़ा द्वारा निष्क्रिय प्रतिरोध का खंडन करता है। कहना न होगा, यह बहुत ही महत्त्वपूर्ण नैतिक मूल्य है जिसे हमें अपनाना चाहिए।

रामचरितमानस में, विशेष रूप से अयोध्या कांड में, जो वेदना का सागर लहराता हुआ दिखाई देता है, वह सामन्ती समाज में मनुष्य की वास्तविक पीड़ा से ही उत्पन्न हुआ है। माता-पिता से विदा होती हुई लड़कियाँ, घर में पुत्र-वियोग सहती हुई माता आदि के चित्र तुलसी ने समाज से ही लिये हैं। लेकिन इस करुणा में भी सुख-सौन्दर्य की चाह बादलों में बिजली की तरह कौंध जाती है। तुलसी का व्यंग्य और हास्य भारतीय जनता की कभी न मिटनेवाली जिन्दादिली से पैदा हुआ है। वह कठिनाइयों पर हँसना जानती है। जब कठिनाई बढ़ जाती है, तब व्यंग्य और भी पैना हो जाता है। क्रोधी परशुराम के सामने लक्ष्मण का व्यंग्य, रावण की सभा में राक्षसों से घिरे हुए अंगद का व्यंग्य इसी तरह का है। तुलसी का व्यंग्य अन्यायियों, अत्याचारियों के लिए है; दलितों और पीड़ितों के लिए, स्त्रियों और बालकों के लिए उनके हृदय में केवल सहानुभूति है। राम के बाल-रूप का वर्णन करके, कौशल्या और भरत के प्रेम का वर्णन करके एक तरफ वह हमारी मानवीय सहानुभूति को और निखारते हैं, तो राम के चरित्र से वह शूरता और धीरता के भावों को पुष्ट करते हैं। इस तरह तुलसी मानव-आत्मा के एक कुशल शिल्पी साबित होते हैं।

तुलसी की मानवीय सहानुभूति का आधार सामाजिक यथार्थ है। तत्कालीन समाज का जैसा भरा-पूरा चित्र उनकी रचनाओं में मिलता है, वैसा उस समय के और किसी कवि की रचनाओं में नहीं मिलता। जनता की दरिद्रता, उसके क्लेशों का वर्णन उन्होंने बड़े ही यथार्थवादी ढंग से किया है : 'खेती न किसान को, भिखारी को न भीख, बलि बनिक को बनिज न चाकर को चाकरी।' बड़ी स्पष्टता से उन्होंने समाज में सामन्तों के कुशासन का सवाल उठाया है।

राजा और प्रजा के संघर्ष में तुलसी प्रजा के साथ हैं। रामचरितमानस में वह प्रजा को सतानेवाले राजाओं के लिए कहते हैं :

जासु राज प्रिय प्रजा दुखारी। ते नृप अवसि नरक अधिकारी॥

और भी, 'दोहावली' में वह उन राजाओं के पतन की भविष्यवाणी करते हैं जो प्रजा को सताते हैं :

राज करत बिनु काजही, करैं कुचालि कुसाज।
तुलसी ते दसकंध ज्यों, जइहैं सहित समाज॥

तुलसी ने दुष्ट राजाओं की निन्दा ही नहीं की, भारतीय जनता की आशाओं को मूर्त रूप देते हुए समता के आधार पर एक सुखी समाज की कल्पना भी की है।

अल्प मृत्यु नहिं कवनिउँ पीरा।
सब सुन्दर सब बिरुज सरीरा॥

नहि दरिद्र कोउ दुखी न दीना।
नहिं कोउ अबुध न लच्छन हीना॥

यह सुखी समाज स्वर्ग में नहीं बना वरन् इसी जीवन में, इसी धरती पर बना है। तुलसी का रामराज्य स्वर्ग में नहीं, अवध में है और राम कहते हैं :

जद्यपि सब बैकुंठ बखाना। बेद पुरान विदित जग जाना।
अवध सरिस प्रिय मोहिं न सोऊ। यह प्रसंग जाने कोउ कोऊ॥

तुलसीदास ने एक सुखी समाज की कल्पना ही की थी जिसमें दरिद्रता-विषमता मिट गई हो। अब हम अपनी आँखों से देख रहे हैं कि मनुष्य अपने प्रयत्न से ऐसा समाज रच सकता है। तुलसीदास का स्वप्न श्रमिक जनता के लिए धरोहर है जिससे प्रेरित होकर वह समाजवाद के लिए मंजिल-दर-मंजिल बढ़ती जाएगी।

तुलसी का मानव-प्रेम उनकी कविता का स्रोत है। उनके लिए साहित्य न तो सामन्तों के मनोरंजन का साधन है, न निरुद्देश्य प्रयोग है।

उनकी कविता अलंकारशास्त्र के उदाहरण पेश करने के लिए नहीं रची गई; वह प्रेम और आनन्द की नदी की तरह बह चलती है। लेकिन रोमांटिक कवियों की तरह तुलसीदास कविता को स्वतःस्फूर्त प्रवाह नहीं मानते। उसमें विचार और चिन्तन का योग होता है। उन्होंने एक सुन्दर रूपक में विचारों के महत्त्व की ओर यों संकेत किया है :

हृदय सिंधु मति सीप समाना।
स्वाती सारद कहहिं सुजाना॥
जो बरखै बर बारि बिचारू।
होंहिं कबित्त मुक्ता मनि चारू॥

तुलसीदास की यह स्थापना साहित्य के प्रति सामन्ती विचारधाराओं से ही लड़ने में मदद नहीं देती, वह पूँजीवादी साहित्य-सिद्धान्तों से भी लड़ने में मार्गदर्शन करती है। कला कला के लिए या सामाजिक उत्तरदायित्व से मुक्त होकर प्रयोग करने की स्वाधीनता की गुहार मचानेवाले साहित्यकारों का दिल टटोलिए। हृदय-सिन्धु की जगह इनका दिल सड़े हुए पानी से भरी हुई गड़ही की तरह है; उसमें जनता से प्रेम के बदले देश की तरफ से उदासीनता और साम्राज्य-भक्ति के बगूले उठते हैं। ये लोग 'फॉर्म' की रट लगाकर साहित्य में उच्चकोटि के विचारों के महत्त्व को अस्वीकार करते हैं। इनकी मति सीप के समान नहीं है जिससे मोती निकले, वह घोंघे की तरह है जो सेक्स के लिए मुँह फैलाकर अपने अन्दर सिमट जाता है। जन-संस्कृति, ग्राम-गीतों, प्राचीन साहित्य से इनकी सरस्वती नहीं जाग्रत होती, न विदेश के जनवादी लेखक इन्हें अच्छे लगते हैं। इनकी प्रेरणा का स्रोत एज़रा पाउंड,

टी. एस. इलियट, स्पेंडर आदि लेखक हैं जो जन-शिविर के विरोधी हैं। ऐसे लेखकों का विरोध करना, जनता के हित में अपनी संस्कृति का विकास करना उन तमाम साहित्यकारों का कर्तव्य है जो तुलसी की विरासत पर गर्व करते हैं।

यहाँ मेरा उद्देश्य तुलसी के सभी विचारों का मूल्यांकन करना या उनकी कला का विवेचन करना नहीं है। मेरा उद्देश्य वर्णाश्रम, नारी-समस्या, राजा-प्रजा सम्बन्ध को लेकर कुछ वामपंथी लेखकों में फैली हुई गुमराहियों का निराकरण करना है। कोई भी लेखक अपने समय के सामाजिक यथार्थ को गहराई से देखे और अपनी रचनाओं में उसे प्रतिबिम्बित किए बिना महान् साहित्यकार नहीं हो सकता। तुलसी का साहित्य उनके विचारों को अलग करके महत्त्वपूर्ण नहीं माना जा सकता।

तुलसी के समय का सामाजिक यथार्थ क्या है? उनके समय का सामाजिक यथार्थ जर्जर होती हुई सामन्ती व्यवस्था है। तुलसी इस व्यवस्था के रक्षक नहीं हैं। और सामन्तों के उत्पीड़न के विरुद्ध उनकी सहानुभूति साधारणजनों और स्त्रियों के साथ है। उन्होंने स्वयं इस उत्पीड़न का अनुभव किया था। इसलिए यह धारणा कि तुलसी नारी की पराधीनता के हामी थे, ब्राह्मणों के खिलाफ शूद्रों की बगावत में वह ब्राह्मणों के साथ थे, उनके समूचे साहित्य के अध्ययन से यह साबित नहीं होती।

तुलसी की भक्ति समाज के लिए अफीम नहीं थी। वह जन-जागरण का एक साधन थी। भक्त तुलसीदास मूलत: मानववादी हैं और उनके साहित्य की महत्ता वास्तविक सामाजिक सम्बन्धों का वर्णन करने में है; जनसाधारण की वेदना और उससे मुक्ति की कामना का, जनता के नैतिक गुणों का चित्रण करने में है, न कि सेवक-भाव से कृपा की भिक्षा माँगने में।

तुलसी का ब्रह्मवाद, बहुदेवोपासना, 'स्वान्तस्तम: शान्तये' रचना करना एक धार्मिक आवरण है जो सामन्ती व्यवस्था के भीतर पुष्ट होनेवाले जातीय आन्दोलनों पर पड़ा हुआ दिखाई देता है। यह आवरण मूल्यवान नहीं है, मूल्यवान है वह सामाजिक तत्त्व, जो उसके भीतर छिपा हुआ है।

तुलसी हमारे जातीय जन-जागरण के सर्वश्रेष्ठ कवि हैं। उनकी कविता की आधारशिला जनता की एकता है। मिथिला से लेकर अवध और ब्रज तक चार सौ साल से तुलसी की सरस वाणी नगरों और गाँवों में गूँजती रही है। हमारी जातीय एकता और उसके पुनर्जीवन का काम अभी अधूरा है। साम्राज्यवादी, सामन्ती अवशेष और बड़े पूँजीपतियों के शोषण से हिन्दी-भाषी जनता को मुक्त करके उसकी जातीय संस्कृति को विकसित करना है। हमारे जातीय संगठन के मार्ग में साम्प्रदायिकता, ऊँच-नीच के भेद-भाव, नारी के प्रति सामन्ती शासक का रुख आदि अनेक बाधाएँ हैं। तुलसी का साहित्य हमें इनसे संघर्ष करना सिखाता है। तुलसी का मूल सन्देश है, मानव-प्रेम। मानव-प्रेम को सक्रिय रूप देना, सहानुभूति को व्यवहार में परिणत करके जनता के मुक्ति-संघर्ष में योग देना हमारा कर्तव्य है।

तुलसी का साहित्य कला की शिक्षा देने के लिए अक्षय निधि है। उनसे हमें बार-बार सीखना चाहिए, कैसे उनकी वाणी जनता को इतनी गहराई से आन्दोलित कर सकी। उनसे हमें गम्भीर मानव-सहानुभूति और उच्च विचारों की शिक्षा लेनी चाहिए जिनसे साहित्य महान् होता है।

तुलसी की ऐतिहासिक सीमाओं की बात करके माफी माँगने की जरूरत नहीं है। जरूरत है तुलसी पर गर्व करने की, इस बात पर दृढ़ विश्वास करने की कि जिस जाति ने तुलसी को जन्म दिया है, वह अजेय है—इस बात पर रोष करने की कि तुलसी की संतान आज संसार की सबसे पिछड़ी हुई, बिखरी हुई, निर्धन और दलित जातियों में से है। जिस सामन्ती व्यवस्था ने तुलसी जैसे सहृदय कवि को अपार कष्ट दिये थे, उसकी तरफ कभी तटस्थ न रहना चाहिए। जनता की एकता हमारा अस्त्र हो, संघर्ष हमारा मार्ग और ऐसा समाज हमारा लक्ष्य हो जिसमें पीड़ित और अपमानित मनुष्य को हताश होकर रहस्यमय दैव की तरफ फिर हाथ न उठाना पड़े। इस कार्य में एक चिरन्तन प्रेरणा की तरह तुलसीदास हमेशा हमारे साथ रहेंगे।

[1955]

7

भक्ति-आन्दोलन और तुलसीदास

तुलसीदास भारत के श्रेष्ठ भक्त-कवि, भक्ति-आन्दोलन के निर्माता, उसी भक्ति-आन्दोलन की महान् उपलब्धि हैं। उनके साहित्य का सामाजिक महत्त्व भक्ति-आन्दोलन के सामाजिक महत्त्व पर निर्भर है, उससे पूरी तरह सम्बद्ध है।

भक्ति-आन्दोलन अखिल भारतीय है। देश और काल की दृष्टि से ऐसा व्यापक सांस्कृतिक आन्दोलन संसार में दूसरा नहीं है। ईसा की दूसरी शताब्दी में ही आन्ध्र प्रदेश में कृष्णोपासना के चिह्न पाए जाते हैं। गुप्त सम्राटों के युग में विष्णुनारायण-वासुदेव की उपासना ने अखिल भारतीय रूप ले लिया।[1] पाँचवीं शताब्दी से लेकर नौवीं शताब्दी तक तमिलनाडु भक्ति-आन्दोलन का प्रमुख स्रोत रहा। आलवार संतों की कीर्ति सारे भारत में फैल गई। कश्मीर में ललद्देद, तमिलनाडु में आन्दाल, बंगाल में चंडीदास, गुजरात में नरसी मेहता—भारत के विभिन्न प्रदेशों में भक्त-कवि लगभग डेढ़ हजार वर्ष तक जनता के हृदय को अपनी अमृतवाणी सें सींचते रहे।

यह भक्ति-आन्दोलन ब्रह्मदेश, अफगानिस्तान और ईरान की सीमाओं पर जाकर रुक जाता है; सिन्ध, कश्मीर, पंजाब, बंगाल, महाराष्ट्र, आन्ध्र, तमिलनाडु आदि प्रदेशों पर भक्ति-आन्दोलन की धारा पूरे वेग से बहती है। भक्त-कवियों ने विभिन्न प्रदेशों को राष्ट्रीय एकता के सूत्र में बाँधने में कितना बड़ा काम किया, उसका मूल्य आँकना सहज नहीं है। इनके पास राजनीतिशास्त्र के कोई ऐसे परिचित सूत्र नहीं थे, जिन्हें वे आये-दिन दोहराते हुए जनता को एकताबद्ध करते। उन्होंने भावात्मक रूप से जनता को एक किया। इस भावात्मक एकता में मुख्य भाव था भक्ति का।

उस समय दैनिक समाचार-पत्र नहीं थे, साप्ताहिक और मासिक पत्र नहीं थे। प्रचार की सुविधा के लिए रेडियो नहीं था। आज ये सब साधन सुलभ हैं। किन्तु क्या आज भारतीय जनता में—विशेष रूप से जनता के नेताओं में, उनकी पार्टियों में—वह भावात्मक एकता है, जो तुलसी के युग में थी? यह प्रश्न करने से ही भक्ति-आन्दोलन के राष्ट्रीय महत्त्व का ज्ञान हो जाएगा।

---

1. 'दि क्लासिकल एज', भारतीय विद्याभवन, पृ. 422

सम्भवत: तुलसीदास के युग में विभिन्न प्रदेशों के साहित्यकार एक-दूसरे की विचारधाराओं से जितना परिचित थे, उतना आज नहीं हैं। इधर विभिन्न भाषाओं के साहित्यिक आन्दोलनों को लेकर अनेक शोध-ग्रंथ प्रकाशित हुए हैं। इनसे यह स्पष्ट होता जा रहा है कि हिन्दी तथा अन्य भाषाओं के भक्ति-साहित्य में जो समानताएँ दिखाई देती हैं, वे आकस्मिक नहीं हैं। वे इतर प्रदेशों के साहित्य से परिचित होने का फल है।

भक्ति-आन्दोलन से जो भावात्मक एकता स्थापित हुई, उसमें जितना फैलाव था, उतनी गहराई भी थी। यह एकता समाज के थोड़े-से शिक्षितजनों तक सीमित नहीं थी। संस्कृत के द्वारा जो राष्ट्रीय एकता कायम हुई थी, उससे यह भिन्न थी। यह एकता प्रादेशिक भाषाओं के माध्यम से कायम हो रही थी। भक्ति-आन्दोलन एक ओर अखिल भारतीय आन्दोलन था, दूसरी ओर वह प्रदेशगत, जातीय आन्दोलन भी था। देश और प्रदेश एक साथ, राष्ट्र और जाति, दोनों की सांस्कृतिक धाराएँ एक साथ। भक्ति-आन्दोलन की व्यापकता और सामर्थ्य का यही रहस्य है।

जो लोग समझते हैं कि अंग्रेजों के आने से पहले यहाँ राष्ट्रीय एकता का अभाव था, उन्हें भक्ति-आन्दोलन के इस अखिल भारतीय रूप पर विचार करना चाहिए।

भलि भारत भूमि, भले कुल जन्म, समाज सरीर भलो लहि कै।
जो भजै भगवान सयान सोई तुलसी हठ चातक ज्यों गहि कै॥

यह उक्ति तुलसीदास की है।

अनेक विद्वान् मानते हैं कि राष्ट्रीय एकता का ही नहीं, जनतंत्र का पाठ भी अंग्रेजों ने ही हमें पढ़ाया। अंग्रेज न आते, तो यहाँ के लोग संकीर्ण जातिवाद में फँसे रहते। इन विद्वानों को विचार करना चाहिए कि भक्ति-आन्दोलन में इतने जुलाहे, दर्जी, नाई, चमार आदि इतर वर्णों के लोग कैसे सिमट आए। आजकल विश्वविद्यालयों में और साहित्य में कितने अध्यापक और लेखक हैं, जो द्विजेतर वर्णों के हैं।

सम्भवत: जाति-प्रथा जितनी दृढ़ आज है, उतनी नामदेव दर्जी, सेना नाई, चोखा महार, रैदास चमार और कबीर जुलाहे के समय में न थी। और जातिगत संकीर्णता जितनी शिक्षितजनों में है, सम्भवत: उतनी सूर और कबीर के पद गानेवाले अपढ़ जनों में नहीं है। वर्णाश्रम धर्म और जातिप्रथा की जितनी तीव्र आलोचना भक्ति-साहित्य में है, उतनी आधुनिक साहित्य में नहीं है।

यहाँ पर आपत्ति की जा सकती है कि मैं भक्ति-आन्दोलन को बहुत व्यापक अर्थ दे रहा हूँ। भक्त और संत अलग थे; इन दोनों से भिन्न प्रेममार्गी कवि थे। इन सबको एक आन्दोलन में शामिल करना अनुचित है।

इसका उत्तर यह है कि स्वयं भक्त और संत कवि भक्तों और संतों में वैसा भेद न करते थे, जैसा आलोचक करते हैं। 'संत सभा चहुँ दिसि अँबराई। श्रद्धा रितु बसंत सम आई॥'...'संतसभा अनुपम अवध, सकल सुमंगल मूल।'...'बन्दउ संत समान

चित, हित अनहित नहिं कोइ।'—तुलसीदास की इन उक्तियों से देखा जा सकता है कि संत और भक्त शब्द उनके लिए पर्यायवाची हैं। उधर कबीर की उक्ति है :

सहजै सहजै मेला होयगा, जागी भक्ति उतंगा।
कहै कबीर सुनो हो गोरख चलौ गीत के संगा॥

कबीर भी संत और भक्त में भेद नहीं करते।

मलिक मुहम्मद जायसी वेद-पुराण और कुरान, सभी का आदर करते थे। 'वेद-पंथ जे नहिं चलहिं, ते भूलहिं बन माँझ।' यह उक्ति जायसी की है। पुराणों के बारे में लिखा था : 'एहि बिधि चीन्हहु करहु गियानू। जस पुरान महँ लिखा बयानू॥' प्रेम-ज्ञान-वैराग्य-निर्गुण-सगुण आदि के भेदभाव उस समय अवश्य थे, किन्तु वे सब एक व्यापक आन्दोलन के अन्तर्गत थे। ये भेद उतने महत्त्वपूर्ण न थे, जितने कुछ आलोचकों को आज वे लगते हैं।

निराला जी ने अपने अनेक निबन्धों में प्रतिपादित किया है कि गोस्वामी तुलसीदास मूलत: रहस्यवादी थे। उनकी इस स्थापना के पीछे यह बोध था कि कबीर, जायसी, सूर और तुलसी की चेतना का एक सामान्य स्तर है। इस 'रहस्यवाद' का सामाजिक महत्त्व असाधारण है। यह रहस्यवाद अद्वैत ब्रह्म के साक्षात्कार का दावा करके अनेक धर्मों और मतों के परस्पर विद्वेष का खंडन करता था। वह उच्च वर्णों के कर्मकांडी धर्म के स्थान पर लोकधर्म की स्थापना करता था। इस लोकधर्म का आधार था प्रेम। कबीर, तुलसी, जायसी आदि कवि रहस्यवादियों के समान ज्ञान-नेत्र खुलने, आनन्द से विह्वल होने की बातें करते हैं और इस आनन्द को वे मानव-प्रेम से जोड़ देते हैं।

जायसी ने लिखा था :

सैयद असरफ पीर पियारा। जेहि मोहिं पंथ दीन्ह उजियारा॥
लेसा हिये प्रेम कर दिया। उठी जोति भा निरमल हिया॥

जायसी के ज्ञान-नेत्र खुले; उन्हें जो प्रकाश दिखाई दिया, वह प्रेम का प्रकाश था। तुलसी ने लिखा :

अस मानस मानस चख चाही। भइ बिबुद्धि बिमल अवगाही॥
भयउ हृदय आनन्द उछाहू। उमगेउ प्रेम प्रमोद प्रवाहू॥

यहाँ भी ज्ञान-नेत्र खुलने की बात है। जो प्रकाश दिखाई देता है, उसमें प्रेम प्रवाह ही उमगता है। यही प्रेम की भावात्मक एकता कबीर, सूर, जायसी और तुलसी को एक सामान्य भावभूमि पर ला खड़ा करती है। तुलसी के उपास्यदेव को कर्मकांड नहीं, प्रेम ही प्रिय है :

रामहिं केवल प्रेम पियारा। जानि लेउ जो जाननिहारा॥

यही प्रेम-तत्त्व मानव-समाज को एक सूत्र में बाँधनेवाला है।

आधुनिक काल में जड़ और चेतन, सगुण और निर्गुण, ज्ञान और भक्ति का भेद आलोचकों के लिए बहुत महत्त्वपूर्ण हो गया है। तुलसी के युग में भी इस तरह के भेद थे, किन्तु तुलसीदास तथा अन्य कवियों का प्रयत्न इन भेदों को दूर करने की ओर था, उन्हें दृढ़ करने के लिए नहीं।

जायसी ने लिखा था :

परगट गुपुत सो सरब बिआपी। धरमी चीन्ह, न चीन्है पापी॥

गोस्वामी जी ने इसी के समकक्ष लिखा था :

अगुन सगुन दुइ ब्रह्म सरूपा। अकथ अगाध अनादि अनूपा।
एक दारुगत देखिय एकू। पावक सम जुग ब्रह्म बिबेकू॥

निर्गुण और सगुण परस्पर विरोधी नहीं हैं। एक ही सत्ता, व्यक्त और अव्यक्त, दोनों है। कबीर की उक्ति है :

जहँ चेत-अचेत खम्भ दोउ मन रच्या है हिण्डोर।
तहँ झूलैं जीव जहान जहँ कतहूँ नहिं थिर ठौर॥

कबीर-जायसी-तुलसी की एक सामान्य दार्शनिक भूमि है, उसी के अनुरूप उनके साहित्य की सामाजिक विषयवस्तु में बहुत बड़ी समानता है।

भक्ति-आन्दोलन अखिल भारतीय सांस्कृतिक आन्दोलन था। इस आन्दोलन की श्रेष्ठ देन थे : तुलसीदास। उन्होंने निर्गुण-पंथियों और सगुण-मतावलम्बियों को एक किया। उन्होंने वैष्णवों और शाक्तों को मिलाया। उन्होंने भक्ति के आधार पर जनसाधारण के लिए धर्म को सरल और सुलभ बनाकर पुरोहितों के धार्मिक एकाधिकार की जड़ें हिला दीं। तुलसीदास मानवीय करुणा के अन्यतम कवि हैं। उनके राम दीनबन्धु हैं। 'सबरी गीध सुसेवकनि, सुगति कीन्ह रघुनाथ।' वनवासी कोल-किरात राम के दर्शन से प्रसन्न होते हैं। 'आभीर जवन किरात खस स्वपचादि'—सभी राम के स्मरण से मोक्ष-लाभ करते हैं।

गोस्वामी तुलसीदास ने राम को उपास्य मानकर आस्था का भवन निर्मित किया था। किन्तु कष्ट सहते-सहते एक बार तुलसीदास की आस्था भी डिग गई थी। उन्होंने क्षुब्ध होकर लिखा था :

कियो न कछू, करिबो न कछू, कहिबो न कछू, मरिबो ही रह्यो है।

इससे उनके मर्मान्तक कष्ट की कल्पना की जा सकती है।

भक्ति-साहित्य निराशाजन्य साहित्य नहीं है यद्यपि उसमें निराशा भी है। यह स्थापना कि मुसलमानों के शासनकाल में पराधीनता के कारण लोग भक्ति और निराशा के गीत गाने लगे, अवैज्ञानिक है। भक्ति-आन्दोलन तुर्क आक्रमणों से पहले

का है। गुप्त सम्राटों के युग में ही वैष्णव मत का प्रसार होता है, तमिलनाडु भक्ति-आन्दोलन का केन्द्र रहा, जहाँ मुसलमानों का शासन न था। स्वयं अनेक मुस्लिम संतों ने इस आन्दोलन में योग दिया।

भक्ति-आन्दोलन विशुद्ध देशज आन्दोलन है। वह सामन्ती समाज की परिस्थितियों से उत्पन्न हुआ था, वह मूलत: इस सामन्ती समाज-व्यवस्था से विद्रोह का साहित्य है।

तुलसी-साहित्य एक ओर आत्मनिवेदन और विनय का साहित्य है, दूसरी ओर वह प्रतिरोध का साहित्य भी है। हमारे समाज पर गोस्वामी तुलसीदास का इतना गहरा प्रभाव है कि आज यह कल्पना करना कठिन है कि तुलसीदास ने अनेक प्रचलित मान्यताएँ अस्वीकार करके यह साहित्य रचा था। वे राम के सम्मुख ही विनम्र और करुण स्वर में बोलनेवाले कवि हैं, औरों के आगे सिर हमेशा ऊँचा रखते हैं। वे आत्मत्याग करनेवाले को सर्वश्रेष्ठ व्यक्ति मानते हैं। भक्त के पास अपना कुछ नहीं होता, इसीलिए : 'राम ते अधिक राम कर दासा।'

सामन्ती समाज के साहित्य की सबसे बड़ी कमजोरी होती है—निष्क्रियता। तुलसी का साहित्य निष्क्रियता का साहित्य नहीं है। धनुर्धर राम रावण का वध करनेवाले पुरुषोत्तम हैं। तुलसी का साहित्य जीवन की अस्वीकृति का साहित्य नहीं है। वे उन लोगों का मजाक उड़ाते हैं जो काम, क्रोध के भय के मारे रात को सो नहीं पाते : 'जागैं जोगी जंगम जती जमाती ध्यान धरैं, डरैं उर भारी लोभ मोह कोह काम के।' केवल राम का भक्त चैन से सोता है : 'सोवै सुख तुलसी भरोसे एक राम के।' काम, क्रोध, मद, लोभ बुरे हैं, किन्तु आवश्यक भी। भेद है मर्यादा का। यूरोप के संतों की तरह तुलसी को स्वर्ग का मोह नहीं है, न उन्हें नरक का भय है। उनके राम अपनी जन्मभूमि को स्वर्ग से भी अधिक प्यार करते हैं :

जद्यपि सब बैकुंठ बखाना। बेद पुरान विदित जग जाना॥
अवध सरिस प्रिय मोहिं न सोऊ। यह प्रसंग जानै कोउ कोऊ॥

तुलसीदास ने जो राम में जन्मभूमि का प्रेम, निर्धन और परित्यक्त जनों के प्रति प्रेम चित्रित किया है, वह आकस्मिक नहीं है। स्वयं उनके हृदय में जो प्रेम-प्रमोद-प्रवाह उमगा था, वही राम में साकार हो गया है। उन्होंने कहा भी था : 'जाकी रही भावना जैसी, प्रभु मूरति देखी तिन तैसी।' तुलसीदास ने भी अपनी भावना के अनुसार राम को प्रेममय, अपार करुणामय देखा है। रामचरितमानस के राम वाल्मीकि, कालिदास, भवभूति अन्य सभी कवियों के रामों से भिन्न हैं। वे तुलसी के राम हैं। उनमें हमें स्वयं तुलसीदास की मानवीय छवि दिखाई देती है। इन करुणामय राम में कहीं तुलसी का चुनौतीवाला स्वर सुनाई देता है :

देव दनुज भूपति भट नाना। समबल अधिक होइ बलवाना॥
जौं रन हमहिं प्रचारै कोऊ। लरहिं सुखेन काल किन होऊ॥

कहीं इनमें तुलसी की परिहासप्रियता दिखाई देती है :

राम मात्र लघु नाम हमारा। परसु सहित बड़ नाम तोहारा॥

लक्ष्मण में यही परिहासप्रियता कुछ अधिक मात्रा में चित्रित की गई है। उसी प्रकार उनमें क्रोध की मात्रा अधिक है। 'विनयपत्रिका' के तुलसी की छाप भरत के चरित्र पर है। तुलसी ने जैसे समस्त संसार को सियाराममय देखा था, वैसे ही रामचरितमानस के हर पात्र में तुलसी के मानस का कुछ-न-कुछ अंश विद्यमान है।

तुलसी का काव्य लोक-संस्कृति का अभिन्न अंग बन गया है। उनके नाम के साथ कोई पंथ नहीं जुड़ा है। रामचरितमानस को लोकप्रिय बनाने के लिए कोई संघबद्ध प्रयास नहीं किया गया। अपने-आप मिथिला के गाँवों से लेकर मालवे की भूमि तक जनता ने इस ग्रंथ को अपनाया। करोड़ों हिन्दी-भाषियों के लिए धर्म-ग्रंथ, नीति-ग्रंथ, काव्य-ग्रंथ यदि कोई है तो रामचरिनमानस है। इसका एक अप्रत्यक्ष सामाजिक फल यह हुआ है कि हिन्दी-भाषी जनता को संगठित करने में, उसमें जातीय एकता का भाव उत्पन्न करने में रामचरितमानस की अपूर्व भूमिका रही है। आश्चर्य की बात है कि जिन जनपदों के गाँवों में तुलसी और सूर की रचनाओं का पाठ शताब्दियों से होता रहा है, उनके कुछ अभिनव नेता और बुद्धिजीवी अपने को हिन्दी-भाषी क्षेत्र से अलग मानते हैं।

भक्ति-आन्दोलन और तुलसी-काव्य का राष्ट्रीय महत्त्व यह है कि उनसे भारतीय जनता की भावात्मक एकता दृढ़ हुई।

भक्ति-आन्दोलन और तुलसी-काव्य का प्रादेशिक महत्त्व यह है कि इनसे हिन्दी-भाषी जनता की जातीय एकता दृढ़ हुई।

भक्ति-आन्दोलन और तुलसी-काव्य का अन्यतम सामाजिक महत्त्व यह है कि इनमें देश की कोटि-कोटि जनता की व्यथा, प्रतिरोध भावना और सुखी जीवन की आकांक्षा व्यक्त हुई है। भारत के नये जागरण का कोई महान् कवि भक्ति-आन्दोलन और तुलसीदास से पराङ्मुख नहीं रह सकता। वह सांस्कृतिक धारा रवीन्द्रनाथ और निराला के साहित्य में अविच्छिन्न रूप से प्रवाहित है। इस तथ्य की पुष्टि के लिए यहाँ रवीन्द्रनाथ की 'सूरदासेर प्रार्थना' और निराला की 'तुलसीदास' कविताओं का उल्लेख करना ही यथेष्ट होगा।

[1965]

8

रीतिकालीन काव्य-परम्परा

रीतिकालीन काव्य-परम्परा हिन्दी-भाषी प्रदेश के सामन्त वर्ग की अपनी विशिष्ट सांस्कृतिक परम्परा है। यह सामन्त वर्ग ब्रजभाषा-काव्य के अभ्युदय से बहुत पहले यहाँ विद्यमान रहा है; इसलिए यह काव्य-परम्परा पहले से संस्कृत में भी मिलती है। यही कारण है कि केशवदास आदि आचार्यों ने संस्कृत से अपने सिद्धान्त ही नहीं लिये, उन्हें अपने भाव-चमत्कार, वर्णन-शैली आदि भी वहाँ से मिले हैं। ब्रजभाषा-काव्य के अभ्युदय तक उत्तर भारत का सामन्ती वर्ग अपनी ऐतिहासिक भूमिका पूरी करके जातीय विकास के मार्ग में अवरोधक शक्ति बन गया था। सामन्त वर्ग और उसकी संस्कृति के विरुद्ध नई शक्तियाँ मैदान में आ चुकी थीं। संस्कृत रीतिकाव्य के उत्कर्ष काल में सामन्त वर्ग इतना पतित न हुआ था जितना 17-18वीं सदियों में। उस पतन के चिह्न ब्रजभाषा की इस काव्य-परम्परा में भी दिखाई देते हैं।

भारतेन्दु-युग में जब एक नये युग का सूत्रपात हुआ, तब इस परम्परा का विरोध होना स्वाभाविक था। बालकृष्ण भट्ट ने एक नये सामाजिक उद्देश्य से प्रेरित होकर नये ढंग की आलोचना को जन्म दिया। बालमुकुन्द गुप्त ने साहित्य और समाज का घनिष्ठ सम्बन्ध समझते हुए यह नया दृष्टिकोण अपनाया। खड़ी बोली के लिए संघर्ष करते हुए उन्होंने ब्रजभाषा-काव्य की इस पतनशील परम्परा का भी विरोध किया। रीतिकाल का विरोध रामचन्द्र शुक्ल की आलोचना की मुख्य प्रवृत्ति बना। छायावादी कवियों ने—विशेष कर निराला ने—इस परम्परा पर अपने लेखों में भरपूर प्रहार किया। इस तरह आधुनिक हिन्दी आलोचना की प्रगतिशील धारा विकसित हुई, विचारधारा में कठिन संघर्ष का सामना करके ही वह विकसित हुई। कुछ लोग इसे साहित्यकारों की तू-तू, मैं-मैं समझकर शान से अलग खड़े रहे, लेकिन यह सिद्धान्तहीन संघर्ष नहीं था। उस संघर्ष के परिणाम पर हमारे साहित्य की प्रगति निर्भर थी। जहाँ तक काव्य का सम्बन्ध है, भारतेन्दु पर इस परम्परा का काफी असर था, लेकिन इससे भिन्न और विरोधी धाराएँ भी उनके साहित्य में मिलती हैं। मैथिलीशरण गुप्त, प्रसाद, निराला, पंत, महादेवी, दिनकर, सुमन, नरेन्द्र, आदि की रचनाएँ उस परम्परा को निर्मूल करने में बहुत कुछ सफल हुई

हैं। आलोचना और काव्य में जो उस परम्परा का पोषण करते रहे हैं, वे पीछे छूट गए हैं, जो उसके विरोध में आगे बढ़े, वे अपने साथ हिन्दी साहित्य को भी आगे बढ़ा सके। फिर भी वह परम्परा पूरी तरह निर्मूल नहीं हुई; उसके संस्कार, विशेष कर शिक्षा-संस्थाओं में अभी सुरक्षित हैं। मनोविज्ञान और काव्य-कौशल की दुहाई देकर कुछ विद्वान् उसे जीवित रखना चाहते हैं। इसीलिए इस सम्बन्ध में थोड़ी-सी और चर्चा अप्रासंगिक न होगी।

पहला प्रश्न यह है कि यह सारी परम्परा एक वर्ग विशेष की है या शाश्वत साहित्य की धारा है? जो लोग साहित्य की प्रगति को समाज और वर्गों से परे मानते हैं, उनके लिए या तो यह परम्परा सनातन है या वह मन की ऐसी विकृति है जिसका कोई सामाजिक आधार नहीं है। जिस समाज में यह साहित्य रचा गया, उसका नेतृत्व सामन्तों के हाथ में था। उन्हीं के दरबारी कवियों ने उसे पुष्पित-पल्लवित किया, उससे अपना और अपने अन्नदाताओं का मनोरंजन किया। कुछ आलोचक यह स्वीकार करते हुए भी कि यह परम्परा विकृत है, इसका दोष सारे समाज पर मढ़ते हैं, न कि सामन्ती वर्ग विशेष पर। लेकिन विलास और अनाचार के जो साधन इन सामन्तों और उनके चाटुकारों को सुलभ थे, वे जनसाधारण को सुलभ न थे। जनसाधारण की काव्य-रुचि ग्राम-गीतों में, सूर-तुलसी-कबीर-जायसी आदि कवियों की रचनाओं में प्रकट हुई। यह काव्य-रुचि मूलतः दरबारी काव्य-रुचि से भिन्न है। इसलिए पूरे समाज को दोष न देकर सामन्त वर्ग को दोष देना चाहिए। उन जागीरदारों और भूस्वामियों को देना चाहिए जो किसानों की कमाई पर ऐश करते थे, ईश्वर के अंश बनकर धर्म की रक्षा के नाम पर जर्जर सामन्ती-व्यवस्था कायम रखे थे। यह स्वीकार करना होगा कि साहित्य का सामाजिक आधार होता है, उस पर किन्हीं विशेष वर्गों की रुचि आदि का प्रभाव पड़ता है। सामाजिक जीवन से अलग हवा में काव्य-रुचि का निर्माण नहीं होता। रीति काव्य की परम्परा शाश्वत साहित्य की परम्परा नहीं थी; वह विशेष परिस्थितियों में फूली-फली थी और सामन्ती व्यवस्था के साथ उसका विनाश भी अवश्यम्भावी था। जो कवि और आलोचक इस परम्परा से विरोधी कार्य कर रहे थे, वे नई जनवादी चेतना का विकास कर रहे थे, संस्कृति को सामन्ती गर्त से निकालकर उसे नये जातीय स्तर पर विकसित कर रहे थे। उनका यह कार्य ऐतिहासिक रूप से आवश्यक और प्रगतिशील था।

दूसरा प्रश्न यह है कि जिन सिद्धान्तों के आधार पर दरबारी कवियों ने अपना साहित्य रचा, वे व्यापक और सार्वदेशिक हैं या युग और वर्ग विशेष के हैं जिनका अब कोई महत्त्व नहीं रहा? रस और अलंकारों की चर्चा अपने में बुरी नहीं है। यह चर्चा किस तरह की जानी चाहिए, इसकी मिसाल आचार्य रामचन्द्र शुक्ल की आलोचना है। वास्तव में रीति ग्रंथकार रसवादी नहीं थे वरन् चमत्कारवादी थे। शुक्ल जी ने चमत्कारवाद का यथेष्ट खंडन किया है। दरबारी कवियों ने संस्कृत

से उस धारा को अपनाया जो चमत्कारवादी थी, न कि उसको जो रसवादी थी। नायिका-भेदी काव्य-साहित्य के समर्थक प्रभुदयाल मीतल ने आचार्य केशवदास के बारे में लिखा है : 'काव्यरीति में उनका मत रसवादी मम्मट विश्वनाथ के अनुकूल न होकर चमत्कारवादी दंडी रुय्यक के अनुकूल था।' (प्रभुदयाल मीतल : 'ब्रजभाषा साहित्य का नायिका-भेद', पृ. 110) जीवन और काव्य के प्रति इन कवियों का दृष्टिकोण इस दोहे में अच्छी तरह प्रकट हुआ है :

जदपि सुजाति सुलच्छनी, सुबरन सरस सुवृत्त।
भूषण बिनु न बिराजई, कविता, बनिता, मित्त॥

कविता सरस भले हो, बिराजने का काम तभी होता है जब वह चमत्कारी आभूषणों से लैस हो। जिस वर्ग की रसग्राहिका शक्ति क्षीण हो चुकी हो, वही इस तरह के अलंकारवाद से संतुष्ट हो सकता है। अलंकारों की चर्चा में भी कोई मौलिकता न थी। प्रभुदयाल मीतल स्वीकार करते हैं : 'संस्कृत के आचार्यों ने यह विषय जहाँ तक बढ़ाया था, उससे आगे ब्रजभाषा के आचार्य नहीं जा सके; बल्कि यह कहना चाहिए कि वे वहाँ तक भी नहीं पहुँच सके।' (उप., पृ. 66) नायिका-भेद के बारे में हजारीप्रसाद द्विवेदी ने 'हिन्दी साहित्य की भूमिका' में लिखा है : 'अत्यन्त पुराने काल में नाट्यशास्त्र में जो कुछ इस विषय में कहा गया था और बाद में 'दशरूपक' और 'साहित्य-दर्पणा' आदि ग्रंथों में उसी के अनुवाद के रूप में जो कुछ कहा गया था, उससे अधिक किसी ने नहीं लिखा। इस प्रकार समूचा नायिका-भेद का साहित्य नाट्यशास्त्र के सामान्य अंग पर लोकगम्य भाष्य के सिवा और कुछ नहीं है।'

अलंकारों और नायिकाओं के विभाजन और विवेचन में जिस तर्क-पद्धति का सहारा लिया गया है, उसमें तत्त्व-ग्रहण कम है, बौद्धिक कलाबाजी ज्यादा है। हर देश के सामन्ती समाज के पुरोहित जिस तरह शास्त्रार्थ करते हैं, बाल की खाल निकालते हैं, तर्क में भी चमत्कार-प्रदर्शन करते हैं, वह सब लक्षण-ग्रंथों में है, मानव-जीवन का व्यापक दर्शन और तत्त्व-ग्रहण कम है। संस्कृत रीतिग्रंथों में यह कार्य मौलिक था, हिन्दी के अलंकार ग्रंथों के लिए मौलिकता का दावा नहीं किया जा सकता। ब्रजभाषा की रीतिकाव्य-परम्परा का सैद्धान्तिक पक्ष कमजोर है; वह शाश्वत न होकर एक विशेष व्यवस्था में और एक विशेष वर्ग की छत्रच्छाया में रचा गया था।

तीसरा प्रश्न यह है कि इस नायिका-भेदी साहित्य का सामाजिक मूल्य क्या है? मानो रीतिकाव्य के सैद्धान्तिक पक्ष की कमजोरी पहचानकर उसके नये समर्थकों ने उसके लिए नया सैद्धान्तिक आधार ढूँढ़ निकाला है—मनोविज्ञान! नायिकाओं का विभाजन मनोवैज्ञानिक तत्त्वों पर प्रकाश डालता है। निस्सन्देह नायिका-भेद

का मनोवैज्ञानिक महत्त्व है पर नायिकाओं से अधिक वह नायकों का मनोविज्ञान प्रकट करता है। कवि और उनके आश्रयदाता नारी को नायिका से अधिक कुछ न समझते थे, यह मनोवैज्ञानिक सचाई उनकी कृतियों से स्पष्ट हो जाती है। कालिदास ने भी राजाश्रय में काव्य रचा था, पर शकुन्तला का सौन्दर्य-वर्णन करने के साथ उन्होंने उसके विदा होते समय कण्व की वेदना का भी चित्रण किया था। उन्होंने 'मेघदूत' में प्रकृति के सौन्दर्य के साथ 'रघुवंश' में सीता की व्यथा भी चित्रित की। रीतिकाव्य के आचार्यों के लिए मानो इस करुणा का कोई महत्त्व ही नहीं। उनका मनोविज्ञान इतना गहरा था कि आसपास जनता के दु:ख-दर्द से उदासीन रहकर वह नायिकाओं की गिनती गिनाने में लगा रहा। यह गिनती भी मनोविज्ञान से अधिक शरीर-विज्ञान से सम्बन्धित है। मुग्धा, प्रौढ़ा, धीरा, खंडिता आदि या पद्मिनी, चित्रिणी, शंखिनी, हस्तिनी आदि, या तमोलिन, कुम्हारिन, नाइन, दरजिन आदि का वर्गीकरण अवकाश-भोगी वर्ग के उद्दीपन विभाव के लिए है, न कि इन महिलाओं की वास्तविक भावना का चित्रण करने के लिए। शुक्ल जी के शब्दों में, जहाँ एक कविराज मुँह में मकरध्वज फूँकते थे, वहाँ दूसरे कविराज उसे कान में फूँकते थे। सच्चा मनोविज्ञान था यह। इन मकरध्वजवादियों के लिए नारी केवल विलास की वस्तु थी। उसका तन और मन भोग के लिए थे। उसका वर्णन—नायिका का मनोवैज्ञानिक चित्रण—भोगलिप्सा जगाने-भर के लिए था। सूर की राधा का प्रेम एक तरफ—सारा रीतिकाव्य दूसरी तरफ। प्रेम की अभिव्यंजना में रीतिकाव्य का मनोविज्ञान सूर की उदात्त भाव-व्यंजना से कोसों पीछे है। इसलिए मनोविज्ञान की दुहाई देने से रीतिकाव्य को नया सैद्धान्तिक आधार नहीं प्रदान किया जा सकता।

चौथा प्रश्न काव्य-कौशल का है। दावा यह किया जाता है कि भले ही विषय-वस्तु सड़ी-गली हो, रचना-कौशल तो दर्शनीय है, अलंकार-योजना और रसोत्कर्ष तो सराहनीय है। इस काव्य-कौशल की पहली विशेषता यह है कि रीतिकाव्य के आचार्यों ने शास्त्र पहले लिखा, कविता बाद में की। उनके लिए कवित्त-सवैया सबसे पहले अलंकारों के उदाहरण हैं। नायिकाओं की व्याख्या पहले है, कविता बाद को। बँधे-बँधाये साँचों में कविता ढालने से उसकी स्वाभाविक बहुत कुछ नष्ट हो गई। दूसरी विशेषता यह है कि अलंकारों का चमत्कार और अतिरंजित चित्रण उन्हें बहुत प्रिय हैं। उन्होंने कल्पना का ऐसा निराला संसार बसाया कि उसका वास्तविक जीवन से बहुत कम सम्बन्ध रह गया। शुक्ल जी ने इस अस्वाभाविक वर्णन-शैली की खरी आलोचना की है। तीसरी विशेषता वर्णन में फूहड़पन की यथेष्ट मात्रा है। बात केवल अश्लीलता की नहीं है। इनकी अलंकार-योजना में भी कुरुचि दिखाई देती है, जैसे सुन्दरता का वर्णन करते हुए मिठाई की चर्चा। चौथी विशेषता नख-शिख वर्णन है जिसमें सम्पूर्ण व्यक्तित्व से अधिक महत्त्व किसी अंग-विशेष का होता है और यह वर्णन इतना सार्वजनीन है कि किसी भी नायिका पर फिट किया जा सकता है।

इसमें भी चित्र की सजीवता से अधिक कवि का ध्यान उपमानों की विचित्रता की ओर रहता है। पाँचवीं विशेषता भाषा में अनुप्रासों की भरमार है। चमत्कार-प्रदर्शन का सबसे घटिया रूप यही है। शब्दों को तोड़ना-मरोड़ना और व्याकरण के प्रति असावधानी तो साधारण बातें हैं। छंदों में दोहा, घनाक्षरी और सवैया से आगे इन कवियों की गति नहीं है। केशवदास जैसे कवियों ने जहाँ बहुत-से छंदों का प्रयोग किया है, वहाँ उनका काव्य भानुमती का पिटारा बन गया है।

यह सब कहने के बाद रीतिकाव्य के साथ न्याय करना फिर भी बाकी रह जाता है। यह काव्य ऐसा नहीं है कि सब-का-सब उठाकर कूड़े के ढेर पर फेंक दिया जाए। इसका कारण यह है कि अनेक अच्छे कवि, युग की परिस्थितियों से बहुत कुछ मजबूर होकर, सामन्ती अभिरुचि के अनुकूल कविताएँ लिखते रहे थे, पर इनमें सभी कवि घटिया नहीं हैं, न एक ही कवि की सभी रचनाएँ घटिया हैं। शुक्ल जी ने इनके प्रति एक-सा रुख नहीं अपनाया। उन्होंने जहाँ केशवदास के अतिरंजित चित्रों की निन्दा की है, वहाँ मतिराम और पद्माकर की यथेष्ट प्रशंसा भी की है। यह विवेकपूर्ण दृष्टि उचित और आवश्यक है। केशवदास के अनेक छंदों में जहाँ कृत्रिमता है, वहाँ रायप्रवीण पर लिखे हुए दोहों में ऐसी तन्मयता है कि केशव को श्रेष्ठ भावुक कवियों की पाँति में स्थान देना उचित होगा। रमा कि रायप्रवीण—इस उक्ति में वह रूढ़िगत उपमानों के दायरे से बाहर निकल आए हैं। इसी तरह 'रामचन्द्रिका' के अनेक छंदों में यथेष्ट ओज है। मतिराम की अनेक रचनाओं में एक रोमांटिक कवि की सहृदयता है। 'ज्यों ज्यों निहारिए नेरे ह्वै नैननि त्यों त्यों खरी निकरै सी निकाई'—यह पंक्ति इस बात का प्रमाण है। देव के अनेक छंदों में चमत्कार-प्रदर्शन के अलावा सजीव चित्रमयता है। उनकी कल्पना दूर की कौड़ी ही नहीं लाती, वह मूर्तिविधान में दक्ष भी है। 'डगर डगर बगरावति अगर अंग जगर मगर आपु आवति दिवारी सी'—यहाँ दिवाली का उपमान चित्र और विचित्र, दोनों है। प्रकृति-सम्बन्धी इन कवियों की अनेक रचनाएँ जीवन का उल्लास प्रकट करती हैं; त्योहारों और उत्सवों के वर्णन में ग्राम-जीवन की झलक भी है, जैसे पद्माकर के होली-सम्बन्धी छंदों में। कम-से-कम निराशावादी कविताओं से ये लाख दर्जे अच्छी हैं। इसके सिवा उक्ति चातुर्य के कारण बहुत-सी पंक्तियाँ, बहुत-से छंद जनसाधारण की जबान पर चढ़ गए हैं। बहुत-से नीति-सम्बन्धी दोहे, कवित्त, कुंडलियाँ आदि हमारी लोक-संस्कृति का अंग हैं।

इन कवियों से आधुनिक हिन्दी कवि जो बात सबसे ज्यादा सीख सकते हैं, वह है शब्द-चयन और शब्द-योजना। इनकी भाषा अत्यन्त सरल है, अस्पष्टता और दुरूहता का प्राय: अभाव है। तत्सम शब्दों की तुलना में यहाँ तद्भव रूपों पर जोर है। हिन्दी भाषा की कुछ जातीय विशेषताएँ जितना यहाँ निखरी हैं, उतना आधुनिक हिन्दी कविता में नहीं।

'बरसत मेह नेह सरसत अंग अंग झरसत देह जैसे जरत जवासो है।'—यहाँ संयुक्त वर्णों का अभाव है। श, ष, ण आदि से यहाँ मुक्ति मिली है। तत्सम रूप ऐसे हैं जो हिन्दी में सहज ही खप जाते हैं। 'कारो नभ कारी निसि कारिये डरारी घटा झूकन बहुत पौन आनन्द कौ कन्द री'—कवि ने शब्द-योजना में साहस और चतुराई का परिचय दिया है। 'ललित लिलार स्रम झलक अलक भार मग में धरत पग जावक घुर्यौ परै'— यहाँ छंद-रचना और शब्द-योजना में निराला की श्रेष्ठ पदावली का-सा लालित्य है।

काव्य का माध्यम ब्रजभाषा हो या खड़ी बोली, इस विवाद का एक परिणाम यह हुआ कि ब्रजभाषा-प्रेमियों को अपने भाषा-बोध से जिस तरह खड़ी बोली को समृद्ध करना चाहिए था, वे न कर सके। वे खड़ी बोली को अपनी जातीय भाषा न समझकर बहुत दिनों तक उससे द्वेष करते रहे। इधर खड़ी बोली के कवि प्राय: ब्रजभाषा को उपेक्षा की दृष्टि से देखते रहे और अपने शब्द-शिल्प में जितना सहारा उन्होंने संस्कृत का लिया, उतना ब्रजभाषा का नहीं। किन्तु हिन्दी का अपना रूप है, उच्चारण के अपने नियम हैं, सरस पदावली की अपनी कसौटी है। यह समझना कि वह जितना ही संस्कृत के निकट होगी, उतना ही सरस होगी, भ्रम है। ज्यादा सत्य यह है कि वह जितना ही ब्रजभाषा के निकट होगी, उतना ही सरस होगी। ब्रजभाषा के सैकड़ों शब्द आधुनिक हिन्दी भाषा से बहिष्कृत हैं। इससे हिन्दी समृद्ध नहीं होती। सबसे महत्त्व की बात यह है कि तत्सम रूप किस ढंग से अपनाने चाहिए, यह हम इन कवियों से सीख सकते हैं।

रीतिकाव्य को शाश्वत सिद्धान्तों के अनुसार रचा हुआ या मनोवैज्ञानिक सत्य प्रकट करनेवाला साहित्य न मानते हुए भी उसका आंशिक महत्त्व स्वीकार करना उचित है। विवेक के साथ उसकी चित्रमयता और शब्द-योजना का अध्ययन करने से हिन्दी कवियों को लाभ होगा।

[1956]

9

भारतेन्दु हरिश्चन्द्र

आज से पच्चासी वर्ष पहले 27 सितम्बर, 1880 के 'सारसुधा-निधि' में यह प्रस्ताव छपा था कि हरिश्चन्द्र को भारतेन्दु की उपाधि दी जाए। समस्त हिन्दी-संसार ने इस प्रस्ताव का स्वागत किया। हरिश्चन्द्र सदा के लिए हिन्दी-भाषी जनता के भारतेन्दु बन गए। इस उपाधि का जो मूल्य था, वह नोबेल पुरस्कार से बढ़कर था। यह जनता की दी हुई उपाधि थी। यह उपाधि सरकार और उसके समर्थकों के लिए चुनौती के रूप में थी। सरकार ने राजा शिवप्रसाद को 'सितारे-हिन्द' बनाया, जनता ने हरिश्चन्द्र को 'भारतेन्दु' बनाया।

हिन्दी साहित्यकारों और हिन्दी-प्रेमियों का जैसा प्रेम भारतेन्दु हरिश्चन्द्र ने पाया, वैसा प्रेम हिन्दी के दूसरे साहित्यकारों को नहीं मिला। अन्य भाषाओं में उनसे बड़े कलाकार पैदा हुए हैं, किन्तु पूर्ण चन्द्र की तरह जन-समुद्र में प्रेम का ज्वार उठानेवाला व्यक्तित्व उन्हीं का था। इसके दो कारण थे : एक तो यह कि उन्होंने देश और समाज की महान् ऐतिहासिक आवश्यकता पहचानी और उसे पूरा किया। दूसरा यह कि उन्होंने जो कुछ किया, वह निःस्वार्थ भाव से, देश और जनता के लिए, हिन्दी भाषा और साहित्य के लिए, अपने अहंकार की तुष्टि के लिए नहीं, अपना वन्दन-अभिनन्दन कराने के लिए नहीं।

भारतेन्दु से पहले साहित्य में खड़ी बोली का वह रूप विकसित हुआ था, जिसे हम उर्दू कहते हैं। कुछ लोग इसे हिन्दू और मुस्लिम संस्कृतियों के मिलन का प्रतीक मानते हैं। यदि ऐसा होता तो बंगाल और महाराष्ट्र के हिन्दू-मुसलमान उर्दू ही बोलते, बंगला-मराठी भाषाओं का व्यवहार न करते।

भारत में तुर्की, पश्तो आदि भाषाएँ बोलनेवाली जातियों के लोग आए और बस गए। कश्मीर, सिन्ध, बंगाल आदि प्रदेशों में उन्होंने वहीं की भाषाएँ अपनाईं। हिन्दी क्षेत्र में मलिक मोहम्मद जायसी, रसखान, रहीम आदि ने यहाँ की प्रचलित साहित्यिक परम्पराओं को अपनाया। उस समय उत्तर भारत के मुसलमान इस बात का इन्तजार न करते रहे थे कि मुश्तर्का जबान का जन्म हो जाए, तब हिन्दुओं से वार्तालाप आरम्भ करें।

मुगल साम्राज्य के पतनकाल में खड़ी बोली के साहित्यिक रूप उर्दू का विकास हुआ। इस भाषा का ढाँचा खड़ी बोली का था, किन्तु साहित्य की उच्च शब्दावली के लिए उसने केवल अरबी और फ़ारसी को आधार बनाया था। उत्तर प्रदेश में तो मुसलमान चौदह फीसदी के लगभग ही थे। बंगाल में जहाँ वे लगभग पचास फीसदी थे, वहाँ ऐसी बंगला का विकास न हुआ, जिसकी उच्च साहित्यिक शब्दावली केवल अरबी-फारसी से ली गई हो। उर्दू का विकास भारत की समस्त भाषाओं से भिन्न दिशा में हो रहा था।

बहुत-से उर्दू-प्रेमी मित्र यह मानते आए हैं कि हिन्दी आन्दोलन साम्प्रदायिक आन्दोलन था। उसने उस मिली-जुली भाषा के प्रसार में भारी रुकावट पैदा की, जो पढ़े-लिखे हिन्दुओं और मुसलमानों के व्यवहार में आती थी। इस तरह की धारणाएँ आज भी प्रचलित हैं और वर्तमान भाषा-सम्बन्धी समस्याओं से उनका गहरा सम्बन्ध है। इसीलिए भारतेन्दु का ऐतिहासिक महत्त्व समझने के लिए उस समय की परिस्थितियों पर विचार करना आवश्यक है।

फारसी उत्तर भारत में लगभग छह सौ वर्ष तक राजभाषा रही। दिल्ली के मुसलमान बादशाह अपने घरों में फारसी न बोलते थे। फारसी उनकी मातृभाषा न थी। मुगल साम्राज्य के संस्थापक बाबर की मातृभाषा तुर्की थी। तुर्की या पश्तो बोलनेवाले बादशाहों ने फारसी को वैसे ही राजभाषा बनाया, जैसे वर्तमान शासकवर्ग ने—सांस्कृतिक प्रभाव के कारण—अंग्रेजी को राजभाषा बना रखा है।

मुसलमान शासकों की मातृभाषा फारसी थी, यह समझना उतना ही बड़ा भ्रम है, जितना यह समझना कि वर्तमान शासकों की मातृ या पितृभाषा अंग्रेजी है।

ईरानियों ने कभी भारत को नहीं जीता। अरबों ने कभी दिल्ली पर अपना झंडा नहीं फहराया। फिर भी यह धारणा बहुतों में फैली हुई है कि बाहर से जो मुसलमान आए, उनकी मातृभाषा फारसी थी।

फारसी के सैकड़ों शब्द न केवल हिन्दी में वरन् बंगला, मराठी, गुजराती आदि भाषाओं में घुलमिल गए। इसका कारण यह नहीं था कि आम मुसलमानों की भाषा फारसी थी। कारण यह था कि फारसी राजभाषा थी। नौकरी के लिए हर हिन्दू-मुसलमान के लिए उसका ज्ञान जरूरी था। फारसी के ज्ञान से मनुष्य विद्वान् समझा जाता था, समाज में उसका आदर होता था। फारसी जाननेवाले वर्ग ने जब खड़ी बोली में साहित्य-रचना की, तो स्वभावत: उसने उच्च शब्दावली फारसी से ली। जो क्षेत्र दिल्ली से दूर थे, वहाँ के साहित्य पर फारसी शब्दावली का प्रभाव कम पड़ा। जो साहित्य दिल्ली और लखनऊ में रचा गया, उसमें फारसी शब्दावली का आधिक्य रहा।

क्या ऐसी साहित्यिक भाषा, जो अपनी उच्च शब्दावली केवल अरबी-फारसी से लेती हो, उज्जैन, पटना और दिल्ली के बीच फैले हुए विशाल प्रदेश की सामाजिक-सांस्कृतिक आवश्यकताएँ पूरी कर सकती थीं?

सम्भव है, शहर के उच्च वर्ग अपनी आवश्यकताएँ इस साहित्यिक भाषा से पूरी कर लेते। किन्तु ब्रज, अवध, बुन्देलखंड, भोजपुरी आदि क्षेत्रों के गाँवों में एक दूसरी तरह की शब्दावली का प्रचार था। यह शब्दावली मिलती है रामचरित-मानस में, सूर और मीरा के पदों में, बिहारी के दोहों में, देव-मतिराम-पद्माकर के सवैया-कवित्तों में, कबीर-जायसी-रहीम-रसखान-आलम आदि मुसलमान कवियों की रचनाओं में। इनकी शब्दावली ग़ालिब, इकबाल की साहित्यिक शब्दावली से भिन्न है। तुलसी-सूर की साहित्यिक शब्दावली के हजारों शब्द बंगला-मराठी में मिलेंगे, उर्दू में वे मतरूक हैं।

यदि उर्दू वास्तव में मुश्तर्का जबान होती तो कोई शक्ति उसके मुकाबले में हिन्दी को प्रतिष्ठित न कर पाती। आधुनिक हिन्दी के समर्थ आन्दोलन का रहस्य यह था कि एक ओर साहित्यिक हिन्दी तुलसी-सूर-रसखान की परम्परा से सम्बद्ध थी, दूसरी ओर वह जनपदीय बोलियों के बहुत नजदीक थी।

आधुनिक हिन्दी के जन्मदाताओं ने अपने को इस संकीर्णता से बचाया कि वे फारसी के प्रचलित शब्दों को अपने गद्य से निकाल दें। भारतेन्दु, प्रतापनारायण मिश्र, बालमुकुन्द गुप्त आदि उर्दू के अच्छे ज्ञाता थे, उर्दू में जब-तब लिखते भी थे और उनके हिन्दी गद्य में फारसी के सरल शब्दों का बहिष्कार नहीं किया गया। बीसवीं सदी के हिन्दी गद्य को सँवारने में आचार्य महावीर प्रसाद द्विवेदी का बहुत बड़ा हाथ था। उन्होंने अपनी भाषा-नीति के बारे में श्री कालिदास कपूर को 15 फरवरी, 1918 के पत्र में लिखा था : "अरबी-फारसी के जो शब्द प्रचलित हैं, उन्हें हिन्दी ही के शब्द समझता हूँ। मेरे लेख इस बात के प्रमाण हैं। पहले लोग निन्दा करते थे। कहते थे, यह हिन्दी को बिगाड़ रहा है, पर अब नहीं बोलते। और लोग भी 'सरस्वती' की अब नकल करने लगे हैं।"[1]

हिन्दी के तमाम समर्थ साहित्यकार द्विवेदी जी की इसी उदार नीति के अनुगामी रहे हैं। इसीलिए हिन्दी आन्दोलन को साम्प्रदायिक कहना इतिहास के साथ अन्याय करना है।

भारतेन्दु इस आन्दोलन के जन्मदाता थे।

हिन्दी-भाषी प्रदेश की जनता के सांस्कृतिक विकास के लिए यह आवश्यक था कि यहाँ ऐसी साहित्यिक भाषा का प्रसार हो, जो जनपदीय बोलियों के निकट हो, जो सूर और तुलसी की साहित्यिक शब्दावली को अपने में समेट ले, जो अपना विकास बंगला, मराठी आदि की तरह संस्कृत के सहारे करे, जो उच्च शब्दावली के लिए एकमात्र फारसी पर निर्भर न हो।

भारतेन्दु की भाषा-नीति इस ऐतिहासिक आवश्यकता के अनुकूल थी। इसीलिए उन्हें अपने कार्य में सफलता मिली। उन्होंने लिखा था : 'हिन्दी नई चाल में ढली, सन् 1873 ई.।'

---

1. 'सरस्वती', अप्रैल, 1942

1873 को अभी सौ साल भी नहीं हुए। जैसी बहुमुखी, अप्रतिहत, विराट् प्रगति एक शताब्दी में हिन्दी ने की है, वैसी प्रगति संसार की शायद ही किसी भाषा ने की हो।

आज से सौ वर्ष पहले हिन्दी की परिस्थिति बिलकुल भिन्न थी। हिन्दी में न उल्लेखनीय गद्य था, न पद्य था। ब्रजभाषा, अवधी, मैथिली आदि में उच्च कोटि का प्रचुर साहित्य था। यह भी हिन्दी का साहित्य था, हिन्दो के व्यापक अर्थ में। किन्तु खड़ी बोली हिन्दी साहित्य का समर्थ माध्यम न बनो थी। अंग्रेजों ने कचहरियों में फारसी की जगह उर्दू का चलन किया था। गाँव से लेकर शहर तक कोई भी सरकारी काम उर्दू-अंग्रेजी की जानकारी के बिना न हो सकता था। ब्रिटिश सरकार 'फूट डालो और राज करो' की नीति के अनुसार अल्पसंख्यकों को बढ़ावा देती थी। वह हिन्दी के प्रसार में रुकावटें डालती थी। उर्दू-प्रेमी साहित्यकार नई हिन्दी को अपने लिए बहुत बड़ा खतरा समझते थे। इनके अतिरिक्त हिन्दी के रूढ़िवादी साहित्यकार पुरानी काव्य-परम्पराओं से चिपके हुए थे। वे आधुनिक हिन्दी में गद्य के विकास के प्रति उदासीन थे।

भारतेन्दु ने इन तमाम बाधाओं पर विजय पाई। उन्होंने अपनी व्यक्तिगत सम्पत्ति हिन्दी की सेवा में लगा दी। उन्होंने 'कविवचन-सुधा', 'हरिश्चन्द्र-चन्द्रिका' आदि पत्रिकाएँ निकालीं। बनारस को केन्द्र बनाकर उन्होंने साहित्यकारों का विशाल दल तैयार कर लिया। उनकी प्रेरणा से अनेक केन्द्रों से नये पत्र निकलने लगे। भारतेन्दु-युग के लेखकों ने जनता में हिन्दी-प्रेम जाग्रत किया, बड़े ही अध्यवसाय और लगन से उन्होंने हिन्दी गद्य को सँवारा, और हजारों नये पाठकों तक अपना साहित्य पहुँचाया। उनकी साधना अमर है। उसी साधना के बल पर आज हिन्दी हमारी जातीय भाषा है। सरकार और राजनीतिक पार्टियों के नेता कुछ भी कहें, भारत के जनसाधारण की व्यावहारिक राष्ट्रभाषा हिन्दी ही है।

भारतेन्दु की हिन्दी आदर्श हिन्दी मानी जाती थी। उनके समकालीन लेखकों में बालकृष्ण भट्ट, प्रतापनारायण मिश्र और राधाचरण गोस्वामी जैसे लोग थे। ये स्वतंत्रचेता, प्रतिभा के धनी, दूसरों का लोहा न माननेवाले साहित्यकार थे। भारतेन्दु कितने बड़े लेखक थे, इसका सबसे बड़ा प्रमाण यह है कि उस युग के महान् साहित्यकार उनकी गद्य-शैली को आदर्श मानते थे।

उस गद्य में अक्सर शहरी नफासत की कमी है। उसमें भदेसपन है, 'सियनि सुहावनि टाट पटोरे' का मजा है। जिन्दादिली में उसका मुकाबला नहीं हूँ। नींद से उठनेवाली एक नई जाति का जयघोष उसमें सुनाई देता है।

भारतेन्दु ने कविता, नाटक, उपन्यास आदि साहित्य की सभी विधाओं पर ध्यान दिया। इन सबमें उस युग की अपनी, साहित्य की सबसे विकसित विधा है—निबन्ध। भारतेन्दु और प्रतापनारायण मिश्र के निबन्धों का रूप अंग्रेजी की देन नहीं है। वह हिन्दी की अपनी सहज विकसित विधा है।

गद्य की जो विशेषताएँ निबन्धों में हैं, वे नाटकों में भी मिलती हैं। विशेष रूप से प्रहसनों में व्यंग्य और हास्य खूब निखरा हुआ है।

भारतेन्दु ने नाटक पर एक विस्तृत निबन्ध लिखकर आधुनिक हिन्दी आलोचना को जन्म दिया।

भारतेन्दु हरिश्चन्द्र केवल साहित्यिक हिन्दी भाषा के निर्माता नहीं थे, वे आधुनिक हिन्दी साहित्य के निर्माता भी थे। उन्होंने ब्रजभाषा की पुरानी कविता में नई जान डाली। उनकी शृंगार और भक्ति की रचनाएँ पुराने कवियों की रचनाओं से होड़ करती हैं। उन्होंने खड़ी बोली में भी अनेक पद्य रचे। इनमें उनके 'लावनी' सबसे सफल है। साहित्य को उनकी देन है : राष्ट्रीय विचारधारा। 'भारत-दुर्दशा' जैसे नाटकों में, 'जातीय संगीत' जैसे निबन्धों में उन्होंने देश की दशा पर ध्यान केन्द्रित किया है।

इस प्रकार उन्होंने साहित्य की विषयवस्तु में युगान्तकारी परिवर्तन किया। भारतेन्दु घर में बैठकर मात्र मनोविनोद के लिए साहित्य रचनेवाले जीव न थे। उन्होंने कलकत्ता और पुरी के अलावा हिन्दी-क्षेत्र के गाँवों की यात्रा भी की थी। उन्होंने खानदेश के बाढ़-पीड़ितों से लेकर फ्रांस के दुखियों तक के लिए चन्दा इकट्ठा किया था। वे स्वदेशी के प्रथम प्रचारकों में थे। बंग-भंग और गांधी जी के आन्दोलनों से बहुत पहले उन्होंने ऐसी संस्था बनाई थी, जिसके सदस्य स्वदेशी वस्त्रों का ही व्यवहार करते थे। वे मेलों में जाकर नाटक कर सकते थे, वे जनता के बीच भाषण देते थे। इस जनसम्पर्क के कारण ही उनका साहित्य इतना सजीव है।

भारतेन्दु की लोकप्रियता का कारण यह है कि उन्होंने समाज और साहित्य की आवश्यकताओं को पहचाना, उन्हें पूरा किया। उनकी लोकप्रियता का दूसरा कारण उनका व्यक्तित्व है—चन्द्रमा के समान प्रकाशमय, दूसरों के सामने अपने कलंक भी प्रकट कर देनेवाला। उन्होंने अपनी प्रेमिका के बनाए पदों को अपने संग्रहों में स्थान दिया। वे रईस घराने में पैदा हुए थे, खर्चीले स्वभाव के थे। उनकी यह प्रतिज्ञा प्रसिद्ध थी : 'इस धन ने मेरे पूर्वजों को खाया है, अब मैं इसे खाऊँगा।'

वे प्रसिद्ध सेठ अमीचन्द के घराने में पैदा हुए थे। उनके पिता और पितामह अंग्रेजों के विश्वासभाजन थे। 'कुछ आपबीती : कुछ जगबीती' में उन्होंने अपने यहाँ के मुसाहबों का इस प्रकार चित्रण किया है :

'कोई कहता था, आपसे सुन्दर संसार में नहीं, कोई कसम खाता था, आप-सा पंडित मैंने नहीं देखा, कोई पैगाम देता था, चमेलीजान आप पर मरती हैं, आपके देखे बिना तड़प रही हैं, कोई बोला, हाय! आपकी फलानी कविता पढ़कर रातभर रोते रहे।'

इस वातावरण से ऊपर उठना, प्राचीन रूढ़ियाँ तोड़कर नये युग के अनुकूल साहित्य रचना अपूर्व चरित्र-बल से ही सम्भव था। भारतेन्दु ऊपर से बड़े कोमल थे। उनमें चरित्र की असाधारण दृढ़ता थी। इसीलिए वे इतना काम कर सके।

वे अंग्रेजी के अलावा बंगला, उर्दू आदि अनेक भारतीय भाषाएँ अच्छी तरह जानते थे। उनमें ज्ञान की अदम्य पिपासा थी। उन्होंने नाटक से लेकर पुरातत्त्व तक अनेक विषयों पर कलम चलाई थी। उनके जो नाटक, पद्य और निबन्ध संकलित किए गए हैं, उनका परिमाण काफी है। किन्तु इनसे बहुत बड़े परिमाण में उनका वह गद्य है, जो 'कविवचन-सुधा' आदि पत्रिकाओं में है किन्तु असंकलित है। उन्होंने हजारों पत्र लिखे थे, जिनमें कुछ बच रहे हैं, शेष नष्ट हो गए हैं। यह सब उन्होंने 34 वर्ष की छोटी उम्र में ही कर डाला। उनका-सा परिश्रम करनेवाले हिन्दी में बिरले ही हुए हैं।

बनारस की एक खास अदा—सादगी और मस्ती—उनके चरित्र की विशेषता थी। वे 'पैदल धूप में गर्म रेती पर सरजू के किनारे' घूम सकते थे। वे गुड़ जैसी बर्फी, भूर के लड्डू और काठ के टुकड़े जैसी बालूशाही की तारीफ कर सकते थे। वे अवध के किसानों में घुल-मिल सकते थे। 'चूल्हे जल रहे हैं, सैकड़ों अहरे लगे हुए हैं, कोई गाता है, कोई बजाता है, कोई गप हाँकता है।' वे गंगा की फुहारों का आनन्द लेते हुए हरिद्वार में शिला पर बैठकर भोजन कर सकते थे। 'एक दिन मैंने श्री गंगा के तट पर रसोई करके पत्थर ही पर जल के अत्यन्त निकट परोसकर भोजन किया, जल के छलके पास ही ठंडे-ठंडे आते थे, उस समय पत्थर का भोजन का सुख सोने के थाल के भोजन से कहीं बढ़के था।' ऐसे सहज आनन्दी स्वभाव के व्यक्ति पर लोग क्यों न रीझते?

व्यंग्य और परिहास उनकी नस-नस में भरा था। पहली अप्रैल को उन्होंने लोगों को यह कहकर इकट्ठा कर लिया था कि एक मेम खड़ाऊँ पहनकर गंगा पार करेगी।

वे समाज-सुधारक थे, विधवा-विवाह के समर्थक थे, स्त्री-शिक्षा के प्रबल पक्षपाती थे। उनके विरोधियों की संख्या कम न थी। सरकारी क्षेत्रों के अलावा रूढ़िवादी समाज के ठेकेदार उनके कट्टर शत्रु थे। उन्हें दृढ़ विश्वास था कि इन शत्रुओं का महत्त्व कीड़ों से अधिक नहीं है। वे नष्ट हो जाएँगे, भविष्य में लोग भारतेन्दु को ही याद करेंगे।

'प्रेमजोगिनी' में सूत्रधार भारतेन्दु को लक्ष्य करके कहता है : 'क्या हुआ जो निर्दय ईश्वर तुझे प्रत्यक्ष अपने अंक में रखकर आदर नहीं देता और खल लोग तेरी नित्य एक नई निन्दा करते हैं और तू संसारी वैभव से सूचित नहीं है; तुझे इससे क्या, प्रेमी लोग जो तेरे और तू जिन्हें सरबस है, वे जब जहाँ उत्पन्न होंगे, तेरे नाम को आदर से लेंगे और तेरी रहन-सहन को अपनी जीवन-पद्धति समझेंगे...स्मरण रखो, ये कीड़े ऐसे ही रहेंगे और तुम लोक-बहिष्कृत होकर भी इनके सिर पर पैर रख के विहार करोगे, क्या तुम अपना वह कबित्त भूले गए—कहैंगे सबै ही नैन नीर भरि-भरि पाछो प्यारे हरीचन्द की कहानी रह जाएगी?'

भारतेन्दु के प्रेमी उनका नाम आदर से लेते हैं। नैनों में नीर भरकर उनकी कहानी कहते हैं। वे विरोधियों के सामने शिला की तरह कठोर थे, दुखी-जनों के लिए कुसुम से भी कोमल थे। अँगूठी से लेकर दुशाले तक जो सामने हुआ, उसे उन्होंने याचक को दे डाला। कर्ज के भार से दबे रहे, लेकिन मरने से पहले सबका कर्ज चुका गए।

मौत को देखकर उनकी जिन्दादिली मुर्झायी नहीं। 34 वर्ष की आयु में अकाल मृत्यु का परिहास करते हुए उस वीर ने कहा था : 'हमारे जीवन के नाटक का प्रोग्राम नित्य नया-नया छप रहा है—पहले दिन ज्वर की, दूसरे दिन दर्द की, तीसरे दिन खाँसी की सीन हो चुकी, देखें, लास्ट नाइट कब होती है।'

ऐसा था युग-प्रवर्तक भारतेन्दु हरिश्चन्द्र का व्यक्तित्व। उसकी छाप हिन्दी साहित्य पर, हिन्दी साहित्यकारों के हृदय पर चिरकाल तक रहेगी। हरियाणे के बालमुकुन्द गुप्त, ब्रज के राधाचरण गोस्वामी, अवध के प्रतापनारायण मिश्र—सभी उनके भक्त थे।

राधाचरण गोस्वामी ने अपने जीवन-चरित में भारतेन्दु के बारे में लिखा था : 'उनके लेख-ग्रंथ हमको वेद-वाक्यवत् प्रमाण और मान्य थे। उनको मानो ईश्वर का एकादश अवतार मानते थे। हमारे सब कार्यों में वे आदर्श थे। उनकी एक-एक बात हमारे लिए उदाहरण थी।'

इन वाक्यों से भारतेन्दु के प्रति समकालीन लेखकों की श्रद्धा का अनुमान किया जा सकता है।

1950 में भारतेन्दु की जन्मशती उत्सव में भाषण करते हुए हिन्दी के महास्वाभिमानी कवि निराला ने कहा था : "मैं उनके दरबार का दरबान मात्र हूँ।"[1] जो शीश किसी के सामने न झुका था, वह भारतेन्दु के आगे नत था। नवजागरण के अग्रदूत भारतेन्दु ने हमें यह मंत्र सिखाया था : 'परदेशी वस्तु और परदेशी भाषा का भरोसा मत रक्खो, अपने देश में अपनी भाषा में उन्नति करो।' भारतेन्दु की बड़ी इच्छा थी कि एक हिन्दी की यूनिवर्सिटी स्थापित हो। उनकी यह इच्छा अभी पूरी नहीं हुई। देश में अंग्रेजी का प्रभुत्व बना हुआ है। इस समय दक्षिण के हिन्दी-प्रेमियों की वैसे ही पूछ नहीं है, जैसे सन् '47 में राष्ट्रवादी मुसलमानों की पूछ नहीं थी। मुसलमानों के प्रतिनिधि बन गए थे मुस्लिम लीगी। वैसे ही दक्षिण की महान् भाषाओं के प्रतिनिधि बन गए हैं अंग्रेजी-प्रेमी, अवसरवादी राजनीतिज्ञ।

किन्तु आज भारतेन्दु-युग की तुलना में देश की परिस्थितियाँ हिन्दी के बहुत अनुकूल हैं। अब हमारी भाषाओं का दमन करनेवाले अंग्रेज नहीं हैं। राज्यसत्ता देशवासियों के हाथ में है। अब हिन्दी में आधुनिक साहित्य का अभाव नहीं है। उसके लेखक भारत के अन्य प्रदेशों में और भारत के बाहर ख्याति प्राप्त कर चुके हैं। कमी है तो केवल संगठन की।

---

1. भारत, 18 सितम्बर, 1950

भारतेन्दु ने भाषा और साहित्य में जिस आन्दोलन का सूत्रपात किया था, वह राष्ट्रीय और जनतांत्रिक था। जो उसे साम्प्रदायिक कहते हैं, वे अपना ही अहित करेंगे। हिन्दी-भाषी जनता संगठित होकर भारतेन्दु का स्वप्न साकार कर सकती है। जिस दिन हम अपने प्रतिनिधियों को बाध्य कर सकेंगे कि वे लोक सभा में हिन्दी बोलें, उस दिन भारत में विशाल अंग्रेजी-विरोधी मोर्चा बनेगा, तभी केन्द्रीय राजभाषा अंग्रेजी से दबी हुई प्रादेशिक भाषाएँ नई शक्ति से फलें-फूलेंगी, तभी हम देखेंगे कि दक्षिण में राष्ट्रभाषा-प्रेमी विद्यमान हैं—और अंग्रेजी के लिए शोर मचानेवाले अवसरवादी दक्षिण के सच्चे प्रतिनिधि नहीं हैं। हिन्दी को राष्ट्रभाषा बनाने में निर्णायक भूमिका हिन्दी-भाषी जाति की है। भारत में अंग्रेजी का प्रभुत्व खत्म करके ही हम भारतेन्दु के प्रति सच्ची श्रद्धांजलि अर्पित करने के अधिकारी हो सकते हैं।

[1965]

10

शैलीकार बालमुकुन्द गुप्त

रायकृष्णदास जी ने जब आचार्य महावीर प्रसाद द्विवेदी से पूछा : आपकी राय में सबसे अच्छी हिन्दी कौन लिखता है? तब उन्होंने उत्तर दिया : अच्छी हिन्दी बस एक व्यक्ति लिखता था—बालमुकुन्द गुप्त।

गुप्त जी ने भारतेन्दु-युग के वातावरण में हिन्दी की सेवा करना सीखा था। वह प्रतापनारायण मिश्र के सहयोगी थे। उन्होंने 'भारत मित्र' में द्विवेदी जी की रचनाएँ छापी थीं। गुप्त जी व्यंग्यकार, शब्दों के प्रयोग और व्याकरण के सूक्ष्म तत्त्वों के विशेषज्ञ, इतिहास और राजनीति के विद्वान, जीवनी-लेखक, हिन्दी भाषा के अधिकारों के लिए निरन्तर संघर्ष करनेवाले सैनिक और अपनी पत्रकार कला द्वारा जनता में नवीन राष्ट्रीय और जनतांत्रिक चेतना फैलानेवाले लेखक थे। उन्होंने अपना जीवन उर्दू-पत्रकार के रूप में आरम्भ किया था। वे अन्त समय तक 'ज़माना' जैसे पत्रों में भी लिखते रहे। उन्होंने साधारण शिक्षा पाई थी, किन्तु अपने अध्यवसाय में उन्होंने बंगला, अंग्रेजी, संस्कृत आदि भाषाओं का ज्ञान भी प्राप्त किया। उनका मुख्य कार्य-क्षेत्र कलकत्ता रहा। 'भारत मित्र' के साथ गुप्त जी का नाम वैसे ही जुड़ा है, जैसे 'सरस्वती' के साथ द्विवेदी जी का। वे धार्मिक प्रवृत्ति के लेखक थे, किन्तु विचारों में अत्यन्त उदार थे। यद्यपि उर्दू के विरुद्ध और नागरी के पक्ष में उन्होंने बहुत कुछ लिखा था, फिर भी वे हिन्दी-उर्दू की बुनियादी एकता के प्रबल समर्थक थे। अपनी उग्र राजनीतिक चेतना के कारण वे भारतेन्दु से अधिक बालकृष्ण भट्ट के निकट हैं। उनका गद्य ललित और सरस है, इस दृष्टि सें वे भारतेन्दु हरिश्चन्द्र और प्रतापनाराण मिश्र की शैली के अनुवर्ती हैं। किन्तु उनका-सा पैना व्यंग्य उस युग के किसी अन्य लेखक में नहीं है। वाद-विवाद को कलात्मक बना देने में वे अनुपम थे।

गुप्त जी का व्यापारी-वर्ग से घनिष्ठ सम्बन्ध था। अपने दृढ़ चरित्र के कारण उन्होंने अपनी नीति व्यापारियों के प्रभाव से मुक्त रखी। इतना ही नहीं, वे उनकी आलोचना भी करते रहे। 'ज़माना' के सम्पादक दयानारायण निगम ने कलकत्ते के व्यापारियों का जिक्र करते हुए कहा था कि वे कहते हैं : 'हमने सबको अपना बना

लिया : किसी को खुशामद से, किसी को रुपये से, किसी को नीति-निपुणता से, परन्तु हमारा जादू नहीं चला, तो एक बालमुकुन्द गुप्त जी पर!'

'हिन्दी की उन्नति' शीर्षक लेख में उन्होंने 'मातृभाषा पर अनन्त अनुराग, अनन्त प्रेम, अनन्त भक्ति' की चर्चा की थी। यह अनुराग, प्रेम और भक्ति उनमें विद्यमान थी। उन्होंने अपने जीवन का प्रतिदिन देश और हिन्दी की सेवा में लगा दिया। सबेरे आठ बजे से अखबार का काम शुरू करना, भोजन के उपरान्त फिर दफ्तर में आ जमना, रात को भी लिखना, विज्ञापन से लेकर पत्र-व्यवहार तक का सारा काम देखना—उस समय के पत्रकार का जीवन सुगम नहीं था।

गुप्त जी को अपने पत्र से बेहद प्रेम था। 'वेंकटेश्वर समाचार' के स्वामी ने उन्हें दूने वेतन पर अपने यहाँ बुलाना चाहा, लेकिन उन्होंने अस्वीकार कर दिया। हैदराबाद के वजीर महाराजा सर कृष्णप्रसाद उन्हें बुलाना चाहते थे। गुप्त जी ने अपने मध्यस्थ मित्र को लिखा : 'मेरे 'भारत मित्र' पत्र को दो रुपये वार्षिक देकर जो ग्राहक पढ़ता है, वही मेरे लिए महाराजा कृष्णप्रसाद है। यदि महाराज को मुझे जानना है कि मैं क्या हूँ, तो उनसे कहिए कि दो रुपये वार्षिक भेजकर 'भारत मित्र' के ग्राहक बनें और उसे पढ़ा करें : मुझे आने का अवकाश नहीं है।'

गुप्त जी ने हिन्दी गद्य के साथ पत्रकार की स्वाधीन चेतना और निर्भीकता का आदर्श भी देश के सामने रखा। राजा रामपालसिंह ने उन्हें 'हिन्दोस्थान' पत्र से अलग कर दिया था : 'कारण गवर्नमेंट के विरुद्ध बहुत कड़ा लिखते हैं।' राजाओं और धनकुबेरों के साथ निभ जाए, गुप्त जी ऐसे पत्रकार न थे। उनके लिए मातृभाषा की भक्ति और देशभक्ति, दो चीजें न थीं। वे जनता में स्वाधीनता के भाव जगाकर अपनी भाषा और साहित्य को समृद्ध कर रहे थे।

'शाइस्ता खाँ का खत' नाम के व्यंग्यपूर्ण निबन्ध में उन्होंने अंग्रेजी राज के शोषण के बारे में लिखा था : 'जहाँ तुम्हारी हुकूमत जाती है, खाने-पीने की चीजों को एकदम आग लग जाती है, क्योंकि तुम तो हम लोगों की तरह खाली हाकिम ही नहीं हो, साथ-साथ बक्काल भी हो। उस अपने बक्कालपन की हिमायत के लिए ही हमारे जमाने को बंगाल में खेंचकर लाना चाहते हो। जो बादशाह भी है और बक्काल भी है, उसकी हुकूमत में खाने-पीने की चीजें सस्ती कैसे हों?'

'शिवशम्भु का चिट्ठा' व्यंग्यपूर्ण राजनीतिक निबन्धों का सिरमौर है। इतने कलात्मक ढंग से ब्रिटिश राज की आलोचना बहुत कम लोगों ने की है। इसमें लॉर्ड कर्जन को लेकर अद्‌भुत परिहास है; जगह-जगह परिहास की जगह लेखक का रोष उदात्त रूप में प्रकट होता है। उनकी कल्पना नये और अनुपम चित्र प्रस्तुत करती है, उनका देश-प्रेम जहाँ-तहाँ कवित्वपूर्ण ढंग से प्रकट होता है।

'कितने ही राजा, नवाब, बेगम आपके दर्शनार्थ बम्बई पहुँचे। बाजे बजते रहे, फौजें सलामी देती रहीं। ऐसी एक भी सनद प्रजा-प्रतिनिधि होने की शिवशम्भु के

पास नहीं है, तथापि वह इस देश की प्रजा का, यहाँ के चिथड़ापोश कंगालों का प्रतिनिधि होने का दावा रखता है, क्योंकि उसने इस भूमि में जन्म लिया है। उसका शरीर भारत की मिट्टी से बना है और उस मिट्टी में अपने शरीर की मिट्टी को एक दिन मिला देने का इरादा रखता है।...गाँव में उसका कोई झोंपड़ा नहीं है। जंगल में खेत नहीं है। एक पत्ती पर भी उसका अधिकार नहीं है। पर इस भूमि को छोड़कर उसका संसार में कहीं ठिकाना भी नहीं है। इस भूमि पर उसका जरा स्वत्व न होने पर भी इसे वह अपनी समझता है...।

'विक्रम, अशोक, अकबर के साथ यह भूमि साथ नहीं गई। औरंगजेब, अलाउद्दीन इसे मुट्ठी में दबाकर नहीं रख सके। महमूद, तैमूर और नादिर इसे लूट के माल के साथ ऊँटों और हथियारों पर लादकर न ले जा सके। आगे भी यह किसी के साथ न जाएगी, चाहे कोई कितनी ही मजबूती क्यों न करे।'

इस देश-प्रेम का जवाब नहीं है। कैसा अटूट आत्मविश्वास जनता की अपराजेय शक्ति में है। धरती जनता की है। उसका मालिक कोई राजा नहीं हो सकता—चाहे वह देशी हो, चाहे विदेशी। बालमुकुन्द गुप्त ने अपने कुल और वर्ग के संस्कारों से बहुत ऊँचे उठकर देशभक्ति को नया अर्थ दिया। उनके लिए देश का अर्थ है, देश की निर्धन जनता। वे उन लोगों के प्रतिनिधि बनकर बोले हैं, जो स्वत्वहीन हैं, जिनका अपना कोई झोंपड़ा नहीं है, एक पत्ती पर भी जिनका अधिकार नहीं है। किन्तु सारा भारत इन्हीं का है, भविष्य इन्हीं का है। भारतीय राजनीति में यह नया स्वर था जिसे प्रेमचन्द और निराला जैसे साहित्यकारों ने आगे चलकर खूब समर्थ बनाया।

भारतेन्दु हरिश्चन्द्र ने जिस हिन्दी आन्दोलन का सूत्रपात किया था, वह राष्ट्रीय और जनतांत्रिक था। बालमुकुन्द गुप्त ने साहित्य में जिस धारा का विकास किया, उसमें महत्त्व राजाओं और नवाबों का नहीं था, महत्त्व था देश की साधारण जनता का। देवनागरी लिपि का प्रश्न, हिन्दी भाषा का प्रश्न, अंग्रेजी की जगह हिन्दी को राष्ट्रभाषा बनाने का प्रश्न, इस जनता के भविष्य के साथ जुड़ा हुआ था और आज भी जुड़ा हुआ है।

जिन्होंने अंग्रेजी को राष्ट्रभाषा बनाया था, उन्होंने ही जनता का सत निकालकर उसे भाग्य के सहारे गलियों और सड़कों पर मरने के लिए छोड़ दिया था। दिल्ली के उन अंग्रेजी-प्रेमी मठाधीशों से बालमुकुन्द गुप्त कहते हैं :

"इसी कलकत्ते में, इसी इमारतों के नगर में माई लॉर्ड की प्रजा में हजारों आदमी ऐसे हैं, जिनके रहने को सड़ा झोंपड़ा भी नहीं है। गलियों और सड़कों पर घूमते-घूमते जहाँ जगह देखते हैं, वहीं पड़ रहते हैं। पहरेवाला आकर डंडा लगाता है, तो सरककर दूसरी जगह जा पड़ते हैं। बीमार होते हैं, तो सड़कों पर पड़े पाँव पीटकर मर जाते हैं। कभी आग जलाकर खुले मैदान में पड़े रहते हैं। कभी-कभी हलवाइयों की भट्ठियों से चमटकर रात काट देते हैं। नित्य इनकी दो-चार लाशें

जहाँ-तहाँ से पड़ी हुई पुलिस उठाती है। भला माई लॉर्ड तक उनकी बात कौन पहुँचावे? दिल्ली दरबार में भी, जहाँ सारे भारत का वैभव एकत्र था, सैकड़ों ऐसे लोग दिल्ली की सड़कों पर पड़े दिखाई देते थे, परन्तु उनकी ओर देखनेवाला कोई न था। यदि माई लॉर्ड एक बार इन लोगों को देख पाते, तो पूछने की जगह हो जाती कि वह लोग भी ब्रिटिश राज्य के सिटिजन हैं या नहीं?'

जिन अंग्रेजों ने भारतीय जनता का शोषण इस प्रकार किया था, उन्हीं की भाषा स्वाधीन भारत की असली राष्ट्रभाषा बनी रहे, इससे अधिक अपमानजनक परिस्थिति दूसरी हो नहीं सकती।

बालमुकुन्द गुप्त उस युग के लेखक थे, जब हिन्दी को राष्ट्रभाषा बनाने के लिए अहिन्दी प्रदेशों में जोरदार आवाज उठने लगी थी। 'बंकिम बाबू के समय के 'बंगदर्शन' ने, 'भारत एकता' नाम के लेख में हिन्दी को ही सारे भारतवर्ष की भाषा होने के योग्य माना था। इस बंगला लेख में कहा गया था : 'हिन्दी भाषार साहाय्ये भारत वर्षेर विभिन्न प्रदेशेर मध्ये जांहारा ऐक्य बन्धन संस्थापन करिते पारिबेन तांहारई प्रकृत भारत-बन्धु नामे अभिहित हइबार जोग्य।'

दु:ख की बात यह है कि अनेक प्रदेशों के अंग्रेजी पढ़े लोग भारत-एकता की वह बात भूलते जाते हैं। गुप्त जी ने मद्रास से निकलनेवाले एक हिन्दी पत्र का उल्लेख किया था : 'जिसको एक मदरासी ने जारी किया है और वही उसका एडीटर है।'

हिन्दी की व्यापकता के बारे में गुप्त जी ने लिखा था : 'अधिक क्या मन्द्राज जैसे विकट देश के नगरों में भी हिन्दी समझी जाती है।' 12-13 साल बाद यही बात गांधी जी ने भी लिखी थी। गुप्त जी का विचार था : 'हिन्दी अब भी भारत-व्यापी है। हिन्दुस्तान के किसी भाग में चले जाइए, वहाँ गाँववालों की भाषा समझना कठिन होगा, पर बड़े-बड़े नगरों में रहनेवालों से बातें करने में विशेष कठिनाई न होगी।'

जनता ने अपने अन्तर्जातीय सम्पर्क की समस्या बहुत पहले हल कर ली थी। लेकिन जो आई.ए.एस. की परीक्षा पास करके कलक्टर-कमिश्नर बनने का सपना देख रहे हैं, उन्हें जनता का रास्ता पसन्द नहीं है। जनता पर हुकूमत करने के लिए वे अंग्रेजी को आवश्यक समझते हैं। सरकारी नौकरियों के उम्मीदवार उस समय कोई बहुत बड़े देशभक्त न समझे जाते थे। गुप्त जी ने हिन्दी के पक्ष में बढ़ते हुए जनमत को लक्ष्य करके लिखा था : 'यद्यपि बंगला, मराठी आदि भारतवर्ष की अन्य कई भाषाओं से हिन्दी अभी पीछे है, तथापि समस्त भारतवर्ष में यह विचार फैलता जाता है कि इस देश की प्रधान भाषा हिन्दी ही है और वही यहाँ की राष्ट्रभाषा होने के योग्य है।'

हिन्दी के प्रसार का मार्ग सुगम नहीं था। परिस्थिति का एक पहलू यह था : 'जितने लोग भारतवर्ष में हिन्दी बोलते हैं, यदि उनमें से चौथाई भी नागरी लिख-पढ़ सकते, तो हिन्दी भाषा सबसे आगे दिखाई देती।' जो लोग पढ़े-लिखे भी थे, वे

अक्सर कैथी, मुड़िया आदि लिपियों का व्यवहार करते थे। इसीलिए हिन्दी प्रचार का आन्दोलन नागरी लिपि के प्रचार का आन्दोलन भी बन गया। नागरी लिपि हिन्दी-भाषी जाति के गठन और उसके सांस्कृतिक विकास के लिए आवश्यक थी। इसके सिवा गुप्त जी के लिए देवनागरी के प्रचार पर ही हिन्दी का राष्ट्रभाषा बनना निर्भर था। 'देवनागरी अक्षरों का जितना अधिक प्रचार होगा, उतना ही भारतव्यापी होने योग्य भाषा हिन्दी का प्रचार होगा।'

परिस्थिति का दूसरा पहलू यह था कि उर्दू-प्रेमी समुदाय देवनागरी और हिन्दी का प्रबल विरोधी था, किन्तु यदि जनता के हितों को ध्यान में रखा जाए और सरकारी अफसरों की सुविधा के लिए भाषा-नीति निर्धारित न की जाए तो किसी भी समस्या का सही समाधान ढूँढ़ निकालना कठिन नहीं है।

परम आस्तिक बाबू बालमुकुन्द गुप्त हिन्दू धर्म में पूर्ण आस्था रखते हुए और इस्लाम को एकदम भिन्न धर्म मानते हुए हिन्दी और उर्दू को दो भाषाएँ न मानते थे। वे स्वयं उर्दू के लेखक थे। उन्होंने शेख सादी और मौलवी मुहम्मद हुसैन आजाद पर प्रशंसात्मक लेख लिखे थे। किन्तु धर्म के आधार पर भाषाओं का विभाजन भी हो सकता है, यह सिद्धान्त वे न मानते थे। उनका मत यह था : 'हिन्दी और उर्दू में केवल संस्कृत और फारसी आदि के शब्दों के लिए भेद है और सब प्रकार दोनों एक हैं।'...'इस समय हिन्दी के दो रूप हैं : एक उर्दू, दूसरा हिन्दी। दोनों में केवल शब्दों का नहीं, लिपि-भेद बड़ा भारी पड़ा हुआ है। यदि यह भेद न होता, तो दोनों रूप मिलकर एक हो जाते।'

'उर्दूवालों को देखिए कि उनकी भाषा हिन्दी है। उर्दू-हिन्दी में कुछ भेद नहीं है, इतना होने पर भी देवनागरी अक्षर न जानने के कारण हिन्दी से वह उतने ही दूर हैं, जितने बंगाली, मन्द्राजी।'

हिन्दी के सम्मुख जो अपार बाधाएँ थीं, उनको दूर करने में बालमुकुन्द गुप्त और उस युग के लेखकों ने अभूतपूर्व त्याग, साहस और लगन का परिचय दिया। गुप्त जी के लेख पढ़ने से उन युग-निर्माताओं की छवि आँखों के सामने घूम जाती है।

मेरठ के गौरीदत्त—उम्र साठ साल के ऊपर, चेहरे पर झुर्रियाँ : 'तिस पर भी देवनागरी के लिए व्याख्यान देते समय इतना जोश था कि लड़कों की भाँति उछल-उछल पड़ते थे।...आप धनी नहीं हैं, लखपति नहीं हैं, तिस पर भी 32 हजार रुपये नागरी के काम में आपके परिश्रम से व्यय हो चुके हैं।...यह नागरी ही लिखते हैं, नागरी ही पढ़ते हैं तथा नागरी ही में गीत गाते हैं, भजन गाते हैं, गजल बनाते हैं। नागरी ही में स्वाँग-तमाशे करते हैं, नाटक खेलते हैं। जब सारा मेरठ शहर नौचन्दी की सैर करता है, तो वह वहाँ देवनागरी का झंडा गाड़ते हैं।'

देवकीनन्दन तिवारी : 'अपनी बनाई पोथियों की गठड़ी बगल में रखते थे, उनको बेचते और बाँटते भी जाते थे। एक मोटी 'कमरी' पहने हुए थे, सिर पर एक

गोल बड़ी भद्दी टोपी थी, जो उस प्रान्त के पुरानी चाल के ब्राह्मण बहुधा पहना करते हैं। उनके वेश आदि से उनकी गरीबी जाहिर होती थी, पर बड़े तेजस्वी थे।'

प्रतापनारायण मिश्र : 'हमने उनके मुँह से उनके लड़कपन की कितनी ही बातें सुनी हैं। सुनकर बड़ी हँसी आती थी।...पढ़ने में परिश्रम उन्होंने कभी न किया और न कभी जी लगाकर पढ़ा। फारसी गजलों पर अपने मिसरे लगा-लगाकर बहुत-से मुखम्मस बनाए थे। उनमें कितने ही ऐसे थे कि सुनकर हँसते-हँसते आँतों में बल पड़-पड़ जाते थे।...हिन्दी किताबें और हिन्दी अखबार वह दिन-रात पढ़ा करते थे। जो पोथियाँ या अखबार रद्दी समझकर फेंक दिये जाते थे, उन्हें भी वह पढ़ डालते थे।'

अम्बिकादत्त व्यास, जिनकी मृत्यु से पहले : 'दो बार मरने की खबर भी उड़ चुकी थी...कितनी ही भाषाएँ जानते थे। हिन्दी भाषा के जाननेवालों में तो वह अद्वितीय थे ही, संस्कृत के भी अच्छे पंडित थे।'

पांडे प्रभुदयाल—प्रतापनारायण मिश्र के शिष्य, पाँच साल तक बंगवासी में गुप्त जी के सहयोगी : 'हिन्दी के व्याकरण विषय में उनकी पहुँच बहुत बढ़-चढ़कर थी।'

बाबू रामदीनसिंह, जिनके लिए प्रतापनारायण मिश्र ने कहा था, ऐसे रामदीन हितकारी। अपने मित्र के नाम पर उन्होंने खड्ग विलास प्रेस कायम किया था और यहीं से 'भारतेन्दु ग्रंथावली' प्रकाशित की थी : 'मुखमंडल सदा प्रसन्न रहता था। सबसे हँसकर बातें करते थे।...पुस्तकों के ऐसे प्रेमी थे कि शरीर की धूल न झाड़ते थे और पुस्तकों की धूल झाड़ते थे।'

अमृतलाल चक्रवर्ती—हिन्दी बंगवासी में गुप्त जी के सहयोगी, गुप्त जी के साथ एक ही मकान में रहनेवाले, नगर में घंटों साथ घूमनेवाले, हाईकोर्ट के पास गंगा के किनारे चबूतरे पर बैठकर गप लगानेवाले चक्रवर्ती जी ने लिखा है : "हिन्दी बंगवासी का ऑर्डर देने के दिन को हम तीनों साथ रहकर 'कतल की रात' बनाते थे। भाषा-निर्माण के लिए हमारी लड़ाई ऐसी गहरी होती थी कि किसी-किसी दिन सारी रात बीत जाती थी। किस प्रान्त के किस शब्द को कहाँ जोड़ने से भाषा का समुचित लालित्य होगा, इस पर बड़ी जोरदार बहस होती थी।"

अमृतलाल चक्रवर्ती को 'एक बार एक स्वजन का जामिन बनकर उनके कर्ज अदा करने में असमर्थ होने से दीवानी जेल जाना पड़ा था।' उन्हें देखने गुप्त जी गए। चक्रवर्ती जी ने अपने मित्र की भावुकता के बारे में लिखा है : "हृदय की वेदना लेकर वह जेलखाने के दरवाजे पर पहुँचा और हृदय के मर्मस्थल से निकलते हुए अश्रुजल से भीगता हुआ अधूरी बातों में कहने लगा : 'आपकी यह दशा सही नहीं जाती।' बस, गला रुक गया। कंठ की बात कंठ ही में रह गई।...केवल उस अश्रुजल से ही बाबू बालमुकुन्द गुप्त का मुझ पर वह करुणा वेग समाप्त नहीं हुआ, उनके प्रबन्ध से न उस कारागार में मुझे भोजन, शयनादि का कोई क्लेश रहा और न मेरे परिवार के लोगों को ही अन्न-कष्ट भोगना पड़ा।"

माधवप्रसाद मिश्र—कड़ी समालोचना लिखने में वह बड़े ही कुशलहस्त थे। अति तीव्र और जहर में बुझे लेख लिखने पर भी वह हँसी के लेख लिखकर पाठकों के चेहरे पर खुशी ला सकते थे। लिखने में वह बड़े ही निडर और निर्भीक थे। हिन्दी इतनी अच्छी लिखते थे कि दूसरा कोई उनके जोड़ का लिखनेवाला नहीं दिखाई देता।'

एक बार हरियाणे के दोनों वीर लड़ गए। गुप्त जी ने उन दिनों की याद करके लिखा : 'इस नाराजगी के दिनों में कभी-कभी मिला करते तो कहते—बस, अब यही बाकी है कि तू मर जाए तो एक बार तुझे खूब रो लें और हम मर गए तो हम जानते हैं कि पीछे तू रोएगा।—आज पहली तो नहीं, पिछली बात हुई! याद करते-करते आँसू निकल पड़े। अब नहीं लिखा जाता!'

गुप्त जी की जन्म-शताब्दी के अवसर पर उनके समस्त मृत्युंजय सहयोगियों को हम नतमस्तक होकर अपनी हार्दिक श्रद्धा अर्पित करते हैं। उनका चरित्र-बल, प्रतिभा, साधना हिन्दी भाषा और साहित्य के इतिहास में अमर हैं।

गुप्त जी कलाकार थे। वे शब्दों के अनुपम पारखी थे। हिन्दी के साधारण शब्द उनके वाक्यों में नई अभिव्यंजना-शक्ति से दीप्त हो उठते थे। जो लोग अंग्रेजी की अभिव्यंजना-शक्ति के कायल हैं, वे इन वाक्यों का अनुवाद करें : 'भारत की लाटगीरी का पक्का पट्टा विलायत के ईटन कालिज के लड़कों के नाम लिख देना चाहिए।'...'वह उड़े तो आसमान के तारे तोड़ ला सकता है, और नीचे की तरफ जाए तो समुन्दर की काई निकाल ला सकता है।' ...'वह (शिक्षित लोगों की बोलचाल) खूब गठीली और चुस्त होती है, गुट्ठल और बेडौल नहीं होती।'...'अब प्रश्न करनेवाले एक प्रश्न कर सकते हैं कि क्यों द्विवेदी जी को इस प्रकार अचानक लालबुझक्कड़ बनकर इस खुदा की सुरमादानी का पता बताने की जरूरत पड़ी।'...'(शासक और नरेश) थोड़े-थोड़े दिन अपनी नौबत बजा गए, चले गए।' ...'यह आपकी बुद्धि की सख्त बहादुरी है।'...'आपकी लियाकत के झंडे गड़ गए।'...'जब खता पर खता देखी तो उनका कलेजा पक गया।'

इस सरस और रोचक भाषा को लोग समृद्ध करने में लगे हैं। गुप्त जी की भाषा को देखकर विद्वान् कह सकते हैं, इसमें क्या है? इसे तो कोई भी लिख सकता है। लेकिन विद्वानों के ग्रंथों में ढूँढ़िए तो दो वाक्य ऐसे न मिलेंगे जो गुप्त जी के वाक्यों से टक्कर ले सकें।

गुप्त जी हिन्दी भाषा की प्रकृति को बहुत अच्छी तरह पहचानते थे। वह अनगढ़ भाषा के कट्टर शत्रु थे। अनस्थिरता शब्द को लेकर उन्होंने आचार्य महावीर प्रसाद द्विवेदी के विरुद्ध जो लेखमाला प्रकाशित की थी, उसका व्यंग्य और परिहास, तर्क में उनकी सूझबूझ, शब्द और व्याकरण की समस्याओं पर सरस वाक्य-रचना, सब कुछ अनूठा है। वाद-विवाद की कला के वह आचार्य हैं।

उनके वाक्यों में सहज बाँकपन रहता है। उपमान ढूँढ़ने में उन्हें श्रम नहीं करना पड़ता। व्यंग्यपूर्ण गद्य में उनके उपमान विरोधी पक्ष को परम हास्यास्पद बना देते हैं :

'आपके हुक्म की तेजी तिब्बत के पहाड़ों की बरफ को पिघलाती है, फारिस की खाड़ी का जल सुखाती है, काबुल के पहाड़ों को नर्म करती है।'

'समुद्र, अंग्रेजी राज्य का मल्लाह है, पहाड़ों की उपत्यकाएँ बैठने के लिए कुर्सी-मूढ़े। बिजली, कलें चलानेवाली दासी और हजारों मील खबर लेकर उड़ने वाली दूती।'

अपने व्यंग्य-शरों से उन्होंने प्रतापी ब्रिटिश राज्य का आतंक छिन्न-भिन्न कर दिया। साम्राज्यवादियों के तर्कजाल की तमाम असंगतियाँ उन्होंने जनता के सामने प्रकट कर दीं। अपनी निर्भीकता से उन्होंने दूसरों में यह मनोबल उत्पन्न किया कि वे भी अंग्रेजी राज्य के विरुद्ध बोलें।

गुप्त जी ने हर्बर्ट स्पेंसर के बारे में लिखा था : "उसने कभी कोई उपाधि न ली, कभी राजा का दर्शन करने न गया, कभी धनी की सेवा न की और न किसी सभा का सभापति हुआ।" इन शब्दों में उन्होंने स्वयं अपने जीवन का आदर्श प्रस्तुत कर दिया है। उन्हें लोकगीतों से विशेष प्रेम था और उन्हीं की तर्ज पर उन्होंने तीखी राजनीतिक कविताएँ लिखी थीं। कविता, इतिहास, आलोचना, व्याकरण, उन्होंने जो भी लिखा, उनकी निगाह हमेशा जनता पर रही।

आधुनिक हिन्दी के निर्माता बालमुकुन्द गुप्त की 'निबन्धावली' का प्रथम भाग ही अभी तक प्रकाशित हुआ है। इसका प्रकाशन भी उनके पुत्र नवलकिशोर जी गुप्त तथा झाबरमल्ल शर्मा जी और बनारसीदास जी चतुर्वेदी के प्रयत्न से सम्भव हुआ है। साहित्य अकादमी, हिन्दी साहित्य सम्मेलन और नागरी प्रचारिणी सभा, काशी गुप्त जी तथा उस युग के अन्य लेखकों की रचनाओं का, विशेष रूप से उनके गद्य का संग्रह प्रकाशित करें, तो हिन्दी को बड़ा लाभ होगा। उस गद्य से हम बहुत कुछ सीख सकते हैं। उस युग के प्रति बहुत-से विद्वानों का अज्ञान अक्षम्य है। हिन्दी के विकास पर लाखों रुपये खर्च हो रहे हैं। और जिन्होंने उनकी नींव डाली, उनकी रचनाएँ असंकलित पड़ी हैं।

18 सितम्बर, 1907 को दिल्ली में लाला लक्ष्मीनारायण की धर्मशाला में गुप्त जी का देहान्त हुआ। उस समय वह बयालीस वर्ष के भी न हुए थे। यह उनकी अकाल-मृत्यु थी। हिन्दी-सेवा में उन्होंने अपना शरीर गला डाला था। वह भारतेन्दु और प्रतापनारायण मिश्र के सच्चे उत्तराधिकारी थे। उनके गद्य पर कहीं रोग-शोक की छाया नहीं है। उसमें दासता के बन्धन तोड़ने को उठते हुए अभ्युदयशील राष्ट्र का आत्मविश्वास है। उनके गद्य में भारतेन्दु-युग की वह जिन्दादिली है जो विपत्तियों पर हँसना चाहती थी, जिसके नीचे छिपी हुई व्यथा बहुतों की आँखों से ओझल रहती है।

उस युग में, जब देवनागरी को सरकारी नौकरियों के उम्मीदवार पूछते न थे, जब अंग्रेजी सरकार सन् सत्तावन से सबक सीखकर हिन्दी-भाषी जाति में हर तरह से विघटन के बीज बो रही थी, जब आधुनिक हिन्दी साहित्य का आरम्भ हुए पच्चीस-तीस साल ही हुए थे, बालमुकुन्द गुप्त ने संसार की भाषाओं में हिन्दी का स्थान निर्दिष्ट करते हुए लिखा था :

'अंग्रेज इस समय अंग्रेजी को संसारव्यापी भाषा बना रहे हैं और सचमुच वह सारी पृथिवी की भाषा बनती जाती है। वह बने, उसकी बराबरी करने का हमारा मकदूर नहीं है, पर तो भी यदि हिन्दी को भारतवासी सारे भारत की भाषा बना सकें, तो अंग्रेजी के बाद दूसरा दर्जा पृथिवी पर इसी भाषा का होगा।'

आज पृथ्वी पर अंग्रेजी का उतना प्रसार नहीं है, जितना पचास साल पहले था। लेकिन जितना है, उतना प्रसार बनाए रखने में अंग्रेजी-प्रेमी भारतवासियों का हाथ सबसे ज्यादा है। संसार की पाँच सबसे ज्यादा बोली और समझी जानेवाली भाषाओं में हिन्दी का स्थान है। उसे संसार की भाषाओं में अपना सम्मानप्रद स्थान अवश्य मिलेगा, लेकिन तब, जब भारत में पहले अंग्रेजी का प्रभुत्व समाप्त हो। इस प्रभुत्व को समाप्त करने के लिए जो भी संघर्ष करते हैं, उनके लिए बालमुकुन्द गुप्त का जीवन और साहित्य बहुत बड़ी प्रेरणा है।

[1965]

11

निराला : अपराजेय व्यक्तित्व

एक साहित्यिक बन्धु ने निराला के व्यक्तित्व पर पुनर्विचार करने की प्रेरणा देते हुए मुझे लिखा है : 'पिछले दो-एक वर्षों में कुछ प्रतिष्ठित लेखकों द्वारा यह संकेत दिया गया कि निराला जी के व्यक्तित्व में अनेक सीमाएँ भी थीं। ऐसे अनेक संकेतों में कई बार शिकायत का स्वर ही रहा है और कभी-कभी दबे हुए मनोमालिन्य का भी। हम (और आप भी) इस मनोमालिन्य को प्रश्रय नहीं देते, किन्तु हमें यह अवश्य लगता है कि स्वयं निराला ने ही निर्भीक चिन्तन की जो परम्परा स्थापित की थी, उसका अनुसरण करते हुए अब समय आ गया है कि उस कल्पित वीर पूजा की भावना से मुक्त होकर हम सहज मानवीय धरातल पर निराला का संतुलित पुनर्मूल्यांकन कर सकें। उनके व्यक्तित्व के कौन-से अंश अपराजेय और अदम्य थे तथा कौन-से अंश ध्वंसात्मक और निषेधात्मक। वे ध्वंसात्मक और निषेधात्मक अंश किस अंश तक उनके विद्रोही व्यक्तित्व को उभार पाए थे और क्या किन्हीं अंशों में उन्होंने उनके व्यक्तित्व के रचनात्मक गठन में क्षति भी पहुँचाई थी?'

इसमें सन्देह नहीं, निराला का व्यक्तित्व विद्रोही था; उन्होंने निर्भीक चिन्तन की परम्परा स्थापित की, निराला-सम्बन्धी लेखों में तथ्य-निरूपण और साहित्य-मूल्यांकन की अपेक्षा व्यक्ति-पूजा की भावना अधिक रही है। और इसमें किसे सन्देह हो सकता है कि उनके व्यक्तित्व की सीमाएँ थीं? किसके व्यक्तित्व की सीमाएँ नहीं होतीं? क्या ही अच्छा हो कि हम उनके व्यक्तित्व से रचनात्मक अंश ग्रहण कर लें—और इस प्रकार स्वयं अपराजेय बन जाएँ; निषेधात्मक और ध्वंसात्मक अंश त्याग दें, निराला के दुःख के साथ इन सब त्याज्य अंशों को सदा के लिए उनकी चिता पर भस्म हो जाने दें।

किन्तु अभी निराला का सम्पूर्ण साहित्य संकलित और प्रकाशित नहीं हुआ। उनके पत्रों का संग्रह नहीं हुआ; उनकी जीवनी लिखी नहीं गई। न केवल व्यक्तित्व को लेकर, वरन् उनके साहित्य के सम्बन्ध में भी किंवदन्तियाँ ही अधिक प्रचलित रही हैं : कुछ निन्दात्मक और कुछ प्रशंसात्मक। कुछ उनके जीवनकाल में ही और बहुत कुछ उनके निधन के उपरान्त।

मैं विश्वासपूर्वक नहीं कह सकता कि निराला के व्यक्तित्व के पुनर्मूल्यांकन—और सही मूल्यांकन का समय अब आ गया है। जिन तथ्यों के आधार पर यह पुनर्मूल्यांकन सम्भव होगा, वे निराला-सम्बन्धी अनगिनत संस्मरणों में अप्राप्य हैं। इसलिए मेरे इस छोटे-से लेख की सीमाएँ स्पष्ट ही हैं, निराला के व्यक्तित्व की सीमाएँ जो भी हों।

निराला-सम्बन्धी किंवदन्तियाँ और संस्मरणों में जो बात सबसे अधिक उजागर होकर दिखाई देती है, वह उनकी करुणा और दानशीलता है। उनका हृदय अत्यन्त परदु:खकातर था। धन-वस्त्र जो कुछ पास हुआ, उसे देकर दूसरे का दु:ख दूर करने में उन्हें तनिक भी आगा-पीछा न होता था। उन्होंने श्री रामकृष्ण परमहंस से दरिद्रनारायण की सेवा करना सीखा था। उन्होंने दीन-दुखियों में ब्रह्म के दर्शन करके वेदान्त की चरम परिणति की थी।

निराला के धन का व्यय केवल दीन-दुखियों पर न होता था; वे मित्रों, अतिथियों, दर्शनार्थियों पर भी—जो न दीन थे, न दुखी-काफी धन व्यय करते थे। फलों और मिठाइयों से तृप्त होनेवाले अधिक थे, किन्तु कुछ अन्तरंग बन्धु 'तुम सुरापान घन-अन्धकार' का मंत्र जपते हुए साहित्य से भिन्न एक अन्य लोकोत्तर रस में डूबकर अपनी निराला-भक्ति का परिचय देते थे। किसी को साड़ियाँ, किसी को दुशाले, किसी को अन्य ऐसी ही कोई वस्तु भेंट करना उनके राजसी स्वभाव का अंग था। आपने भारतेन्दु हरिश्चन्द्र के बारे में भी ऐसी कहानियाँ जरूर सुनी होंगी। फर्क इतना था कि हरिश्चन्द्र सेठ अमीचन्द के घराने में पैदा हुए थे और निराला के पिता महिषादल के राजा के यहाँ जमादार थे।

महिषादल के राजा, वहाँ के राजकुमार, आज से पचास साल पहले का वैभव; एक तो राजा, फिर ब्राह्मण, चारों ओर दंडवत-प्रणाम का वातावरण; विशाल प्रासाद, बड़ी-बड़ी ड्योढ़ियाँ, बन्दूकधारी रक्षक, मीलों क्षेत्र घेरे हुए पार्श्वभूमि, प्रासादभूमि की सीमा के बाहर एक ताल के किनारे पंडित रामसहाय तिवारी का कच्चा घर, जिसका अब महिषादल में नाम-निशान भी नहीं है। अंग्रेजी, बंगला संगीत की शिक्षा पानेवाले महिषादल के राजकुमार, अपनी प्रतिभा की अग्नि से झुलसता हुआ हाईस्कूल फेल बालक सुर्जकुमार।

जब प्रथम महायुद्ध के उपरान्त निराला की पत्नी, चाचा आदि परिवार के अधिकांश सदस्य नहीं रहे—माता का बचपन में, पिता का लड़कपन में देहान्त पहले ही हो चुका था—तब उन्हें चाहिए था कि अपने नन्हे भतीजों और पुत्र-पुत्री का पेट पालने के लिए वे महिषादल में नौकरी करते रहते। किन्तु विश्वविद्यालयों की डिग्री तो दूर, निराला हाईस्कूल की परीक्षा तक न पास करने पर भी महिषादल की नौकरी छोड़ केवल लेखनी के सहारे जीविकोपार्जन का भरोसा करके साहित्य के कुरुक्षेत्र में महारथियों के बीच पैदल ही आगे बढ़ चले। महाभारत का कुरुक्षेत्र

धर्मक्षेत्र भले रहा हो, साहित्य-क्षेत्र तो निराला के लिए सूकर खेत ही था। यह बात अलग है कि तुलसीदास की तरह निराला के ज्ञान-नेत्र इस सूकर खेत में ही खुले।

अस्तु, साहित्य के क्षेत्र में आए ही थे तो निराला को चाहिए था कि लोगों को साथ लेकर चलते; यदि रत्नाकार की तरह नहीं तो मैथिलीशरण गुप्त की तरह 'सरस्वती' के लिए सरल-सुबोध कविताएँ लिखते। किन्तु यह सब उन्होंने नहीं किया, साहित्य में तरह मिलाने के बदले वे साहित्यकारों को तरह देते रहे। लोगों ने बदला लिया। निराला ने भी पैंतरे दुरुस्त किए। मार खाई और मारा भी। निराला को यथेष्ट मान-सम्मान मिला। कारण यह कि लाख विरोध के बावजूद वे अपनी ही लीक पर चले। आप चाहें तो रचनात्मक अंशों में इस तत्त्व को नोट कर लें कि निराला अपनी कला के प्रति हमेशा सच्चे रहे, इसीलिए उन्हें इतना नाम और यश मिला। लेकिन आप इस समस्या पर भी विचार करें कि महिषादल की नौकरी करते हुए, सम्पादकों-साहित्याचार्यों, तत्कालीन महाकवियों से श्रद्धा-सम्बन्ध कायम रखते हुए निराला अपनी कला के प्रति किस हद तक सच्चे रह सकते थे।

क्या ही अच्छा होता कि निराला को जो मान-सम्मान मिला, उससे वे संतुष्ट हो जाते, अधिक की कामना न करते। किन्तु हाय री यशोलिप्सा! जो मान-सम्मान मिला, उससे वे संतुष्ट नहीं थे। इससे भी दु:खद बात यह कि विरोधी आलोचना से जितना वे क्षुब्ध होते थे, उतना प्रशंसात्मक आलोचना से प्रसन्न नहीं। विरोधी आलोचना कितनी ही क्षुद्र और तर्कहीन हो, निराला के लिए वह कभी महत्त्वहीन न होती थी। किसी ने 'माधुरी' में लिखा, निराला ने टैगोर की नकल की, मगर असफल रहे। किसी ने 'विशाल भारत' में छायावादी कवियों के लिए लिखा, इन्होंने हिन्दू महासभा से अधिक भारतीय समाज का अहित किया। किसी ने 'विश्वभारती' पत्रिका में एक लेख अंग्रेजी में लिखा और घोषित किया कि साहित्यकार के रूप में निराला मर गए।

इस तरह का कोई भी फतवा उन्हें कई दिनों तक व्यथित रखने के लिए काफी होता था।

लखनऊ के मकबूलगंज मोहल्ले में एक दिन सवेरे आए। बिना किसी भूमिका के बोले : इसे ठीक करना है। मैंने पूछा : किसे? उन्होंने कहा : वही, तुम्हारा मित्र मुख्यव्यादान सिंह। इस पर भी जब मैं न समझा तो बोले : वही जिसने 'विशाल भारत' में प्रगतिशील साहित्य पर लेख लिखा है।

हीवेट रोड पर रेस्तराँ में काफी देर तक चुपचाप चाय पीते रहने के बाद बोले : 'गधे के उसके बराबर हैं नहीं, लेख लिखने चले हैं।' मालूम हुआ, यह संकेत 'माधुरी' के लेखक की ओर था, जो कद में निराला जी की टाँग के बराबर थे।

इलाहाबाद में हाईकोर्ट के पासवाली सड़क पर शाम को टहलते हुए बोले : 'मैंने कहा, बहुत शायरी छाँटोगे तो अभी मुसरा खड़ा करेंगे।'

(यानी सिर के बल खड़ा करेंगे।) यह इलाहाबाद के एक बदनाम शायर के प्रति उनकी उक्ति थी, जिन्होंने निराला समेत समस्त हिन्दी के कवियों की रचनाओं को पागलों की बड़बड़ाहट कहा था।

इलाहाबाद के एक सम्पादक के लिए उन्होंने कहला भेजा था—तुम्हारे लिए चमरौधा भिगो रखा है।

यह समस्त हिंसा शब्दों तक सीमित थी। उन्होंने दो प्रकाशकों को भी पीटा था, यह मुझे मालूम है। किन्तु किसी भी विरोधी साहित्यकार पर उन्होंने हाथ नहीं उठाया, चमरौधा उठाना तो बहुत दूर की बात थी। शब्दों के माध्यम से क्षोभ एक हद तक निकल जाता था, किन्तु पूरी तरह नहीं। मन में कल्मष रह ही जाता था। निराला इसे खार कहते थे। आईने में चेहरा देखकर कहते थे—अब वह बात नहीं है, खार छा गए हैं।

कल्पना कीजिए कि निराला ने व्यक्तिगत आक्षेप करनेवाले किसी एक लेखक पर भी आवेश में अपना वरदहस्त रख दिया होता तो उनके विरोधियों की संख्या कितनी कम हो गई होती, उनका क्षोभ कितना शान्त हो गया होता। किन्तु यह सब होना नहीं था। उनके व्यक्तित्व की सीमाएँ जो थीं।

परिणाम यह कि विरोधी आलोचना से क्षोभ बढ़ा, उसी परिमाण में मान-सम्मान की आकांक्षा बढ़ी। निराला के अहंकार को कौन नहीं जानता? गवर्नर मुंशी निराला से मिलना चाहते हैं? मिलना चाहते हैं, तो ऊपर आ जाएँ। निराला नीचे उतरकर उनसे मिलने क्यों जाए?

निराला को पद-पद पर अपमानित होने की आशंका रहती थी। सम्मान-रक्षा की भावना कभी-कभी असंतुलित अहंकार की व्यंजना-सी लगती थी। काश, उनमें यह अहंकार न होता! वेदान्ती निराला इस अहं भावना से परे होते! किन्तु भवभूति की पंक्तियाँ वे बड़े प्रेम से दोहराया करते थे :

उत्पत्स्यते च मम कोऽपि समान धर्मा।
कालो ह्ययं निरवधिर्विपुला च पृथ्वी॥

और इसके समर्थन में ग़ालिब की यह पंक्ति भी वे गुनगुनाते थे :

हम सुख़नफहम हैं ग़ालिब के तरफ़दार नहीं।

उनका अहंकार उनका कवच था। इसी के सहारे वे समाज के सम्मान-प्राप्त सज्जनों और साहित्य के कर्णधारों के विद्रूप का सामना करते थे। वे यह कवच उतारकर फेंक सकते थे, किन्तु तब वे संन्यासी होते, कवि नहीं। अहंभाव—प्रच्छन्न अथवा प्रकट—बहुतों में है। किन्तु इस अहंभाव के साथ निराला का-सा कवित्व कितनों में है? निराला जैसा है, वैसा ही ग्रहण करना होगा—अपने समस्त क्षोभ,

अहंकार, मान-सम्मान की आकांक्षा के साथ। समाज के लिए जो विष है, साहित्य के लिए उसी से निराला ने अमृत प्राप्त किया था।

जीवन के अन्तिम चरण में जब निराला का तन-मन जर्जर हो गया था, तब उनकी मान-सम्मान की भावना, उनका अहंकार अनेक विकृत रूपों में प्रकट होता था। बहुतों ने इस बात को देखा-सुना और लिखा है कि निराला अक्सर अंग्रेजी बोलने लगते थे। जिस व्यक्ति ने आजीवन हिन्दी साहित्य की साधना की थी, जो हिन्दी के सम्मान के लिए आजीवन लड़ा था, वह अन्तिम प्रहर में अंग्रेजी बोलने में गौरव का अनुभव करता था। किन्तु निराला को गौरव मिलता तो कैसे? किस उपाय से गौरव की आकांक्षा पूरी होती? जीवन-भर हिन्दी लिखकर देख लिया। अब अंग्रेजी बोलकर देखो। आखिर देश में जितने पुजने-पुजानेवाले बड़े आदमी हैं, वे अंग्रेजी का व्यवहार करते हैं या नहीं? जवाहरलाल नेहरू सबसे ज्यादा अभिनन्दित; अंग्रेजी लिखने-बोलने के लिए उतने ही प्रशंसित। तब निराला अंग्रेजी न बोले?

प्रश्न यह था कि समाज में प्रतिष्ठा कैसे मिले? साहित्यिक रूप में वे महान् हैं, इसका उन्हें विश्वास था। अपने कल्पना-लोक में वे न ग़ालिब बनते थे, न रवीन्द्रनाथ, न तुलसीदास। वे अपने को इनसे घटकर न मानते थे; अपने को छोटा मानते थे, केवल संन्यासी से। वे अपने मनोलोक में स्वामी विवेकानन्द से छोटे थे, रवीन्द्रनाथ ठाकुर से नहीं। इसलिए अपने सपनों में उन्होंने कभी अपने को रवीन्द्रनाथ या तुलसीदास कल्पित नहीं किया; वे भीतर-बाहर निराला ही रहे। किन्तु रवीन्द्रनाथ और जवाहरलाल की तरह वे विलायत यात्रा कर आए थे। लॉर्ड घराने के लोग, स्वयं महारानी विक्टोरिया उनका अंग्रेजी बोलना सुनकर चकित रह गई थीं। ऐसे थे उनके सपने।

समाज में सम्मान मिला अंग्रेजी लिखने-बोलनेवालों को, इनके अलावा उन्हें मिला जो राजा हैं, धनवान हैं। जो पास में होता था, निराला उसे तो राजा की तरह दे ही देते थे; जो दूसरों का है, कल्पना में अपना मानकर उसका भी दान कर देते थे। जब बनारस में उनकी पचासवीं वर्षगाँठ का समारोह हो रहा था, तब गंगा में नाव की सैर करते हुए उन्होंने किनारे की कई आलीशान इमारतें—मित्रों के अनुसार श्री घनश्यामदास बिड़ला की इमारतें—दिखाकर मुझसे कहा था : 'तुम्हारे लिए अपनी रॉयल्टी से मैंने ये इमारतें बनवा दी हैं।'

काश, वे समझते कि इन इमारतों का मूल्य उनके साहित्य की तुलना में कुछ भी नहीं है। किन्तु वे महिषादल में पैदा हुए थे, उन्होंने राजकुमारों का वैभव देखा था, और उनके पिता वहाँ सिपाहियों के जमादार थे।

पैसा हाथ का मैल है, धन मिट्टी है—इस सत्य को निराला संन्यासी की तरह समझते थे। समाज में मान-सम्मान पैसे से मिलता है, धन की चकाचौंध में मनुष्य के सब दुर्गुण छिप जाते हैं, इस सत्य को निराला किसी भी संसारी की अपेक्षा अधिक

समझते थे। देश का भविष्य हिन्दी के साथ जुड़ा हुआ है, किन्तु वर्तमान में तो राजभाषा अंग्रेजी ही है, निराला ये दोनों बातें जानते थे। अहंकार, क्षोभ, मान-सम्मान की भावना क्षुद्र है, यह वे जानते थे, किन्तु जब बड़े बनने की बात है, तब समाज में पूजनेवाले लोग मुझसे किस बात में बड़े हैं, वह चुनौती देने खड़े हो जाते थे।

बड़े आदमियों के बीच में ही उनके बड़प्पन का भाव जाग्रत होता था। दारागंज की तंग गली के सामने कोठी देखकर ही उन्हें महिषादल के राजप्रासादों की याद आती थी। लखनऊ में हीवेट रोड के फुटपाथ पर बैठी हुई भिखारिन को देखकर उनके बड़प्पन के भाव उस 'देवी' में समाहित हो गए थे। कुल्ली के गाँव में अछूत बालकों को दूर से ही दोनों में फूल रखकर जाते देख उनकी आँखें छलछला आई थीं। लखनऊ में कांग्रेस-पंडाल के बाहर नंगे पाँव, भूखे पेट एक दक्षिण भारतीय युवक में उन्होंने भारत की आत्मा के दर्शन किए थे। उनके व्यक्तित्व की विशेषता यह थी कि साधारण, उपेक्षित और दुखी जन को देखकर वे अपनपौ खो बैठते थे।

छोटे आदमियों के बीच वे कभी अंग्रेजी नहीं बोले।

अब यह विशेषता रचनात्मक है या ध्वंसात्मक, आप स्वयं तय करें।

[1965]

12

हिन्दी-भूषण बाबू शिवपूजन सहाय

वे पुरानी पीढ़ी के बुजुर्ग साहित्यकार थे। उम्र में निराला जी से बड़े थे। 'हंस' में एक चित्र छपा था जिसमें वे मुंशी नवजादिकलाल के साथ कुर्सी पर बैठे हैं और निराला जी पीछे खड़े हैं। जवान, नौजवान और अधबैसू (प्रौढ़वय वाले) साहित्यकार उनसे मिलते थे, तो उनकी सज्जनता, उनकी शिष्टता और विनम्रता से बेहद प्रभावित होते थे। लेकिन वे पुरानी पीढ़ी के बुजुर्ग साहित्यकार थे, उनका रंग-ढंग समझना आसान नहीं था।

काशी में निराला जी के साथ उन्हें देखकर उनकी विनम्रता के सम्बन्ध में मेरी आस्था को पहला झटका लगा। वे खूब प्रसन्न थे। अनेक बार मिलने पर उन्हें उतना प्रसन्न कभी नहीं देखा। उस प्रसन्नता में वे एक दिन के लिए अपनी विनम्रता भूल गए थे। निराला जी के प्रति उनका व्यवहार सहज मित्र जैसा था। वे एक युग-प्रवर्तक महाकवि के साथ हैं, महाकवि ब्राह्मण हैं, इसलिए कायस्थ गद्य लेखक के लिए परम पूज्य हैं, इस सबका उन्हें ध्यान न था। श्रद्धा के अतिरेक की छाया भी कहीं दिखाई न देती थी। जब किसी तरुण साहित्यकार से मिलते, तब क्षण-भर के लिए विनम्रता लौट आती मानो कहते—आप महान्, मैं आपकी चरणरज, मुझ पर कृपादृष्टि रखिए! किन्तु क्षण-भर बाद फिर उसी प्रसन्नता में खो जाते मानो निराला जी की कृपा-दृष्टि की उन्हें तनिक भी चिन्ता न हो! मानो यह कोई दूसरा शिवपूजन था जिसने सखा-भाव से निराला को अपने ब्याह का न्योता भेजते हुए—हल्दी के छींटों से अभिषिक्त पोस्टकार्ड पर—लिखा था : 'यह मेरे शुभविवाह का सादर-सप्रेम निमंत्रण है। कृपया सहर्ष स्वीकार करके सोत्साह पधारिए। ता. 20 मई (1928) को 12 बजे दिन की गाड़ी से बनारस छावनी स्टेशन पर काशी की मित्र-मंडली प्रस्थान करेगी।'

जैसे गर्भवती सधवा छिपाना चाहकर भी अपनी प्रसन्नता छिपा नहीं पाती, वैसे ही हिन्दी-भूषण बाबू शिवपूजन सहाय निराला पर अपने अतुल अधिकार और स्नेह की प्रसन्नता छिपाने में असमर्थ थे।

उनकी विनम्रता एक कवच है जिससे साहित्य-जगत के आँधी-बवंडरों से वे अपनी रक्षा करते हैं। यह बात अस्फुट भाव-बीज बनकर मन की परतों में छिपी रही और क्रमशः स्पष्ट विचार के रूप में मूर्त होकर कई वर्षों के बाद प्रत्यक्ष हुई।

मैं सन् '42 से उनके पीछे पड़ा था कि वे निराला जी के सम्बन्ध में अपने संस्मरण लिख डालें। उन्होंने उत्तर दिया था श्री महाशिवरात्रि, संवत् 1999 के अपने पत्र में : 'श्री निराला जी के विषय में मैं यदि लिखूँगा तो हिन्दी-संसार उसे पसन्द न करेगा। लोक-रुचि के लिए वह रोचक न होगा, सह्य भी न होगा।' मैंने लिखा कि मैं उनके पास संस्मरण लिखने आ सकता हूँ; एक बार सारी चीज लिपिबद्ध हो जाए, उसे प्रकाशित चाहे जब कराएँ। उन्होंने उत्तर दिया : 'आप इधर आने का कष्ट क्यों करेंगे। मैं ही सोच रहा हूँ। पूज्य निराला जी से भी भेंट हो जाएगी। अनेक वर्षों पर उन्होंने स्वयं मेरे घर यहाँ पधारकर दर्शन देने की कृपा की थी, पर उनका स्वागत न बन पड़ा। स्वागत करनेवाली तो स्वर्ग चली गई। किन्तु निराला जी मुझ पर उसी समय से बड़ा स्नेह रखते हैं जिस समय से उनका परिचय हुआ—आज से बीस बरस पहले। इस दीर्घकाल के अन्दर अनेक उलट-फेर हुए। बहुत-सी स्मृतियाँ धुँधली पड़ गईं। कितने ही नाम भूल गए! घटनाओं का क्रम भी अस्त-व्यस्त होकर दिमाग में पड़ा है। सबकी कड़ियाँ जोड़ने का उपक्रम कर रहा हूँ। मैं आपकी सेवा में लिख-लिखकर भेजता जाऊँगा। जब जो याद पड़ जाए, लिखता जाऊँगा।' यह पत्र उन्होंने रंगभरी एकादशी, 1999 को लिखा था।

कहना न होगा कि उन्होंने कुछ भी लिखकर न भेजा। कुछ दिन पहले उन्हें भय था कि जो कुछ लिखेंगे, वह लोगों को सह्य न होगा। अब वह धुँधली स्मृतियों के सहारे जब जो याद पड़ता जाएगा, लिखते जाएँगे—यह बात विश्वास करने योग्य न थी। इसी पत्र में उन्होंने आगे फिर लिखा था : 'कठिनता यही है कि कुछ स्वर्गीय मित्रों की आत्मा को भी कष्ट पहुँचाना पड़ेगा, तभी कटु सत्य प्रकट हो सकेगा। जीवितों से अधिक उन्हीं की चिन्ता है। अच्छा, अब तो जो भी हो।'

वास्तव में उन्हें प्रेतबाधा का भय न था, भय था सजीव भूतों से। वे वर्षों तक दर-दर भटककर यह सीख चुके थे कि वर्तमान समाज में सच बोलने से बढ़कर दूसरा पाप नहीं है। निराला का चित्र उनके सामने था; दूसरा निराला बनने के लिए वे जरा भी उत्सुक न थे। अपने अन्तिम दिनों में—विशेष कर निराला जी के निधन के बाद—उन्होंने बहुत-से संस्मरण लिखे। सचाई यह है कि उन्होंने जो कुछ लिखा है, वह आंशिक सत्य है; महत्त्वपूर्ण कटु सत्य को प्रकट न करने में ही उन्होंने बुद्धिमानी समझी।

वर्तमान समाज-व्यवस्था में सत्य पर पर्दा डालने के लिए किसी डिक्टेटर के आदेशों की जरूरत नहीं है। समाज के निहित स्वार्थी जन साहित्यकार को बाध्य करते हैं कि वह अपनी खैर चाहता हो तो सचाई के पीछे बहुत न पड़े।

महाशिवरात्रि वाले पत्र में उनका अन्तिम पैराग्राफ इस प्रकार है : "'उनके विरुद्ध प्रचार' और 'उनके जीवन-संघर्ष' आदि पर आप जो उचित समझें, लिखें; पर उसमें मेरी सहायता न लें तो अच्छा होगा। कारण, कितने ही ऐसे कठोरतम और

कटुतम सत्य प्रकट करने पड़ेंगे, जिनसे बहुतों का आत्महनन होगा और कुछ लोगों की आत्मा मुझे शाप देगी तथा कई जीवित सज्जन मानहानि के लिए मुझे उजाड़ डालेंगे। मैं दुनिया में बसने न पाऊँगा। 'कलकत्तावाले साहित्यिक और असाहित्यिक जीवन' के विषय में लिखते समय ज्वलन्त सत्य को छिपाना कष्टकर प्रतीत होगा, पर उसे व्यक्त करना भी मौत बुलाना होगा।"

इसमें एक भी शब्द अत्युक्तिपूर्ण नहीं है। ये बातें उन्होंने टालने के लिए न लिखी थीं। उन्हें जीवन में इतना त्रास मिला था, गृहस्थी के भार से वे इतने दबे हुए थे, जीविका के लिए उन्हें इतना अथक परिश्रम करना पड़ता था कि कटु सत्य प्रकट करना सचमुच मौत बुलाना ही था।

उन्होंने शरीर को गलाकर किस तरह परिश्रम किया था, यह उन्होंने अपने प्रकाशित साहित्य में नहीं लिखा। आत्मीयतापूर्ण पत्रों में कहीं-कहीं उसकी झलक मिल सकती है। 29 मार्च, 1959 के पत्र में उन्होंने लिखा था : 'लिखने की इच्छा रहते भी कार्य-व्यस्तता और अस्वस्थता के कारण मन की बात मन में ही रह जाती है। आँखों से भी लाचार हो गया हूँ। स्मृतिशक्ति भी दिन-दिन क्षीण होती जा रही है। बहुत ही अधिक, अतिरिक्त परिश्रम से तन-मन की क्षमता क्षीण हो गई। परिस्थिति से विवश होकर शरीर को अत्यधिक रगड़ना पड़ा। मस्तिष्क और नेत्र पर जबरदस्ती करने का फल अब भुगत रहा हूँ।'

तिल-तिल कर शरीर का छीजना, परिस्थितिवश आँखों से आवश्यकता से अधिक काम लेना, रोगी शरीर को अन्त समय तक विश्राम न देना, उनकी विनम्रता के नीचे छिपा हुआ उनका कठिन जीवन-संघर्ष, उनकी अपार थकन और निस्सीम वेदना उनके अधिकांश प्रशंसकों की दृष्टि से ओझल रहती थी। क्षीण दृष्टिवाले बाबू शिवपूजन सहाय के नेत्रों के सामने, पटना की एक गली में तख्त पर लेटे हुए अतीत के चित्र झिलमिलाते-से आते थे और उमड़ते हुए आँसुओं में डूब जाते थे। गंगा पर नौका-विहार, प्रसाद जी का साथ, निराला का संगीत...।

'निराला जी के दर्शन और सत्संग के लिए प्राण तरसते हैं। उनके स्नेह का स्मरण नेत्रों को सजल और हृदय को विह्वल कर देता है, पर रोगी शरीर ने मन को पंगु कर दिया है। आपने उनके द्वारा 'रामचन्द्र कृपालु भजु मन' के गाए जाने की याद करा दी। यही पद उन्होंने काशी तलवाहिनी गंगा में बजरे पर गाकर सुनाया था। महाकवि प्रसाद जी भी थे। हारमोनियम पर अजन्ता गुफा की-सी अँगुलियाँ थिरकने लगीं और अजन्ता के मन्दिरों के चित्र जैसे नेत्रों के सामने मँडराने लगे। प्रसाद जी साधु नेत्रों से उन्हें निहारते ही रहे।' (29 मार्च, '59 का पत्र)

शिवपूजन जी 'मतवाला'-मंडल के अन्यतम सदस्य थे। 'मतवाला' और 'जागरण' में अपनी चुटीली हास्यरस की टिप्पणियों के लिए वे विख्यात थे। 'साहित्य' की एक टिप्पणी में उन्होंने रूपनारायण पांडेय जी का ऐसा शब्दचित्र आँका था जो

किसी बहुत ऊँचे दर्जे के कलाकार के लिए ही सम्भव था। वे कलाकार थे। कला-प्रेमी थे। कलाकारों के भक्त थे। अपनी बातचीत में इस कलाप्रियता का परिचय देते थे। निराला जी की तरह आनन्द और उल्लास, व्यंग्य-विनोद और परिहास से उन्हें सहज स्नेह था। जिन्दगी के थपेड़ों ने उन्हें ध्वस्त करके उल्लास की भूमि में करुणा का स्रोत प्रवाहित किया। निराशा और थकन, अनचाही परिस्थितियों में निरानन्द परिश्रम की वेदना उन्हें अनुभव करनी पड़ी।

'साहित्य-सम्मेलन में राजनीतिक प्रपंच का' अखाड़ा खुल गया है। 'साहित्य' छपकर प्रकाशित हो गया है, पर डाक-टिकट के अभाव से बाहर नहीं भेजा जा रहा है...।

'हिन्दी की साहित्यिक संस्थाओं में चुनाव और अधिकार-लिप्सा के कारण अकर्मण्यता व्याप्त हो रही है। यह बड़ी चिन्ता और ग्लानि का विषय है। मैं तो त्यागपत्र देकर उस प्रपंच से अलग हो गया हूँ; केवल 'साहित्य' का काम हाथ में रह गया है। बारहवाँ वर्ष पूरा करके उसे भी छोड़ने का विचार है। अब शक्ति नहीं है।' (पहली मई, सन् '62 का पत्र)

यह पत्र मिलने के एक महीने बाद मैंने उनके दर्शन किए। कुछ समय के लिए 'मतवाला'-मंडल के हास्यरस लेखक बाबू शिवपूजन सहाय उस क्षीण और जीर्ण शरीर में फिर लौट आए। धुँधली आँखें अन्तर्ज्योति से प्रदीप्त, कंठ निराला-संस्मरणों के आनन्द से उच्छ्वसित, विवश करनेवाली परिस्थितियों पर नरसिंह के समान आरूढ़ हिन्दी-भूषण शिवपूजन।

तख्त पर पड़े हुए प्रूफ देखते थे। हाथ का पंखा लिये गर्मी से शरीर की रक्षा करते थे। कभी सम्मेलन के दफ्तर में सबेरे जाकर शाम को लौटते थे। उनका चेहरा देखने से पता न चलता था कि वे दस घंटे परिश्रम करके उठे हैं। शरीर परिश्रम से इतना कस गया था कि और पसीना निकलने की गुंजाइश न रह गई थी।

कुछ ही दिन बाद सुना, आचार्य शिवपूजन नहीं रहे।

बाबू श्यामसुन्दर दास की तरह उनके नाम के साथ हमेशा 'बाबू' शब्द जुड़ा रहा। स्वाधीनता-प्राप्ति के बाद वे आचार्य हो गए। निराला जी उन्हें पत्र लिखते थे तो पते पर उनके नाम के साथ 'हिन्दी-भूषण' लिखना न भूलते थे।

हिन्दी-भूषण बाबू शिवपूजन सहाय के अक्षर कितने सुन्दर होते थे! जब वह छपरा के राजेन्द्र कॉलेज में अध्यापक थे, तब तो कभी-कभी घसीट भी लिखते थे, यद्यपि अक्षर तब भी बिलकुल स्पष्ट होते थे। किन्तु जैसे-जैसे आँखों की ज्योति क्षीण होती गई, उनके अक्षर अपनी रूपरेखा में और भी निखरते गए। गेहूँ की भरी बालों पर मोती की तरह चमकती हुई ओस की बूँदों जैसे उनके अक्षर, शब्द से भिन्न और अभिन्न, पत्र को अपने व्यक्तिगत सौन्दर्य से आलोकित करते हैं। निराला जी के अक्षरों की वक्रता उनमें नहीं है किन्तु सादगी, स्पष्टता और दृढ़ता

उनमें ज्यादा है। निराला जी के अन्तिम दिनों में महाकवि के अक्षर शिथिल बृहदाकार हो गए थे। शिवपूजन जी के अक्षरों में पहले से ज्यादा कसाव आ गया था, ओस की बूँदों जैसे अक्षर, ढली हुई फौलाद जैसे भी थे, साँचे में ढलने के बाद जैसे पत्र पर जम गए हों!

'आँखों ने ज्ञान के द्वार बन्द कर दिये। किसी तरह स्मरणशक्ति के सहारे 'साहित्य' की टिप्पणियाँ लिख लेता हूँ, नहीं तो सारा काम मेरे आदरणीय मित्र नलिन जी ही करते हैं। आधी आँखों से कभी-कभी आवश्यकतावश कुछ लिखना भी पड़ता है, तो संतोष नहीं होता। आँखों को उत्पीड़ित करके अन्दाज पर पत्र लिख जाता हूँ, पर पता नहीं, क्या-क्या लिख गया।' (29 मार्च, 1962 का पत्र) इसीलिए कहा, बाबू शिवपूजन सहाय पुरानी पीढ़ी के बुजुर्ग साहित्यकार थे; उनका रंग-ढंग समझना आसान नहीं था।

[1965]

13

साहित्य में लोक-जीवन की प्रतिष्ठा और जयशंकर प्रसाद

[1]

यह संसार मिथ्या है, सत्य इस भौतिक जगत् से परे है—यह प्रचार पूर्व और पश्चिम में शताब्दियों से होता चला आ रहा है। बीसवीं सदी में भारतीय संस्कृति से इसका सम्बन्ध विशेष रूप से जोड़कर लोक-जीवन को सुखी बनाने के प्रयत्नों का विरोध करने के लिए इस तरह के प्रचार से सहायता ली गई है। स्वाधीनता-प्राप्ति के बाद भारतीय जनता के संगठित होते हुए प्रतिरोध का मुकाबला करने के लिए निहित स्वार्थों ने यह राग खूब अलापा है और भारतीय संस्कृति का ठेका लेकर जनता का पक्ष लेनेवालों को खूब कोसा है। उनका प्रचार कितना निराधार है, इसका एक समर्थ प्रमाण स्वर्गीय जयशंकर प्रसाद का साहित्य है। प्रसाद जी भारतीय संस्कृति से प्रेम करते थे, इस बारे में किसी को दुविधा नहीं है। लेकिन प्रसाद-साहित्य में जिस सत्य का उद्‌घाटन किया गया है, उसका सामना करने का साहस आज निहित स्वार्थों के प्रतिनिधियों में नहीं है। वे या तो उसकी ओर से उदासीन रह सकते हैं, या उसे 'गम्भीर' और रहस्यात्मक बनाकर उसकी मूल स्थापनाओं पर पर्दा डालने का प्रयत्न कर सकते हैं। इसलिए प्रसाद-साहित्य की स्थापनाओं का मूल्यांकन करना एक सामयिक कर्तव्य होगा। एक लेख में समूचे प्रसाद-साहित्य की न तो आलोचना सम्भव है, न वैसी आलोचना करना इस लेख का उद्‌देश्य है। प्रसाद जी इस संसार को सत्य मानते थे या मिथ्या, साहित्य में जिस सौन्दर्य की प्रतिष्ठा करना उनका लक्ष्य था, वह इस संसार में था या इससे परे, भारतीय समाज में वह वर्ग-संघर्ष का अस्तित्व स्वीकार करते थे या अस्वीकार, वे लोक-जीवन से उदासीन थे या उसे सुखमय बनाना चाहते थे—वहाँ इन्हीं प्रश्नों का उत्तर देना यथेष्ट होगा।

प्रसाद जी छायावाद के प्रमुख कवियों में से हैं और वह रहस्यवाद के समर्थक भी हैं।

उनमें और दूसरे रहस्यवादी कवियों में एक अन्तर है। वह अन्तर इस भौतिक जीवन के प्रति दृष्टिकोण में है। 'यथार्थवाद और छायावाद' नाम के निबन्ध में उन्होंने इस धारणा का खंडन किया है कि 'प्रकृति विश्वात्मा की छाया या प्रतिबिम्ब है, इसलिए प्रकृति को काव्यगत व्यवहार में ले आकर छायावाद की सृष्टि होती है।' ('काव्य और कला तथा अन्य निबन्ध', चौथा संस्करण, पृ. 128) इस सिद्धान्त को उन्होंने 'भ्रामक' कहा है। 'काव्य और कला' नाम के निबन्ध में उन्होंने कुछ ग्रीक विचारकों की इस धारणा का खंडन किया है कि 'मानव-स्वभाव सौन्दर्यानुभूति के द्वारा विकास करता है और स्थूल से परिचित होते-होते सूक्ष्म की ओर जाता है।' (उप., पृ. 35) स्थूल और सूक्ष्म का यह भेद, जड़ और चेतन, वास्तविक और काल्पनिक का भेद है। प्रसाद जी इस द्वैतवाद को नहीं मानते। आचार्य शुक्ल की तरह वह भी सौन्दर्य की निरपेक्ष अरूप सत्ता नहीं मानते। यूरोप के भाववादी विचारकों और प्रसाद जी में यह मौलिक भेद है। भाववादी लेखक सौन्दर्य को भौतिक जगत् से परे, एक अरूप सत्ता मानकर कला में उसकी छाया प्रतिष्ठित करने या संसार में उसकी छाया देखने की बात करते हैं। प्रसाद जी का कहना है : 'सीधी बात तो यह है कि सौन्दर्यबोध बिना रूप के हो ही नहीं सकता।' (उप., पृ. 35)

ईसाई धर्म की ओर संकेत करके उन्होंने इस बात की व्याख्या की है कि कुछ लोग 'कलुषित और मूर्त संसार निम्नकोटि में, अमूर्त और पवित्र ईश्वर का स्वर्ग इससे परे और उच्चकोटि में' क्यों समझते हैं। (उप., पृ. 35) कहना न होगा कि प्रसाद जी के लिए न तो सत्य इस संसार के परे है और न मनुष्य का सुख। सत्य कहाँ है, इसकी व्याख्या करते हुए प्रसाद जी ने यह सार्थक वाक्य लिखा है : "वह सत्य प्राकृतिक विभूतियों में जो परिवर्तनशील होने के कारण अमृत नाम से पुकारी जाती है, ओत-प्रोत है।" (उप., पृ. 37) सत्य प्रकृति ही में है। उसी में सौन्दर्य है जो अरूप नहीं है। भौतिक जगत् सत्य है, इसलिए अगोचर सत्य और अरूप सौन्दर्य निराधार कल्पनामात्र है।

अध्यात्मवादी लेखक भौतिकवादियों पर यह दोष लगाते हैं कि वे जड़ प्रकृति में विश्वास करते हैं, इसलिए उनका दर्शन एकांगी है। वास्तव में एकांगी दर्शन अध्यात्मवादियों का है जो जड़ और चेतन का नकली भेद करते हैं। भूत से परे चेतना की सत्ता नहीं है, चेतना भूत का ही गुण है। इसलिए भूत की सत्ता मानने का अर्थ चेतना को अस्वीकार करना नहीं होता। प्रसाद जी अद्वैतवादी हैं लेकिन वेदान्ती नहीं। उनका अद्वैतवाद जड़ और चेतन के द्वैत को अस्वीकार करता है, प्रकृति को माया कहकर या शून्य को सत्य मानकर वह यथार्थ जीवन को अस्वीकार नहीं करते। 'कामायनी' के आरम्भ में ही उन्होंने लिखा है :

एक तत्त्व की ही प्रधानता
कहो उसे जड़ या चेतन।

'रहस्यवाद' नाम के निबन्ध में उन्होंने शून्यवाद और मायावाद का दृढ़ता से विरोध किया है। उन्होंने भारतीय चिन्तन में दो धाराओं का उल्लेख किया है : एक है आनन्दवादी और दूसरी दुःखवादी। प्रसाद जी के अनुसार दुःखवाद विवेक और तर्क का परिणाम है, आनन्दवाद सहृदयता का। उन्होंने 'कामायनी' में विवेक और सहृदयता का समन्वय किया है। वास्तव में उनका विरोध एक विशेष प्रकार के विवेक से ही है। उन्होंने उस सहृदयता का भी विरोध किया है जो उच्छृंखल भोगवाद का रूप ले लेती है। तीर्थंकरों के विवेक का उल्लेख करते हुए वह कहते हैं कि उनका बुद्धिवाद 'दार्शनिकों की उस विचारधारा को अभिव्यक्त कर सका जिसमें संसार दुःखमय माना गया और दुःख से छुटकारा ही परम पुरुषार्थ समझा गया। दुःख-निवृत्ति दुःखवाद का ही परिणाम है। फिर तो विवेक की मात्रा यहाँ तक बढ़ी कि बुद्धिवादी अपरिग्रही, नग्न दिगम्बर, पानी गरम करके पीनेवाले और मुँह पर कपड़ा बाँधकर चलनेवाले हुए।' (उप., पृ. 51)

वेदान्तियों के मायावाद के बारे में प्रसाद जी कहते हैं : 'पौराणिक धर्म का दार्शनिक स्वरूप हुआ मायावाद। मायावाद बौद्ध अनात्मवाद और वैदिक आत्मवाद के मिश्र उपकरणों से संगठित हुआ था। इसीलिए जगत् को मिथ्या, दुःखमय मानकर सच्चिदानन्द की जगत् से परे कल्पना हुई।' (उप., पृ. 60) मायावाद और शून्यवाद में कितना घनिष्ठ सम्बन्ध है, इसका उल्लेख भी प्रसाद जी ने किया है। उनके शब्दों में : 'वह पहले के लोगों से भी छिपा नहीं रहा।' (उप., पृ. 61)

इस तरह चाहे बौद्धों का तर्क हो, चाहे वेदान्तियों का योग, तप या समाधि-ज्ञान हो, जो भी संसार को मिथ्या कहता है, प्रसाद जी उसका विरोध करते हैं। संत कवियों में जहाँ उन्हें मायावाद दिखा है, उन्होंने उसकी आलोचना की है।

मायावाद और शून्यवाद के विरोध में छान्दोग्य आदि उपनिषदों और शैवागमों का हवाला देते हुए प्रसाद जी अद्वैतवाद का समर्थन करते हुए कहते हैं : "संसार को मिथ्या मानकर असम्भव कल्पना के पीछे भटकना नहीं पड़ता था। दुःखवाद से उत्पन्न संन्यास और संसार से विराग की आवश्यकता न थी।" (उप., पृ. 57)

भौतिकवाद को नित्य कोसनेवाले सज्जन 'असम्भव कल्पना'—इस टुकड़े पर ध्यान दें। छायावाद के श्रेष्ठ कवि पंत जी ने इधर की रचनाओं में भारतीयता के नाम पर भौतिकवाद को काफी कोसा है। यही नहीं, अध्यात्मवाद को भारतीय संस्कृति की मूल निधि कहकर जनता को भौतिक जीवन के संघर्षों से विमुख होने की सलाह भी दी है। इसके विपरीत प्रसाद जी संसार को मिथ्या माननेवालों से अनुरोध करते हैं कि वे 'असम्भव कल्पना' के पीछे न दौड़ें।

एक दिलचस्प बात यह है कि प्रसाद जी ने एकेश्वरवाद को 'असुर दर्शन' कहा है। उसके विरोध में आत्मवाद की चर्चा की है। इसका कारण क्या है? वेदान्त के अनुसार ब्रह्म और आत्मा का भेद माया है। प्रसाद जी न तो वेदान्तियों के ब्रह्म

में विश्वास करते हैं, न उनकी आत्मा में। उनके लिए आत्मा मनोमय वाङ्मय और प्राणमय है। यह स्थापना भी उन्होंने बृहदारण्यक के आधार पर की है। वे आत्मा की तीन क्रियाएँ मानते हैं : मननशक्ति, वाक्शक्ति और प्राणशक्ति। इसलिए उनके आत्मवाद से वेदान्तियों की आत्मा या ब्रह्म का कोई सम्बन्ध नहीं है। उनका आत्मवाद मनुष्य के चिन्तन, भाषण और उसकी सजीवता का ही दूसरा नाम है। आत्मवाद और एकेश्वरवाद में भेद करते हुए प्रसाद जी कहते हैं : 'आत्मा में आनन्द-भोग का भारतीय आर्यों ने अधिक आदर किया। उधर असुर के अनुयायी आर्य एकेश्वरवाद और विवेक के प्रतिष्ठापक हुए।' (उप., पृ. 57)

राम मनुष्य हैं या लोकातीत हैं, इस विवेचन में उलझनेवाली काव्यधारा की चर्चा करके प्रसाद जी कहते हैं : 'मानव ईश्वर से भिन्न नहीं है, यह बोध, यह रसानुभूति विवृत नहीं हो सकी।' (उप., पृ. 116) जो रसानुभूति वहाँ विवृत न हो सकी थी, उसे प्रसाद जी ने 'कामायनी' में यों प्रकट किया है :

अपने दुःख-सुख से पुलकित
यह भूत विश्व सचराचर;
चिति का विराट् वपु मंगल
यह सत्य सतत चिर सुन्दर।

सत्य क्या है? सुन्दर क्या है? चिति का विराट् वपु यह मूर्त विश्व ही सत्य और सुन्दर है। यहाँ न मायावाद है, न शून्यवाद है; विश्व की मूर्त सत्ता की घोषणा है। लेकिन है यह भी भारतीय संस्कृति।

[2]

मूर्त विश्व की सबसे महिमामयी मूर्ति मानव है। प्रसाद जी का मानववाद उनके अद्वैतवाद का सहज विकसित सामाजिक रूप है। 'कामायनी' की भूमिका में उन्होंने मनु को 'देवों से विलक्षण, मानवों की संस्कृति' प्रतिष्ठित करनेवाला कहा है। 'कामायनी' की विषयवस्तु अध्यात्म-चिन्तन न होकर इस भौतिक जगत् के मानव की ही संस्कृति है। कामायनी अशरीरी भावसौन्दर्य की प्रतीक न होकर कामगोत्रजा है। 'श्रद्धा काम गोत्र की बालिका है, इसीलिए श्रद्धा नाम के साथ उसे कामायनी भी कहा जाता है।' कामायनी को निष्काम गोत्र की बनाना, उसे अगोचर सत्य की प्रतीक मानना प्रसाद जी की स्पष्ट स्थापना का उल्लंघन करना होगा। 'काम' शब्द की व्याख्या उनके 'रहस्यवाद' नाम के निबन्ध में पढ़ी जा सकती है। वहाँ उन्होंने कहा है कि 'काम का धर्म में अथवा सृष्टि के उद्‌गम में बहुत बड़ा प्रभाव ऋग्वेद के समय में ही माना जा चुका है : कामस्तदग्ने समवर्तताधि मनसो रेतः प्रथमं यदासीत्। यह काम प्रेम का प्राचीन वैदिक रूप है और प्रेम से वह शब्द

अधिक व्यापक भी है।' मनुष्य की सहृदयता, उसकी लोकमंगल की भावना का नाम ही कामायनी है :

वह कामायनी जगत् की
मंगल-कामना अकेली।

यह मंगल-कामना संसार को दुःखमय कहकर उससे भागने में चरितार्थ नहीं होती। मनु संसार को दुःखमय कहकर जब उससे भागते हैं, तब कामायनी उन्हें रास्ते पर लाती है। मनु कभी तो वैराग्य और तप की राह अपनाते हैं, कभी उच्छृंखल भोगवाद की ओर चल पड़ते हैं। वास्तव में वैराग्य और भोगवाद, दोनों का ही उद्गम एक है—संसार को क्षणभंगुर मानना। कोई क्षणभंगुरता के विचार से बैरागी हो जाता है, कोई क्षण के आनन्द में ही सब कुछ भूल जाना चाहता है। अक्सर आज जो भोगवादी है, कल वही बैरागी भी बन जाता है। प्रसाद जी ने ये दोनों व्यापार एक ही व्यक्ति में दिखाकर उनके एक ही उद्गम की ओर संकेत किया है।

कामायनी 'तपस्वी' मनु के दुःखवाद का खंडन करते हुए कहती है :

दुःख के डर से तुम अज्ञात
जटिलताओं का कर अनुमान,
काम से झिझक रहे हो आज
भविष्यत् से बनकर अनजान।

और भी :

तप नहीं केवल जीवन सत्य
करुण यह क्षणिक दीन अवसाद।

वह मनु को दया, ममता और विश्वास देती है, संसृति की बेल को पुष्पित और पल्लवित करने को कहती है, उनसे 'शक्तिशाली हो, विजयी बनो' का जयगान सुनने को कहती है। वह चाहती है कि मानवता की कीर्ति फैले, वह प्रतिकूल परिस्थितियों पर विजयी हो :

जलधि के फूटें कितने उत्स
द्वीप, कच्छप डूबे उतरायँ;
किन्तु वह खड़ी रहे दृढ़ मूर्ति
अभ्युदय का कर रही उपाय।

मनु श्रद्धा को छोड़कर इड़ा से प्रेम करने लगते हैं। इड़ा विवेकवादियों के तर्कजाल का प्रतीक है। उसके सौन्दर्य के आगे गर्भ में नया जीवन पालनेवाली

श्रद्धा को मनु भूल जाते हैं। प्रसाद जी ने श्रद्धा के मातृत्व का सुन्दर चित्रण करके अपनी कला द्वारा इड़ा के सौन्दर्य को फीका दिखा दिया है :

केतकी गर्भ-सा पीला मुँह
आँखों में आलस भरा स्नेह;
कुछ कृशता नई लजीली थी
कंपित लतिका-सी लिये देह।

गर्भवती श्रद्धा, और आगे चलकर उसके पुत्र, के वर्णन में प्रसाद जी ने उसी मानव-प्रेम का परिचय दिया है जिसके लिए सूर और तुलसी भारतीय जनता के कंठहार हैं।

मनु के उच्छृंखल भोगवाद का परिणाम यह होता है कि प्रजा विद्रोह कर देती है। मनु इड़ा पर पूर्ण अधिकार चाहते हैं। प्रजा के सेवक न रहकर वह उसके कठोर शासक बन गए हैं। वह उसे दंड-भय से दबाना चाहते हैं लेकिन वह दबती नहीं है। प्रजा के विद्रोह का कारण क्या है, यह ध्यान देने योग्य है। जनता कहती है :

प्रकृत शक्ति तुमने यंत्रों से सबकी छीनी!
शोषण कर जीवनी बना दी जर्जर झीनी!
और इड़ा पर यह क्या अत्याचार किया है?
इसलिए तू हम सबके बल यहाँ जिया है?

प्रसाद जी ने जनता में यह चेतना दिखाई है कि वह शोषण-व्यापार समझती है। वह जानती है कि इड़ा पर अत्याचार करनेवाला राजा जनता के बल पर ही जीता है। अपनी शक्ति पहचानकर वह गरजकर चुनौती देती है :

ओ यायावर! अब तेरा निस्तार कहाँ है?

'स्वर्ण-धूलि' की एक कविता में पंत जी ने राजा के विरुद्ध प्रजा का विद्रोह दिखाकर उसे गांधीवादी ढंग से शान्त करा दिया है और राजभवन की वन्दना की है। इसके विपरीत प्रसाद जी ने श्रद्धा को बीच में लाकर, उससे बिचवानी का काम कराके या उसकी बलि देकर, राजा-प्रजा में मेल कराने का प्रयत्न नहीं किया। प्रजा मनु को घायल कर देती है और उनसे राजभवन छोड़कर भागते ही बन पड़ता है।

मनु और प्रजा का संघर्ष ही यह सूचित नहीं करता कि प्रसाद जी के अनुसार भारतीय समाज में वर्ग-संघर्ष था। उन्होंने वर्गों का निर्माण और उनके संघर्ष का स्पष्ट उल्लेख भी किया है :

अधिकारों की सृष्टि और उनकी वह मोहमयी माया,
वर्गों की खाई बन फैली कभी नहीं जो जुड़ने की।

और भी :

श्रम भाग वर्ग बन गया जिन्हें,
अपने बल का है गर्व उन्हें;
नियमों की करनी सृष्टि जिन्हें,
विप्लव की करनी वृष्टि उन्हें;
सब पिये मत्त लालसा घूँट,
मेरा साहस अब गया छूट।

प्रसाद जी की स्थापना उन लोगों का खंडन करती है जो कहते हैं कि भारतीय समाज का विकास निराले ढंग से हुआ है; वर्ग-संघर्ष यूरोप में हुआ हो तो हुआ हो, भारत से उसका क्या सम्बन्ध? वास्तव में जहाँ श्रम का विभाजन हुआ है, वहाँ वर्ग भी बने हैं, वर्गों के रहने पर उनमें परस्पर संघर्ष भी हुआ है और यह संघर्ष-विरोधी वर्गों में शान्ति कायम करके खत्म नहीं किया जा सकता वरन् शोषण मिटाकर और मानव-श्रम को मानव-हित के लिए संगठित करके ही दूर किया जा सकता है।

गांधीवादी वर्ग-शान्ति के विपरीत प्रसाद जी एक ऐसे समाज की कल्पना करते हैं जहाँ सभी जन समान और स्वतंत्र हों। इड़ा जब मनु से मिलने जाती है, तब कहती है :

हम एक कुटुम्ब बनाकर यात्रा करते हैं आए।

और मनु बोले :

देखो कि यहाँ पर कोई भी नहीं पराया।
हम अन्य न और कुटुम्बी—हम केवल एक हमी हैं;

शापित न यहाँ है कोई तापित पापी न यहाँ है;
जीवन वसुधा समतल है समरस है जो कि जहाँ है।

सबकी सेवा न परायी वह अपनी सुख-संसृति है;

मानव कह रे! 'यह मैं हूँ'
यह विश्व नीड़ बन जाता।

यहाँ वर्ग नहीं हैं, न वर्गों के बीच शान्ति स्थापित की गई है। यहाँ समतल जीवन-वसुधा पर सबकी सेवा में सुखी मनुष्य है। यहाँ धर्म, वर्ग और जाति की दीवारें नहीं हैं। मनुष्य अपने विश्व-नीड़ में प्रतिष्ठित है।

वर्ग-संघर्ष का कैसे अन्त होगा, प्रसाद जी के सामने यह स्पष्ट नहीं था। परन्तु वर्ग हैं, वर्ग-संघर्ष है, इस संघर्ष का अन्त करके वर्गहीन समाज में मनुष्य की प्रतिष्ठा होनी चाहिए, यह सब उनके सामने स्पष्ट था।

आचार्य शुक्ल ने 'कामायनी' की चर्चा में इस अस्पष्ट साम्यवादी आकांक्षा की ओर संकेत किया है। "वर्गहीन समाज की साम्यवादी पुकार की भी दबी-सी गूँज दो-तीन जगह है।" ('हिन्दी साहित्य का इतिहास', सं. 1997, पृ. 835)

[3]

जो गूँज प्रसाद में दबी-सी सुनाई दी थी, वह आज और मुखर हो उठी है। विश्व-संस्कृति का विकास वर्गहीन समाज की प्रतिष्ठा की ओर हो रहा है। विभिन्न देशों और जातियों की संस्कृतियाँ अपनी अलग-अलग विशेषताओं के साथ इसी लक्ष्य की ओर बढ़ रही हैं। इस प्रगति को रोकने के लिए तरह-तरह के नारे लगाए जा रहे हैं—व्यक्ति की स्वाधीनता खतरे में है, भारतीय संस्कृति का नाश हो जाएगा, रूस आकर खा जाएगा, इत्यादि। प्रसाद साहित्य के अध्ययन से पता चलता है कि भारतीय संस्कृति का सहज विकास वर्गहीन समाज में शोषण-मुक्त मानव की प्रतिष्ठा की ओर है।

जिस समय प्रसाद जी ने अपना साहित्य रचा था, देश के जन-आन्दोलन की बागडोर पूँजीवादी नेताओं के हाथ में थी। मजदूर-वर्ग असंगठित था और राष्ट्रीय आन्दोलन में उसकी क्रान्तिकारी भूमिका स्पष्ट न हुई थी। इसलिए प्रसाद जी के साहित्य में कहीं-कहीं भाववाद (आइडियलिज्म) की छाप हो तो आश्चर्य नहीं। प्रसाद जी भौतिक जगत् को सत्य मानते हैं लेकिन उनके लिए चेतना भूत या पदार्थ का ही एक गुण नहीं है, जैसेकि वह द्वंद्वात्मक भौतिकवादियों के लिए है। यह मूर्त विश्व 'चिति का विराट वपु मंगल' है, इस स्थापना में चिति की स्वतंत्र और अखंड सत्ता की ओर संकेत है। 'काव्य और कला' नाम के निबन्ध में सत्य की शाश्वत सत्ता घोषित करते हुए लिखा है : 'सत्य अथवा श्रेय ज्ञान कोई व्यक्तिगत सत्ता नहीं, वह एक शाश्वत चेतनता है या चिन्मयी ज्ञानधारा है, जो व्यक्तिगत स्थानीय केन्द्रों के नष्ट हो जाने पर भी निर्विशेष रूप से विद्यमान रहती है।' लेकिन इसी निबन्ध में प्रसाद जी ने सत्य को परिवर्तनशील प्राकृतिक विभूतियों में ओतप्रोत भी बतलाया है। यदि सत्य परिवर्तनशील प्रकृति में है तो वह प्रकृति से भिन्न अपरिवर्तनशील शाश्वत चेतनता नहीं हो सकता। द्वंद्वात्मक भौतिकवाद के लिए प्रकृति परिवर्तनशील ही नहीं, विकासमान है। प्रसाद जी के लिए वह परिवर्तनशील तो है लेकिन विकासमान नहीं। इसी दार्शनिक स्थापना के अनुरूप सामाजिक क्षेत्र में प्रसाद जी के लिए वर्गों की भूमिका स्पष्ट नहीं है। यह स्पष्ट नहीं है कि श्रमिक वर्ग अपने नेतृत्व में शेष जनता का संगठन करके मुक्त मानव-समाज की रचना कर सकता है। इसी कारण प्रसाद जी मनु के नगर में नये समाज की स्थापना नहीं दिखाते वरन् उसका अस्पष्ट चित्र कैलास पर दिखाते हैं। प्रसाद जी के चिन्तन की ये सीमाएँ उनके युग की सीमाएँ हैं।

इन सीमाओं के बावजूद यह समझना भ्रम होगा कि प्रसाद जी का चिन्तन पूँजीपति वर्ग के सांस्कृतिक मार्ग गांधीवाद पर चल रहा था। गांधीवाद जहाँ जनता

के क्रान्तिकारी उभार को दबाकर वर्ग-शान्ति और समझौते की राह पर चलता है, वहाँ प्रसाद जी वर्ग-शान्ति के बदले वर्गहीन समाज का आदर्श सामने रखते हैं। गांधीवाद जहाँ प्राचीन भारतीय समाज में वर्ग-संघर्ष अस्वीकार करता है, वहाँ प्रसाद जी ने राजा-प्रजा के रक्तमय संघर्ष का चित्र खींचकर उसे स्वीकार किया है। सबसे महत्त्वपूर्ण बात यह कि गांधीवाद जहाँ निष्क्रिय प्रतिरोध की बात करता है, स्वयं कष्ट सहकर अन्यायी के हृदय-परिवर्तन की बात करता है, वहाँ प्रसाद जी ने सक्रिय प्रतिरोध का आदर्श रखा है, शस्त्र उठाकर आततायियों का विरोध करने का चित्र खींचा है।

'स्कन्दगुप्त' में प्रसाद जी ने दिखाया है कि हूणों के आक्रमण से त्रस्त और बिखरी हुई जनता में फिर से साहस-संचार करके स्कन्दगुप्त और उसके साथियों ने हूणों को समरभूमि में पराजित किया और उन्हें सिन्धु पार खदेड़ दिया। ब्रिटिश साम्राज्य से आक्रान्त देश में यह नाटक लिखकर प्रसाद जी ने सामयिक राजनीति की भी एक गुत्थी सुलझाई थी। पर्णदत्त कहता है : "देश के बच्चे भूखे हैं, नंगे हैं, असहाय हैं, कुछ दो बाबा!" पर्णदत्त कैसी भीख चाहता है? क्या भीख माँगने से देश का उद्धार होगा? पर्णदत्त कहता है : "जो दे सकता हो अपने प्राण, जो जन्मभूमि के लिए उत्सर्ग कर सकता हो जीवन, वैसे वीर चाहिए, कोई देगा भीख में?" पर्णदत्त की याचना के उत्तर में पहले स्कन्दगुप्त और फिर जनता में से बहुत-से वीर देशरक्षा के लिए आगे आ जाते हैं। जनता का संगठन करने में साहित्यकार अपनी विशेष भूमिका पूरी करते हैं। विजया महाकवि कालिदास से कहती है : "आश्चर्य और शोक का समय नहीं है। सुकवि शिरोमणि! गा चुके मिलन-संगीत, गा चुके कोमल कल्पनाओं के लचीले गान, रो चुके प्रेम के पचड़े। एक बार वह उद्‌बोधन गीत गा दो कि भारतीय जनता अपनी नश्वरता पर विश्वास करके अमर भारत की सेवा के लिए सन्नद्ध हो जाए!" कालिदास काव्य द्वारा ही जनता को संगठित नहीं करते, वह स्त्रियों को घसीटनेवाले अत्याचारी हूणों का तलवार उठाकर विरोध भी करते हैं। प्रसाद के श्रेष्ठ नाटक 'स्कन्दगुप्त' के कालिदास महाकवि ही नहीं, वीरकवि भी हैं। हूणों को ललकारते हुए वह कहते हैं : "इन निरीहों के लिए प्राण उत्सर्ग करना धर्म है। कायरो! स्त्रियों पर यह अत्याचार!!"

प्रसाद जी के लिए कलाकार सामाजिक संघर्ष में तटस्थ नहीं रहता, वह जनता और देश के प्रति सहानुभूति ही नहीं प्रकट करता, वह संघर्ष में भाग भी लेता है। और यह संघर्ष निष्क्रिय प्रतिरोध के मार्ग पर नहीं बढ़ता, उसका रास्ता सक्रिय प्रतिरोध का है। इससे स्पष्ट है कि प्रसाद जी ने अपने साहित्य में पूँजीवादी नेताओं की कार्यनीति को आदर्श नहीं माना।

आचार्य शुक्ल की तरह प्रसाद जी के लिए भी कला सोद्‌देश्य है। 'नाटकों में रस का प्रयोग' नाम के निबन्ध में वह कहते हैं : "इसमें लोकमंगल की कल्पना प्रच्छन्न रूप से अन्तर्निहित है।" उनकी 'कामायनी' 'जगत् की मंगलकामना' है। यहाँ पूर्व और पश्चिम के शुद्ध कल्पनावादियों से उनकी भिन्नता स्पष्ट दिखाई देती

है। जिस तरह आचार्य शुक्ल ने अध्यात्मवाद को साहित्य से बाहर कर देने की घोषणा की थी, उसी तरह प्रसाद ने दुःखवाद, निराशावाद, भोगवाद से साहित्य को मुक्त रखने का आह्वान किया था। उपर्युक्त निबन्ध में वह दुःखवाद के लिए कहते हैं : "साहित्य में उसे स्वीकार नहीं किया गया।" आचार्य शुक्ल की तरह प्रसाद भी केवल माधुर्य के उपासक नही हैं। भीषणता और कमनीयता की द्वंद्वात्मक एकता भी सम्भव है। 'कामायनी' में वे कहते हैं :

नर्तन में निरत प्रकृति गलकर,
उस कान्ति-सिन्धु में घुल मिल कर,
अपना स्वरूप धरती सुन्दर
कमनीय बना था भीषणतर।

प्रसाद जी के लिए साहित्य सोद्देश्य है, इसीलिए साहित्य में मूलवस्तु अनुभूति है, न कि अभिव्यक्ति। सूर और तुलसी की तुलना करते हुए वह कहते हैं : "जहाँ आत्मानुभूति की प्रधानता है, वही अभिव्यक्ति अपने क्षेत्र में पूर्ण हो सकी है।... अभिव्यक्ति सहृदयों के लिए अपनी वैसी व्यापक सत्ता नहीं रखती, जितनी कि अनुभूति।" ('काव्य और कला', पृ. 45) पूर्व और पश्चिम के अभिव्यंजनावादियों से प्रसाद जी का यह मौलिक मतभेद है। साहित्य अभिव्यंजनामात्र नहीं है, इसकी श्रेष्ठता मूलतः बात कहने के ढंग में नहीं है वरन् बात में है। भाषा और विचारों का सम्बन्ध रूप और विषयवस्तु का है। "जो कुछ हम अनुभव करते हैं, वाणी उसका रूप है।" (उप., पृ. 41) भाववादी लेखक जहाँ भाषा से स्वतंत्र विचारों की निराकार सत्ता मानते हैं, वहाँ प्रसाद जी बृहदारण्यक के आधार पर यह स्थापना करते हैं : "जो कुछ जाना जा सका, वही वाणी है। वाणी उसका स्वरूप धारण करके उस ज्ञान की रक्षा करती है।" (उप., पृ. 41)

प्रसाद जी ने इड़ा को बुद्धि और तर्क का प्रतीक बनाया है। 'रहस्यवाद' नाम के निबन्ध में भी उन्होंने बुद्धि और तर्क को दुःखवाद का कारण कहा है। 'कामायनी' में उन्होंने मन, कर्म और ज्ञान के क्षेत्रों की अराजकता का चित्रण किया है लेकिन अन्त में इड़ा और श्रद्धा, दोनों मनु के पास पहुँचती हैं। प्रसाद जी एक विशेष प्रकार की तर्क-पद्धति या बौद्धिकता का विरोध करते हैं, बुद्धिमात्र का नहीं। वर्गयुक्त समाज में शासकों के मन में कुछ होता है, कर्म कुछ होते हैं, मुँह से वे कहते कुछ और हैं। मन-वचन-कर्म की एकता सम्पत्तिशाली वर्गों में कम देखी जाती है। श्रद्धा कहती है :

ज्ञान दूर कुछ, क्रिया भिन्न है
इच्छा क्यों पूरी हो मन की,
एक दूसरे से न मिल सके
यह विवडम्बना है जीवन की।

कामायनी ज्ञान, कर्म और इच्छा के तीनों लोकों को सम्बद्ध कर देती है। इसलिए प्रसाद का दर्शन बुद्धिवाद-विरोधी नहीं है वरन् वह ज्ञान को मानव की सहृदयता से सम्बद्ध करता है।

प्रसाद जी ने अपने समाज-सम्बन्धी विचारों को 'तितली' उपन्यास में और भी मूर्त रूप दिया है। सन् '30 के बाद हिन्दी कथा-साहित्य में जिस नये यथार्थवाद की लहर आई थी, 'तितली' उसी की देन है। इसमें हम भारतीय किसानों का शोषण ही नहीं देखते, भारत और ब्रिटेन के जनसाधारण को सतानेवालों की झाँकी भी पाते हैं। लन्दन में गरीबों और अमीरों की दो दुनिया है—एक ओर सुगन्ध जल के फव्वारे छूटते हैं, बिजली से गरम कमरों में जाते ही कपड़े उतार देने की आवश्यकता होती है—दूसरी ओर बरफ और पाले में दुकानों के चबूतरों के नीचे अर्द्धनग्न दरिद्रों का रात्रि-निवास। ('तितली', छठा संस्करण, पृ. 18) इन्द्रदेव सोचता है, दूसरे देशों से लूट का माल लाकर भी ये अपने यहाँ की दरिद्रता क्यों नहीं दूर कर सके? ब्रिटेन में भी गरीब हैं, हिन्दुस्तान में भी गरीब हैं, इनको सतानेवाले एक हैं। हिन्दी कथा-साहित्य में यह चेतना पहली बार प्रकट हुई थी।

बूढ़ा रामनाथ अकाल की कहानी सुनाता हुआ कहता है : "बिना वस्त्र के सैकड़ों नर-कंकाल, इंजिन के सामने लाइन पर खड़े, पड़े और गिरे हुए, मृत्यु की आशा में टक लगाए थे।" ('तितली', पृ. 60) इनमें वे लोग भी हैं जिनकी भूमि बिक चुकी थी। बंगाल के अकाल को अभी दस साल बाकी थे, फिर भी अंग्रेजी राज ने अकाल को ऐसी साधारण वस्तु बना दिया था कि प्रसाद जी के वर्णन से लगता है, मानो बंगाल के अकाल पर ही लिख रहे हों!

'तितली' में किसान अपनी जमीन के लिए लड़ते हैं। रामजस अपनी लाठी पटककर कहता है : "पैसे के बल पर धर्म और सदाचार का अभिनय करना भुलवा दूँगा। मैंने जो कुछ पढ़ा-लिखा था, सब झूठा था। आज-कल क्या, सब युगों में लक्ष्मी का बोलबाला था। भगवान भी इसी के संकेतों पर नाचते हैं। मैं तुम्हारे इस झूठे पाप-पुण्य की दुहाई नहीं मानता।" (उप., पृ. 170)

देश का किसान जाग उठा था। वह अपना अधिकार और अपनी शक्ति पहचान रहा था। शासकवर्ग का भय और आतंक ढह रहा था; उससे भी दृढ़ धार्मिक रूढ़ियों और अन्धविश्वासों की दीवारें ढह रही थीं। यह प्रसाद की महत्ता है कि छायावाद के प्रमुख कवि होते हुए भी उन्होंने इस नये जागरण को पहचाना और उसे चित्रित किया।

रामजस और मधुबन घिर जाते हैं लेकिन बहादुरी से लड़ते हैं। "इधर दो, उधर दस। जमकर लाठी चलने लगी। मधुबन और रामजस जब घिर जाते तो लाठी टेककर दस-दस हाथ दूर जाकर खड़े हो जाते। छः आदमी गिरे और रामजस भी लहू से तर हो गया।" (उप., पृ. 177)

गाँवों के वर्ग-संघर्ष का यह नग्न रूप है जो प्रसाद जी ने चित्रित किया है। जीत जमींदार की होती है लेकिन किसान अपनी जमीन आसानी से नहीं छोड़ता।

'कर्मभूमि' के महन्त की तरह 'तितली' में भी एक महन्त हैं जो "भक्तों की भेंट और किसानों का सूद, दोनों ही समभाव से ग्रहण करते हैं।" (उप., पृ. 178) गरीब माधो—जिसके "घर की स्त्रियाँ रात को साग खोंटकर ले आती हैं, वही उबालकर नमक से खाकर सो रहती हैं"—महन्त की निर्दयता देखकर चकित रह जाता है। उसे मन्दिर के भगवान में कहीं करुणा दिखाई नहीं देती। महन्त जी नि:सहाय स्त्री पर हाथ उठाते नहीं हिचकते। प्रेमचन्द ने 'प्रेमाश्रम' में जैसे गौसखाँ को अपने किए का फल पाने दिया है, वैसे ही यहाँ मधुबन महन्त जी के काम-विकार दूर कर देता है।

'तितली' में कोयला-मजदूरों के जीवन की एक झाँकी है। पूँजीवादी समाज ने किस गन्दगी में उन्हें पशुओं से भी गया-बीता जीवन बिताने के लिए मजबूर किया है, इसकी तीव्र अनुभूति यहाँ मिलेगी।

यद्यपि 'तितली' का अन्त एक सुखी गाँव के चित्र से हुआ है जहाँ सबके पास काम लायक जमीन है, फिर भी स्वयं तितली पूँजीवादी भूमिसुधारों में विश्वास नहीं करती। वह नहीं भूल पाती : "जमींदार ने मेरी पुरखों की डीह ले ली। मुझे माफी पर भी लगान देना पड़ रहा है।" (उप., पृ. 239) वह जमींदार के रहते हुए चकबन्दी की योजना से कोई लाभ नहीं देखती। "जमींदार साहब के रहते वह सब कुछ नहीं हो सकेगा।...यदि आप लोग वास्तविक सुधार करना चाहते हों, तो खेतों के टुकड़ों को निश्चित रूप में बाँट दीजिए और सरकार उन पर मालगुजारी लिया करे।—कहते हुए तितली ने व्यंग्य से इन्द्रदेव की ओर देखा।" (उप., पृ. 239) इन्द्रदेव को अभिमान है कि उन्होंने त्याग किया है लेकिन तितली कहती है : "हाँ, आप जमींदार नहीं हैं तो क्या, आपने त्याग किया होगा। किन्तु उससे किसानों को तो लाभ नहीं हुआ।" (उप., पृ. 240) ऐसा लगता है, प्रसाद जी ने ये बातें बीस साल पहले न लिखकर आज लिखी हों! कहने को जमींदार नहीं हैं, जमींदारी प्रथा मिट गई है, लेकिन किसानों को तो लाभ नहीं हुआ। तितली के ये शब्द पूँजीवादी भूमि-सुधारों की खरी आलोचना है।

तितली से वाट्सन कहता है : "किन्तु तुम तो ऐसा स्वप्न देख रही हो जिसमें आँख खुलने की देर है।"

तितली जवाब देती है : "यह ठीक है कि मरनेवाने को कोई जिला नहीं सकता। पर उसे जिलाना ही हो, तो कहीं अमृत खोजने के लिए जाना पड़ेगा।" (उप.)

इसका अर्थ यह है कि बुनियादी भूमि-सुधार बिना किसान की समस्या हल नहीं हो सकती। हल करने में चाहे जितना समय लगे, लेकिन जमींदारों के त्याग [आज के भूदान] से वह समस्या हल होनेवाली नहीं है।

इस तरह प्रसाद जी ने हिन्दी साहित्य में लोक-जीवन की प्रतिष्ठा की है। उन्होंने हमें सिखाया है कि इस संसार को मिथ्या मानकर असम्भव कल्पनाओं के पीछे भटकने की जरूरत नहीं है। मनुष्य का सुखी या दुखी जीवन यहीं बीतता है। सत्य इसी परिवर्तनशील प्रकृति में है। सौन्दर्य की कोई अरूप सत्ता नहीं है। संसार को दु:ख का कारण मानकर निराश होने की आवश्यकता नहीं है। मनुष्य का कल्याण न तो वैराग्य में है, न भोगवाद में। समाज में वर्ग हैं, वर्गों का परस्पर-संघर्ष भी है। उसे दूर करके वर्गहीन समाज में मनुष्य को सुखी जीवन बिताना है।

सामाजिक जीवन में कलाकार तटस्थ नहीं है। वह जनता के प्रति सहानुभूति रखता है, उसका पक्ष लेता है। प्रसाद के कालिदास अस्त्र उठाकर हूणों से स्त्रियों की रक्षा करते हैं। अन्याय का सक्रिय प्रतिरोध करना मनुष्य का कर्तव्य है।

प्रसाद जी ने 'तितली' में पराधीनता और निर्धनता के नये चित्र दिये हैं। उन्होंने दिखाया है कि विदेशी शासकों ने किस तरह भारत को नरकंकालों का कारागार बना दिया है। दुनिया के गरीबों को सतानेवाले एक हैं। इसलिए दुनिया के गरीब एक हैं। वह गाँवों में वर्ग-संघर्ष के यथार्थ चित्र देते हैं। इस संघर्ष में हिन्दुस्तानी किसान की वीरता और धीरता प्रकट होती है।

'तितली' का यथार्थवाद हिन्दी कथा-साहित्य के विकास में एक महत्त्वपूर्ण कदम है। न केवल प्रेमचन्द, वरन् प्रसाद, निराला आदि भी उसी मार्ग पर बढ़ रहे थे। यह यथार्थवाद स्वाधीनता ही न चाहता था, वह सामाजिक न्याय भी चाहता था। वह देश की उस नई चेतना को प्रकट करता है जो समाज के पुराने ढाँचे को ही बदलना चाहती थी। यह हिन्दी की अपनी जातीय परम्परा है।

प्रसाद-साहित्य हिन्दी-भाषी जनता की मूल्यवान विरासत है। उसके आधार पर हम कह सकते हैं कि इस संसार को सत्य समझना, पीड़ित जनता का समर्थन करना, अन्याय का सक्रिय विरोध करना, साहित्य में उदासीन और तटस्थ न रहकर सामाजिक विकास में सक्रिय योग देना—यह सब भारतीय संस्कृति के अनुकूल ही है, उसका सहज विकास है। प्रसाद जी की रचनाएँ दु:खवाद, मायावाद, शुद्ध कलावाद, भारतीय इतिहास में वर्गों को अस्वीकार करने आदि के विरोध में सजग लेखक के हाथों में सबल अस्त्र हैं। वे भारतीय जनता की विजय में विश्वास दृढ़ करती हैं क्योंकि उनके मधुबन, रामजस, तितली आदि अपना स्वत्व पहचान चुके हैं और उनका शोषण करते जाना अब किसी के लिए सम्भव नहीं है। प्रसाद-साहित्य के मूल्यों को पहचानकर आज का हिन्दी-साहित्य और भी साहस से जनता की सेवा कर सकेगा।

[1954]

14

प्रेमचन्द

प्रेमचन्द का युग समाप्त हो गया है या समाप्ति पर है। उनके युग की राजनीति आज बड़ी तीव्र गति से बदल रही है; पुराने आदर्श कसौटी पर कसे जा रहे हैं और नई-नई शक्तियाँ रंगभूमि में आकर नेतृत्व की चेष्टा कर रही हैं। सन् '20 और '30 से सन् '40 में बहुत बड़ा अन्तर है। यह हमारी प्रगति का चिह्न है कि एक-एक दशक में एक-एक पीढ़ी-जैसा परिवर्तन होता दिखाई देता है। राजनीति में युग को समाप्त होते देर भी लगती है क्योंकि जिनके हाथ में अधिकार है, वे उसे कठिनता से छोड़ते हैं, परन्तु साहित्य में पुराने नेताओं में से कुछ तो नये आगन्तुकों का नेतृत्व करने के लिए स्वयं उत्सुक रहते हैं, कुछ अपना कार्य कर चुकने पर यों भी पीछे पड़ जाते हैं। प्रेमचन्द के युग को देखते हुए हम कह सकते हैं कि क्या राजनीति में, क्या साहित्य में, उस समय उन्हीं का व्यक्तित्व सबसे अधिक क्रान्तिकारी था।

अपने उपन्यासों में उन्होंने सामाजिक संघर्ष के चित्र दिये हैं। 'प्रेमाश्रम' का आधार किसान-जमींदार का संघर्ष है; 'गोदान' की समस्या किसान-महाजन की है। 'कर्मभूमि' में अछूत और लगानबन्दी-आन्दोलनों और 'रंगभूमि' में नये उद्योग-धन्धों से गाँवों में परिवर्तन का चित्रण किया गया है। समाज के इतने विभिन्न स्तरों का व्यापक ज्ञान संसार के बहुत कम साहित्यिकों में मिलेगा। प्रेमचन्द के विचार बहुत स्पष्ट नहीं थे परन्तु उनमें कलाकार की सचाई की कमी न थी; अपने युग की निर्धनता, दासता और पीड़ितों की आर्त वेदना को जैसा उन्होंने अनुभव किया था, वैसा दूसरे ने नहीं। आज के साहित्यिक के विचार बहुत कुछ स्पष्ट हो गए हैं परन्तु उसके पास प्रेमचन्द का अनुभव नहीं है, उनकी-सी सचाई भी कम है। प्रेमचन्द की कृतियों का हमारे लिए यह सन्देश है कि हम जनता में जाकर रहें और काम करें—अपनी रचनाओं में जनता-जनता कम चिल्लाएँ।

'हंस' के एक लेख में आज की सभ्यता का विश्लेषण करते हुए प्रेमचन्द ने उसे 'महाजनी सभ्यता' कहा था। इस युग के पहले जागीरदारी सभ्यता थी, जिसमें अनेक दोष होते हुए काफी गुण भी थे। बलवान भुजाएँ और मजबूत कलेजा तब जीवन की आवश्यकताओं में थे। "राजा और सम्राट् जनसाधारण को अपने स्वार्थ-

साधन और धन-शोषण की भट्ठी का ईंधन न समझते थे। लेकिन नई सभ्यता में पैसे का स्थान सर्वोपरि है। साम्राज्यवाद के आवश्यक गुण मजबूत कलेजा और बलवान भुजाएँ नहीं हैं, उसके लिए, बुद्धि का धन-संचय के लिए उपयोग तथा मौन आज्ञा-पालन आवश्यक है। इस सभ्यता ने समाज को दो अंगों में बाँट दिया है, जिनमें एक हड़पनेवाला है, दूसरा हड़पा जानेवाला। इस महाजनी सभ्यता का अन्त हुआ है केवल रूस देश में और जो समाज-व्यवस्था उस देश के लिए हितकर हुई है, वह हिन्दुस्तान के लिए भी हो सकती है।"

प्रेमचन्द ने आधुनिक सभ्यता को महाजनी सभ्यता के नाम से कुछ रूस या समाजवाद पर दो-चार पुस्तकें पढ़कर न पुकारा था। उन्होंने बहुत पहले अनुभव किया था कि किसी समाज की सभ्यता उसकी भीतरी व्यवस्था पर निर्भर रहती है। यह संतोष की बात है कि उन्होंने जिन सामाजिक कुरीतियों की आलोचना की है, उनकी जड़ भी उन्होंने सामाजिक व्यवस्था में ही खोज निकाली है। इसीलिए प्रेमचन्द का विश्लेषण छिछला और सुधारवादी न होकर क्रान्तिकारी और सामाजिक व्यवस्था की जड़ पर ही आघात करनेवाला हो जाता है। उन्होंने बहुत पहले 'सेवासदन' में वेश्याओं के बारे में लिखते हुए इस महाजनी सभ्यता पर, जिसके कारण आज का पतित वेश्या-जीवन सम्भव हुआ है, चोटें की थीं। उन्होंने कुँअर अनिरुद्ध सिंह के मुँह से कहलाया था : "हमें वेश्याओं को पतित समझने का कोई अधिकार नहीं। यह हमारी परम धृष्टता है। हम रात-दिन जो रिश्वतें लेते हैं, सूद खाते हैं, दीनों का रक्त चूसते हैं, असहायों का गला काटते हैं, कदापि इस योग्य नहीं हैं कि समाज के किसी अंग को नीच या तुच्छ समझें। सबसे नीच हम हैं। सबसे बड़े पापी, दुराचारी, अन्यायी हम हैं, जो अपने को शिक्षित, सभ्य, उदार और उच्च समझते हैं। हमारे शिक्षित भाइयों ही की बदौलत दालमंडी आबाद है, चौक में चहल-पहल है, चकलों में रौनक है। यह मीना बाजार हम लोगों ने ही सजाया है, ये चिड़िया हम लोगों ने ही फसाई हैं, ये कठपुतलियाँ हमने ही बनाई हैं। जिस समाज में अत्याचारी जमींदार, रिश्वती राजकर्मचारी, अन्यायी महाजन, स्वार्थी बन्धु आदर और सम्मान के पात्र हैं, वहाँ दालमंडी क्यों न आबाद हो? हराम का धन हरामकारी के सिवा और कहाँ जा सकता है? जिस दिन नजराना, रिश्वत और सूद-दर-सूद का अन्त होगा, उसी दिन दालमंडी उजड़ जाएगी, ये चिड़िया उड़ जाएँगी—पहले नहीं।"

यही महाजनी सभ्यता है। जमींदार अत्याचारी है, राजकर्मचारी रिश्वतखोर है, महाजन अन्यायी है और भाई भाई का गला काटने के लिए तैयार है। प्रेमचन्द ने महाजनी सभ्यता के इन स्तम्भों को, जमींदारों, राजकर्मचारियों और महाजनों को उधेड़-उधेड़कर हमारे सामने उनकी बीभत्सता में खड़ा कर दिया है जिससे हम अपनी सभ्यता की इमारत ढहाकर उसकी जगह एक नई इमारत बनाने के लिए बाध्य हों।

समाज के जाल में मोटी-मोटी गाँठों से बँधे छोटे और बड़े जमींदार हैं जिनका निर्धन वर्गों से निकट का सम्बन्ध है और जो नई महाजनी सभ्यता के सम्पर्क में आकर एक नया रूप धारण कर चुके हैं। 'गोदान' के रायसाहब इस वर्ग के सुन्दर प्रतिनिधि हैं। जागीरदारी सभ्यता की देन के साथ नई अंग्रेजी सभ्यता से भी उन्होंने अपने मतलब की बहुत-सी बातें ग्रहण की हैं जिससे वह एक नई और विचित्र सभ्यता के निदर्शन हो गए हैं। प्रेमचन्द ने रायसाहब का जो चित्र बनाया है, उससे मिलते-जुलते मॉडेल आज की सामाजिक व्यवस्था में पचासों देखने को मिलते हैं।

पहली बात देखने योग्य यह है कि रायसाहब धार्मिक व्यक्ति हैं। "अपने पिता से सम्पत्ति के साथ-साथ उन्होंने राम की भक्ति भी पाई थी", इसलिए प्रतिवर्ष वह धनुष-यज्ञ का अनुष्ठान किया करते हैं। काम सब बेगार में होता है। चपरासी आकर कहता है, बेगारों ने काम करने से इनकार कर दिया क्योंकि उन्हें खाने को नहीं मिलता। रायसाहब के माथे में बल पड़ जाते हैं। कहते हैं : "जब कभी खाने को दिया नहीं गया, तो आज यह नई बात क्यों? एक आने रोज के हिसाब से मजूरी मिलेगी, जो हमेशा मिलती रही है और इस मजूरी पर काम करना होगा, सीधे करें या टेढ़े।" रुपये की जो कमी होती है, वह गाँवों से चन्दे के नाम पर वसूल होती है। इस तरह धनुष-यज्ञ होता है जिसमें हाकिम-हुक्काम, यार-दोस्त, सब सम्मिलित होते हैं और धार्मिक होने का पुण्य लूटते हैं।

इसके अतिरिक्त रायसाहब ने राजनीतिक आन्दोलन में भाग लिया है। जनता को आन्दोलन से फायदा हुआ हो चाहे न हुआ हो, इस जमींदार वर्ग को अवश्य हुआ है : "आमदनी और अधिकार में जौ भर भी कमी न होने पर भी उनका यश मानो बढ़ गया था।" जेल जाने से आसामियों की उन पर श्रद्धा हो गई थी। जाबते का काम वैसे ही चलता था, बेगार वैसे ही ली जाती थी। इस सबका कलंक मुख्तारों के सिर जाता, रायसाहब दूर पर वैसे ही अकलंक चमका करते। राष्ट्रवादी होना हाकिमों को डालियाँ भेजने या कर्मचारियों को दस्तूरियाँ देने में बाधक न था। जो कुछ कमी थी, उसे साहित्य और संगीत ने पूरा कर दिया था। अच्छे लेखक, अच्छे वक्ता, संगीत-प्रेमी! आदर्श सभ्य और शिक्षित मनुष्य! शिक्षा और सभ्यता द्वारा यदि आसामियों का गला दबाया जा सके तो कोई असभ्य और अशिक्षित क्यों बने? "सिंह का काम तो शिकार करना है, अगर वह गरजने और गुर्राने के बदले मीठी बोली बोल सकता, तो उसे घर बैठे मनमाना शिकार मिल जाता। शिकार की खोज में उसे जंगल में न भटकना पड़ता।"

जागीरदारी सभ्यता के पुराने और नये प्रतिनिधियों के बीच का अन्तर रायसाहब स्वयं बताते हैं : "मेरे स्वर्गवासी पिता आसामियों पर इतनी दया करते थे कि पाले या सूखे में कभी आधा और कभी पूरा लगान माफ कर देते थे। अपनी बखार से अनाज निकालकर आसामियों को खिला देते थे। घर के गहने बेचकर कन्याओं

के विवाह में मदद देते थे, मगर उसी वक्त तक, जब तक प्रजा उनको सरकार और धर्मावतार कहती रहे।" धर्मावतार कहने पर इतनी सहायता मिल तो जाती थी; आत्मगौरव की भावना संतुष्ट होने पर सहृदयता में परिणत हो जाती थी। लेकिन आज का जमींदार धर्मावतार कहलाने से नहीं पिघलता। उसके निकट आत्मगौरव नहीं, पैसे का महत्त्व है। वह साम्यवाद पर व्याख्यान दे सकता है लेकिन अपना स्वार्थ छोड़ने में अपनी विवशता दिखाता है। आत्मगौरव का स्थान निर्लज्जता ने ले लिया है। सब जानते-बूझते हुए भी नये युग का जमींदार अपनी स्वार्थपरता छोड़ने के लिए तैयार नहीं है।

मेहता से पूँजीवाद की निन्दा करते हुए रायसाहब कहते हैं : "किसी को भी दूसरों के श्रम पर मोटे होने का अधिकार नहीं है। उपजीवी होना घोर लज्जा की बात है। समाज की ऐसी व्यवस्था, जिसमें कुछ लोग मौज करें और अधिक लोग पिसें और खपें, कभी सुखद नहीं हो सकती।" मेहता ने रायसाहब की प्रभावपूर्ण वक्तृता पर उचित ही टिप्पणी की : "आपकी जबान में जितनी बुद्धि है, काश, उसकी आधी भी मस्तिष्क में होती!"

जागीरदारी सभ्यता का यह नया प्रतिनिधि बातें बनाना खूब जानता है। उसके तर्क की भित्ति स्वार्थ है और तर्क का जगड्वाल खड़ा करके वह अपनी हृदयहीनता की रक्षा करता है। धर्म और राजनीति को वह अपने स्वार्थ-साधन का यंत्र बनाता है। उसने पुरानी शोषण-क्रिया के लिए नये अस्त्रों का प्रयोग करना सीखा है। वह कह सकता है कि जब तक किसानों को ये रिआयतें अधिकार के रूप में न मिलेंगी, तब तक केवल सद्‌भावना के आधार पर उनकी दशा नहीं सुधर सकती, क्योंकि वह जानता है कि जब तक वह अपनी असद्‌भावना के आसन पर मजबूती से बैठा है, तब तक किसानों को न रिआयतें मिल सकती हैं, न अधिकार!

जमींदार-वर्ग के विचित्र नमूने सबसे अधिक प्रेमाश्रम में देखने को मिलते हैं। ज्ञानशंकर का चरित आज की सामाजिक व्यवस्था पर गहरा व्यंग्य है। उनका जीवन छल-कपट, ईर्ष्या-लोभ में बीतता है, फिर भी अन्त कितना सुखद! लोक-परलोक, दोनों न बिगड़े। राजा और प्रजा, दोनों ही वाहवाही करें! पिता के मरने पर उन्होंने श्राद्ध से ही कंजूसी करना शुरू किया। फिर इलाके के प्रबन्ध में चाचा प्रभाशंकर से संघर्ष हुआ। आसामियों पर इजाफा-लगान के उन्होंने दावे किए। अपने भतीजे दयाशंकर को जेल भिजवाना चाहा पर जब डिप्टी ज्वालासिंह ने उन्हें छोड़ दिया तो प्रभाशंकर के आगे उन्हें छुड़ाने के लिए वाहवाही स्वयं लूटनी चाही। राय कमलानन्द की सम्पत्ति पर दाँत लगाए उन्होंने उनके विलास-आमोद की निन्दा की जबकि वह स्वयं गायत्री के प्रेमपाश में बँधे हुए थे। प्रेमशंकर के अमरीका से लौटने पर, इस भय से कि कहीं इलाके में हिस्सा न माँगे, उन्होंने उन्हें जाति से भी अलग करा दिया। गायत्री के इलाके में जाकर वह मैनेजर हुए और वहाँ किसानों पर अत्याचार

करके मनमाना रुपया पैदा किया—कहने को गायत्री के लिए, पर वास्तव में अपने लिए क्योंकि गायत्री की जायदाद हथियाने का प्रपंच उन्होंने रच लिया था! डिप्टी ज्वालासिंह से मन न मिलने पर वह उन्हें पत्रों में बदनाम करने से नहीं चूके, यद्यपि ज्वालासिंह उनके सहपाठी थे और अपनी गरज पर वह ज्वालासिंह की बीवी तक के आगे गिड़गिड़ाने से नहीं सकुचाए। घर में नित ही कलह रही, अपने घरवालों का स्नेह या श्रद्धा उन्हें कभी न मिली। दुनिया को ठगना आसान था, घरवाले अधिक निकट थे। रायसाहब ने कमलानन्द को जहर दिया, फिर उन्हीं की लड़की गायत्री को राधा बनाकर स्वयं कृष्ण-रूप धर के उससे प्रेम-निवेदन किया।

इस सबके अतिरिक्त निरीह किसानों पर अत्याचार की एक लम्बी कथा है जो उनके उत्थान की जड़ में है। एक ओर उनका मान-सम्मान है, लखनऊ की ताल्लुकेदार सभा के मंत्री बन जाते हैं, अपनी बिरादरी के सम्मेलन में वक्तृता देते हैं, अधिकारियों में मान-प्रतिष्ठा बढ़ जाती है; दूसरी ओर प्रजा के साथ उनका व्यवहार निर्दयतापूर्ण है : "आसामियों पर अखराज बकाया और इजाफे की नालिशें धूम से हो रही थीं। उनके पट्टे बदले जा रहे थे और नजराने बड़ी कठोरता से वसूल किए जा रहे थे।" तारीफ यह कि प्रजा इतने पर भी असंतुष्ट न थी। यह महाजनी सभ्यता में पला जमींदार कच्चा खिलाड़ी नहीं है। वह शोषण की मशीन में हमेशा रोशनाई डाला करता है कि उसकी गति सहज चिकनी बने रहे। गायत्री की बरसी में उन्होंने कम्बल बाँटे, ब्राह्मणों को भोज दिया, होली के दिन जलसे कराए, आसामियों को भाँग पिलाई।

ज्ञानशंकर प्रेमचन्द की तमाम रचनाओं में सबसे दुष्ट नायक है। साधारण झूठ बोलने से लेकर मनुष्य-हत्या तक उसने सभी कुछ किया परन्तु सारे कृत्यों की परिणति हुई जाकर ईश्वर के प्रति श्रद्धा में। उसकी इस विजय में प्रेमचन्द ने आज की विदेशी सभ्यता के सम्पर्क में आनेवाली धूर्त और स्वार्थी जमींदारी-प्रथा को विजयी होता दिखाया है। वह स्वार्थ के लिए अपनी मर्यादा का झंडा गाड़ती है, स्वार्थ के लिए राधाकृष्ण की मूर्ति बनाकर पूजती है और स्वार्थ के लिए धीरे-धीरे किसान का रक्त पीती है। उसके सिर पर रक्षा के लिए विदेशी शासक है, वह उसे खुश रखती है; नीचे किसान है, उसे दबाकर वह अपनी खुशी के साधन जुटाती है और उसी को दबाकर वह सिर के ऊपर शासक को भी खुश रखती है। किसान की गर्दन पर सवार होकर भी वह उसके कान में गीता का पाठ करती है और उसकी जीभ को गुड़ चटाया करती है। मनुष्य की जितनी भी पतित वृत्तियाँ हो सकती हैं, उन पर वह इतना भव्य महल बनाती है कि उसके विरोध में किसी को कुछ कहने का साहस नहीं होता। लोक और परलोक, दोनों ही सधते हैं। ज्ञानशंकर की समृद्धि और अन्त में उसकी आत्मतुष्टि देखकर हठात् कहने को जी चाहता है : जैसे तुम्हारे दिन बहुरे, वैसे सबके दिन बहुरें।

ज्ञानशंकर ने लखनपुर के आसामियों पर इजाफा-लगान का दावा किया। गाँववालों को बड़ा क्रोध आया। कादिर आदि जो नरम दल के लोग थे, वे भी उग्र हो उठे। सबने तय किया कि डटकर जमींदार का विरोध करना चाहिए। इसी समय ईश्वर ने भी जमींदार का साथ दिया और गाँव में प्लेग फैल गया। नदी को लाशें ले जाना और कचहरी भी पहुँचना—गाँववालों की बुरी दशा थी।

कुछ ज्ञानशंकर से वैमनस्य के कारण, कुछ लखनपुर की दशा देखकर ज्वालासिंह ने मुकदमा खारिज कर दिया, यद्यपि ज्ञानशंकर ने अपनी जीत के लिए ज्वालासिंह पर हर तरह का दबाव डालने में कोई कसर न उठा रखी थी। ज्वालासिंह की अदालत से ज्ञानशंकर ने हाईकोर्ट में अपील की। वह अपील भी खारिज हो गई। गाँववालों की विजय हुई परन्तु इस लम्बी लड़ाई में वे चूर हो गए। प्लेग से तमाम घर उजड़ चुके थे। आग, चोरी, आँधी, पाला आदि अन्य व्याधियाँ थीं जिनसे आसामी पीड़ित थे। कर्ज का अब कोई सहारा न था; स्त्रियों के गहने सब निकल चुके थे। गाँव में सुक्खू चौधरी रुपये दे सकते थे परन्तु वह जमींदार के विरुद्ध देना न चाहते थे। जब ज्ञानशंकर की अपील खारिज हो गई तो उन्होंने गाँववालों को उनकी विजय का मजा चखाने का निश्चय किया।

पहले कारिन्दा गौसखाँ ने अपना क्रोध उन झोंपड़ियों पर ही उतारा जिन्हें प्लेग के कारण गाँव छोड़कर लोगों ने जमींदार के बाग में बनाया था। इनमें आग लगा दी गई और लोगों को विवश होकर गाँव में लौट आना पड़ा। इसके बाद जमींदार के ताल का पानी रोक दिया गया। गर्मी के दिनों में कुओं का पानी पाताल चला गया था और गढ़े और तालाब सूख गए थे। पशुओं और मनुष्यों को जमींदार के इस ताल का ही सहारा था। पानी रोकने पर गाँववाले फिर इकट्ठे हुए और अब की सुक्खू चौधरी को भी ताव आ गया। उन्होंने गौसखाँ पर दावा कर दिया और जीत भी गए। ताल पर पक्के घाट की नींव पड़ गई।

इसका बदला गौसखाँ ने दूसरी तरह लिया। नये दरोगा नूरआलम से प्रेम-परिचय पैदा करके उसने सुक्खू के यहाँ कोकीन बरामद कराई और सुक्खू को दो साल की सजा हो गई। इसी वक्त लखनपुर में पुलिस के एक बड़े अफसर का आगमन हुआ। वह इतने बड़े थे कि स्वयं तहसीलदार उनके लिए रसद का प्रबन्ध करने आए। चमार घोड़ों के लिए घास छीलने लगे; कहार कर्मचारियों की सेवा में लग गए। गाँव में जो ऊँची जाति के लोग थे, वे घास छीलकर टेनिस क्लब बनाने के लिए बुलाए गए। घास तो किसी तरह छिल गई; फिर टेनिस कोर्ट लीपने को कहा गया। कादिर डोल लेकर कुएँ की तरफ चले, पर दुखरन भगत घर की तरफ बढ़े। तहसीलदार से कहा-सुनी हुई। नतीजा यह हुआ, चपरासी ने धक्का देकर उन्हें जूते लगाना शुरू किया। कादिरखाँ कुएँ से दौड़कर आए और चपरासी के आगे अपना सिर कर दिया। चपरासी ने उन्हें भी धक्का दिया और मारने के लिए जूता उठाया।

अहिंसावाद का नाटक एक भयानक पलटा खाने ही वाला था कि इक्के पर से प्रेमशंकर ने चपरासी को ललकारा। इसके बाद तहसीलदार से दो-चार तेज बातें हुईं। इतने में वे चमार भी इकट्ठे हो गए जिन्हें मजूरी न मिली थी। प्रेमशंकर की बातचीत का फल यह हुआ कि सिपाहियों ने बन्दूकों के कुन्दों से चमारों को मारा। प्रेमशंकर को जब कुछ न सूझा तब विवश होकर लोगों की जान बचाने के लिए उन्होंने सलाह दी कि काम करो। लोगों ने इतना अपमान सहा, मार खाई, फिर हाकिम का काम भी किया। तहसीलदार ने दया करके दुखरन भगत को, प्रेमशंकर के कहने से, घर जाने की आज्ञा दे दी। दुखदी ने घर आकर अपना क्रोध सालिगराम की बटिया पर उतारा। उठाकर उसे एक ओर फेंक दिया। सवेरे जब खेमा उठा तो तहसीलदार ने मुस्कराकर प्रेमशंकर से कहा : "हम लोग एक तौर पर आपके मददगार हैं, रिआया को सताकर, पीसकर मजबूत बनाते हैं और आप जैसे कौमी हमदर्दों के लिए मैदान साफ करते हैं!"

गौसखाँ के लिए यह सब दैवी सहायता थी। इसके बाद जमींदार की जमीन में लोगों को गोरू चराने से रोका गया। यहाँ से लखनपुर के आसामियों ने अपने नाटक का दूसरा अंक आरम्भ किया। मनोहर की स्त्री गोरू लिये चरावर आ रही थी कि चपरासियों ने रोका। बिलासी ने विरोध किया। इतने में वहाँ गौसखाँ भी आ गया। बिलासी से कहा-सुनी हुई और गौसखाँ ने जानवरों को घेरकर कानी-हौज भेजने का हुक्म दिया। बिलासी ने रास्ता रोक दिया और बोली : "कहे देती हूँ, इन जानवरों के पीछे लोहू की नदी बह जाएगी। माथे गिर जाएँगे।" फैजू चपरासी ने कहा : "हटती है या नहीं चुड़ैल?" बिलासी ने उसी तरह जवाब दिया : "तू हट जा, दाढ़ीजार!" इसके बाद फैजू ने अपनी सम्मान-रक्षा के लिए बिलासी को पकड़कर जोर से धक्का दिया और वह जमीन पर गिर पड़ी। पुत्र और पति के पास बिलासी रोती हुई आई। बलराज लट्ठ लेकर उसी समय चलने को खड़ा हुआ परन्तु मनोहर ने उसे रोका। उसने अपमान का बदला लेने के लिए और भी दृढ़ संकल्प किया। दो पहर रात बीत जाने पर उसने बलराज से कहा : "अच्छा, तो अब राम का नाम लेकर तैयार हो जाओ। डरने या घबराने की कोई बात नहीं। अपनी मरजाद की रक्षा करना मरदों का काम है। ऐसे अत्याचारों का हम और क्या जवाब दे सकते हैं? बेइज्जत होकर जीने से मर जाना अच्छा है।" बलराज ने मनोहर को बहुतेरा मना किया। वह स्वयं जान पर खेलकर बाप को बचाना चाहता था; इसके विपरीत मनोहर मरजाद की बेदी पर अपने को होम करके पुत्र को बचाना चाहता था। बलराज के पैर काँप रहे थे। मनोहर ने समझाया : "कोई परवाह नहीं, कुल्हाड़ा हाथ में लोगे तो सब ठीक हो जाएगा। तुम मेरे बेटे हो, तुम्हारा कलेजा मजबूत है। तुम्हें अभी जो डर लग रहा है, वह ताप के पहले का जाड़ा है। तुमने कुल्हाड़ा कन्धे पर रक्खा, महावीर का नाम लेकर उधर चले तो तुम्हारी आँखों से चिनगारियाँ निकलने लगेंगी।"

किसान-जमींदार-संघर्ष का यह क्लाइमैक्स था; यहीं से नाटक की घटनाएँ तेजी से एक ओर बढ़ चलती हैं। मनोहर की प्रतिहिंसा का फल वही हुआ जिसकी चेतावनी कोई भी नेता उसे पहले से दे सकता था। प्रतिहिंसा से अत्याचार कम न होकर बढ़ता ही है। शत्रु अपनी पूरी शक्ति से दमन आरम्भ करता है और उस समय निरीह प्राणियों के नाश के अतिरिक्त उनका कुछ भला नहीं हो सकता। मनोहर ने यह सब अपनी आँखों देखा और गाँववालों की विपत्ति देखकर उसकी सरल आत्मा ने उसे धिक्कारा भी। ज्ञानशंकर ने पुलिस को मिलाकर एक विशाल षड्यंत्र खड़ा कर दिया। महाजन बिसेसर साह ने झूठी मुखबिरी की। ज्ञानशंकर के प्रलोभन देने पर डॉक्टर ने रिपोर्ट दे दी कि हत्या कई आदमियों ने की है। गाँववालों का क्रोध उतरा मनोहर पर। औरों की तो बात ही क्या, बलराज ने भी कहा : "न जाने उनके सिर कौन-सा भूत सवार हो गया! गुस्सा हमें भी आया था लेकिन उनको तो जैसे नशा चढ़ जाए।" तब गाँव के सबसे कम उग्र व्यक्ति कादिरखाँ ने न्याय का पक्ष लेकर लोगों की स्वार्थ-वृत्ति की निन्दा की : "यारो! ऐसी बातें न करो। बेचारे ने तुम लोगों के लिए, तुम्हारे हक की रक्षा करने के लिए यह सब कुछ किया। उसके जीवट और हियाव की तारीफ तो नहीं करते और उसकी बुराई करते हो! हम सब-के-सब कायर हैं, वही एक मर्द है।"

लोगों के ताने मनोहर के हृदय में छिद गए। वह गाँववालों से दूसरे व्यवहार की आशा करता था। निराश होकर अपनी स्त्री की यंत्रणा का विचार करके उसने आत्महत्या कर ली। गाँव में मनोहर की स्त्री बिलासी को सबके ताने सुनने पड़ते थे। पर एक दिन एक आदमी उसे भी सान्त्वना देने आया। सुक्खू चौधरी, जिनके घर में कोकीन खोजकर पुलिस ने जाली मुकदमा खड़ा किया था, जेल से छूट आए थे। वीतराग संन्यासी सुक्खू चौधरी के मुँह से प्रेमचन्द ने फिर मनोहर के कार्य की प्रशंसा कराई : "इस मन्दिर में अब उसकी समाधि बनेगी और उसी की पूजा होगी। उसको बुरा वही कह सकता है जिसकी आत्मा मर गई है, जो बेहया हो गया है। गाँव के दस-पाँच पुरुष फाँसी चढ़ जाएँ तो कोई चिन्ता नहीं। यहाँ एक स्त्री के पीछे लाखों सिर कट गए हैं।"

मुकदमे का फैसला हुआ। बलराज और कादिर को काला पानी हुआ, बाकी अभियुक्तों को सात-सात वर्ष की कड़ी कैद। गाँव के आदमी जेल में थे। घर के लोगों का बुरा हाल था। फैजुल्लाहखाँ नये कारिन्दा बने थे। उनका विरोध करनेवाला कोई था नहीं; गाँव उनका, उनके बाप का। बिलासी पर उन्होंने बकाया लगान का दावा किया और वही गोरू, जिनके पीछे बिलासी ने सारा आन्दोलन खड़ा किया था, कुड़क कर लिये गए। यही नहीं, स्वयं बिलासी, जिसके जमीन पर गिरने से मनोहर ने एक आदमी का खून कर दिया था, वह बिलासी भी चपरासियों द्वारा बुरी तरह पीटी गई। जिस मरजाद के लिए मनोहर ने आत्महत्या की, उसी की बहू की

मरजाद उतारने के लिए चपरासी उसके घर में घुसे। एक मनुष्य जो अपनी स्त्री की मरजाद बचाना चाहता है, उसे कुचलने के लिए जमींदार वर्ग की शक्ति, और डॉक्टर और वकील, और अदालत और पुलिस—महाजनी सभ्यता की कितनी बड़ी सेना एक साथ सक्रिय हो उठती है!

गाँव की फसल सूख गई थी। लगान के लिए फैजुल्लाह लोगों को धूप में खड़ा करता, किसी को मुश्के कसकर पिटवाता; स्त्रियों में किसी की चूड़ियाँ तोड़ी जातीं, किसी के जूड़े नोचे जाते। फैजुल्लाह जानता था, इनके पास पैसे नहीं हैं परन्तु अत्याचार से उसकी पशुवृत्ति संतुष्ट होती थी। इन अत्याचारों के सामने किसानों के असहाय देखकर प्रेमचन्द ने लिखा : "इन अत्याचारों को रोकनेवाला अब कौन था? सत्याग्रह में अन्याय को दमन करने की शक्ति है, यह सिद्धान्त भ्रान्तिपूर्ण सिद्ध हो गया।" और इस परिणाम के साथ यह नाटक एक तरह से समाप्त हो जाता है। यदि 'प्रेमाश्रम' संवत् 1978 में न लिखा जाकर बारह बरस बाद लिखा गया होता तो शायद वह उसी वाक्य से समाप्त हो जाता परन्तु प्रेमचन्द को उसे सुखान्त बनाना था। अभियुक्त अपील में जेल से छूट जाते हैं, उनका जुलूस निकलता है और बाद में मायाशंकर अपनी रियासत छोड़ देते हैं; सहकारिता में किसानों के लिए रामराज हो जाता है। प्रेमचन्द की महत्ता इसमें है कि उन्होंने जमींदार वर्ग की नृशंसता का इतना वृहत् और सर्वांग चित्र खींचा है। चपरासी से लेकर मालिक ज्ञानशंकर तक एक भारी यंत्र जैसे किसानों की छाती पर शासन कर रहा है, और प्रेमचन्द ने उसके सभी कलपुर्जों की क्रिया की ओर हमारा ध्यान आकर्षित किया है। उसकी अमानुषिकता और बर्बरता को उन्होंने छिपाया नहीं है। यह मानना पड़ेगा कि आदर्शवादी अन्त के होते हुए भी उन्होंने जमींदारी से समझौता नहीं किया। लोग सुख की साँस तभी लेते हैं जब उसका समूल नाश हो जाता है।

'कर्मभूमि' में प्रेमचन्द ने लगानबन्दी आन्दोलन का वर्णन किया है। इसके किसान-नेता आज की किसान-सभा के नेताओं से बहुत कुछ मिलते-जुलते हैं। सन् '29 की मन्दी से देश के सभी वर्ग आर्थिक संकट में थे; किसानों की तो और भी दुर्दशा थी। चीजें सस्ती हो गई थीं, रुपये का माल तिहाई-चौथाई में बिक रहा था, लगान चुकाना असम्भव था, महन्त-जमींदार के अमलों ने प्रजा पर अत्याचार करना शुरू किया। प्रजा ने विद्रोह किया और उसे कुचलने के लिए जमींदार ने राज्य-शक्ति का सहारा लिया। राज्य-शक्ति ने उच्चवर्ग से सहानुभूति दिखाते हुए शान्ति की रक्षा के लिए अपनी बर्बरता का और भी क्रूर प्रदर्शन किया।

किसान-नेता आत्मानन्द का तर्क बहुत सीधा था : "तुम्हारी थाली की रोटी तुमसे कहे, मुझे न खाओ तो तुम मानोगे? जब रोटी की बात न मानोगे तो जमींदार भी तुम्हारी बात क्यों मानने लगे? जमींदार जमींदार इसलिए है कि तुम लगान देनेवाले किसान हो।" आत्मानन्द ने कहा, किसानों को महन्त जी का ठाकुरद्वारा

घेर लेना चाहिए और जब तक वह लगान बन्द न करें, उनका कोई उत्सव न होने दिया जाए। दूसरे नेता अमरकान्त ने इसका विरोध किया और पहले महन्त जी से प्रार्थना करना उचित समझा। महन्त जी ने कहा, सरकार जितनी मालगुजारी छोड़ देगी, उतना ही लगान वह छोड़ देंगे। लोगों ने इस आश्वासन पर थोड़ा-बहुत लगान देना शुरू किया परन्तु छूट का कहीं नाम नहीं। लोग ऊबने लगे और फिर सभाएँ होने लगीं। अन्त में अमरकान्त को भी लगानबन्दी के लिए आवाज लगानी पड़ी।

अमरकान्त के पिता लाला समरकान्त जब इस इलाके में गए तब वहाँ का बुरा हाल था। सिपाहियों और सवारों का राज्य था। पाँच आदमी से ज्यादा एक जगह जमा न हो सकते थे, न आठ बजे के बाद रात में कोई घर से निकल सकता था। न जाने कितने घर जला दिये गए थे और किसान बेचारे पेड़ों के नीचे बाल-बच्चों के साथ पड़े हुए थे। स्वामी आत्मानन्द अधजली पाठशाला में डेरा डाले थे। आदमी इकट्ठे होते, सवारों को आता देखकर इधर-उधर भाग जाते। लाला समरकान्त का आदमियों ने स्वागत किया। कोई खटका न रहने से पुलिस आज विश्राम कर रही थी, इसलिए आदमी घरों से निकल आए। किसी के सिर में पट्टी बँधी थी, किसी के हाथ में। कई लँगड़ा रहे थे। गूदड़ ने बताया, सरकार बारह आने वसूल करने पर लगी है, किसान कहते हैं, है ही नहीं, दें कहाँ से? बहुत लोग गाँव छोड़कर भाग गए हैं। एक बुढ़िया थी, सलोनी। जब लोगों पर हंटर पड़ रहे थे, तब इस बुढ़िया से न रहा गया। कुछ न बना तो अफसर के मुँह पर थूक दिया। अफसर ने इतने हंटर जमाए कि वह अचेत होकर गिर पड़ी और जब तक वह गिर न पड़ी, तब तक हर हंटर पर गाली देती रही। समरकान्त ने देखा, सलोनी की सारी देह सूज उठी है और साड़ी पर लहू के दाग सूखकर कत्थई हो गए हैं। दमन का यह चित्र देखकर सूदखोर समरकान्त का भी दिल दहल उठा। उन्होंने अपना क्रोध ईश्वर पर उतारा। अगर उसकी यही लीला है, तो वह पशु से भी गया-बीता है।

घटनाचक्र में पड़कर अमरकान्त के मित्र सलीम को सरकारी नौकरी से इस्तीफा देना पड़ा। नौकरी छोड़ने पर स्वभावत: वह जनता का नेता बन बैठा और क्रमश: जनता की ओर से उसे वह सब कुछ करना पड़ा जिसके लिए पहले वह जनता पर हंटर चलाता था। सलीम के बाद एक बंगाली सिविलियन घोष ने चार्ज लिया। इन्होंने गाँव-भर के जानवरों को कुड़क करने की घोषणा की, कसाई भी बुला लिये। लोग समझे, यह धमकी-भर है पर शीघ्र ही उनका भ्रम दूर हो गया। गाँव के मदरसे के सामने गोरू इकटठे किए गए, किसानों की आँखों के सामने कसाइयों ने उनकी जाँच-पड़ताल शुरू कर दी। सलीम और घोष में अभी कानूनी शास्त्रार्थ हो रहा था कि अहीरों के महाल में लाठी चल गई। संगीन चढ़ाए सिपाही उधर लपके। इधर सलीम ने कसाइयों को समझाना शुरू किया। समझाते-समझाते हाथापाई की नौबत आ गई। सलीम ने एक को गिरा दिया, तब कसाई के दो साथी जो तमाशा

देख रहे थे, सलीम पर टूट पड़े। इतने में उधर से बुढ़िया सलोनी निकली। सलीम से उसने मार खाई थी पर अब सलीम गाँव का नेता था। उसे मार खाता देखकर सलोनी ने कसाइयों पर पीछे से लाठी चलाई। एक ने सलोनी को धक्का दिया, तब तक सलीम ने दूसरे को घूँसों से नीचे गिरा दिया। जिसने सलोनी को धक्का दिया था, वह जान बचाकर भागा। सलीम ने जानवरों की रस्सियाँ खोल दीं और वे पूँछ उठाकर भाग खड़े हुए।

इतने में आत्मानन्द उधर से आए और सलीम को अहिराने ले गए। उत्तेजित वह इतना थे कि सलीम से रिवॉल्वर माँग रहे थे। आत्मानन्द अहिराने पहुँचे तो देखा, एक युवती सिर खोले, अस्त-व्यस्त, कपड़े खून से तर, सलीम के पैरों से लिपट गई। उसके घर में सिपाही घुस गए थे; आत्मरक्षा के लिए उसने गड़ासे से दो को घायल कर दिया था। अब भी उसके बाल पकड़कर एक सिपाही उसे घर के भीतर ले जाना चाहता था। सलीम के धमकाने पर उसने उसे छोड़ा। इसके बाद घोष बाबू आए, सलीम से कहा-सुनी हुई और सलीम ने उनकी टाँग पकड़कर उन्हें घोड़े पर से खींच लिया और घूँसों से उनका मुँह चूर कर दिया।

इसके बाद वही हुआ जो अहिंसावादी नाटकों में होता है। समरकान्त तेज बहादुर सप्रू बने, समझौते की कमेटी बनी। किसानों से कहा गया कि उनके प्रतिनिधि भी कमेटी में रहेंगे। क्या इस कमेटी का मत सरकार को मान्य होगा?—मुन्नी के इस प्रश्न का जवाब समरकान्त या अमरकान्त, किसी के पास न था। एक भयानक दुःखान्त नाटक पर जैसे किसी ने पनछुट रंगों से लीपा-पोती करने की कोशिश की हो, इस तरह 'कर्मभूमि' का अन्त होता है। लेकिन प्रेमचन्द देश की राजनीति से बाध्य थे। इसके अतिरिक्त दूसरा अन्त वह दिखा न सकते थे क्योंकि किसानों को इसी तरह फुसलाया गया है। प्रेमचन्द की क्रान्तिकारी यथार्थता व्यक्त हुई है दमन के चित्रण में। अहिंसावाद की पुस्तकों में, दमन सहने पर, शत्रु के हृदय-परिवर्तन की जैसी भव्य कथा हम पढ़ते हैं, उससे यह यथार्थ कितना भिन्न है! लगानबन्दी आन्दोलन में परिस्थिति कितना भयंकर हो सकती है, प्रेमचन्द ने इसका खाका खींच दिया है। क्या लगानबन्दी के अतिरिक्त किसानों के लिए और भी कोई मार्ग था? प्रेमचन्द ने उत्तर दिया है—नहीं। न खाने को था, न देने को। आन्दोलन छोड़कर उनके पास कोई चारा नहीं था।

'प्रेमाश्रम' में जैसे गाँव के विध्वंस का अन्तिम चित्र हमारे हृदय पर अंकित रह जाता है, वैसे ही यहाँ भी एक गाँव का नाश बार-बार हमारी आँखों के सामने सजीव हो उठता है। "अँधेरा हो गया था। आतंक ने सारे गाँव को पिशाच की भाँति छाप दिया था। लोग शोक से मौन, और आतंक के भार से दबे, मरनेवालों की लाशें उठा रहे थे। किसी के मुँह से रोने की आवाज न निकलती थी। जख्म ताजा था, इसलिए टीस न थी।" प्रेमचन्द की चित्रण-शक्ति यहाँ अपनी चरम सीमा

को पहुँची हुई है। थोड़े-से शब्द, जैसे विष में बुझे हुए, हृदय में घाव कर देते हैं। शब्दों में चित्रांकन की अद्भुत क्षमता है और जो चित्र आँका जाता है, वह अपने भाव-गाम्भीर्य में अपूर्व है। सबेरे घोष बाबू डाकबँगले गए और उन्होंने उस अहीर-युवती को कांस्टेबलों के साथ सदर भेज दिया। सिपाहियों को घायल करके ऐसे सस्ते छूट जाती तो दमन ही क्या! पहर रात जाते चार अरथियाँ गंगा की ओर चलीं। आगे वही बुढ़िया सलोनी गाती हुई चली—"सैंया मोरा रूठा जाय, सखी री।" किसानों की इसे विजय समझिए चाहे पराजय, सलोनी के गाने पर चाहे हँसिए चाहे रोइए—'कर्मभूमि' का वास्तव में यहीं अन्त हो जाता है।

किसानों के चित्रण में प्रेमचन्द हमें भारतीय जन-आन्दोलन के बीचोबीच ला खड़ा करते हैं। यही वह स्थल है जहाँ दमन अपने क्रूरतम रूप में निःसहाय निर्बल किसानों को चूर करता हुआ चलता है। यही वह प्रेरणा-केन्द्र भी है जो समग्र जन-आन्दोलन को बल देता है। किसानों का ही वह वर्ग है जिसके लिए आन्दोलन की समस्त शक्तियाँ एकत्र होकर गतिशील होनी चाहिए। प्रेमचन्द ने गाँव का सारा वातावरण पाठक के आगे सजीव कर दिया है। निर्धनता और अन्धविश्वास, पर इनके साथ सहनशीलता और सहृदयता—किसानों के इस सरल और दुखी-संसार में नवीन सभ्यता आकर पुराने चक्र में जैसे बिजली डाल देती है और ये किसान छिन्न-भिन्न होकर इधर-उधर बिखर जाते हैं। प्रेमचन्द हमें निराश नहीं करते। आत्मबल पर विश्वास करके संगठित होकर समाज-यंत्र पर आघात करने का हमें सन्देश देते हैं। उनकी आशा उथली नहीं है। उसके नीचे परिस्थिति की भयंकरता का पूरा ज्ञान है। उन्होंने यथार्थ की निष्ठुरता को तिल-भर भी घटाकर चित्रित नहीं किया। बीसवीं शताब्दी की अमानुषिकता की कठोर कहानी उन्होंने पूरी-पूरी कह दी है।

[1941]

15

उपन्यासकार वृन्दावनलाल वर्मा

एक बीते जमाने की याद और आनेवाले युग की बानगी की तरह वृन्दावनलाल वर्मा अभी हमारे बीच में हैं और अपनी लेखनी से एक के बाद दूसरा, अनूठे उपन्यासों से हमारी भाषा और साहित्य का माथा ऊँचा कर रहे हैं। छासठ साल के वर्मा जी में नौजवानों की-सी जिन्दादिली है, अपनी शक्ति और कला में अटूट विश्वास है, हिन्दी भाषा और देश के उज्ज्वल भविष्य में अटल आस्था है। ऐसे नौजवान आजकल के साहित्यकारों में कम देखने को मिलते हैं। इसीलिए उन्हें बीते जमाने की याद कहा। उनकी छेड़छाड़, चुहल और लगन देखकर भारतेन्दु हरिश्चन्द्र, बालकृष्ण भट्ट और प्रेमचन्द जैसे साहित्यकारों की याद आती है। मँझोला छरहरा स्वस्थ शरीर, चौड़ा माथा, चौड़ी छाती, चौड़ी हड्डियाँ, गहरी पैनी आँखें—इस ढाँचे में न जाने कितनी निर्माण-शक्ति, न जाने कितना अथक परिश्रम करने की क्षमता भरी हुई है। चुस्त और फुर्तीले वर्मा जी को देखकर ऐसा लगता है कि उन्होंने बहुत पहले ही ढेरों उपन्यास लिखने का कार्यक्रम बना लिया था। और इसी के लिए मानो अपने जीवन में इस मंत्र को चरितार्थ करते रहे थे : 'शरीरमाद्यं खलु धर्मसाधनम्'।

आज से लगभग पच्चीस साल पहले यह पूछने पर कि प्रेमचन्द के बाद हिन्दी का श्रेष्ठ उपन्यासकार कौन है, स्वर्गीय बदरीनाथ भट्ट ने उत्तर दिया था—वृन्दावनलाल वर्मा! भट्ट जी को वर्मा जी के उपन्यास बहुत प्रिय थे। यद्यपि उस समय वर्मा जी के थोड़े ही प्रारम्भिक उपन्यास निकले थे, फिर भी भट्ट जी उनकी सरस कला के बहुत बड़े प्रशंसक बन गए थे और उन्हें उपन्यासकारों में बहुत ऊँचा स्थान देते थे।

वर्मा जी के उपन्यास मित्रों की तरह हैं। पढ़िए, रस लीजिए और फिर पढ़िए, कोई नई बात मिलेगी, कोई बात जो पहले ध्यान में न आई थी, और जो बातें याद हैं, वे संगीत की तान की तरह दोहराने पर फिर भी आनन्द देती हैं। 'गढ़कुंडार', 'कुंडली चक्र', 'विराटा की पद्मिनी', 'झाँसी की रानी लक्ष्मीबाई', 'मृगनयनी'—इन्हें कौन नहीं जानता? जो इन्हें नहीं जानता, वह हिन्दी नहीं जानता। ये कृतियाँ हिन्दी

साहित्य का अमर अंग बन गई हैं; 'प्रेमाश्रम', 'रंगभूमि', 'गोदान' आदि के साथ वे कथा-साहित्य में 'क्लासिक' का स्थान पा चुकी हैं।

वर्मा जी ने लगभग तभी लिखना शुरू किया था जब प्रेमचन्द ने। प्रेमचन्द के समान ही उनमें लिखने की अपूर्व क्षमता है। प्रेमचन्द के समान उनमें साधारण जनता से गहरा प्रेम है। धार्मिक अन्धविश्वासों, सामन्ती अत्याचारों और जाति-प्रथा से घृणा है। प्रेमचन्द के समान उन्होंने नारी की वीरता, उसके मान-सम्मान की अनुपम गाथाएँ रची हैं। और हिन्दी का अधिकांश आलोचक-वर्ग जैसे प्रेमचन्द की ओर से उदासीन था, वैसे ही वर्मा जी के प्रति भी उदासीन है। लेकिन साधारण पाठकों ने जैसे प्रेमचन्द को अपना लेखक मान लिया था, वैसे ही उन्होंने वर्मा जी को अपना लेखक मान लिया है।

[1]

वर्मा जी ने अधिकतर ऐतिहासिक उपन्यास लिखे हैं। इनका क्षेत्र प्राय: बुन्देलखंड है। उपन्यासों का ढाँचा ऐतिहासिक है। उनकी न केवल भौगोलिक वरन् सांस्कृतिक पृष्ठभूमि भी आज की है। उनकी सजीवता का यह बहुत बड़ा कारण है। बुन्देलखंड की नदियाँ, झीलें, पहाड़ियाँ, जंगल, पुराने दुर्ग, वहाँ के लोकगीत और सरस बुन्देलखंडी बोली—यही वर्मा जी की प्रेरणा के स्रोत हैं। उनका बिरला ही उपन्यास होगा जिसमें बेतवा के दर्शन न हों। कहीं बेतवा तीव्र गति से दहाड़ मारती हुई बह रही है, ऊपर से मेह बरस रहा है और हवा ने प्रचंड रूप धारण कर लिया है। इस आँधी-पानी में निडर स्त्री रामा अपने पति से मिलने के लिए 'सघन बादलों में छिपे हुए चन्द्रमा की तरह' नदी पार कर जाती है। ('लगन' में) कहीं विराटा को घेरकर बेतवा बहती है जिसके मन्दिर में विराटा की पद्मिनी कुमुद रहती है जिसे लोग दुर्गा का अवतार कहते हैं। यहाँ जंगली पशुओं की आवाजें नदी के कल-कल स्वर में मिल जाती हैं। पैंजनी का शब्द करती हुई कुमुद इसी बेतवा में कूदती है : "धार ने अपने वक्ष को खोल दिया और तानसमेत उस कोमल कंठ को सावधानी से अपने कोश में ले लिया।" ('विराटा की पद्मिनी' में) इसी बेतवा के किनारे दीवान रघुनाथसिंह और अपनी सहेलियों के साथ रानी लक्ष्मीबाई आती हैं। "बेतवा दोनों पाट दाबे वेग से चली जा रही है।" उस पर हरियाली से ढकी हुई पहाड़ियाँ हैं जिन पर बादल घुमड़ रहे हैं। बेतवा का तीव्र स्वर आँधी से होड़ करता है। रानी आज्ञा देती हैं—कूद पड़ो; और सबसे पहले लक्ष्मीबाई का घोड़ा बेतवा में कूदता है।

बुन्देलखंड की नदियाँ अपने-आपमें कविताएँ हैं। जंगली प्रदेश पार करके बहती हुई वे बड़ी सुन्दर लगती हैं। वे अपने-आपमें कहानियाँ हैं। उन्होंने प्रेम, वीरता और बलिदान के न जाने कितने दृश्य देखे हैं। वर्मा जी के पात्रों को बुन्देलखंड और उसकी नदियाँ बहुत ही प्यारी हैं। आखेट में मृगनयनी का अद्भुत पराक्रम

देखकर राजा पूछता है : "इतना बल तुममें कहाँ से आया?" मृगनयनी जवाब देती है : "राई की नदी के पानी से। हम लोगों की गाँठ में और है ही क्या?" यह बात और बहुत-से पात्रों के लिए भी सत्य है। जंगलों, पहाड़ों और नदियों के कछारों में घूमनेवाले नर-नारी स्वभाव से ही स्वाधीनता-प्रेमी हैं, उनका देश-प्रेम उनकी वीरता का उद्‌गम है।

वर्मा जी ने बुन्देलखंड के झाड़-झंखाड़ों का भी बड़ी आत्मीयता से चित्रण किया है। करधई, रेवंजा, नेगड़, काँकेर और मकोय के घने जंगलों में वह चतुर शिकारी की तरह पाठक को अपने साथ घुमाते हैं। नदी के पास साल और सागोन के वन में मृगनयनी और लाखी शिकार खेलती हैं। करधई की कत्थई रंग की झाड़ी में दोनों सखियाँ प्रवेश करती हैं। वन-प्रकृति का यह निकट से परिचय कथा के यथार्थ रंग को और गहरा कर देता है। कहना न होगा, आखेट का वर्णन करने में वर्मा जी हिन्दी उपन्यासकारों में अद्वितीय हैं। कल्पना का विशेष पुट दिये बिना ही वह मानो अनुभव के आधार पर आखेट की साहसिकता, भय, पशुओं की चतुराई, अहेरी की सतर्कता—सभी का सजीव चित्र प्रस्तुत कर देते हैं।

बुन्देलखंड की कहावतें, मुहावरे, लोकगीत आदि वर्मा जी के उपन्यासों की सांस्कृतिक पृष्ठभूमि हैं। उन्होंने अनेक ग्रामीण शब्दों का अपने गद्य में प्रयोग करके भाषा को समृद्ध किया है। सरकना, कदाच, अनखाये, डिड़कार, निहोरा, डाँग, अधपर, हाँका, रौरा, चेंथरी, रावली, गेंवड़े, करमीले, आदि शब्दों के प्रयोग की सार्थकता इसमें भी है कि उपन्यास में स्थानीयता का रंग निखर उठता है। पाठक आँखों से प्रेम और वीरता के दृश्य ही नहीं देखता, वहाँ की बोली-बानी भी सुनने लगता है। प्रेमचन्द की तरह वर्मा जी के पात्र भी खड़ी बोली का ही प्रयोग करते हैं लेकिन उनकी खड़ी बोली बुन्देलखंडी रंग में रँगी होती है। उसे सुनकर ऐसा लगता है कि गाँव के लोग खड़ी बोली बोलेंगे तो ऐसे ही। लेकिन जहाँ वर्मा जी अपने पात्रों को बुन्देलखंडी में ही बोलने देते हैं, वहाँ के संवादों की सरसता का क्या कहना! 'गढ़कुंडार' में अरजुन कुम्हार की बातें सुनते मन नहीं अघाता। उसकी बातचीत में बुन्देलखंडी किसान की विनोदप्रियता, चतुराई, आत्मसम्मान और वीरता की भावना भरी हुई है। किले का दरवाजा खटखटानेवालों से वह बड़े तपाक से कहता है : "अरजुन कौं बान खाके कोऊ राम को नाँव लों नईं लै पाउत।" बिना अलंकारों के तो वह बात ही नहीं करता। एक बार ललकारे जाने पर वह जवाब देता है : "लरबे कौं औसर आहै तो कौन माता खौं सात बेरें जनम देने।" 'विराटा की पद्‌मिनी' में एक किसान की बातचीत में क्या बाँकपन है : "ऐसी का जल्दी परी दाऊजी? जो कछू लटौ दूबरा कनूका हमाए गाँठ में है सो नजर है। हमसे ऐसी का बिगरी कि अबई जावो हो जैय?" लगता है कि यह किसान उपन्यासकार से भी बढ़कर भाषा का धनी है।

'झाँसी की रानी लक्ष्मीबाई' में झलकारी के दो बोल अमर हैं। रानी नाम पूछती है। जवाब मिलता है : "सरकार, झलकारी दुलैया।" इस 'दुलैया' के आगे देव, बिहारी, मतिराम सब मात हैं। उस शब्द की व्यंजना-शक्ति को उनके सवैया घनाक्षरी पा नहीं सकते। और जब झाँसी अंग्रेजों के अधीन हो जाती है, तब झलकारी दुलैया बुन्देलखंड की जनता का अपार क्षोभ इस वाक्य में उड़ेल देती है : "छाती बर जाए इन अंगरेजन की, गुटक लई झाँसी।"

वर्मा जी के उपन्यासों में जहाँ-तहाँ लोकगीतों के स्वर सुनाई देते हैं। लोकगीत लोक-संस्कृति का अभिन्न अंग हैं। जनता का चित्रण करते हुए लोकगीत एक ओर कथा में बुन्देलखंडीपन का आभास देते हैं—स्थानीयता उभारकर यथार्थवाद को पुष्ट करते हैं—दूसरी ओर उपयुक्त अवसर पर—जहाँ गद्य काम नहीं कर सकता—वे पाठक और लेखक की भावना प्रकट करते हैं। 'झाँसी की रानी लक्ष्मीबाई' में दीवार लाँघने के पहले सागरसिंह याद करता है : "फेर न जननी जनम है, फेर न खैंच कमान।" तोप चलाने के पहले गौसखाँ यह पंक्ति सुनाता है : "जननी जनम दियो है तोखों बस आजहि के लाने!" और भग्गी दाऊजी की यह पंक्ति वीररस की व्यंजना में अद्भुत है : "झाँसी की जो लटी तकै तिहिं खाएँ कालका माई।"

'विराटा की पद्मिनी' का अन्त इस मार्मिक पंक्ति से होता है : "उड़ गये फुलवा रह गई बास।" लोकगीत की इस पंक्ति को विराटा की पद्मिनी का दुःखपूर्ण अन्त दिखाने के लिए वर्मा जी ने बड़े चतुर ढंग से प्रयुक्त किया है। उसमें जो वेदना केन्द्रित है, वह एक श्रेष्ठ कलाकार की संयत शैली में सब कुछ कह देती है जो एक अध्याय के व्याख्यान में न कहा जा सकता।

गाँवों के सांस्कृतिक जीवन में केवल लोकगीत नहीं हैं; वहाँ नाच है, आखेट है, फाग और होली है, कसरत-कुश्ती, तैराकी आदि का प्रेम भी है। यद्यपि सैकड़ों वर्षों तक सामन्तों ने रास-रंग पर अपना अधिकार जमा रखा था और जनता को दुखी जीवन बिताने पर विवश किया था, फिर भी भारत की जनता के हृदय से कला का प्रेम मिटा नहीं है। वह उसके लोकनृत्यों और उत्सव-विनोद के रूप में सुरक्षित है। वर्मा जी इस कला के प्रेमी हैं, वे जनता का यह कला-प्रेम अपने उपन्यासों में चित्रित करते हैं। 'झाँसी की रानी लक्ष्मीबाई' में हरदी कूँ-कूँ का नाम लेना कला-प्रेम और विनोदप्रियता का परिचायक है। हरदी कूँ-कूँ से खेलनेवाली ये स्त्रियाँ ही खून की होली खेलने के लिए भी आगे बढ़ती हैं। उनमें भरे-पूरे, स्वस्थ और कलापूर्ण जीवन की चाह है। वे पर्दे के भीतर बैठकर पति की आराधना करनेवाली देवियाँ नहीं हैं। वे आततायी के सामने लाज से छुई-मुई-सी म्लान नहीं हो जातीं। वे अपने देश और नारीत्व की रक्षा करती हैं। उनकी वीरता का एक कारण उनकी स्वाधीन प्रकृति, जीवन और कला से उनका प्रेम भी है। हरदी कूँ-कूँ के अवसर

पर "झलकारी ने तो अपने बुन्देलखंडी नृत्य में अपने को बिसरा दिया।" जब गंगाधर राव को शासन का अधिकार मिल गया और झाँसी में अंग्रेजी फौज रखना भी तै हुआ, तब "दरबार हुआ, खुशियाँ मनाई गईं, खेल-कूद, नाटक इत्यादि हुए, परन्तु अनेक झाँसी निवासियों को खोखलापन ही दिखलाई पड़ा।" विदेशी छाया में जीवित सामन्ती संस्कृति का यह खोखलापन झलकारी के बुन्देलखंडी नृत्य का मुकाबला नहीं कर सकता। 'टूटे काँटे' उपन्यास में वर्मा जी ने यह अन्तर और भी स्पष्ट कर दिया है। नुरबाई सामन्तों के दरबार में कला का वह मर्म नहीं खोज पाती जो उसे ब्रज की धरती पर आनन्द-विभोर होकर नाचते हुए मिल जाता है। "नूरबाई गाते-गाते नाच उठी और यमुना कूल की ओर बढ़ने लगी। बढ़ते-बढ़ते धूप में आ गई।...नूरबाई की पदचापों से रज उठ रही थी जिसको पवन के झोंके उसके चारों ओर घुमा-घुमा दे रहे थे।" मृगनयनी भी नृत्य से प्रेम करती है। वह अपने तांडव से दर्शकों में वे भाव पैदा करती है जो सामन्ती कला की पहुँच से बाहर थे। चित्रकला में भी जहाँ केवल आनन्द और मनोरंजन था, वह पुरुषों को उनके कर्तव्यों की याद दिलाती है।

वर्मा जी इस कलाप्रेमी जनता के कुशल चितेरे हैं। उनका सरस हृदय इस जनता के प्रेम और वीरता की कहानियों पर मुग्ध है। बुन्देलखंड की नदियों, जंगलों और पहाड़ों की चित्रमय पृष्ठभूमि में प्रेम और वीरता की अनेक घटनाएँ हम देखते हैं और इन कथाओं को सरस बनानेवाले लोकगीत, ग्रामीण मुहावरे, हास्य और विनोद वर्मा जी की कला को और भी सजीव कर देते हैं।

[2]

वर्मा जी की कला निषेधात्मक नहीं है। उसका आधार जीवन के प्रति उदासीनता और वैराग्य नहीं है। प्रसाद जी की तरह उनका दृष्टिकोण आनन्दवादी है। यह आनन्दवाद सामन्ती विलासिता से एकदम भिन्न है। उसमें कर्म और आनन्द का समन्वय है। वह जीवन की सरसता का तिरस्कार न करके उसे ग्रहण करता है।

वर्मा जी के उपन्यास प्रेम और वीरता की गाथाएँ हैं। इनमें नारी-पात्रों की भूमिका प्रमुख है। वीरता और सौन्दर्य में कोई बैर नहीं है। वर्मा जी सौन्दर्य का वर्णन किसी कवि की तरह करते हैं। विराटा की पद्मिनी का सीधे वर्णन न करके वह उसके सौन्दर्य का प्रभाव इस उपमा द्वारा व्यंजित करते हैं : "ऐसा जान पड़ा मानो कमलों का समूह उपस्थित हो गया हो!" नागदेव 'गढ़कुंडार' की हेमवती के बारे में सोचता है : "कोमल अंग हैं, उछलती हुई बड़ी आँखें हैं, सोने का रंग है, गरबीली ठोढ़ी है, सीधी नाक है।...और हाथ में तलवार और तीर कमान।" मृगनयनी और लाखी जब करधई की झाड़ी में घुसती हैं, तब कछौटा मारे हुए उनके वेश का वर्णन लेखक ने विशेष मौलिकता का परिचय देते हुए किया है।

ये नारी-पात्र लक्षण-ग्रंथों की नायिकाएँ नहीं हैं। उनका अपना व्यक्तित्व है, मान-अपमान की भावना है। वे प्रेम करना जानती हैं और प्रेम के लिए मर मिटना भी जानती हैं। यह प्रेम की समस्या उपन्यासों में घटनाओं के विचित्र ऊहापोह खड़े कर देती है।

'विराटा की पद्मिनी' में कुमुद को लोग दुर्गा का अवतार कहते हैं लेकिन है वह एक साधारण नारी। उसे कुंजरसिंह से प्रेम है। लेकिन कुंजरसिंह दासीपुत्र है। प्रेम न जाति-पाँति का विचार करता है, न ऊँच-नीच का भेदभाव मानता है। एक बार कुंजरसिंह कहता है : "आपका यह विचार है कि मैं नीच हूँ, और नीच को वरदान नहीं दिया जा सकता। परन्तु मैं कहता हूँ कि वसंत छोटे और बड़े—सब प्रकार के वृक्षों को हरियाली देता है, धराशायी घास के तिनकों में भी नन्हे-नन्हे सुन्दर फल लगा देता है। और पवन किसी स्थान को भी अपनी कृपा से वंचित नहीं रखता।" कुमुद स्वयं उसे नीच नहीं समझती, वह राजकुमार कहकर उसे सम्बोधित करती है। अपने हक के लिए लड़ने को कहती है। युद्ध के लिए चलते समय कुंजरसिंह स्पष्ट शब्दों में अपना प्रेम-निवेदन करता है। कुमुद यथासम्भव स्पष्ट उत्तर देती है : "आप अपनी तोपों को जाकर सँभालिए। मैं दुर्गा जी से आपकी रक्षा और विजय के लिए प्रार्थना करती हूँ।" कुमुद उसके साथ युद्ध में जाना चाहती है लेकिन कुंजरसिंह उसे मन्दिर में ही ठहरने को कहता है। वह निराश प्रेमी की तरह कहता है, मुझे भूल जाओ। कुमुद अपने आँसुओं से ही इसका उत्तर दे सकती है। कुंजरसिंह उससे तलवार की मूठ छूने की प्रार्थना करता है। कुमुद एक हाथ उसकी तलवार की मूठ पर रखती है, दूसरा उसके कन्धे पर। कुंजरसिंह उसे हृदय से लगा लेता है और कुमुद अपना सिर उसके कन्धे पर रख देती है। सामन्ती-व्यवस्था की वेदी पर कुमुद और कुंजरसिंह के प्रेम की बलि चढ़ा दी जाती है और कुंजरसिंह को अन्त में यही कहकर संतोष करना पड़ता है : अगले जन्म में फिर मिलेंगे।

'गढ़कुंडार' में ब्राह्मण अग्निदत्त और राजकुमारी मानवती का प्रेम उसी सामन्ती व्यवस्था से टकराता है। मानवती पूछती है—इस प्रेम का अन्त कैसे होगा? अग्निदत्त अपने बलिदान की बातें करता है। लेकिन बलिदान स्त्रियाँ भी कर सकती हैं। अग्निदत्त दुविधा की बात करता है : "संसार में रहेंगे तो हम-तुम दोनों एक दूसरे के होकर रहेंगे और नहीं तो पहले अग्निदत्त तुम्हारी विदा लेकर...।" मानवती यों विदा लेकर प्राण देने में विश्वास नहीं करती। वह अपने प्रेमी से डाँटकर कहती है : "आगे ऐसी बात कभी मत करना। इस सुविस्तृत संसार में हमारे-तुम्हारे लिए बहुत स्थान है।" सामन्ती समाज में जाति-प्रथा का उल्लंघन करके प्रेम करना और प्रेम करके एक साथ रहना आसान नहीं है। शासकवर्ग और उसके चाकर पुरोहित इसे अपने लिए खुली चुनौती मानते हैं। वर्मा जी के पात्र जाति-प्रथा के बन्धन नहीं

मानते, वे उनमें बँधे हुए घुटते हैं, प्राण दे देते हैं, तोड़ने के लिए जोर लगाते हैं और अक्सर तोड़ भी देते हैं। उनके प्रेम का चित्रण सामन्ती व्यवस्था और जाति-प्रथा की कड़ी आलोचना है।

नागदेव को जब अपने मित्र अग्निदत्त के प्रेम का पता चलता है, तब वह आपे से बाहर हो जाता है। वह तमाम पिछले आश्वासन और मित्रता की मीठी बातें भूलकर अग्निदत्त को बुरी तरह अपमानित करता है और अन्त में अग्निदत्त का यह अपमान उसके विनाश का भी एक कारण बन जाता है।

इसी तरह 'गढ़कुंडार' में तारा और दिवाकर का प्रेम है। स्वयं दिवाकर अपने संस्कारों के कारण प्रेम करने का विचार छोड़ देना चाहता है। सोचता है : "ब्राह्मण और अब्राह्मण के संयोग की कल्पना क्या? इसका तो विचार तक वर्णाश्रम धर्म के विरुद्ध है।" तारा बड़ी वीरता से दिवाकर की रक्षा करती है और अन्त में उसका प्रेमी कहता है : "हमारा संयोग अखंड और अनन्त है।" लेकिन इसे वह आध्यात्मिक प्रेम का रूप देता है, शरीर को वह योग-साधना से वश में रखना चाहता है।

कुमुद, कुंजरसिंह, अग्निदत्त, मानवती, दिवाकर, तारा आदि सामन्त न होते हुए भी उस वर्ग के बहुत निकट हैं। ये सामन्ती व्यवस्था से पीड़ित हैं लेकिन उसके विरुद्ध उठ खड़े होने की शक्ति उनमें नहीं है। यह शक्ति 'मृगनयनी' की लाखी में है जिसने राई का पानी पिया है, जंगल में अरनों का शिकार खेला है, जो तीर-कमान से अपनी रक्षा करना जानती है। मृगनयनी और लाखी के पास खोने के लिए सम्पत्ति नहीं है। उनका प्रेम खाते-पीते घरानों की निष्क्रिय स्त्रियों का प्रेम नहीं है। उनका प्रेम निर्धन वर्गों का है जो सम्पत्तिशाली वर्गों के मुकाबले में प्रेम का महत्त्व ज्यादा अच्छी तरह समझते हैं। मृगनयनी निश्चय करती है कि वह लाखी को अपनी भाभी बनाएगी। वह कहती है : "हम-तुम निर्धन हैं। दोनों एक-से। तुम्हारी सम्पदा तुम्हारी माँ है; मेरी, मेरा भाई। तुम मेरी और उनकी होकर रहोगी, बुरा न मानो लाखी।" लाखी शंका करती है : हमारी-तुम्हारी जात में ऐसा कैसे हो सकता है? गाँववाले क्या कहेंगे? मृगनयनी उत्तर देती है : "गाँववाले कहा-सुनी करेंगे तो नदी ऊपर किसी डूंगर जंगल में चले जाएँगे, परन्तु तुमको अपनी भौजी बनाने की साध तो पूरा ही करके छोड़ूँगी।" जब स्वयं मृगनयनी से मानसिंह अपनी जीवनसंगिनी बनने की प्रार्थना करते हैं तब वह सरलता से कहती है : "मैं राजाओं की भाषा नहीं जानती।" अपना धूल-भरा हाथ मानसिंह के हाथ में देते हुए वह इतना ही कहती है : "मेरी पत रखना।" मृगनयनी रानी बनने जा रही है। इसलिए पत रखने के लिए राजा से ही उसे प्रार्थना करनी पड़ती है।

इसके विपरीत लाखी का प्रेम है। पत रखने की प्रार्थना करना तो दूर, वह पति को सिखलाती है कि सम्मान-रक्षा के लिए ग्वालियर क्यों न जाना चाहिए। उसके प्रेमी अटल को विवाह-बन्धन में बाँधने के लिए पुरोहित नहीं आते। सरल हृदय

अटल भगवान को साक्षी करके कहता है : "कुँवारा हूँ और लाखी कुँवारी है। मैं गंगाजी की सौगन्ध खाकर कहता हूँ कि यह जन्म भर मेरी होकर रहेगी।" राजा मानसिंह मृगनयनी से न कह सकते थे—मैं कुँवारा हूँ। उनके यहाँ आठ रानियाँ पहले से मौजूद थीं, नौवीं मृगनयनी और जुड़ गई। उन्हें प्रेम के लिए त्याग नहीं करना पड़ता, उनके लिए प्रेम एक साहस का काम नहीं है। लेकिन अटल के लिए प्रेम एक चुनौती है। उसके सामने प्रश्न यह है—समाज के ठेकेदार तुम्हें दुरदुराएँगे, लड़ सकोगे उनसे? और अटल लाखी से कहता है : "अब सदा के लिए तुम मेरी हुईं—चाहे जाति मुझको रखे या निकाले, चाहे गाँव से भगा दे, मेरा तुम्हारा-सम्बन्ध कभी नहीं टूटेगा।" अटल की यह चुनौती उसके प्रेम को मानसिंह के प्रेम से बहुत ऊँचे उठा ले जाती है।

लेकिन अटल में भी मान-सम्मान की वह दृढ़ भावना नहीं है जो लाखी में है। उसे सीधा रास्ता यह दिखाई देता है कि गाँव छोड़कर ग्वालियर चला जाए लेकिन लाखी को लगता है कि यों भाग खड़े होना कायरता होगी। इसके सिवा लोग कहेंगे कि ये राजा के टुकड़ों पर पलते हैं। वह गाँव में निन्दाचार की चर्चा करते हुए अटल को समझाती है : "कोई मुझको यदि किसी की चेरी कहे, चाहे वह मेरी निज ननद ही क्यों न हो, तो मैं नहीं सह सकूँगी और न यह सह सकूँगी कि तुमको राजा का दास या रोटियारा कहे। हम लोगों को भगवान ने भुजाओं में बल दिया है और काम करने की लगन। कुछ करके ही ग्वालियर चलेंगे।"

लाखी के चरित्र को वर्मा जी ने कुछ रंग चुनकर यथार्थ से ऊपर नहीं उठा दिया। यदि रँगने-चुनने का काम उन्होंने कहीं किया है तो विराटा की पद्मिनी जैसे पात्रों में, जो बहुत कुछ निष्क्रिय हैं और प्रेम के लिए घुल-घुलकर मर तो सकती हैं लेकिन सामन्ती व्यवस्था को खुली चुनौती नहीं दे सकतीं। यह तो नहीं कहा जा सकता कि वर्मा जी को रानियों के जीवन का ज्ञान नहीं है—'मृगनयनी' की कथावस्तु के संग्रह में 'महामान्या महारानी साहब ग्वालियर' ने भी उनकी सहायता की है, यह उस उपन्यास की भूमिका में उन्होंने स्वीकार किया है—लेकिन यह जरूर कहा जा सकता है कि उन्हें बुन्देलखंडी साधारण स्त्रियों का जितना ज्ञान है, उतना रानियों का नहीं। लाखी जैसी स्त्रियाँ हिन्दी-भाषी प्रदेश में सैकड़ों हैं, बुन्देलखंड में तो खास तौर से। लाखी की सजीवता का यही कारण कि वह इन निर्भीक, स्वाभिमानी और स्वावलम्बी स्त्रियों की प्रतिनिधि है। लाखी और अटल का प्रेम इसीलिए हिन्दी कथा-साहित्य में प्रेम की सबसे सुन्दर अभिव्यक्ति है।

लाखी ही अपने प्रेमी से कह सकती है : "उतर पड़ो संसार में कमर कसकर और सिर उठाकर निन्दाचारे का सामना करो।" लाखी का यह स्वर भारतीय नारी का वह अजेय स्वर है जिसे सैकड़ों वर्षों के प्रयत्न के बाद भी सामन्त कुचल नहीं

पाए, जिसे धर्मशास्त्र के सैकड़ों पोथे अपने बोझ से दबा नहीं पाए। लाखी का यह स्वर इस बात का प्रमाण है कि भारतीय नारी अवसर मिलते ही सामन्ती बन्धनों को पूरी तरह छिन्न-भिन्न कर डालेगी।

और लाखी सौत बर्दाश्त नहीं कर सकती। आठ रानियाँ तो दूर, नटिन को अटल के सामने हाव-भाव दिखाते हुए भाँपकर पति से पूछ ही तो बैठती है : "क्या उस पिल्ली पर कुछ मन चल गया था?" लाखी की यह ईर्ष्या भी उसे महान् बनाती है, कारण कि मन की बात मन में रखकर वह घुट-घुटकर मरना नहीं जानती। इसके विपरीत मृगनयनी को जब मालूम हुआ कि मानसिंह के पहले से ही आठ रानियाँ हैं तो "उसको बात असाधारण नहीं लगी और न अखरी ही। तो भी उसके मन में प्रश्न उठा, जब इन्होंने पहली स्त्री से ब्याह किया होगा तब उससें भी इस तरह का प्रेमालाप करते होंगे? फिर दूसरा, तीसरा और आठवाँ ब्याह किया, हर एक रानी के साथ आरम्भ में इसी प्रकार की चिकनी और मीठी बातें करते रहे होंगे...?" यहीं लाखी अपनी सखी मृगनयनी को मात देती है! उसका प्रेम दुर्विनीत है, ईर्ष्यालु है, असहनशील है। व्यक्तित्व को मिटानेवाला नहीं, उसे और निखारनेवाला है, इसीलिए महान् है।

वर्तमान समाज में स्त्रियों को दोहरी गुलामी का शिकार होना पड़ता है। जहाँ पुरुषों को सामन्तों और पूँजीपतियों की गुलामी का कटु अनुभव होता है, वहाँ स्त्रियों को इस बाहरी सामाजिक पराधीनता के साथ भीतरी पारिवारिक पराधीनता भी भोगनी पड़ती है। यही कारण है कि पुरुषों की अपेक्षा उनकी सामन्त-विरोधी चेतना अक्सर ज्यादा तीव्र होती है। राजा देवीसिंह ने गोमती का विधिवत् पाणिग्रहण किया था। लेकिन 'राज-काज की उलझनों में' वह उसे भूल गए हैं। कुमुद गोमती का पक्ष लेकर कहती है : "क्या राजा होते ही वह यह भूल गए कि उस दिन पालर में उनकी बरात गई थी, बन्दनवार सजाए गए थे, स्त्रियों ने कलश रखे थे, मंडप बनाया गया था और गोमती के शरीर पर तेल चढ़ाया गया था?" और देवीसिंह से फिर सामना होने पर, जब नरपति उसे लिवा ले जाने की चर्चा करता है, तब गोमती तमककर पूछती है : "किसे लिवा लेते जाएँगे? क्या मैं कोई ढोर गाय हूँ?" नारी पशु की तरह जहाँ चाहो लिवा ले जाने का विरोध करती है। सामन्ती व्यवस्था ने उसे पशु का ही दर्जा दिया है : पुरुष के पशुत्व की सेवा के लिए, निरीह पशु की तरह उसकी लातें सहने के लिए। कुमुद गोमती का पक्ष लेकर देवीसिंह को फटकारती है : "क्या आप समझते हैं कि स्त्रियों में निजत्व की कोई लाज नहीं होती?" निजत्व की लाज, दो शब्दों में नारी-समस्या का यही मूल-सूत्र है। नारी इस निजत्व के लिए लड़ती रही है और सामन्ती व्यवस्था के पहरेदार कभी सती की चिता पर और कभी गृहलक्ष्मी की पूजा करके इसी निजत्व को कुचलते रहे हैं।

प्रेम के लिए नारी अपार धीरता और वीरता का परिचय दे सकती है। 'गढ़-कुंडार' की तारा वर्ण-व्यवस्था की परवाह न करके जब बन्दीगृह से दिवाकर को उबारने पहुँचती है, तब वह स्त्री-सुलभ लज्जा पर भी नियंत्रण रखती है। उसे साड़ी से रस्सी का काम लेना है। उसका मुड़ासा छोटा पड़ता है, आधी साड़ी जोड़कर ही वह नीचे उतर सकती है। 'सुनीता', 'दादा कॉमरेड', 'नदी के द्वीप' आदि में निरावरण नारी के चित्र देकर हमारे अनेक उपन्यासकारों ने पुराने दरबारी कवियों को पछाड़ दिया है। वर्मा जी ने इस परिस्थिति को कैसे निबाहा है, यह ध्यान देने योग्य है। अँगरखा उतारकर दूसरी ओर डाल दिया। साड़ी उतारने को हुई कि शरीर की लज्जा का खयाल आया। एक हाथ से साड़ी का छोर पकड़े मुक्त-केश, सिर पर दूसरा हाथ रखे, चन्द्रमा की ओर देखने लगी। तारा ने मन में कहा : "यह देह किसी दिन भस्म हो जाएगी। अब और किस काम में आना है?" और बीच से साड़ी फाड़कर वह लम्बी रस्सी के सहारे नीचे उतर जाती है।

ये स्त्रियाँ प्रेम करना ही नहीं जानतीं, वे देश और स्वाधीनता के लिए पुरुषों के साथ कदम बढ़ाकर—अक्सर उनसे आगे बढ़कर—लड़ना भी जानती हैं। लाखी को ठीक ही नरवर का रक्षक कहा गया है। युद्ध में वह अपूर्व साहस और बुद्धि का परिचय देती है। जब उसे और मृगनयनी को पकड़ने तुर्क सिपाही आते हैं, तब वह कवच के भीतर आँख वाले छेद से उस पर निशाना साधती है और उसका तीर सिपाही को जमीन पर ला गिराता है। जब पिल्ली उसे रस्सी के सहारे किले से बाहर निकालकर तुर्क सामन्त के हवाले करना चाहती है, तब वह बहुत ही धीरज से काम लेकर, पिल्ली को किसी तरह का सन्देह करने का मौका न देकर, खाई के ऊपर तनी हुई रस्सी काट देती है और उसके सहारे उस पार जाती हुई पिल्ली अपने किए का फल पाती है। वह किले में बन्द रहने की अपेक्षा निकलकर रात में छापा मारने में विश्वास करती है। उसका पति उसे चुप कर देता है : "तुम क्या जानो, अँधेरे में कहीं छापा मारा जा सकता है? किले में बैठकर लड़ना अच्छा होता है।" लाखी को यह बात नहीं रुची। परन्तु उसने विवाद नहीं किया। यदि उसे अवसर मिलता तो वह दिखला देती कि रात में भी छापेमार युद्ध हो सकता है। वास्तव में उसे युद्ध की पुरानी सामन्ती पद्धति पसन्द नहीं है। वह किले की दीवारों से खुले जंगली प्रदेश में गतिशील रणकौशल को ज्यादा उपयोगी समझती है। वह रात में आक्रमणकारियों का विरोध करते हुए ही खेत रहती है। वह मुँह से खून थूकते हुए भी अन्तिम क्षणों में तलवार के वार से एक आततायी का अन्त कर देती है। लाखी को यदि झाँसी की रानी लक्ष्मीबाई का एक छोटा संस्करण कहा जाए तो अत्युक्ति न होगी।

लाखी-जैसे पात्र काल्पनिक नहीं हैं, केवल हमारे अधिकांश उपन्यासकार उन्हें भूल रहे हैं। झाँसी की रानी अकेली वीर नारी न थीं जो शस्त्र लेकर अंग्रेजों से लड़ी थीं। उनकी सहेलियाँ सुन्दर-मुन्दर अविस्मरणीय हैं। उनका स्वदेश-प्रेम, रानी से उनकी प्रीति, उनका युद्ध-कौशल और वीरता पाठक के चित्त पर सदा के लिए अंकित हो जाते हैं। जिस समय दूल्हाजू नाम का देशद्रोही अंग्रेजों के लिए किले का फाटक खोलने चलता है, उस समय सुन्दर तड़पकर कहती है : "देशद्रोही, नरक के कीड़े, तू अंग्रेजों से कुछ नहीं पाएगा।" उसकी तलवार का वार दूल्हाजू लोहे की छड़ पर लेता है, तलवार टूट जाती है। वह टूटी तलवार से भी लड़ती रहती है कि एक अंग्रेज की गोली उसके सिर में लगती है। जिस समय दो गोरे सिपाही बाहर पत्थरों के नीचे उसका शरीर दबाते हैं, उस समय भी वह टूटी तलवार उसकी मुट्ठी से छूटती नहीं है। इन स्त्रियों में हिन्दू और मुसलमान, दोनों हैं। वीर मुस्लिम महिला मोतीबाई का प्राणान्त रानी लक्ष्मीबाई की गोद में होता है। "रानी की गोदी मोतीबाई के खून से तर हो गई।" एक संस्कृति यह है जिसे मोतीबाई और लक्ष्मीबाई अपने खून से सींचकर दृढ़ कर गई हैं, और एक संस्कृति वह है जिसे अंग्रेज और उनके चाकरों ने हिन्दू-मुसलमानों का खून बहाकर हरा-भरा किया है। हम भारतीय संस्कृति पहली तरह की ही संस्कृति को कहते हैं।

झलकारी शत्रु के शिविर में जाकर अपने को झाँसी की रानी घोषित करती है जिससे रानी का पीछा न किया जाए। देशद्रोही दूल्हाजू वहाँ भी मौजूद है और झलकारी की योजना पर पानी फेर देता है। उसे कैद में डाल दिया जाता है। बाद में वह छूट जाती है।

जब तात्या जूही के पास पेशवा के सामने नाचने का प्रस्ताव लेकर आता है, तब उसे फटकारते हुए वह कहती है : "मैं झाँसी की रानी की सिपाही हूँ और किसी राजा या नवाब से अपने को कम नहीं समझती।" वह वेश्या-पुत्री है लेकिन वेश्या नहीं है। वह तात्या से प्रेम करती है और विलासी सामन्तों से उतनी ही घृणा करती है।

इन साधारण स्त्रियों ने झाँसी की रक्षा के लिए अपना खून बहाया था। वे झाँसी को नहीं बचा सकीं लेकिन उन्होंने भारतीय जनता के राष्ट्रीय सम्मान को बचा लिया। शत्रु को पग-पग धरती के लिए रक्त का मूल्य चुकाना पड़ा। लक्ष्मीबाई इन्हीं नारियों और वीर जनता की निधि हैं। उस उपन्यास में चाहे जो खामियाँ हों, एक बात निश्चित है कि लक्ष्मीबाई का इससे सुन्दर चित्र आँकनेवाला कलाकार अभी हिन्दी में पैदा नहीं हुआ। वह उस प्रतिरोध की लहर के साथ आगे बढ़ती हैं जो विदेशी आक्रमणकारियों के खिलाफ झाँसी और बुन्देलखंड की जनता में उत्पन्न हुई थी। वह एक वास्तविक जन-नेता हैं। जनता की शक्ति में उन्हें अटल विश्वास है। रानी अपने सिपाहियों के लिए कहती है : "आज मैं स्वयं अपने लोगों के लिए कलेवा

तैयार करूँगी।" रानी के हृदय में अपने सैनिकों के लिए जो अगाध स्नेह था, वह इस वाक्य से अधिक और किसी तरह प्रकट न हो सकता था। केवल स्वाधीनता के लिए लड़नेवाले सैनिकों में ऐसे वीर सेनापति उत्पन्न होते हैं, केवल जनता से अपने को अभिन्न समझनेवाले सेनापति अपने सैनिकों को इतना स्नेह दे सकते हैं। उपन्यासकार वृन्दावनलाल वर्मा ने अनुपम कलात्मक प्रतिभा से रानी और जनता का यह अटूट सम्बन्ध चित्रित किया है।

रानी अन्त तक किस तरह लड़ी, वह वर्णनातीत है। यहाँ उपन्यास और यथार्थ मिल गए हैं। कथा के अन्तिम पृष्ठ झाँसी का अमर जीवित इतिहास है। जहाँ रानी की चिता जली थी, वहाँ चबूतरा बनाता है गुल मुहम्मद। अंग्रेजी दल का नायक पूछता है : "यह किस्का मजार है साईं साहब?" गुलमुहम्मद जवाब देता है : "अमारे पीर का, वो बौत बड़ा वली था।"

[3]

जनसाधारण की वीरता और प्रेम का चित्रण और सामन्ती व्यवस्था तथा सामन्त-वर्ग के प्रति सहानुभूति—ये दोनों काम एक साथ नहीं हो सकते। जनसाधारण की वीरता और प्रेम के विरोध में सामन्ती व्यवस्था और सामन्तवर्ग ही खड़े होते हैं। इसलिए वर्मा जी के उपन्यासों में सामन्ती संस्कृति के प्रति सहानुभूति का अभाव ही नहीं है, उनमें उसकी तीव्र आलोचना भी है। वर्मा जी के लिए इतिहास वर्तमान से भागकर एक कल्पित स्वर्ण-युग के सपने देखने का बहाना नहीं है। उनके लिए हिन्दू सामन्त म्लेच्छों से भारतीय संस्कृति का उद्धार करनेवाले योद्धा नहीं हैं, उनके लिए कला की सार्थकता नायिका-भेद के चित्रण में नहीं है, उनके लिए नारी-जीवन की सार्थकता चुपचाप कष्ट सहने, पति की हर आज्ञा मानने या चिता पर चढ़कर सती होने में नहीं है। वह जीवन को स्वीकार करनेवाले, नारी और जनसाधारण के अधिकारों का पक्ष लेनेवाले, वर्तमान समाज-व्यवस्था के बन्धनों की आलोचना करनेवाले साहित्यकार हैं। ऐतिहासिक उपन्यासकारों में सामन्तवर्ग के प्रति आलोचनात्मक दृष्टिकोण का होना एक अनोखा गुण है। यह गुण विदेश के भी कम उपन्यासकारों में पाया जाता है। वर्मा जी और अंग्रेज लेखक स्कॉट में यह अन्तर ध्यान देने योग्य है—स्कॉट ने जहाँ एक ओर स्कॉटलैंड के जनसाधारण के अनुपम चित्र दिये हैं, वहाँ उसने सामन्ती वैभव के लुभावने चित्र भी दिये हैं। बंगाल में बंकिमचन्द्र चटर्जी भी सामन्ती वैभव के चित्र आँकते हुए सामन्ती अत्याचारों की कहानी भूल गए हैं। वर्मा जी जिस युग के लेखक हैं, वह स्कॉट और बंकिम के युगों से भिन्न है। यह युग दो महायुद्धों के बीच का युग है जब भारत में एक विराट् साम्राज्य-विरोधी आन्दोलन का प्रसार हुआ। इसी युग ने प्रेमचन्द को पैदा किया। प्रेमचन्द की चेतना और स्कॉट की चेतना में जमीन-आसमान का फर्क है।

वर्मा जी की चेतना प्रेमचन्द के अधिक निकट है, स्कॉट के कम। इसके सिवा नारी के प्रति सहानुभूति और उसकी वीरता का चित्रण वर्मा जी की मौलिक विशेषताएँ हैं। उनकी कथाएँ इन्हीं विशेषताओं के मूल पर पल्लवित हुई हैं। यह काम स्कॉट की प्रतिभा के बाहर का था। फिर लाखी या लक्ष्मीबाई जैसी स्त्रियों का होना कुछ हिन्दुस्तान की भी अपनी विशेषता है।

विराटा की पद्मिनी का हाल सुनकर दिलीपनगर के रोगी राजा के मुँह में पानी भर आता है। आज्ञा देते हैं : "उसे हमारे डेरे पर भिजवा दो लोचनसिंह, हम उसकी रक्षा करेंगे।" लोचनसिंह विनती करता है : "हकीम जी से महाराज पूछ लें कि महाराज को ऐसी बातों की ओर ध्यान देना नहीं चाहिए।" 'गढ़कुंडार' का नागदेव डींग हाँकता है : "तब हेमवती को जैसे बने, तैसे अमावस्या की रात को बस्ती में से उठाकर किले में लाना होगा, चाहे एक लक्ष प्राणों का बलिदान इस काम में भले ही हो।" स्त्रियों का अपहरण करने में और प्रजा का रक्त चूसने में हिन्दू धर्म और इस्लाम की पताका फहरानेवाले हिन्दू और मुसलमान सामन्त एक-दूसरे से होड़ करते हैं। प्रजा को एक तरफ लुटेरे लूटते हैं, दूसरी तरफ उसके रक्षक—और धर्मरक्षक भी—लूटते हैं। 'मृगनयनी' में वर्मा जी किसानों की दशा का चित्रण करते हुए कहते हैं : "सब किसानों ने देवता का बीसवाँ और ब्राह्मण का तीसवाँ, यानी पुजारी को कुल बारहवाँ हिस्सा भेंट कर दिया। सब मिलाकर अन्न का चौथा भाग किसानों के पास से निकल गया। तीन-चौथाई फिर भी बचा रहा। उन्होंने मन-ही-मन कहकर संतोष कर लिया, जो बाहर के लुटेरे सब-का-सब ले जाते तो गाँठ में कुछ भी न बचता।"

मध्यकालीन भारत में विदेशी आततायियों की सफलता का रहस्य यह देशी सामन्तों का उत्पीड़न है। ये देशी सामन्त सबसे अधिक विदेशी लुटेरों के सहायक भी हुए।

'मृगनयनी' में एक किसान कहता है : "हम किसान लोग किसी से नहीं लड़ते। लड़ाई राजपूतों, तुर्कों और पठानों का काम है।" मध्यकालीन भारत में हिन्दू सामन्तों की पराजय और तुर्कों के साथ उनकी मैत्री का रहस्य यहाँ छिपा हुआ है। प्रजा की रक्षा करने के नाम पर उन्होंने उसे लूटा और सताया था, इसीलिए प्रजा भी उनकी ओर से तटस्थ हो रही थी। सामन्ती युद्धों और लुटेरों के आक्रमणों से किसानों की जो दशा हुई थी, उसका मार्मिक वर्णन करते हुए वर्मा जी 'विराटा की पद्मिनी' में कहते हैं : "उन्हें पेट के लिए, राजा के लगान के लिए, लुटेरों की पिपासा के लिए खेतों की रखवाली करनी थी। आशा तो न थी कि चैत-बैसाख तक खेती बची रहेगी।" मध्यकालीन किसान क्यों ईश्वर और भाग्य का सहारा लेते थे, इस पर वर्मा जी ने इन दो वाक्यों में एक ऐतिहासिक सचाई हमारे सामने रखी है : "जहाँ आशा नहीं होती, वहाँ निराशा ईश्वर के पैर पकड़वाती है। यदि बच गए, तो कृतज्ञ

हृदय ने एक आँसू डाल दिया, और बह गए तो भाग्य तो कोसने के लिए कहीं गया ही नहीं।" इधर अध्यात्मवाद और 'भारतीय संस्कृति' की अलौकिक विशेषताओं पर जो रिमों कागज खर्च किया गया है, उस सबसे ज्यादा सारगर्भित वर्मा जी के ये ऊपरवाले दो वाक्य हैं।

जब प्रजा की यह हालत थी, तब बड़े-बड़े राजा और नवाब अपनी विस्तृत भूमि और दीर्घ सम्पत्ति के लिए रोज-रोज खैर मनाते थे, अपने अथवा पराये हाथों अपने मुकुट की रक्षा में व्यस्त रहते थे और उस व्यस्त अवस्था में बहुधा दिन में दो-चार घंटे नाच-रंग, दुराचार और कदाचार के लिए भी निकाल लेते थे।

यह वर्ग अपने मुकुट और सिंहासन के लिए लड़ता है, देश के लिए लड़ती है तो साधारण जनता। झाँसी का एक निवासी एक पठान से पूछता है : "तुम्हारा कौन मुलक है खान?" पठान जवाब देता है : "झाँसी हमारा मुलक है बाबा, तुम्हारा मुलक?" जब उसे मालूम होता है कि वह आदमी भी झाँसी का रहनेवाला है, तब पठान उसे भाई मानता है। फिर वह निवासी कहता है : "बाई साहब का राज्य है खान।" और वह पठान उत्तर देता है : "बेशक है। और हमारा-तुम्हारा बी।" रानी लक्ष्मीबाई ने जनता में यह प्रेरणा भर दी थी कि राज्य तुम्हारा है, स्वराज्य के लिए लड़ना है। इसीलिए जब उत्तरी फाटकों पर अंग्रेजों का हमला हुआ, तब "ठाकुरों, काछियों, कोरियों और तेलियों की चतुरता तथा बहादुरी के कारण वहाँ अंग्रेज कुछ नहीं कर पा रहे थे।" जिन लोगों की रक्षा का भार सामन्तों ने अपने ऊपर ले रखा था और जिन्हें वे चुपचाप अंग्रेजों के हवाले कर देते, उन साधारणजनों ने अपनी रक्षा का भार खुद सँभाल लिया था। इसीलिए अंग्रेजों को झाँसी में लोहे के चने चबाने पड़े।

इसके विपरीत सामन्ती वर्ग से ही अंग्रेजों के सहायक पैदा हुए। वर्मा जी लिखते हैं : "राजा गंगाधर राव ने कई मौकों पर अंग्रेजों की बहुत सहायता की।" इन्हीं गंगाधर राव ने कुछ अपराधियों के लिए बिच्छू से कटवाने का विधान कायम किया था। अंगारों से डाकुओं के अंग जलवाना भी विधान में शामिल था। "कट्टे में पैरों का डालना, भाँजना एक साधारण बात थी। गहन अपराधों में हाथ-पाँव कटवा डालने की जन-सम्मत प्रथा जारी थी।" इन गहन अपराधों की एक मिसाल यह है कि राजा ने खुदाबख्श को देशनिकाला दिया है। प्रहरी अनजाने में उसे नाटकशाला में चला आने देता है। उस प्रहरी को सजा दी गई, बिच्छू से डसवाने की। इस आतंक के जरिये ये सामन्त—उस वर्ग के प्रतिनिधि जिसकी मौत का परवाना इतिहास कभी का लिख चुका था—असंगठित किसानों को अपने शासन में रखते थे और उनकी 'रक्षा' करते थे। उपन्यास में सामन्तों की इस पतित संस्कृति का चित्र देकर वर्मा जी ने जनता की वीरता को और उभार दिया है। यह उनकी कलात्मक सूझबूझ का प्रमाण है।

गंगाधर राव और लक्ष्मीबाई में यह अन्तर था कि "झाँसी की जनता उनसे भयभीत थी, परन्तु अपनी रानी पर मुग्ध थी।" इसलिए गंगाधर राव ने जहाँ अंग्रेजों की मदद की थी, वहाँ रानी ने उनके दाँत खट्टे किए।

तात्या टोपे रानी से कहते हैं : "राजाओं को अपने सरदारों और प्रजा से प्रणाम लेने में सुख की इति अनुभव होती है। हास-विलास और सुरापान में मस्त रहते हैं।" इससे पता चलता है कि यह वर्ग किस तरह मौत की आखिरी घड़ियाँ गिन रहा था। इसी वर्ग में अंग्रेजों ने अपने सहायक तलाश किए।

एक झाँसी-निवासी अंग्रेजों के बारे में कहता है : "बनिये बनकर आए और ठाकुर बनकर जम रहे हैं।" दूसरा जवाब देता है : "इन राजों, नवाबों ने चौपट किया।"

तात्या राजस्थान के बारे में कहते हैं : "वहाँ के अधिकांश राजा अपने को अंग्रेजों की सहायता के कारण ही निरापद समझते हैं।" पंजाब की "रियासतों के राजा हाथ आई रोटी को किसी प्रकार भी फेंकने को तैयार नहीं।" हैदराबाद में "नवाब अन्य रईसों की तरह अंग्रेजों के आतंक से दबा हुआ है।" हिन्दू, मुस्लिम, सिख—सभी धर्मों के सामन्त अंग्रेजों के पक्षपाती बन रहे थे। यह वर्ग सन् सत्तावन में प्रजा का उत्पीड़क ही न था, एक देशद्रोही वर्ग भी बन गया था। यह इस बात का भी प्रमाण है कि सन् सत्तावन का संग्राम 'प्रगतिशील' अंग्रेजों के खिलाफ अपने अधिकारों के लिए मुट्ठी भर सामन्तों का युद्ध न था। उसकी मूल प्रेरक शक्ति भारत की जनता थी। और जब यह जनता लड़ रही थी, तब "रात को राव साहब बानपूर और शाहगढ़ के राजा तथा बान्दा के नवाब की इच्छा नाच देखने की हुई।" यही लोग थे जिन्होंने रानी लक्ष्मीबाई को सेनापति न बनने दिया था। वर्मा जी ने इस पर टिप्पणी की है : "सरदारों ने रानी को प्रधान सेनापति न बनाकर इतिहास में अपनी पराजय पेशगी लिख दी।"

इसी वर्ग के अत्याचार से पीड़ित होकर नारायण शास्त्री अपनी प्रेमिका से कहता है : "चलो छोटी, ऐसी जगह चलें, जहाँ पेशवा का अत्याचार पीछा न कर सके।" यह आशा—ऐसी जगह चलें, जहाँ अत्याचार पीछा न कर सके—भारतीय जनता के हृदय में सदा जाग्रत रही है। उसी आशा के पूरे होने के दिन अब आ रहे हैं।

वर्मा जी ने दिखलाया है कि यह सामन्तीवर्ग केवल शस्त्रबल से जनता पर शासन नहीं करता, वह शास्त्रबल, धर्म, पुजारियों और मन्दिरों की भी सहायता लेता है। देवता और ब्राह्मण का अंश देने में आगा-पीछा करते हुए किसान से पुजारी कहता है : "उसके देने में आनाकानी करने से यह लोक तो बिगड़ेगा ही, परलोक से भी हाथ धो बैठोगे।" एक पूछता है : "फिर हम क्या खाएँगे?" पुजारी जवाब देता है : "भगवान देंगे। मैं भजन जो करूँगा"। जब किसान उसे याद दिलाता है

कि भजन करने पर भी दिल्ली के सुल्तान ने तमाम खून बहाया, घर और खेत चौपट कर दिये, तब पुजारी उसे मूर्ख और नास्तिक कहकर गाली देने लगता है। कम्यूनिस्ट शब्द तब ईजाद न हुआ था, वर्ना शायद वह उसे यह गाली भी देता।

अटल जब पुजारी से पूछता है कि अत्याचारियों का सामना कैसे किया जाए, तब वह जवाब देता है, धर्म से। उसका विचार है, धर्म के क्षीण हो जाने से, वर्ण के बिगड़ जाने से ही अत्याचारी सिर पर टूट पड़े हैं। इसका अर्थ यह था कि जनता और भी निरस्त्र और निर्धन रहकर सामन्ती जुए के नीचे पिसती रहे। इन पुरोहितों के धर्म का यही रहस्य था।

यही पुजारी अटल और लाखी के प्रेम का सबसे बड़ा शत्रु है। उसकी सम्मति में राजा चाहे जिस जाति की और जितनी रानियाँ रखे लेकिन अटल जैसा साधारणजन वर्ण-व्यवस्था का उल्लंघन करके लाखी के साथ नहीं रह सकता। 'टूटे काँटे' में वर्मा जी ने सामन्ती युद्धों का जनजीवन पर प्रभाव, जनता की आशाएँ, धार्मिक अन्धविश्वास और भी खूबी से चित्रित किए हैं। इस उपन्यास की नायिका नूरबाई सामन्ती चमक-दमक देखने के बाद एक साधारण सिपाही के साथ जीवन बिताने में अपनी कला की सार्थकता देखती है। सामन्तों के परस्पर युद्धों के बीच मोहन और शुबराती नामक दो सिपाहियों की गाढ़ी मैत्री अमावस के आकाश में नक्षत्र जैसी चमकती है। मोहन अपने से यह पूछने लगा है, क्यों लड़ रहा हूँ? किसके लिए लड़ रहा हूँ? जब वह बादशाह के बारे में सोचता, तब उसे "नाच-रंग-शराब और किसानों की लूटमार ही अधिक दिखलाई पड़ती थी।"

नारायण शास्त्री की तरह मोहन की स्त्री रोनी भी सोचती है : "यहाँ गुजर न होती दिखेगी तो और कहीं चले जाएँगे—कहीं भी, जहाँ यह सत्यानाशी राज न होगा।" रोनी कुछ और भी सोचती है : "इन कानूनगो और जमादारों और सिपाहियों को मिटानेवाला नहीं पैदा होता कोई, जैसे कन्हैया ने कंस को मिटाया था?" नूरबाई इसी तरह सोचती है : "मैं कहीं दूर देश चली जाऊँगी, जहाँ बादशाह या नादिरशाह का हाथ न पहुँच सकता हो।" और मोहन सोचता है : "इतना ऊधम, इतना अत्याचार कि जिसका ठिकाना नहीं। मन चाहता है, बहुत-से अच्छे दृढ़ और पक्के चाल-चलन के लोगों को इकट्ठा करूँ और इन सबको ढाह दूँ।"

'टूटे काँटे' सामन्ती युद्धों और अन्धविश्वासों के नीचे पिसती हुई जनता का चित्र है। साथ ही वह जनता के उभरते हुए रोष, एक नये जीवन के लिए उसकी उत्कट आकांक्षाओं का चित्र भी है। यहाँ भी 'मृगनयनी' के पुजारी की तरह एक महात्मा हैं जो अपने तेज से ही आक्रमणकारियों को भस्म कर देने का दावा करते हैं और अन्त में किसी को भस्म न करके स्वयं मारे जाते हैं। यहाँ भी मोहन, नूर और शुबराती को पग-पग पर जाति और धर्म के भेद-भाव का सामना करना पड़ता है। लेकिन उनकी प्रीति अचल रहती है।

इस तरह वर्मा जी ने सामन्त वर्ग और उसके सहायकों, पुजारियों, पुरोहितों, जाति, धर्म और वर्ग के भेद-भाव की खरी आलोचना की है। ऐतिहासिक उपन्यासों में इस सामन्त-विरोधी दृष्टिकोण की प्रतिष्ठा हिन्दी की अपनी विशेषता है।

[4]

वर्मा जी इस युग के सबसे अच्छी कहानी कहनेवाले हैं। जहाँ और उपन्यासकार कथानक की ओर उदासीन रहने लगे हैं और रस के लिए तरह-तरह की रसिकता का सहारा लेने लगे हैं, वहाँ वर्मा जी अपनी सरस कथा से पाठक का मन बाँधे रहते हैं और अन्त तक उसकी उत्सुकता ताजी रखते हैं। वह सामन्तवर्ग और जनसाधारण, दोनों का चित्रण करते हैं, इसलिए उन्हें दो या इससे अधिक पात्रों को अलग-अलग अपना केन्द्रबिन्दु बनाना पड़ता है। कथा के अनेक सूत्र बिखरे हुए और फिर भी एक-दूसरे से जुड़े हुए चलते हैं। कुछ लोग इसे दोष समझते हैं। उन्हें यह दोष प्रेमचन्द में भी दिखाई देता है। लेकिन हरिप्रसन्न और सुनीता या शैल और हरीश की प्रेम-कहानियाँ लिखना जितना आसान है, उतना कथा के अनेक सूत्र बिखेरना और समेटना नहीं। कथा की एकसूत्रता के लिए कुछ आलोचकों का हठ वैसे ही है, जैसे एलीजाबेथ-युगीन अंग्रेजी नाटकों में समय और स्थान की पाबन्दी की माँग थी। कथानक की बहुसूत्रता से वर्मा जी उपन्यासों में वह वैचित्र्य, सरसता और चित्रण की विविधता ला सके हैं जो तथाकथित सुगठित कथानकों में सम्भव न होती।

कथा का विस्तार करने में वर्मा जी सबसे प्रभावशाली दृश्यों को आखीर के लिए रखते हैं। क्लाइमैक्स रचने की दृष्टि से उनका कौशल सराहनीय है। 'मृगनयनी' में सबसे प्रभावोत्पादक वे अन्तिम पृष्ठ हैं जहाँ लाखी अपने देश के लिए अन्तिम युद्ध करती हुई खेत रहती है। 'मृगनयनी' में प्रभावोत्पादक दृश्यों की कमी नहीं, फिर भी लाखी की अन्तिम विदा का दृश्य इतना करुण है कि वह सब पर छा जाता है और ऐसा लगता है मानो सारा घटनाचक्र इसी दृश्य की ओर पाठक को खींचकर ला रहा था।

बहुत ही प्रभावोत्पादक 'गढ़कुंडार' का वह अन्तिम दृश्य है जहाँ अग्निदत्त एक नवजात शिशु के लिए युद्ध करता हुआ खेत रहता है। चाँदनी रात में कुसुम के पौधों के बीच एक स्त्री पड़ी कराह रही है। अग्निदत्त पास जाकर पूछता है : 'कौन हो?' वह जवाब देती है : "मुझे मारो मत, मेरे आभूषण ले लो। मैं गर्भवती हूँ और मेरे स्वामी न जाने कहाँ हैं।" अग्निदत्त उसे पहचान लेता है। वह उसी की प्रेमिका मानवती है। अग्निदत्त उसे इस दशा को पहुँचाने के लिए अपने को कोसता है। तभी स्त्री के पेट में पीड़ा बहुत बढ़ जाती है। अग्निदत्त को मालूम हो जाता है कि मानवती बच्चा जननेवाली है।

"उसने अपना कवच और कपड़े उतारकर बिछा दिये, केवल धोती पहने रहा। रोना चाहता था परन्तु हृदय में आँसू की एक बूँद भी न थी। उसी समय मानवती ने बच्चा जना जिसको अग्निदत्त ने अपने पहले से बिछाए हुए कवच और कपड़ों पर लिटा लिया। मानवती अचेत हो गई, बच्चा रोने लगा।"

कितनी संयत कला है, कैसा सीधा-सादा वर्णन है, कैसा मर्म को छूनेवाला दृश्य है! यहाँ पाठक का विवेक परास्त हो जाता है; वह निरस्त्र होकर केवल श्रद्धा से सिर झुका सकता है।

वहीं दलपति सिंह अपने साथियों के साथ आता है। बुन्देले और खंगार एक दूसरे के रक्त के प्यासे हैं। वहाँ एक घायल खंगार सैनिक पड़ा कराह रहा है। दलपति अपने साथियों से बताता है : "मारो इस खंगार को। उतार लो आभूषण इस स्त्री के।" अग्निदत्त तुरन्त खड़ा हो जाता है और स्त्री और बच्चे की रक्षा के लिए तलवार खींच लेता है।

"गोरे-साँवले शरीर पर एकाध घाव से रक्त रेखाओं में बहकर फैल गया था। छिटकी हुई चाँदनी में उसका चमकता हुआ खड्ग और दमकता हुआ लोहू-लुहान नंगा शरीर ऐसे मालूम पड़ा, जैसे कोई तारा पृथ्वी पर टूटकर गिरा हो।"

दलपति अग्निदत्त को पहचान लेता है। अग्निदत्त के मना करने पर वह कहता है कि मैं तो "इस जनी के गहने और इस बेईमान सिपाही के प्राण लेकर ही यहाँ से जाऊँगा।" यह है सामन्तवाद का घृणित और नग्न रूप : न उसे स्त्री पर दया आती है, न नवजात शिशु पर। अग्निदत्त दलपति से तो निपट लेता है लेकिन वहाँ जो और बुन्देले आ जाते हैं, उनसे लड़ता हुआ मारा जाता है। उधर किले से आवाज आती है : "बुन्देलों की जय!" इधर घायल अग्निदत्त के पास नवजात शिशु के रोने का स्वर सुनाई देता है।

यह दृश्य कथा की दृष्टि से ही प्रभावशाली नहीं है, उसका गहरा मानववाद भी अद्वितीय है।

यह मानववाद, सामन्ती युद्धों में पिसते हुए साधारणजनों के प्रति यह करुणा, वर्मा जी की सफलता का रहस्य है। उसी के आधार पर मराठों, मुगलों, जाटों आदि के युद्धों और नादिरशाही के बीच उन्होंने 'टूटे काँटे' में एक साधारण मराठा मुसलमान सैनिक शुबराती और जाट सिपाही मोहन की मैत्री का चित्रण किया है। सामन्त लड़ें, हिन्दू धर्म और इस्लाम के ठेकेदार लड़ें, लेकिन भारत के जनसाधारण की मैत्री और एकता अमर रहेगी।

इसी आधार पर उन्होंने झाँसी में पठानों की वीरता, सुन्दर-मुन्दर, जूही, मोतीबाई के रणकौशल, अंग्रेजी आतंक की बर्बरता, जलते हुए पुस्तकालय और नगर की लूट, घोड़े पर सवार मुँह में रास दबाए, दोनों हाथों से तलवार चलाती हुई रानी लक्ष्मीबाई के भव्य साहस के अमर चित्र आँके हैं।

'मृगनयनी' में एक जगह लाखी और उसकी सखी के साहस का बखान सुनकर मानसिंह कहते हैं : "इन दोनों कुमारियों ने तो रामायण-महाभारत का युग सामने लाकर खड़ा कर दिया।"

उन महाकाव्यों की संस्कृति भारत के जनसाधारण में आज भी जीवित है। यह संस्कृति नारी की स्वाधीनता, अन्याय के सक्रिय प्रतिरोध और गम्भीर मानव-प्रेम की संस्कृति है। शताब्दियों तक सामन्तों और पुरोहितों के शस्त्रों और शास्त्रों की धार वीरता और प्रेम के भाव जनता के हृदय से निर्मूल नहीं कर सकी। वर्मा जी पर भी उस संस्कृति की छाप है।

यह स्वाभाविक था कि वर्मा जी की सहानुभूति मध्यकालीन भारत के भक्ति-आन्दोलन से हो। यह जनता का अपना सांस्कृतिक आन्दोलन था। जनजीवन में उसकी कौन-सी भूमिका थी, जनता की वह कौन-सी प्यास बुझा सकता था जिसे पंडे-पुजारी न बुझा सकते थे, इसका विशद चित्रण उन्होंने 'टूटे काँटे' में किया है।

वर्मा जी की कला यथार्थवाद और रोमांटिक कल्पना का सम्मिश्रण है। नारी-चित्रण में, विशेष कर उनकी रोमांटिक कल्पना खुलकर उड़ान भरती है। परन्तु यह सही है कि उपन्यास की मूल सामग्री वह यथार्थ जीवन से लेते हैं। 'गढ़कुंडार' में अर्जुन कुम्हार ही एक वास्तविक दुर्जन कुम्हार का प्रतिरूप नहीं है। उन्होंने अनेक पात्र आसपास के यथार्थ जीवन से लिये हैं। इससे भी बढ़कर यह कि अपने पात्रों में उन्होंने जिन नैतिक गुणों का चित्रण किया है, वे हमारी जनता के ही गुण हैं। और सामन्त वर्ग की जिस जीर्ण मानव-विरोधी संस्कृति की उन्होंने आलोचना की है, वह भी अभी भारतीय यथार्थ से मिटी नहीं है।

भारतीय जनता का इतिहास प्रेम और वीरता की गाथाओं से समृद्ध है। विशेष कर अंग्रेजों के विरुद्ध उसने जो लड़ाइयाँ लड़ी हैं, उनका चित्रण करने के लिए अनेक 'झाँसी की रानी लक्ष्मीबाई' जैसे उपन्यासों की आवश्यकता होगी। वर्मा जी के पास मौलिक सामग्री की कमी नहीं। हर उपन्यास में नये दृश्य, नये चरित्र मिलते हैं। इस सामग्री की बहुलता के कारण ही शायद वर्मा जी को काफी तेजी से बहुत-से उपन्यास लिखने पड़ रहे हैं। इससे कहीं-कहीं भाषा में बुन्देलखंडी भूमि की-सी अनगढ़ सतह आ जाती है। सुन्दर, मुन्दर, जूही, मोतीबाई जैसे पात्रों से दो-चार बार मिलकर संतोष नहीं होता। इच्छा होती है कि कुछ ऐतिहासिक वर्णन चाहे कम कर दिया जाता पर इन पात्रों को विकसित होकर हमारे सामने आने का अधिक अवसर मिलता। लेकिन इस तरह का काम कोई साधारण कलाकार भी कर सकता है। हमें खाई-खड्डों से साथ विन्ध्याचल पसन्द है, रंग चुनकर सँवारे हुए 'मनोवैज्ञानिक' घर नहीं।

इसमें आश्चर्य नहीं कि हमारे कुछ आलोचकों को घोड़ों की तरह खिंचे हुए स्तनों का वर्णन, इतिहास के नाम पर जनता के संघर्षों का भुलावा और अर्द्धनग्न

नायिकाओं के चित्र बहुत भले मालूम पड़ते हैं। इतिहास की इस 'द्वंद्वात्मक' व्याख्या और चोली-चीर-उतारोवाद की 'मनोवैज्ञानिक' गहराई की प्रशंसा करते हुए वे नहीं अघाते। उन्हें याद रखना चाहिए कि इतिहास का निर्माण करनेवाली जनता है, संस्कृति को गढ़नेवाली भी जनता है। उसके एक अंश ने अभी वर्मा जी को अपनाया है। जब वह शिक्षित होगी, कामकाज के साथ उपन्यास पढ़ने का अवकाश भी पा सकेगी—और साहित्य कुछ 'सहृदय' रस-मर्मज्ञों की सम्पत्ति न रहेगा—तब वह उनके नायिका-भेद को उठाकर म्यूजियम में बन्द कर देगी और वर्मा जी के साहित्य को इस तरह अपनाएगी, जिस तरह एक स्वाधीन देश की सुखी जनता ही अपने जन-कलाकारों को अपनाती है। उस दिन को लाने में स्वयं वर्मा जी की कला भी एक महत्त्वपूर्ण भूमिका पूरी करेगी।

इसीलिए उनकी कला आनेवाले युग की बानगी भी है।

[1955]

16

महादेवी वर्मा और आलोचना-साहित्य की समस्याएँ

श्रीमती महादेवी वर्मा के साहित्य पर इतना लिखा जा चुका है और उन्होंने स्वयं साहित्य की समस्याओं पर इतना लिखा है कि आज उनके सम्बन्ध में और कुछ लिखना आलोचना-साहित्य की समस्याओं का उल्लेख किए बिना सम्भव नहीं है। महादेवी जी छायावाद के मध्याह्नकाल से, और अपने जीवन के उष:काल से, साहित्य-रचना करती आई हैं; छायावाद और महादेवी जी के साहित्य में घनिष्ठ सम्बन्ध होना स्वाभाविक है। इस सम्बन्ध की रूपरेखा क्या है, किस हद तक छायावाद उनके साहित्य से बल-सम्बल पा सका है या निर्बल हो गया है, यह आधुनिक आलोचना-साहित्य की नगण्य समस्या नहीं है। इस समस्या पर हिन्दी के गण्यमान्य आलोचक एकमत हैं—ऐसा भी नहीं कहा जा सकता। इस सम्बन्ध में यहाँ दो-एक उदाहरण देना अप्रासंगिक न होगा।

छायावादी साहित्य और महादेवी जी की रचनाओं के परस्पर सम्बन्ध पर प्रकाश डालते हुए नगेन्द्र जी कहते हैं :

"जैसा मैंने एक और स्थान पर भी कहा है, महादेवी के काव्य में छायावाद का शुद्ध अमिश्रित रूप मिलता है। छायावाद की अन्तर्मुखी अनुभूति, अशरीरी प्रेम जो बाह्य-तृप्ति न पाकर अमांसल सौन्दर्य की सृष्टि करता है, मानव और प्रकृति के चेतन संस्पर्श, रहस्य चिन्तन (अनुभूति नहीं), तितली के पंखों और फूलों की पंखड़ियों से चुराई हुई कला, और इन सबके ऊपर स्वप्न-सा पुरा हुआ एक वायवी वातावरण—सभी तत्त्व जिसमें घुले मिलते हैं, वह है महादेवी की कविता। महादेवी ने छायावाद को पढ़ा नहीं है, अनुभव किया है। अतएव साहित्य का विद्यार्थी उनकी विवेचना को आप्त वचन के समान ही आदर करेगा।" ('विचार और अनुभूति', पृ. 130)

इस धारणा के विपरीत श्री नन्ददुलारे वाजपेयी का विचार यह है :

"हिन्दी में महादेवी जी का प्रवेश छायावाद के पूर्ण ऐश्वर्यकाल में हुआ था, किन्तु आरम्भ में ही उनकी रचनाएँ छायावाद की मुख्य विशेषताओं से प्राय: एकदम रिक्त थीं। मानव अथवा प्रकृति के सूक्ष्म किन्तु व्यक्त सौन्दर्य में आध्यात्मिक छाया

का भान मेरे विचार से छायावाद की एक सर्वमान्य व्याख्या होनी चाहिए। इस व्याख्या में आए 'सूक्ष्म' और 'व्यक्त'—इन अर्थ-गम्भीर शब्दों को हम अच्छी तरह समझ लें। यदि वह सौन्दर्य सूक्ष्म नहीं है, साकार होकर स्वतंत्र क्रियाशील है और किसी कथा या आख्यायिका का विषय बन गया है तो हम उसे छायावाद के अन्तर्गत नहीं ले सकेंगे।" ('यामा' का दार्शनिक आधार)

नगेन्द्र जी और वाजपेयी जी की धारणाओं का अन्तर स्पष्ट है। नगेन्द्र जी को महादेवी जी के काव्य में छायावाद का शुद्ध रूप मिलता है, वाजपेयी जी को उनकी रचनाएँ छायावाद की मुख्य विशेषताओं से प्राय: रिक्त दिखाई देती हैं।

इसे हम साधारण मतभेद कहकर टाल नहीं सकते।

वाजपेयी जी ने छायावाद की जो व्याख्या की है, उसके अनुसार अंग्रेज कवि स्कॉट और बायरन छायावाद के सीमान्त पर दिखाई देते हैं तो वड्र्सवर्थ भी छायावाद के दूसरे सीमान्त पर ठहरा हुआ प्रकृत छायावादी नहीं मालूम होता। अंग्रेजी साहित्य में वाजपेयी जी के अनुसार : प्रकृत छायावादी केवल शेली है जो "प्राकृतिक सूक्ष्म सौन्दर्य-भावना का एकमात्र अधिष्ठाता" है। (उप.) लेकिन वाजपेयी जी ने जिस कारण स्कॉट और बायरन को छायावाद के सीमान्त पर रखा है, उस पर विचार करने से शेली का भी आधे से ज्यादा साहित्य उसी सीमान्त पर ठहरेगा।

बायरन और स्कॉट छायावाद के सीमान्त पर इसलिए हैं कि उनका सौन्दर्य सूक्ष्म नहीं है बल्कि "साकार होकर स्वतंत्र क्रियाशील है और किसी कथा या आख्यायिका का विषय बन गया है।" इस दृष्टि से शेली की अनेक कथाएँ और आख्यायिकाएँ भी छायावाद के सीमान्त पर ठहरेंगी।

अंग्रेजी साहित्य के इतिहासकार रोमांटिक साहित्य की परिधि इससे ज्यादा विशद आँकते आए हैं। इतिहास ने रोमांटिक साहित्य की विशेषताएँ निश्चित कर दी हैं, अब यह माँग करना दुराग्रह होगा कि रोमांटिक साहित्य हमारी धारणा के अनुसार यों होना चाहिए था।

अंग्रेजी के रोमांटिक साहित्य और हिन्दी के छायावादी साहित्य में महत्त्वपूर्ण भेद है। शेली और वड्र्सवर्थ के रचनाकाल से पहले 16-17वीं सदी में शेक्सपियर, मिल्टन आदि सामन्ती विचारधारा के खिलाफ एक क्रान्ति कर चुके थे। 19वीं सदी के आरम्भ में औद्योगिक पूँजीवाद के प्रसार से मजदूर वर्ग का जीवन-संघर्ष तीव्र हो उठा था और उस समय की प्रगतिशील विचारधारा पूँजीवादी शोषण से टक्कर लेने लगी थी। रोमांटिक साहित्य में जहाँ पलायन है, वहाँ वह इस पूँजीवादी शोषण से संघर्ष न करने या उससे समझौता करने का फल है। हिन्दी का छायावादी साहित्य सामन्त-विरोधी औद्योगिक क्रान्ति के बाद का साहित्य नहीं है। वह साम्राज्यवाद के विरुद्ध भारतीय जनता के संघर्षकाल का साहित्य है। उसमें सबसे सशक्त स्वर देश की स्वाधीनता और जनतंत्र प्राप्त करने की आकांक्षा का स्वर है।

अंग्रेजी रोमांटिक साहित्य के सबसे प्रगतिशील कवि शेली की विचारधारा अपना अग्रसर रूप मजदूरों का आह्वान करते हुए प्रकट करती है कि वे पूँजीवादी सत्ता के बदले अपनी सत्ता स्थापित करें। 'मास्क ऑफ अॅनार्की' नाम की रचना में शेली कहता है :

Rise like lions from your slumber,
In unvanquishable number;
Shake to earth your chains like dew,
Which in sleep had fallen on you,
Ye are many, they are few.

[नींद छोड़कर शेरों की तरह उठो, अजेय संख्या में उठो। नींद में जो जंजीरें तुमने पहन ली थीं, उन्हें झटककर धरती पर गिरा दो। तुम बेशुमार हो, वे मुट्ठी भर हैं।]

शेली की चेतना समाजवाद की ओर उन्मुख थी। जैसाकि मार्क्स ने शेली के बारे में लिखा था : वह जीवित रहता तो समाजवादी होता।

हिन्दी के छायावादी कवियों में सबसे आगे बढ़ी हुई चेतना साम्राज्य-विरोधी, सामन्त-विरोधी क्रान्ति की ओर उन्मुख है। निराला के 'बादल-राग' में वह यों प्रकट हुई है :

रुद्ध कोष, है क्षुब्ध तोष,
अंगना-अंग से लिपटे भी
आतंक-अंक पर काँप रहे हैं
धनी, वज्र-गर्जन से बादल!
त्रस्त नयन-मुख ढाँप रहे हैं।
जीर्ण बाहु, है शीर्ण शरीर,
तुझे बुलाता कृषक अधीर,
ऐ विप्लव के वीर!
चूस लिया है उसका सार,
हाड़मात्र ही हैं आधार,
ऐ जीवन के पारावार!

अंग्रेजी रोमांटिक साहित्य का एक सीमान्त समाजवादी विचारधारा को छूता है तो दूसरा भाववाद (Idealism) की विभिन्न धाराओं में डूबा हुआ है। हिन्दी के छायावादी साहित्य का एक सीमान्त साम्राज्य-विरोधी, सामन्त-विरोधी विचारधारा को छूता है तो दूसरी ओर सामन्तवाद का समर्थन करनेवाली अनेक भाववादी धाराओं में डूबा हुआ है। इनके अतिरिक्त छायावादी या रोमांटिक साहित्य के दूसरे सीमान्त निर्धारित करना एक इतिहास-विरोधी कार्य होगा।

वाजपेयी जी ने अंग्रेजी के रोमांटिक साहित्य और हिन्दी के छायावादी साहित्य के महत्त्वपूर्ण भेद का उल्लेख नहीं किया। उन्होंने जो सीमान्त निश्चित किए हैं, वे भी विज्ञान-सम्मत नहीं हैं। 'मुझे आशा नहीं है कि छायावाद की मेरी यह व्याख्या निकट भविष्य में सर्वमान्य हो सकेगी।' उनका यह भय निराधार नहीं है।

नगेन्द्र जी के लिए सीमान्तों का झगड़ा नहीं है। अन्तर्मुखी अनुभूति, अमांसल सौन्दर्य, मानव और प्रकृति के चेतन संस्पर्श, रहस्य-चिन्तन, पंखों और पंखुड़ियों से चुराई हुई कला, वायवी वातावरण—ये महादेवी जी के काव्य की विशेषताएँ हैं।

ये विशेषताएँ किस तरह उत्पन्न हुईं, इस सम्बन्ध में नगेन्द्र जी लिखते हैं : "सामयिक परिस्थितियों के अनुरोध से जीवन से रस और मांस न ग्रहण कर सकने के कारण वह एक तो वांछित शक्ति का संचय नहीं कर पाईं, दूसरे, एकान्त अन्तर्मुखी हो गईं। इस प्रकार उसके आविर्भाव में मानसिक दमन और अतृप्तियों का बहुत बड़ा योग है, इसको कैसे भुलाया जा सकता है?"

अगर मानसिक दमन और अतृप्तियों से ऐसी कविता रची जा सके जो सुन्दर हो और साथ ही शुद्ध छायावादी भी, तो दमन और अतृप्तियों का स्वागत क्यों न किया जाए?

अगर छायावादी कविता की विशेषताएँ मानसिक दमन और अतृप्तियों से उत्पन्न हुई हैं तो छायावादी आलोचना की विशेषताओं का क्या कोई दूसरा स्रोत है?

नगेन्द्र जी पहले तो यह मानते हैं कि महादेवी जी की कविता के आविर्भाव में मानसिक दमन और अतृप्तियों का बहुत बड़ा योग है, फिर उनकी धारणा यह भी है कि महादेवी जी के काव्य में हमें छायावादी कविता का शुद्ध अमिश्रित रूप मिलता है। तीसरे, इस अतृप्तिवाद को और विराट् रूप देते हुए वह समस्त काव्य और ललित कलाओं को उसी के अन्दर समेट लेते हैं। अतृप्त काम-वासना और साहित्य के सम्बन्ध में उनकी उक्ति है :

"और वास्तव में सभी ललित-कलाओं के, विशेषत: काव्य के और उससे भी अधिक प्रणय-काव्य के मूल में अतृप्त काम की प्रेरणा मानने में आपत्ति के लिए स्थान नहीं है।" ('दीपशिखा')

इस तरह नगेन्द्र जी के लिए न सिर्फ 'दीपशिखा', न सिर्फ महादेवी जी का साहित्य, न सिर्फ छायावादी काव्य, वरन् तमाम ललित-कलाएँ और समूचा प्रणय-काव्य अतृप्त काम-प्रेरणा से उत्पन्न होता है।

यूरोप में एक वर्ग ऐसे अवकाश-भोगी लोगों का है जो जीवन में कर्म से विमुख हैं। उसका अधिकार दूसरों के कर्मफल पर है। कर्म करने का उत्तरदायित्व वह अपने लिए नहीं मानता। इस वर्ग ने ऐसा जीवन-दर्शन उत्पन्न किया है जिसके अनुसार मनुष्य की तमाम सामाजिक और साहित्यिक क्रियाएँ काम-वासना से प्रेरित दिखाई देती हैं। यह वर्ग सामाजिक विकास की शक्तियों और उत्पादन करनेवाले श्रमिक वर्ग का ऐसा बैरी बन गया है, श्रम से वह इतनी दूर जा पड़ा है कि सिवा

काम-वासना और उसकी तृप्ति के लिए उसके जीवन में कोई महान उद्देश्य नहीं रह गया। हिन्दुस्तान में साम्राज्यवाद के समर्थक वर्गों द्वारा पोषित लेखक यूरोप की इस पतित पूँजीवादी विचारधारा को यहाँ के सामन्ती नायिका-भेद से मिला देते हैं और कहते हैं—देखिए, दोनों में कितना गहन मनोविज्ञान है। अतृप्त काम-वासना से सत्यं, शिवं, सुन्दरम् सुलभ होते हैं। सब तज हरि भज। अतृप्ति के बिना साहित्य का निर्माण असम्भव है।

इस व्याख्या में लगे हाथ एक और लाभ यह है कि वह शाश्वत है और साम्राज्यवाद, सामन्तवाद—इस तरह के किसी अशाश्वत वाद-विवाद के झमेले में पड़ने की जरूरत भी नहीं रहती।

निस्सन्देह अतृप्ति की भावना छायावादी कविता में मिलती है और वह महादेवी जी की रचनाओं में भी विद्यमान है लेकिन क्या छायावाद काव्य की मूल प्रेरणा वही है? यदि मूल प्रेरणा वही हो और छायावादी कविता वायवी वातावरण के स्वप्न बुनने के अलावा और कुछ न दे तो वह अवकाश-भोगी वर्गों के अलावा कामकाजी जनता के लिए ज्यादा लाभदायक सिद्ध न होगी। क्या महादेवी जी की समूची कविता इसी तरह की है?

महादेवी जी के काव्य-साहित्य का मूल्यांकन करते हुए हिन्दी आलोचकों ने साधारणत: उसके पीड़ावादी, पलायनवादी तत्त्वों पर दृष्टि केन्द्रित की है। कोई इन तत्त्वों को शाश्वत काव्यवस्तु सिद्ध करता है, कोई उन्हें लोकमंगल के अनुकूल बतलाता है, कोई उन्हें समाज-विरोधी कहता है। उन तत्त्वों के मूल्यांकन में अन्तर है। लेकिन इस बारे में सभी एकमत मालूम होते हैं कि महादेवी जी की काव्यवस्तु का निर्माण इन्हीं पीड़ावादी पलायनवादी तत्त्वों से हुआ है।

श्री विनयमोहन शर्मा महादेवी जी की अन्तर्मुखी वृत्ति का उल्लेख करते हुए लिखते हैं :

"छायावाद ने महादेवी को जन्म दिया और महादेवी ने छायावाद को जीवन। प्रगतिवाद (साम्यवाद) के नारे से प्रभावित हो जब छायावाद के मान्य कवियों ने अपनी आँखें पोंछकर भीतर से बाहर झाँकना प्रारम्भ कर दिया और अनन्त की ओर से दृष्टि फेरकर मार्क्स पर उसे केन्द्रित कर दिया तब भी महादेवी की आँखें भीगती रहीं, हृदय सिहरन भरता रहा, ओठों की ओट में आहे सोती रहीं और मन 'किसी निष्ठुर' की आरती उतारता ही रहा। दूसरे शब्दों में वे अखंड भाव से अन्तर्मुखी बनी रहीं।" ('नई धारा', वर्ष 2, अंक 1)

विनयमोहन जी के अनुसार महादेवी जी की काव्यवस्तु का निर्माण भीगी आँखों, सिहरन भरते हृदय, सोती हुई आहों और निष्ठुर की आरती से हुआ है। दूसरे शब्दों में महादेवी-काव्य का मतलब है, पीड़ा और पलायन। इसके सिवा वहाँ दूसरी वस्तु नहीं है।

श्री देवराज का मत है : "महादेवी जी ने अपनी कविता में कहीं भी युग-जीवन अथवा स्वयं जीवन के सम्बन्ध में विचार प्रकट करने की चेष्टा नहीं की है, उनके आलोचक के लिए यह बड़े संतोष की बात है।" ('साहित्य-चिन्ता', पृ. 202)

इसका यही अर्थ हो सकता है कि महादेवी जी की कविता जीवन और युग-जीवन, दोनों से परे है। ऐसी हालत में या तो वह मृत्यु का प्रतिबिम्ब होगी या ऐसे किसी तत्त्व का जो न जीवन है, न मृत्यु!

श्री लक्ष्मीनारायण सुधांशु महादेवी जी के रहस्यवाद को जीवन से परे नहीं मानते। दोनों का परस्पर सम्बन्ध दिखलाते हुए वह कहते हैं : "महादेवी वर्मा ने अपनी सारी मनोभावनाओं को एक अप्राप्तव्य आराध्य के उपलक्ष्य से अभिव्यक्त करने की चेष्टा की है। अतृप्त इच्छाएँ ही प्रलुब्ध होती हैं। इतना होने पर भी जगत् और जीवन के सम्बन्ध को हम विध्वंस नहीं कर सकते। उसी के अन्तर्गत रहकर हम जीवन में उत्तीर्ण हो सकते हैं और वस्तुत: जीवन की यही सच्ची साधना है। क्षुद्र से विराट् तथा नश्वर से शाश्वत होने के लिए अंश में ही पूर्णता तथा सीमा ही में पूर्णता तथा सीमा में ही असीमता उपलब्ध करना पड़ेगा। अपनी सारी चेतना के साथ देखने से बद्ध भी अबद्ध मालूम पड़ता है। जीवन के विषाद तथा अवसाद चेतना की अन्तर्ज्योति से स्वत: दीप्तिमय होकर आनन्द तथा उल्लास में परिवर्तित हो जाते हैं।" ('जीवन के तत्त्व और काव्य के सिद्धान्त', पृ. 321-22)

सुधांशु जी के अनुसार : महादेवी जी का आराध्य अप्राप्तव्य है। आराध्य अप्राप्तव्य तभी हो सकता है जब वह जीवन से परे हो। इच्छाएँ अतृप्त हैं, इसलिए प्रलुब्ध हैं। शायद ये अतृप्त इच्छाएँ कभी भी तृप्त नहीं हो सकतीं क्योंकि आराध्य अप्राप्य है। सारी 'चेतना' के साथ देखने से बद्ध भी अबद्ध मालूम पड़ेगा। इस प्रकार महादेवी जी की काव्यवस्तु अप्राप्तव्य की अतृप्तिजन्य साधना ठहरती है।

श्री अमृतराय महादेवी के काव्य का परिचय इस प्रकार देते हैं :

"महादेवी ने स्वयं अपनी कविता का सबसे अच्छा परिचय दिया है :

मैं नीर भरी दु:ख की बदली।

उनकी इसी एक पंक्ति को मन में रखे हुए आप उनके सम्पूर्ण काव्य-साहित्य का अवलोकन कर डालिए। आप तुरन्त जान लेंगे कि यही भाव शिराओं में बहने वाले रक्त के समान उसमें सर्वत्र प्रवाहित हो रहा है।" ('नया साहित्य', भाग-4)

महादेवी जी की काव्यवस्तु का निरूपण करने में श्री अमृतराय और दूसरे आलोचकों में कोई अन्तर नहीं है। अमृतराय जी भी और सभी आलोचकों की तरह उस काव्यवस्तु को पीड़ावादी पलायनवादी तत्त्वों से निर्मित मानते हैं। अन्तर है, उन तत्त्वों के मूल्यांकन और उनके विवेचन में लेकिन यदि महादेवी वर्मा के काव्य-साहित्य में कहीं कोई सामन्त-विरोधी जनवादी स्वस्थ जीवन के पोषक तत्त्व

आए हैं, तो अमृतराय जी उतनी ही दृढ़ता से उन्हें अस्वीकार करते हैं जितनी दृढ़ता से नगेन्द्र जी या देवराज जी।

एक दूसरे लेख में वह कहते हैं : "महादेवी वर्मा की कविता की पंक्ति-पंक्ति आँसुओं से गीली है, यहाँ तक कि उनका एक 'आँसुओं का देश' ही है, सबसे अलग। उनकी सारी कविताओं को एक में पिरोनेवाली लड़ी आँसुओं की लड़ी ही हो सकती है। उन्हें आँसुओं से मोह है और उनसे वे अपना सिंगार करती हैं क्योंकि उन्हें अपनी व्यथा से मोह है।" ('नई समीक्षा', पृ. 147)

एक बार यह निश्चय कर लेने पर कि महादेवी जी का काव्य पीड़ा और पलायनवादी तत्त्वों से ही निर्मित है, आलोचक इसका विश्लेषण आरम्भ करते हैं कि ये तत्त्व उनके काव्य में क्यों मौजूद हैं। नगेन्द्र जी का मत हम ऊपर देख चुके हैं जिसके अनुसार ये तत्त्व अतृप्त काम-वासना का फल हैं। कुछ लोग अतृप्ति को मानते हुए उसे आध्यात्मिक अनुभूति से जोड़ देते हैं। जो लोग काव्य को सामाजिक परिस्थितियों से परे मानते हैं, वे स्वभावत: इस पलायन का कारण सामाजिक सम्बन्धों में न देखकर कवयित्री के व्यक्तिगत जीवन में ढूँढ़ते हैं या उनके व्यक्तिगत जीवन को ही आध्यात्मिक स्तर पर प्रतिष्ठित मान लेते हैं।

श्री गंगाप्रसाद पांडेय उनके व्यक्तित्व के बारे में लिखते हैं : "महादेवी जी का व्यक्तित्व आध्यात्मिक है, इसमें सन्देह नहीं।" और : "महादेवी जी के व्यक्तित्व से तुलना करने के लिए हिमालय ही सबसे अधिक उपयुक्त भी जान पड़ता है। उनके व्यक्तित्व का वही उन्नत और दिव्य रूप, वही विराट और विशाल प्रसार, वही अमल-धवल तथा अचल-अटल धीरता-गम्भीरता, वही करुणा एवं तरलता और सबसे बढ़कर वही सुखकर शुभ्र हास। यही तो महादेवी हैं।" ('आजकल', जुलाई, 1955)

इसके विपरीत सुधांशु जी का मत है : "महादेवी वर्मा के जीवन की शुष्कता ने उन्हें लोक-विमुख वैराग्य देकर लोकोत्तर आलम्बन की ओर प्रेरित किया है, जिसके अनुसन्धान में कभी तृप्ति नहीं।" ('जीवन के तत्त्व और काव्य के सिद्धान्त', पृ. 320)

और नगेन्द्र जी का विचार है : 'महादेवी जी का एकाकी जीवन उनके काव्य में स्पष्ट रूप से प्रतिबिम्बित है। किसी प्रभाव ने ही उनके जीवन को एकाकिनी बरसात बना दिया है, सुख और दुलार के आधिक्य ने नहीं।' ('दीपशिखा')

एकाकीपन की चर्चा करते हुए श्री अमृतराय 'दीपशिखा' के बारे में लिखते हैं : "इस तरह पुस्तक की एक टेक है एकाकीपन और दूसरी, एक जिच। किसी भी साहित्यिक रचना के दो पक्ष होते हैं : एक सामाजिक और दूसरा वैयक्तिक और इसी नाते प्रकारान्तर से सामाजिक। पहले पक्ष के विवेचन के लिए फ्रायडीय प्रणाली का उपयोग आलोचना के क्षेत्र में होता है। इस कविता के एक सुसम्बद्ध फ्रायडीय विवेचन के लिए पुस्तक में अकूत सामग्री मिलेगी।" ('नई समीक्षा', पृ. 147)

अमृतराय जी कविता के दो पक्ष करते हैं : सामाजिक और वैयक्तिक। वैयक्तिक पक्ष 'प्रकारान्तर से' सामाजिक ठहरता है। पहले पक्ष के विवेचन के लिए (उनका मतलब वैयक्तिक पक्ष के विवेचन से है) आलोचना के क्षेत्र में फ्रायडीय प्रणाली का उपयोग होता है। यहाँ पर यह कह देना जरूरी है कि फ्रायडीय प्रणाली के अलावा भी व्यक्ति और उसके व्यक्तित्व की परख की वैज्ञानिक पद्धतियाँ मौजूद हैं और जो लोग फ्रायडीय प्रणाली का उपयोग करके व्यक्ति की समस्याओं को परखते हैं, वे कम-से-कम साहित्य के क्षेत्र में क्रान्ति-विरोधी साबित हुए हैं।

अमृतराय जी एकाकीपन और जिच का जिक्र करने के बाद इनका सामाजिक विश्लेषण इस तरह करते हैं :

"अब हम एकाकीपन के सामाजिक पक्ष पर विचार करेंगे।

पूँजीवाद व्यक्ति और व्यक्ति के बीच के सहज मानवोचित रिश्ते को हटाकर उसके स्थान पर एक ऐसे सम्बन्ध की प्रतिष्ठा करता है जिसमें मनुष्य एक पण्य-वस्तु के सिवा और कुछ नहीं रह जाता। और इस प्रकार मानव और मानव के बीच का सम्बन्ध एक नये बिन्दु पर पहुँच जाता है जहाँ मानव-सम्बन्धों में फिर किसी प्रकार का रस नहीं रह जाता। इस तरह एक ऐसी सामाजिक परिस्थिति पैदा होती है जिससे सहृदय व्यक्तियों के मन को ठेस लगना स्वाभाविक है। यह ठेस ही उन्हें मानसिक इच्छा पूर्ति (wish fulfilment) का मार्ग ढूँढ़ने पर विवश करती है। श्रीमती महादेवी वर्मा का वेदनामूलक रहस्यवाद भी ऐसी ही मानसिक इच्छापूर्ति है।" ('नई समीक्षा', पृ. 148)

ये वाक्य पढ़ने पर मन में कई प्रश्न उठते हैं। पूँजीवाद मनुष्यों के सहज मानवोचित रिश्तों को हटाता है। पूँजीवाद से पहले के सामन्ती सम्बन्ध क्या सहज मानवोचित रिश्ते हैं?

पूँजीवादी सम्बन्धों से उत्पन्न होनेवाली सामाजिक परिस्थिति में सहृदय व्यक्तियों के मन को स्वाभाविक रूप से ठेस लगती है और ठेस लगने पर वे मानसिक इच्छापूर्ति का मार्ग ढूँढ़ने पर 'विवश' होते हैं। पूँजीवाद जिस पलायनवादी साहित्य का नशा जनसाधारण में बाँटता है, क्या वह ठेस और विवशता का साहित्य है? यह साहित्य व्यक्ति की मानसिक इच्छापूर्ति का साहित्य है या एक वर्ग की भौतिक इच्छाओं—मजदूर वर्ग को गुलाम बना रखने की इच्छाओं—का साहित्य है?

यदि महादेवी जी का साहित्य यूरोप के मानसिक इच्छापूर्तिवाले साहित्य जैसा है तो क्या हिन्दुस्तान में वही परिस्थितियाँ मौजूद हैं जो यूरोप में हैं? अथवा उन परिस्थितियों के अभाव में क्या वह यूरोप के साहित्य का प्रभाव मात्र है?

ये प्रश्न करते ही मालूम हो जाता है कि श्री अमृतराय के विश्लेषण में शब्दावली समाजशास्त्रीय है; उसका तत्त्व दरअसल कोई ठोस विश्लेषण प्रस्तुत नहीं करता।

उसी निबन्ध में वह आगे कहते हैं :

"जैसा हमने अभी ऊपर देखा कि पूँजीवादी सामाजिक प्रणाली में हर व्यक्ति दूसरे को मनुष्य नहीं बल्कि एक वस्तु समझता है जिसका वह क्रय-विक्रय कर सकता है क्योंकि पूँजीवादी उत्पादन प्रणाली में हर व्यक्ति को यह बुनियादी आजादी होती है कि वह अपनी उत्पादक शक्ति को मोल पर चढ़ाए। इस तरह सामाजिक बन्धन रोज-ब-रोज ढीले होते जाते हैं क्योंकि वे अब व्यक्ति और व्यक्ति के सम्बन्ध नहीं हैं, और उनका आधार भी सहयोग न होकर होड़ है। होड़ पर टिकनेवाले सम्बन्ध स्थायी नहीं हो सकते। इसी आत्मीयता की कमी के कारण कल्पना-विलासी व्यक्ति को स्वनिर्मित आत्मीयों का पल्ला पकड़ना पड़ता है। महादेवी जी ने व्यथा में ऐसा आत्मीय पाया है।" ('नई समीक्षा', पृ. 148-49)

यदि पूँजीवादी प्रणाली में हर व्यक्ति दूसरे को पण्य-वस्तु समझे जिसका वह क्रय-विक्रय कर सके तो ऐसे समाज में हर व्यक्ति एक साथ ही पूँजीपति भी होगा और मजदूर भी। वास्तव में इस प्रणाली के अन्तर्गत एक 'वर्ग' खरीदनेवालों का होता है और दूसरा 'वर्ग' खरीदे जानेवालों का होता है। इसीलिए पूँजीपतियों में होड़ एक दूसरे को हड़पने और विनाश की ओर बढ़ने की वृत्ति उत्पन्न करती है, वहाँ वह मजदूरों में, खरीदे जानेवालों में, ऐसी जबर्दस्त आत्मीयता उत्पन्न करती है जिसकी मिसाल पहले के इतिहास में नहीं मिलती। श्री अमृतराय ने अपने अवैज्ञानिक विश्लेषण से वर्गों के सम्बन्ध को मनुष्य मात्र का सम्बन्ध बना दिया है और मजदूर वर्ग की आत्मीयता, परस्पर भाईचारे को भुला दिया है। कहना न होगा कि यह समूचा विश्लेषण हिन्दुस्तान की परिस्थितियों पर बहुत ही आंशिक रूप से लागू हो सकेगा।

इसमें सन्देह नहीं कि महादेवी जी के काव्य में पीड़ावादी पलायनवादी तत्त्व मौजूद हैं लेकिन इनकी उत्पत्ति और स्थिति का सही कारण तब हम अच्छी तरह जान सकेंगे जब हम इनके विरोधी तत्त्वों पर भी दृष्टिपात करेंगे और दोनों के परस्पर सम्बन्ध को जानने की कोशिश करेंगे।

महादेवी जी और उनकी कविता का परिचय केवल 'नीर भरी दुःख की बदली' या 'एकाकिनी बरसात' कहकर नहीं दिया जा सकता। उन्हीं के शब्दों में उनका परिचय देना हो तो मैं यह पंक्ति उद्धृत करूँगा :

रात के उर में दिवस की चाह का शर हूँ।

निराला को छोड़कर किसी भी छायावादी कवि में जीवन की इतनी चाह नहीं है, जितनी महादेवी में। निराशावाद की अँधेरी रात में जीवन प्रभात की यह चाह महादेवी की रचनाओं में बार-बार दीप्त हो उठती है। और जितना ही यह अँधेरा घना होता है, उतना ही यह चाह और भी तीव्र हो जाती है। महादेवी जी ने अलंकृत

शब्दावली और मनोहर रूपकों में जीवन और सौन्दर्य की इस आकांक्षा को बार-बार व्यक्त किया है :

कंटकों की सेज जिसकी आँसुओं का ताज,
सुभग! हँस उठ, उस प्रफुल्ल गुलाब ही सा आज,
बीती रजनि प्यारे जाग!

क्या जीवन से पराङ्मुख कोई भी व्यक्ति ऐसी सुन्दर पंक्तियाँ लिख सकता है? क्या स्थूल के प्रति सूक्ष्म का विद्रोह कहने से उस ठोस जीवन-आकांक्षा, मानवीय प्रेम, मानवीय सौन्दर्य की आकांक्षा की व्याख्या हो जाती है जो इन पंक्तियों में व्यक्त हुई है?

महादेवी जी अपने गीतों में 'देवी' के रूप में नहीं, एक मानवी के रूप में दर्शन देती हैं। वह अपनी भाव-व्यंजना में इस धरती पर काम करनेवाली मनुष्य नामक प्राणी ही नहीं है वरन् उसका एक भेद नारी भी है। उनका नारीत्व सामाजिक सीमाओं के अन्दर विकास के लिए पंख फड़फड़ाता है; उसकी यह व्याकुलता अनेक सांकेतिक रूपों में उनकी कविताओं में प्रकट होती है। नारीत्व के इन तत्त्वों को निकाल दीजिए, उनका काव्य-साहित्य उतना ही नीरस और निर्जीव हो जाएगा, जैसा उन कवियों का जो पुरुष होकर रमणी-कंठ की नकल करते हुए कहते हैं :

लाई हूँ फूलों का हार।
लोगी मोल, लोगी मोल!

महादेवी जी की नारी-प्रकृति की एक सरस विशेषता उनका हठ है। उनके प्राण 'पागल' हैं तो हठीले भी हैं :

उन्हीं तारक फूलों में देव!
गूँथता मेरे पागल प्राण—
हठीले मेरे छोटे प्राण!

'अध्यात्मवादी' महादेवी का अभिमान देखने योग्य है जो निजत्व देने में असमर्थ होकर प्रिय से मिल नहीं सकतीं :

मिलन-मन्दिर में उठा दूँ जो सुमुख से सजल गुंठन,
मैं मिटूँ प्रिय में मिटा ज्यों तप्त सिकता में सलिलकण।
सजनि मधुर निजत्व दे
कैसे मिलूँ अभिमानिनी मैं!

जीवन से पराङ्मुख कहलानेवाली इस कवयित्री की श्रृंगार-भावना अद्भुत है। 'कुमारसम्भव' के रचयिता ने सुन्दरियों के चरण-स्पर्श की राह न देखकर स्वयं खिलनेवाले जिस अशोक का वर्णन किया था, मानो उसी को याद करके महादेवी जी लिखती हैं :

रंजित कर दे यह शिथिल चरण ले नव अशोक का अरुण राग,
मेरे मंडन को आज मधुर ला रजनीगन्धा का पराग,
यूथी की मीलित कलियों से
अलि दे मेरी कवरी सँवार!

इतनी श्रृंगारप्रियता, फिर भी असफलता! एक बार उनकी समझ में नहीं आता कि श्रृंगार में कौन-सी त्रुटि रह गई जिससे वह विफल-मनोरथ रहीं?

क्यों आज रिझा पाया उसको
मेरा अभिनव श्रृंगार नहीं?

और जब उन्हें भासित होता है कि मिलन-क्षण आ पहुँचा, तब उनकी विह्वलता और भाव-व्यंजना नारी-सुलभ शंका और उत्सुकता से चित्रमय हो उठती है :

नित सुनहली साँझ के पद से लिपट आता अँधेरा;
पुलकपंखी विरह पर उड़ आ रहा है मिलन मेरा;
कौन जाने है बसा उस पार
तम या रागमय दिन!

महादेवी जी की कविता में नारी-सुलभ श्रृंगार-भावना ही नहीं है, प्रेम की विह्वलता और कष्ट सहने का साहस भी है। वह अपने एकाकी मन को चुनौती देते हुए कहती हैं :

जिसको पथ शूलों का भय हो
वह खोजे नित निर्जन, गह्वर,
प्रिय के सन्देशों के वाहक,
मैं सुख-दुख भेटूँगी भुजभर,
मेरी लघु पलकों से छलकी
इस कण-कण में ममता बिखरी!

जो अपनी भुजाओं में सुख-दुःख भेंटने के लिए समान रूप से तत्पर हो, उसके लिए यह नहीं कहा जा सकता कि उसकी हर पंक्ति आँसुओं से गीली है।

कभी-कभी दु:ख और सुख का अनुपात ही बदल जाता है और दु:ख घेरनेवाला न बनकर स्वयं सुख से घिर जाता है।

सुख की परिधि सुनहली घेरे
दु:ख को चारों ओर
भेंट रहा मृदु स्वप्नों से
जीवन का सत्य कठोर।
चातक के प्यारे स्वर में सौ सौ मधु रचते रास!

कहनेवाले कह सकते हैं कि यह सब सौन्दर्य और जीवन की कल्पना है; वास्तव में इस कल्पना का स्रोत तो अतृप्ति ही है। यह भी एक तरह की मानसिक इच्छापूर्ति है जो कुंठित व्यक्तित्व से उत्पन्न हुई है।

यदि जीवन और सौन्दर्य की चाह प्रकट करनेवाली कविता दमित इच्छाओं के ही कारण हो तो जितने भी जीवन और सौन्दर्य के कवि हैं, वे सब दमित इच्छाओं के शिकार साबित हों और जितने भी मृत्यु और कुरूपता के कवि हैं, वे सब तृप्त इच्छाओंवाले समझे जाएँ।

महादेवी जी के व्यक्तित्व में नारी-हठ के साथ कहीं पत्थर जैसी दृढ़ता भी छिपी है, यह उनके कई गीतों से स्पष्ट हो जाता है। उनके अन्दर यह क्षमता है कि वह पीड़ा और आँसुओं के व्यापार को ही समाप्त कर दें, तितलियों के परों की रंगीनी और मधुप की गुनगुन छोड़कर वीर नारी के समान दर्प के साथ चुनौती दें :

बाँध लेंगे क्या तुझे यह मोम के बन्धन सजीले?
पंथ की बाधा बनेंगे तितलियों के पर रँगीले?
विश्व का क्रन्दन भुला देगी मधुप की मधुर गुनगुन,
क्या डुबा देंगे तुझे यह फूल के दल ओस-गीले?
तू न अपनी छाँह को अपने लिए कारा बनाना!
जाग तुझको दूर जाना!

क्या यह कोरी डींग है? क्या यह भी एक तरह की सांकेतिक शब्दावली है जिसका सारतत्त्व पलायन है और बाहरी अलंकार ही संघर्ष के हैं? क्या महादेवी वर्मा को जीवन में कठिनाइयों का, विशेष कर सामाजिक विरोध और अपवाद का, सामना नहीं करना पड़ा? मेरी समझ में ऐसी बात नहीं है। महादेवी जी की कर्मठता, समाज-सुधार और जनसम्पर्क की सीमाएँ हैं लेकिन इनका एकान्त अभाव हो, ऐसी बात नहीं है। 'शृंखला की कड़ियाँ', 'स्मृति की रेखाएँ', 'अतीत के चलचित्र' आदि पुस्तकें इस बात का प्रमाण हैं। महादेवी जी का कवि और गद्यकार एक दूसरे से जुड़े हुए हैं; वे दो बिखरी हुई विरोधी इकाइयाँ नहीं हैं।

महादेवी जी के व्यक्तित्व को 'अध्यात्मवादी' माननेवाले उनके सबसे अधिक प्रशंसक गंगाप्रसाद जी पांडेय की यह भौतिकवादी बात सही मालूम होती है :

"परित्यक्त तथा उपेक्षित नारियों के पति क्रीत मुख भारतीय समाज में, काले हिन्दू लॉ के समक्ष उन्होंने स्वस्वीकृति के बिना विवाह को, डंके की चोट के साथ समाज तथा संसार के कटुतम व्यंग्य प्रहार सहते हुए भी चुनौती देकर ही अपने जीवन-क्रम की नींव धरी है। उन्होंने जो उचित समझा सो किया, हठ के साथ किया। संसार का कोई भी प्रलोभन या भय उससे उन्हें विमुख नहीं कर सकता।" ('आजकल', जुलाई, '55)

महादेवी जी की अनेक रचनाओं से उनके सम्बन्ध में पांडेय जी की यह धारणा पुष्ट होती है। उसमें सन्देह करने का कोई कारण नहीं दिखाई देता। उनके व्यक्तित्व के बारे में इससे भिन्न एक पराजित नारी की कल्पना विशेष आधार पर टिकी नहीं जान पड़ती।

फिर क्या कारण है कि उनकी रचनाओं में पीड़ा का इतना बाहुल्य है? वे छायावाद की परिधि लाँघकर नये साहित्यिक और सामाजिक आन्दोलनों से घनिष्ठ सम्बन्ध कायम नहीं कर सकीं?

इसका कारण यह है कि संसार के प्रति उनका दृष्टिकोण विज्ञानसम्मत नहीं है और उनके मनोबल और कर्म-सम्बन्धी इच्छा-शक्ति की अपनी सीमाएँ हैं। इस पर कुछ और कहने के पहले यहाँ यह प्रश्न करना अनुचित न होगा कि अधिकांश आलोचकों ने महादेवी जी के साहित्य में पीड़ावाद ही क्यों देखा है और उसे बढ़ा-चढ़ाकर अध्यात्मवाद का रूप क्यों दिया है? आज के भारतीय समाज में नारी परतंत्र है, यह कहने की बात नहीं है। उसकी परतंत्रता का कारण सामन्ती सम्बन्धों के अवशेष और समाज-संचालकों के सामन्ती संस्कार हैं। नारी की पराधीनता को यदि पीड़ावाद का रूप दे दिया जाए तो इससे सामन्ती बन्धनों और सामन्ती संस्कारों की रक्षा होती है। नारी की दासता और परवशता के सहारे जिस 'अध्यात्मवाद' की रचना हुई है, वह ढह पड़े अगर नारी इन सामन्ती बन्धनों को तोड़ने के लिए कटिबद्ध हो जाए। आज हिन्दुस्तान में सामन्ती अवशेष साम्राज्यवादी हितों के साथ घनिष्ठ रूप से जुड़े हुए हैं, इसीलिए नारी की स्वाधीनता का प्रश्न भारतीय जनसाधारण की स्वाधीनता की समस्या का ही एक अंग है। इसलिए जो लोग सेक्स में क्रान्ति की बातें करते हैं, वे इस समस्या को सुलझाने के बदले और उलझाते हैं और सामन्ती हितों को पुष्ट करते हैं। भारतीय नारी सदियों की सामन्ती दासता से तभी मुक्त हो सकेगी जब वह शेष जनता के साथ साम्राज्य-विरोधी, सामन्त-विरोधी स्वाधीनता-आन्दोलन में आगे बढ़कर हिस्सा लेगी। इससे इतर मार्ग से उसकी मुक्ति सम्भव नहीं है।

सामन्ती सम्बन्धों की परिधि में पुरुष का एक अपना निहित स्वार्थ होता है। मजदूर वर्ग से बाहर अन्य वर्गों का पुरुष—जिनमें नारी स्वतंत्र श्रमिक नहीं है—सामन्ती

साम्राज्यवादी बन्धनों से पीड़ित होते हुए भी, स्वयं नारी का स्वामी बनकर, उसके श्रम का फल आत्मसात् कर लेता है। इसलिए ऐसे लेखक, जो सामन्त-विरोधी सामाजिक और सांस्कृतिक आन्दोलनों से दूर हैं, स्वभावत: पीड़ावाद के समर्थक बन जाते हैं। यही कारण है कि इस पीड़ावाद के खिलाफ जहाँ किसी नारी की रचनाओं में प्रेम, सौन्दर्य, जीवन और विद्रोह के तत्त्व उभर आते हैं, वे एक बार उन्हें देखकर भी नहीं देखते।

यह आकस्मिक बात नहीं है कि जहाँ प्राय: सभी पुरुष-आलोचकों ने महादेवी जी के काव्य में पीड़ावादी पलायनवादी तत्त्वों को ही देखा है, उनका नामकरण भले ही भिन्न-भिन्न हो, वहाँ एक स्त्री-आलोचिका ने उसके द्वंद्व को, परस्पर विरोधी भावधाराओं के संघटन को, बड़ी खूबी से निर्दिष्ट किया है। अंग्रेज कवयित्री क्रिस्टिना रोज़ेटी और महादेवी जी की तुलना करते हुए श्रीमती शचीरानी गुर्टू अपनी पुस्तक 'साहित्य दर्शन' में लिखती हैं : "एक ओर वैराग्य मिश्रित हलकी प्रतिध्वनि उठती है, दूसरी ओर क्रूर नियति के प्रति विवशता का क्रन्दन। कहीं प्रेम शृंखलाओं में जकड़े मनुष्य की-सी बाध्यता है, कहीं दारुण दु:ख और क्लेशों से विरत होकर अन्तश्चेतना की विश्वासमय निर्बाध गति। उनके हृदय में व्यथा की घटाटोप सघनता है, जिसे वे अपनी आन्तरिक स्फूर्ति और उद्दीप्त आत्मचेतना से विच्छिन्न करके अचिन्त्य आलोक से भरना चाहती हैं। कभी दीन-हीन खोई-सी वेदना में डूब जाती हैं, गर्वीले स्वाभिमान से सजग होकर वे लौकिक प्रेम की अवज्ञा करती हुई अलौकिक भाव-जगत में पैठने का प्रयास करती हैं।"

इस द्वंद्व से निकलने का एक ही मार्ग है—भारत में सामन्ती अवशेषों और साम्राज्यवादी हितों को समाप्त करना। इस मार्ग की तरफ बढ़ने में उनका वह दृष्टिकोण बाधक होता है जिस पर बौद्ध दर्शन, गांधीवाद और अन्य ऐसी विचारधाराओं का प्रभाव है जो सामन्तवाद से समझौता करना सिखाती हैं।

महादेवी जी में जनसाधारण के प्रति बौद्धिक सहानुभूति ही नहीं है, उन्हें पीड़ित जनता से हार्दिक सहानुभूति है। पंत जी 'ग्राम्या' में बौद्धिक सहानुभूति की रेखा तक आकर वापस लौट गए। महादेवी जी अपने गद्य में इस ओर उनसे कहीं अधिक आगे बढ़ी हैं। छायावादी कवियों में केवल 'चतुरी चमार' और 'बिल्लेसुर बकरिहा' का रचयिता निराला उनसे इस बात में आगे हैं। महादेवी जी की यह सहानुभूति बड़ी मूल्यवान है। उसके बल पर वे समाज में पीड़ित जनों के अनेक मर्मस्पर्शी चित्र दे सकी हैं। फिर भी इस सहानुभूति की सीमाओं को न पहचानना और नारी-समस्या के प्रति उनके दृष्टिकोण की लेनिन के दृष्टिकोण से तुलना करना अपने को और दूसरों को धोखा देना है। (देखिए, श्री अमृत राय का लेख 'गद्यकार महादेवी और नारी-समस्या'; 'नया साहित्य', भाग-4) लेनिन ने नारी-समस्या को हल करने में सोवियत सफलता का रहस्य एक वाक्य में यों बतलाया था : "रूस में हमें स्त्री और पुरुष की समता

स्थापित करने में सफलता केवल इसलिए मिली कि 7 नवम्बर, 1917 को हमारे यहाँ मजदूरों का राज्य स्थापित हुआ।" महादेवी जी और उनके साथ अमृतराय जी भी अपने लेख में इस निष्कर्ष पर नहीं पहुँचे कि भारत में नवीन जनवादी प्रजातंत्र कायम हुए बिना नारी-समस्या हल नहीं हो सकती। महादेवी जी छायावाद की प्रतिनिधि कवि हैं। उनमें छायावाद का निराशावादी पलायनवादी पक्ष है तो जीवन और सौन्दर्य की आकांक्षा का स्वस्थ मानव-प्रेमी और सौन्दर्यवादी पक्ष भी है। उनके अन्दर एक विद्रोही आत्मा सोती है जो दृष्टिकोण और मनोबल की सीमाओं के कारण अपना पूरा चमत्कार नहीं दिखा सकी। उन्हें जनता से हार्दिक सहानुभूति है और वे उससे सम्पर्क स्थापित करती रही हैं—यह उनका सबसे बड़ा सम्बल है। जिस दिन यह सहानुभूति सक्रिय रूप लेगी, उनके द्वंद्व का भी उस दिन अन्त हो जाएगा। महादेवी जी अपने साहित्यिक रचनाकाल में मध्याह्न बेला तक पहुँच गई हैं। यदि वे पंत जी की तरह पीछे कदम हटाकर अन्तश्चेतनावाद की तरफ लौट चलती हैं, तो उनके कृतित्व का अन्त इस तरह होगा कि भविष्य में नारी-जाति क्षोभ के साथ उनका स्मरण करेगी। यदि वे अपनी सहानुभूति को तर्कसंगत परिणाम तक ले जाती हैं और सक्रिय रूप से नारी-स्वाधीनता और जनसाधारण की स्वाधीनता के आन्दोलन के साथ आगे बढ़ती हैं, तो उनकी वाणी सतेज होकर वैसे ही मुखर हो उठेगी, जैसे 'बंगदर्शन' की भूमिका में या 'सान्ध्य गीत' की उन अनुपम पंक्तियों में ('जाग तुझको दूर जाना' आदि)। महादेवी जी का भावी उज्ज्वल कृतित्व उन्हीं के हाथ है। उनकी काव्य-साधना से भारत-भाग्य काँटों की सेज पर सोते हुए गुलाब की तरह जागे, आलोचक यही मंगलकामना कर सकता है।

कंटकों की सेज जिसकी आँसुओं का ताज,
सुभग! हँस उठ, उस प्रफुल्ल गुलाब ही सा आज,
बीती रजनि प्यारे जाग!

[1954]

17

हिन्दी शब्दानुशासन और भाषाशास्त्र की परम्परा

अंग्रेजों की दासता से मुक्ति पाने के बाद भारतीय जनता के सामने नई भाषा-सम्बन्धी समस्याओं का प्रस्तुत होना स्वाभाविक है। जनता की राजनीतिक और सांस्कृतिक कार्यवाही पहले की अपेक्षा कहीं बड़े पैमाने पर उसकी अपनी भाषाओं में होगी। इसलिए भाषा का परिनिष्ठित रूप होना, उसके शब्द-प्रयोगों और वाक्य-रचना आदि के बारे में सर्वस्वीकृत मान्यताओं का स्थिर होना आवश्यक है। इस कार्य की ओर हिन्दी के विद्वान् पहले से भी सचेत हैं जिनमें पंडित किशोरीदास वाजपेयी का नाम विशेष रूप से उल्लेखनीय है। हिन्दी शब्दानुशासन के मार्ग में दो बाधाएँ हैं : पहली, संस्कृत के अनुरूप हिन्दी व्याकरण रचने की प्रवृत्ति; दूसरी, इस क्षेत्र में यूरोप के विद्वानों, विशेष कर अंग्रेज भाषाविज्ञानियों के अन्धानुकरण की प्रवृत्ति। प्रसन्नता की बात है कि वाजपेयी जी ने दोनों बाधाओं की चिन्ता न करके इस विषय पर 'हिन्दी शब्दानुशासन' पुस्तक लिखी है। इसमें शब्दों के प्रयोग, वाक्य-रचना आदि के बारे में जो कुछ कहा गया है, वह तो महत्त्वपूर्ण है ही, सभी भाषाशास्त्रियों के ध्यान देने योग्य इसमें वाजपेयी जी का भाषा-सम्बन्धी दृष्टिकोण है।

भाषा स्थिर है या परिवर्तनशील? वाजपेयी जी भाषा को दीर्घजीवी मानते हैं, साथ ही वह परिवर्तनशील भी है। उसमें यह परिवर्तन बहुत धीरे-धीरे होता है। "काल की तरह देश-भेद से भी भाषा बदलती है, बहुत धीरे-धीरे।" (पृ. 4) तथा "लाखों-करोड़ों वर्ष अच्छी भाषा जीवित रहती है।" (उप.) भाषा के इस दीर्घ जीवन को ध्यान में रखने से ही यह बात समझ में आ सकती है कि आधुनिक भाषाओं के अनेक तत्त्व बहुत ही पुराने हैं। भले ही किसी भाषा का जीवन अक्षरश: करोड़ों वर्ष का सिद्ध न हो सके; भाषा की आयु मानव-समाज की आयु पर ही निर्भर है।

भाषा के कौन-से तत्त्व जल्दी बदलते हैं, कौन-से देर में बदलते हैं या नहीं बदलते, इस विषय में वाजपेयी जी ने लिखा है : "किसी भी भाषा के मूल शब्द उसका 'मूल धन' हैं, या होते हैं : 1. क्रियापद, 2. अव्यय, 3. विभक्तियाँ तथा 4. सर्वनाम। ये चार मुख्य स्तम्भ हैं, जिन पर किसी भी भाषा का स्वतंत्र अस्तित्व टिका रहता है। ये शब्द कभी बदलते नहीं, कभी भी किसी दूसरी भाषा से कोई भाषा नहीं

लेती।" (पृ. 40) यदि इस नियम के अनुसार हिन्दी-उर्दू समस्या पर विचार किया जाए तो बहुत जल्दी समझ में आ जाए कि ये दोनों भिन्न भाषाएँ हैं या एक हैं। इसी प्रकार अवधी, ब्रज, बुन्देलखंडी स्वतंत्र भाषाएँ हैं या हिन्दी की बोलियाँ हैं—इस प्रश्न का उत्तर देने में भी सहायता मिले। वास्तव में भाषाविज्ञान के अनेक पंडित भाषा के 'मूल धन' की समस्या से परिचित ही नहीं हैं। इसी कारण तमिल आदि दक्षिण की भाषाओं के मूल धन पर ध्यान न देकर उन्हें भी संस्कृत की पुत्रियाँ कह दिया जाता है। क्रियापद, सर्वनाम आदि तत्त्वों का भी आदान-प्रदान होता है, यथा : 'आजमाना' क्रिया, किन्तु इस तरह के उदाहरणों से यह सिद्ध नहीं होता कि भाषा की स्वतंत्रता उपर्युक्त तत्त्वों पर अवलम्बित नहीं है।

वाजपेयी जी भाषा को विकासमान समझते हैं; जनता के प्रयोग भाषा की मुख्य नियामक शक्ति हैं। उनका कहना है कि "जन-प्रवाह ने जिस शब्द को जैसा बना दिया है, वह वैसा बन गया।" (पृ. 43) यदि जनप्रवाह के प्रति हिन्दी विद्वानों की यह धारणा होती तो उनकी शैली तत्सम-प्रधान न होकर सरल, तद्भव-प्रधान, भारतेन्दु और प्रेमचन्द की शैली के अधिक निकट होती। वाजपेयी जी को तद्भव शब्दों से प्रेम है। जनप्रवाह को महत्त्व देने के कारण वे हिन्दी की प्रकृति को हिन्दी के अन्य वैयाकरणों और भाषाविज्ञानियों की अपेक्षा ज्यादा पहचानते हैं। उन्होंने उचित ओज से घोषित किया है : "तद्भव शब्दों का तो अटूट भंडार है और इनकी जगह संस्कृत के तद्रूप शब्द चल नहीं सकते, जैसे दस, बीस।" (पृ. 44) वे व्याकरण का महत्त्व जानते हैं और उसकी सीमाएँ भी पहचानते हैं। "व्याकरण का दर्पभंग, पद-प्रयोग के मार्ग में, जनता कर देती है।" (पृ. 62) "जब पाणिनि का प्रयोग भाषा में गति-विरुद्ध होने के कारण नहीं चला, तो हम पामर जनों की चर्चा ही क्या!" (पृ. 80) "बीस-बीस करोड़ जनता के प्रवाह को नियम बनाकर कैसे कोई मोड़े?" (पृ. 185) हिन्दी ही नहीं, अनेक अहिन्दी भाषाविज्ञानी कभी-कभी हिन्दी व्याकरण को अपनी रुचि के अनुसार गढ़ने की इच्छा प्रकट करते हैं। विशेष रूप से वे चाहते हैं कि हिन्दी से लिंगभेद मिटा दिया जाए। लेकिन जनप्रवाह को नियम बनाकर कौन मोड़े? "हिन्दी ही नहीं, सभी भाषाओं की अपनी प्रकृति होती है। उसे कोई व्याकरण क्या, महाव्याकरण भी बदल नहीं सकता।" (पृ. 57) वाजपेयी जी ने बार-बार हिन्दी की प्रकृति पर जोर दिया है, उसे स्वतंत्र भाषा मानकर उसकी विशेषताओं का अध्ययन किया है। सही वैज्ञानिक पद्धति भी यही है। इसके विपरीत उन विद्वानों का व्यवहार है जो न संस्कृत की प्रकृति को पहचानते हैं, न हिन्दी की। अपने मन से गढ़े हुए—अथवा संस्कृत से उधार लिए हुए—चौखटे में हिन्दी के हाथ-पैर बाँध देते हैं।

ऊपर के उदाहरणों से यह निष्कर्ष निकलता है कि व्याकरण जैसे विषय पर भी पुस्तक लिखने में विवेचक का सामाजिक दृष्टिकोण महत्त्वपूर्ण सिद्ध होता है। यदि वह जनता को मूर्ख, शुद्ध भाषा को बिगाड़नेवाली, विद्वानों को ही भाषा का मूल

स्रोत और स्वरचित व्याकरण को भाषा का नियामक माने तो वह कभी वैज्ञानिक पद्धति से इस विषय पर पुस्तक नहीं लिख सकता। वाजपेयी जी को हिन्दी के शब्दों से प्रेम है, वे उनके लिए कोश में दर्ज मृत इकाई न होकर जीते-जागते प्राणी हैं जिनका व्यवहार देखकर कभी वे विस्मय में पड़ जाते हैं, कभी स्वयं उनके साथ खेलने लगते हैं, परन्तु सदा ही उनकी गतिविधि का अध्ययन करते रहते हैं। शब्द ही नहीं, वर्णों की प्रकृति का उल्लेख वे यों करते हैं, मानो वे प्राणियों के समान विशेषताओं वाले हों। 'ह' के साथ 'ह' नहीं मिलता; 'स' के साथ 'स' मिल जाता है। क्यों? "'स' की अपेक्षा 'ह' जोरदार है—असली बब्बर।" (पृ. 99) अनुनासिक वर्णों की चर्चा करते हुए उन्हें याद आ जाता है : "कंकन किंकिन नूपुर धुनि सुनि।" और वे एक उपमा ढूँढ़ लाते हैं : "जैसा 'न', वैसा ही अनुस्वार मधुर। दूध और मिसरी का मेल।" (पृ. 97) इस शब्द-प्रेम के साथ उनकी विचार-पद्धति दर्शनीय है। वे भाषा-तत्त्वों को स्थिर न मानकर गतिशील और परिवर्तनशील मानते हैं। "भाषा के प्रभाव में बहते-बहते कई संश्लिष्ट शब्द विश्लिष्ट होकर चलने लगते हैं।" (पृ. 146) इसलिए शब्दों के रूप को स्थिर न मानकर परिवर्तनशील समझते हुए ही विवेचन करना उचित होता है।

दृष्टिकोण और विचार-पद्धति के बाद इस पुस्तक की विशेषता है, संस्कृत, प्राकृत और हिन्दी के परस्पर सम्बन्ध का विवेचन। संस्कृत और हिन्दी का सम्बन्ध ठीक से न समझने के कारण न जाने कितना अनर्थ हुआ है और हो रहा है। उसे राष्ट्रभाषा बनाने के फेर में बहुत-से लेखक उसकी प्रकृति की अवहेलना करके उसे संस्कृत की ओर घसीटने का प्रयास करते रहे हैं। वाजपेयी जी ने अपनी पुस्तक के आरम्भ में ही लिखा है : "हिन्दी की उत्पत्ति उस संस्कृत भाषा से नहीं है, जो कि वेदों में, उपनिषदों में तथा वाल्मीकि या कालिदास आदि के काव्य-ग्रंथों में हमें उपलब्ध है।" (पृ. 1) इस वाक्य को मोटे-मोटे अक्षरों में लिखकर हर कोश- निर्माण कार्यालय, नागरी प्रचारिणी सभा और साहित्य सम्मेलन की हर शाखा के दफ्तर और प्रत्येक विश्वविद्यालय के हिन्दी विभाग में टाँग देना चाहिए जिससे कि आये दिन हिन्दी को संस्कृत की पुत्री न घोषित किया जाए। पुत्री घोषित करने का कारण भाषा के शब्दभंडार से भिन्न, उसके व्याकरण के महत्त्व को न पहचानना है। वाजपेयी जी ने उचित ही प्रश्न किया है : "करोति से 'करता है' एकदम कैसे निकल पड़ेगा? 'रामः करोति' की तरह 'सीता करोति' भी संस्कृत में चलता है, परन्तु हिन्दी में 'लड़का चलता है, करता है, खाता है' और 'लड़की चलती है, करती है, खाती है' होता है। कितना अन्तर! यह ठीक है कि 'चल, खा, कर' शब्द-रूप संस्कृत के 'चल, कृ, खाद्' से मिलते-जुलते हैं। परन्तु इस मेलजोल का यह मतलब नहीं कि 'चलति' से 'चलता' निकल पड़ा! दोनों की चाल एकदम अलग-अलग है।" यह तर्क-पद्धति बिलकुल सही

है। जब तक यह सिद्ध नहीं होता कि हिन्दी व्याकरण की विशेषताओं का मूल स्रोत संस्कृत-व्याकरण है, तब तक शब्द-साम्य के आधार पर हिन्दी को संस्कृत की पुत्री नहीं कहा जा सकता।

वाजपेयी जी संस्कृत और हिन्दी को किसी एक मूल भाषा की शाखाएँ मानते हैं। 'दोनों' का पृथक् और स्वतंत्र पद्धति पर विकास हुआ है, परन्तु हैं दोनों एक ही मूल भाषा की शाखाएँ। "बहुत बड़ी-बड़ी शाखाएँ हैं ये, इतनी बड़ी कि तना कहीं दिखाई भी नहीं देता और इतना विस्तार कि कोई सहसा समझ नहीं पाता कि कहाँ से ये चली हैं!" (पृ. 1) इससे सिद्ध हुआ कि वाजपेयी जी के अनुसार हिन्दी के अनेक मूल तत्त्व अत्यन्त प्राचीन हैं और संस्कृत-प्राकृत-अपभ्रंश की सीढ़ी के सहारे हम हिन्दी की प्रकृति तक नहीं पहुँच सकते। वाजपेयी ने एक मिसाल दी है : 'इस पुस्तक की चार प्रतियाँ हमें देना।' उपसर्ग प्रति का प्रयोग संज्ञा की तरह हुआ है। यह प्रवृत्ति हिन्दी में कहाँ से आई? "हिन्दी में यों उपसर्गों का स्वतंत्र प्रयोग करने की प्रवृत्ति मूल भाषा से ही आई है।" (पृ. 25)

संस्कृत के आकारान्त स्त्रीवाचक शब्दों को हिन्दी उनकी 'लम्बमानता' हटाकर अपनाती है : 'द्राक्षा' को दाख, 'खट्वा' को खाट बनाकर। "तो, यह संस्कृत (तथा उपलब्ध प्राकृतों) से एकदम उलटी पद्धति है न? यह पद्धति प्राकृत के किस रूप से आई? 'खड़ी बोली' के क्षेत्र में जो जनभाषा व्यवहृत होती होगी, उसी की यह पद्धति हो सकती है।" (पृ. 19) इस तरह के उदाहरण देकर वाजपेयी जी ने संस्कृत से भिन्न हिन्दी की विशेषताओं का प्रतिपादन किया है। यहाँ उनका संकेत इस तथ्य की ओर भी जान पड़ता है कि संस्कृत के समानान्तर यहाँ विभिन्न जनपदों में अन्य भाषाएँ बोली जाती थीं। उन्हीं प्राचीन भाषाओं से हिन्दी आदि नवीन भाषाओं का उद्भव और विकास हुआ है।

हिन्दी में 'तुम्हीं ने, 'हमीं ने' आदि प्रयोग उचित हैं। 'हम' और 'ने' के बीच में 'ही' आ गया। "यह हिन्दी की प्रकृति है। संस्कृत में ऐसा नहीं होता।" (पृ. 25) संस्कृत में 'राष्ट्रिय' भले शुद्ध हो, हिन्दी में 'राष्ट्रीय' ही चलेगा क्योंकि "हिन्दी एक स्वतंत्र भाषा है" और "वह अपने क्षेत्र में सार्वभौम सत्ता रखती है।" (पृ. 56) इसी तरह 'विस्तार से' की जगह 'विस्तर से' न चलेगा। संस्कृत में दीनबन्धु किन्तु हिन्दी में दीनबन्धु के साथ दीनानाथ भी ठीक है। ऐसे ही 'मूसलाधार' और 'सत्यानाश' शब्द ठीक हैं क्योंकि "हिन्दी सर्वत्र संस्कृत-नियमों में बँधी नहीं है।" (पृ. 58) संस्कृत और हिन्दी की प्रकृति में अन्य भेद इस प्रकार हैं। हिन्दी की प्रवृत्ति अनुनासिक-प्रधान है, संस्कृत की अनुस्वार-प्रधान। (पृ. 90) संस्कृत में विसर्गों के बिना काम नहीं चलता। ठेठ हिन्दी शब्दों में विसर्ग कहीं न मिलेंगे। (पृ. 93) क्या हम इसे भाषा का ह्रास कहें? नहीं। "उस झंझट से अलग होने का ही परिणाम तो भाषा-विकास है।" (उप.) अनेक पुनरुत्थानवादियों के विपरीत वाजपेयी जी को इस

बात पर जरा भी अफसोस नहीं है कि संस्कृत अब भारत की राष्ट्रभाषा नहीं है। न वे इस कार्य में दत्तचित्त हैं कि उसे फिर राष्ट्रभाषा बनाया जाए। लेखक के निवेदन में उनका दावा है : "निःसन्देह हिन्दी की पद्धति संस्कृत से भी अधिक कलात्मक तथा वैज्ञानिक है, यह आप स्वयं इस पुस्तक का अध्ययन करके कहेंगे।"

प्राकृतों को वाजपेयी जी ने कृत्रिम बतलाया है। साहित्यिक प्राकृतें मूलतः संस्कृत के शब्दभंडार को और अधिकतर उसी के व्याकरण-नियमों को लेकर चलती है। इसलिए उन्हें कृत्रिम कहना उचित है। जैसे हिन्दी की उत्पत्ति संस्कृत से सिद्ध नहीं की जा सकती, वैसे ही वह प्राकृतों से भी सिद्ध नहीं की जा सकती। "प्राकृत के (दूसरी तथा तीसरी अवस्था के) जो भी रूप साहित्य में उपलब्ध हैं, उनसे हिन्दी की पटरी बैठती नहीं है। इन सभी प्राकृतों में वर्तमान काल की क्रियाएँ तिङन्त हैं, जिनमें कर्ता के अनुसार पुल्लिंग-स्त्रीलिंग में कोई रूप परिवर्तन नहीं होता। 'पिआ पुच्छइ' और 'मामा पुच्छइ'। उभयत्र 'पुच्छइ' है। यह संस्कृत के 'पिता पृच्छति', 'माता पृच्छति' की छाया है। हिन्दी में रूप बदलता है—'पिता पूछता है'—'माता पूछती है'। हिन्दी की यह विशेषता किसी भी प्राकृत में दिखाई नहीं देती।" (पृ. 14) इस सूक्ष्म विवेचन का कारण यह है कि वाजपेयी जी ने शब्दों के परिवर्तित रूप दिखाकर संतोष नहीं कर लिया; उन्होंने व्याकरण के नियमों को ध्यान में रखते हुए संस्कृत-प्राकृत-हिन्दी समस्या का विवेचन किया है।

शब्दानुशासन के प्रसंग में वाजपेयी जी ने हिन्दी की अनेक विशेषताओं का उल्लेख किया है। हिन्दी अपने तथा संस्कृत के रूपान्तरित करके अपनाए हुए शब्दों में पुंविभक्ति लगाती है, यथा : मीठा पानी, कड़वा पत्ता, कसैला फल। इसी तरह दंड तत्सम रूप में दंड ही रहता है किन्तु तद्भव रूप में डंडा हो जाता है। (पृ. 17) संस्कृत की धातुएँ हिन्दी में स्वरान्त हो गई हैं। (पृ. 38) 'ऋ' का प्रयोग संस्कृत में खूब है "परन्तु हिन्दी आदि आधुनिक भारतीय भाषाओं का गठन ऐसा है कि यहाँ 'ऋ' का एकान्त अभाव है!" (पृ. 83) हिन्दी में विभक्ति हटाकर लिखी जाती है और लिखी जानी चाहिए। हिन्दी के सन्धि-नियम, समास-नियम अपने हैं।

वाजपेयी जी ने हिन्दी की बोलियों का संक्षिप्त विवेचन किया है। उन्होंने पंजाबी को स्वतंत्र भाषा किन्तु राजस्थानी, कुमाऊँनी और गढ़वाली को हिन्दी की बोलियाँ ही कहा है। मैथिली, ब्रज, अवधी आदि को उन्होंने उचित ही हिन्दी की बोलियाँ घोषित किया है। उनका यह सुझाव ध्यान देने योग्य है कि हिन्दी को अपनी बोलियों से शब्द लेने चाहिए। वाजपेयी जी एक ओर सिर के बदले मूँड़ चलाने के पक्ष में नहीं हैं, दूसरी ओर जनपदों के शब्दों को प्रत्येक दशा में हिन्दी की परिधि से बाहर भी रखना नहीं चाहते। इसी प्रकार वे उर्दू के प्रचलित शब्दों को अपनाने और भाषा में उनका व्यवहार करने के पक्ष मे हैं। "मेरी भाषा में 'असली', 'चीज', 'जरूर' आदि विदेशी शब्द आते हैं। रम गए हैं। मैं इन्हें जबर्दस्ती निकालता नहीं।" (पृ. 46) यह

नीति प्रशंसनीय है क्योंकि बहुत-से लेखक वास्तविक, वस्तु और आवश्यक के अभाव में भाषा को हिन्दी समझते ही नहीं।

पुस्तक में वाजपेयी जी ने शब्दों के प्रयोग के बारे में जो मत प्रकट किया है, वह सभी को मान्य भले न हो, विचारणीय सबके लिए अवश्य है। उनके सुझावों से हिन्दी का परिनिष्ठित रूप स्थिर होगा, इसमें सन्देह नहीं। लिंग-विवेचन के प्रकरण में उन्होंने जितनी बातें कही हैं, उनसे अहिन्दी-प्रेमियों को कम-से-कम इतना जरूर मालूम हो जाएगा कि इस जटिलता के ऐतिहासिक कारण हैं। अनेक मौलिक उद्‌भावनाओं में कुछ बहुत ही महत्त्वपूर्ण ये हैं। वाजपेयी जी ने 'कितना' का मूलरूप 'केतना' माना है, 'इतना' का 'एतना', 'उतना' का 'ओतना'। (पृ. ८८-८९) इससे तथा ऐसे अन्य उदाहरणों से पता चलता है कि वर्तमान हिन्दी के विकास में पूर्वी बोलियों की भूमिका नगण्य नहीं है और इस विषय पर और अनुसन्धान होना चाहिए।

महाप्राण व्यंजनों के प्रसंग में वाजपेयी जी ने लिखा है : "भाषा के विकास में 'ह' वर्ण का जो स्थान है, अन्य किसी वर्ण का नहीं।" (पृ. ९८) कश्मीर से असम तक और पश्चिम में गुजरात और महाराष्ट्र तक 'श', 'स' के स्थान में विशेष रूप से तथा 'ध', 'थ' आदि व्यंजनों के स्थान में साधारणत: यह 'ह' अपना रंग जमाता हुआ दिखाई देता है। इस पर ध्यान दिये बिना कम-से-कम उत्तर भारत की भाषाओं का विकास समझ में नहीं आ सकता।

जो लोग 'को', 'ने' आदि को विभक्ति के बदले परसर्ग कहते हैं, उनके तर्क का उत्तर देते हुए वाजपेयी जी ने लिखा है : "संस्कृत की विभक्तियाँ भी तो किन्हीं शब्दों के घिसे हुए रूप कही जा सकती हैं न?" (पृ. 171) संस्कृत की विभक्तियाँ पहले स्वतंत्र शब्द थीं, यह स्थापना काफी हद तक तुलनात्मक भाषाविज्ञान से सिद्ध होती है।

सकर्मक क्रियाओं के भूतकाल में कर्ता 'ने' विभक्ति के साथ रहता है; राम ने काम किया, राम ने पुस्तक ली। लेकिन 'राम पुस्तक लाया', 'लड़की फल लाई'—इन वाक्यों में 'ने' का अभाव है। वाजपेयी जी ने बड़ी सूझबूझ से इस रहस्य का उद्‌घाटन किया है कि 'ला' धातु संयुक्त है, अन्त में 'आ' है। इसीलिए भूतकाल में 'आया' की तरह 'लाया' के साथ भी कर्ता को 'ने' स्वीकार नहीं है। (पृ. 147) इस तरह के उदाहरणों से पाठक कल्पना कर सकते हैं कि वाजपेयी जी ने कितने वर्षों तक, कितनी लगन से और कितने नि:स्वार्थ भाव से इन समस्याओं पर विचार किया होगा। उनकी यह साधना अनुकरणीय है।

पूर्वी बोलियों से भिन्न हिन्दी में 'ने' के प्रयोग के बार में उन्होंने लिखा है : "यह 'ने' हिन्दी में प्राकृत के किस रूप से आई है, पता नहीं चलता! परन्तु आई तो प्राकृत की ही किसी धारा से है, इसमें सन्देह नहीं। साधारण अपढ़ जनता संस्कृत से कैसे प्रभावित हो सकती है! प्राकृत का वह ('ने' वाला) रूप निश्चय ही 'खड़ी

बोली' के क्षेत्र में, कुरु जनपद में (उत्तर प्रदेश के मेरठ डिवीजन में) जनगृहीत रहा होगा। अन्यथा वहाँ 'ने' कैसे कूद पड़ती? और कहीं क्यों न कूद पड़ी? संस्कृत के गढ़ काशी-क्षेत्र में वह क्यों न अवतरित हो गई? खड़ी बोली के क्षेत्र में कदाचित् संस्कृत भी कृदन्त-प्रधान ही कभी चलती हो।" राजशेखर ने लिखा था कि उदीच्य लोग कृदन्त क्रियाएँ बहुत पसन्द करते हैं, यह हवाला देने के बाद वाजपेयी ने लिखा है : "इसका मतलब यह भी हो सकता है कि इस क्षेत्र के संस्कृत-विद्वानों पर अपनी जनभाषा का प्रभाव पड़ा और वे अपनी मातृभाषा की पद्धति पर (संस्कृत के) कृदन्त प्रयोग अधिक करने लगे। यह भी सम्भव है कि संस्कृत नहीं, उस समय की 'खड़ी बोली' के बारे में ही उनकी कलम से वैसा निकला हो, यद्यपि संस्कृत-ग्रंथ में वे वैसा कह रहे हैं। उस समय 'खड़ी बोली' प्रकट होकर जन-व्यवहार में मदद दे रही थी।" (पृ. 29) इस पद्धति से हिन्दी-संस्कृत के सम्बन्धों पर विचार किया जाए तो भाषाविज्ञान की अनेक समस्याएँ हल हो सकती हैं। यहाँ मौलिक उद्भावना यह है कि संस्कृत ने ही हिन्दी को प्रभावित नहीं किया, हिन्दी ने भी संस्कृत को प्रभावित किया है।

वैदिक 'ताति' से ताई (सुन्दरताई का ताई), वैदिक 'रोमेभिः' से रामेहिं, 'करहि' से करे का विकास, अस्-भू तथा हिन्दी की 'ह, हो' धातुओं का विवेचन—ऐसे अनेक तथ्य इस पुस्तक में मिलेंगे जो पहले चमत्कारी लगते हैं, फिर स्वाभाविक। कम-से-कम अपनी भाषा को नई दृष्टि से देखने और उसके प्रयोगों पर नये सिरे से विचार करने की प्रेरणा वे देते हैं। यह इस पुस्तक की बहुत बड़ी सफलता है।

व्याकरण और भाषाविज्ञान की पुस्तकें प्रायः नीरस होती हैं। विषय जितना कठिन होता है, उससे ज्यादा कठिन विद्वत्ता की धाक जमाने के लिए बनाया जाता है। वाजपेयी जी ने अपनी पुस्तक को यथेष्ट रोचक बनाया है। इसमें ग्रामगीतों के टुकड़े हैं : "बगदि गयो पुलिया ते मेरो सरमीलो भरतार" शैली अनेक उपमाओं से अलंकृत है। व्यंग्य और हास्य की छटा अलग दर्शनीय है। सभा के अधिकारियों का आग्रह न मानकर वाजपेयी जी ने अपनी शैली को ज्यों-का-त्यों रखा, उसे बदलने से इनकार कर दिया, यह उन्होंने बहुत अच्छा किया। पाठकों से हमारा आग्रह है कि 'हिन्दी शब्दानुशासन' नाम से आतंकित न होकर वे इस पुस्तक को अवश्य पढ़ें। व्याकरण में रुचि न होने पर भी उन्हें पुस्तक से आनन्द-लाभ होगा क्योंकि वह जनसाधारण के लिए भी लिखी गई है।

अनेक बातें कई जगह दोहराई गई हैं, बजाज और हलवाई की उपमा की पुनरावृत्ति है, 'सो' की भरमार है, कुछ तथ्य गलत हैं, जैसेकि यूरोप की सभी भाषाओं की लिपि रोमन है, बंगाल की वैष्णव कविता ब्रजभाषा में है, इत्यादि। बैसवाड़े और अवध का उल्लेख इस तरह हुआ है मानो बैसवाड़ा अवध से

स्वतंत्र प्रदेश हो, या बैसवाड़ी अवध क्षेत्र से बाहर की बोली हो! कहीं-कहीं मजाक बहुत हल्के ढंग का है। ये दोष थोड़ी सावधानी से पुस्तक दोहराने पर दूर हो सकते थे और उसका कलेवर भी संक्षिप्त हो सकता था जिससे वह अधिक प्रभावशाली होती।

इन दोषों पर ध्यान न देकर पुस्तक की मूल स्थापनाओं पर विचार करना चाहिए। उसके दृष्टिकोण, तर्क-पद्धति, हिन्दी-प्राकृत-संस्कृत-सम्बन्ध-विवेचन पर ध्यान देना चाहिए। हिन्दी की प्रकृति, हिन्दी और उसकी बोलियों का सम्बन्ध पहचानना चाहिए। वाजपेयी जी को हिन्दी के वैयाकरणों और भाषावैज्ञानिकों से जो असंतोष है, वह उचित है। उन्होंने उनका जो उपहास किया है, वह भी उचित है यद्यपि समुचित नहीं क्योंकि उनके गुरुओं पर उनकी दृष्टि नहीं गई। इस पुस्तक के महत्त्व पर अधिक न कहकर इस सम्बन्ध में वाजपेयी जी की ही उक्ति का समर्थन करते हैं : "बहुत बड़ा काम हो गया है।"

[1959]

18

आचार्य शुक्ल और ब्रजभाषा की परम्परा

हिन्दी-भाषी प्रदेश की बोलियाँ एक दूसरे से इतनी सम्बद्ध हैं कि उनमें से एक का इतिहास जानने के लिए अन्य सबका अध्ययन भी आवश्यक हो जाता है। इन बोलियों में ब्रजभाषा का अन्यतम स्थान है। उसने पश्चिम में खड़ी बोली—हिन्दी और उर्दू के दोनों रूपों—को ही प्रभावित नहीं किया, वरन् पूर्व में अवधी, मैथिली आदि पर भी उसका प्रभाव पड़ा है। इसके साथ ही वह स्वयं भी इन बोलियों से प्रभावित हुई है। बोलियों के परस्पर आदान-प्रदान की यह क्रिया आज भी समाप्त नहीं हुई। वैसे तो भारत की सभी भाषाएँ एक-दूसरे को प्रभावित करती रही हैं, किन्तु एक ही भाषा-क्षेत्र में विभिन्न जनपदीय बोलियों का परस्पर आदान-प्रदान एक भिन्न स्तर की प्रक्रिया है। डॉ. शिवप्रसाद सिंह ने अपने शोध-ग्रंथ 'सूर पूर्व ब्रजभाषा और उसका साहित्य' में ग्रंथ के नामानुरूप सूरदास से पूर्व की ब्रजभाषा और उसके साहित्य का अध्ययन किया है। इस तरह का ग्रंथ ब्रजभाषा के विकास को समझने में सहायक हो सकता है, साथ ही अन्य बोलियों के विकास, परस्पर सम्बन्ध और उनकी साहित्य-सम्पदा का अध्ययन करने में सहायता कर सकता है।

ग्रंथकर्ता ने आरम्भ में ब्रजभाषा के रिक्थ की चर्चा करते हुए वैदिक भाषा, पालि आदि की भाषा-सम्बन्धी पृष्ठभूमि का चित्रण किया है। ब्रजभाषा के उद्‌गम के सिलसिले में हेमचन्द्र के व्याकरण में उद्धृत दोहों की भाषा का विश्लेषण किया है। बारहवीं से चौदहवीं विक्रमी शताब्दियों के 'संक्रान्तिकाल' में पिंगल, औक्तिक ब्रज, प्राकृत पिंगलम् और रासो आदि की भाषा की चर्चा है। अप्रकाशित सामग्री में उसने तेरह सूर-पूर्व पुस्तकों का विवेचन किया है जिनमें अधिकांश का उल्लेख खोज-रिपोर्टों में हुआ था किन्तु जिनका न प्रकाशन हुआ है, न विवेचन। "कवि ठक्कुरसी की सूचना पहली बार प्रकाशित की जा रही है। आमेर भंडार के हस्तलिखित ग्रंथों की सूची में इस कवि का नामोल्लेख मात्र हुआ है।" इसके बाद गुरु ग्रंथ में ब्रज कवियों की रचनाओं, अन्य कवियों और हिन्दीतर प्रान्तों के ब्रजभाषा में लिखने वाले कवियों का वर्णन है। अन्त में 'आरम्भिक ब्रजभाषा' का

भाषा-शास्त्रीय विश्लेषण है और प्राचीन ब्रजभाषा-काव्य के उद्गम, स्रोत और विकास तथा प्रमुख काव्यधाराओं का विवेचन है।

शोध-ग्रंथ के विषय की परिधि अनावश्यक रूप से विशाल है। शोध-कार्य के निर्देशक विषय को कुछ सीमित रखें तो अनुसन्धान और गहराई से हो। डॉ. शिवप्रसाद सिंह को काफी परिश्रम करना पड़ा है जिसके कुछ अंश से तो वह बच ही सकते थे। इस विवेचन से भाषाशास्त्र के प्रति हिन्दी विद्वानों की रुचि बढ़ेगी और उन्हें हिन्दी साहित्य का भरा-पूरा इतिहास लिखने की प्रेरणा मिलेगी। पुस्तक का महत्त्व असन्दिग्ध है यद्यपि यह महत्त्व वैसा ही नहीं है, जैसाकि भूमिका में, आवरण पृष्ठ पर और ग्रंथ के अनेक पृष्ठों में विज्ञापित है।

सूर-पूर्व ब्रजभाषा पर चिन्तन करने की प्रेरणा अनुसन्धानकर्ता को सम्भवत: आचार्य शुक्ल से मिली। (विषय स्वयं उसने न चुना हो तो प्रेरणा उसके निर्देशक को मिली होगी, क्योंकि लेखक ने 'आभार' में "सन् 1953 में गुरुवर आचार्य हजारीप्रसाद द्विवेदी ने जब सूर-पूर्व ब्रजभाषा साहित्य के सन्धान का कार्य मुझे सौंपा", इत्यादि लिखा है।) पुस्तक के आरम्भ में सूर-पूर्व ब्रजभाषा-काव्य-परम्परा से सम्बन्धित शुक्ल जी का एक वाक्य उद्धृत है जिसके अन्तिम अंश में कहा गया है : " 'सूरसागर' किसी चली आती हुई गीत-काव्य-परम्परा का—चाहे वह मौखिक ही रही हो—पूर्व विकास-सा प्रतीत होता है।"

आचार्य शुक्ल ने 'हिन्दी साहित्य का इतिहास' तथा 'बुद्धचरित' की भूमिका में ब्रजभाषा और उसकी काव्य-परम्परा की चर्चा की है। ब्रज, अवधी और खड़ी बोली की तुलना करते हुए उन्होंने जनपदीय बोलियों के तुलनात्मक अध्ययन की एक प्रणाली स्थापित की है। उनकी मान्यताओं और तर्कों का विश्लेषण किए बिना न हिन्दी साहित्य का नया इतिहास लिखा जा सकता है, न हिन्दी प्रदेश की किसी बोली या भाषा का अध्ययन किया जा सकता है। कठिनाई केवल एक है कि "शुक्ल जी का प्रभाव और व्यक्तित्व इतना आच्छादक था कि उनकी इस मान्यता को (कि जैन साहित्य धार्मिक होने के कारण इतिहास से बहिष्कृत रहे) बहुत-से विद्वान् आज भी श्रद्धापूर्वक स्वीकार करने में संकोच का अनुभव नहीं करते। शायद ऐसी ही मान्यता से किंचित् रुष्ट होकर डॉ. हजारीप्रसाद द्विवेदी ने लिखा है", इत्यादि। रुष्ट हों द्विवेदी जी और उसका फल भोगें डॉ. शिवप्रसाद सिंह, यह अनुचित है। फिर द्विवेदी जी स्वर्गीय आचार्य शुक्ल के स्थानापन्न प्राध्यापक हैं। किंचित् से अधिक रोष भी उन्हें शोभा दे सकता है। नये अनुसंधानकर्ता उनकी नकल क्यों करें?

शुक्ल जी के इतिहास में हम पढ़ते हैं : "ये ही दो बातें दिखाने के लिए इस इतिहास में सिद्धों और योगियों का विवरण दिया गया है, उनकी रचनाओं का जीवन की स्वाभाविक सरणियों, अनुभूतियों और दशाओं से कोई सम्बन्ध नहीं। वे साम्प्रदायिक शिक्षा मात्र हैं, अत: शुद्ध साहित्य की कोटि में नहीं आ सकतीं। उन

रचनाओं की परम्परा को हम काव्य या साहित्य की कोई धारा नहीं कह सकते। अत: धर्म-सम्बन्धी रचनाओं की चर्चा छोड़, अब हम सामान्य साहित्य की जो कुछ सामग्री मिलती है, उसका उल्लेख उनके संग्रहकर्ताओं और रचयिताओं के क्रम से करते हैं।"

इस उद्धरण से स्पष्ट है कि शुक्ल जी ने योगियों और सिद्धों के साम्प्रदायिक ग्रंथों की—जिनका कोई साहित्यिक महत्त्व न हो—चर्चा करना अनावश्यक समझा है। चर्चा को अनावश्यक बताने पर भी उन्होंने बीस पृष्ठों में इन सिद्धों और योगियों के मत का वर्णन किया है और उनकी भाषा का विवेचन किया है। लूहिपा, बिरूपा, कण्हपा, कुक्कुरिपा आदि के उद्धरण वज्रयान के प्रेमी पाठक उनके इतिहास में पढ़ सकते हैं। ये सिद्धजन जैन नहीं थे, बौद्ध थे। नाथपंथी योगी भी जैन नहीं थे वरन् बौद्ध धर्म से प्रभावित हिन्दू योगी थे। शुक्ल जी ने जैन कवियों के साथ किसी विशेष भेद-नीति से काम नहीं लिया। इसके विपरीत साम्प्रदायिक शिक्षा ग्रंथों को छोड़कर जब वह सामान्य साहित्य की चर्चा करते हैं, तब सबसे पहले हेमचन्द्र का नाम आता है जिसके लिए उन्होंने लिखा है कि "ये अपने समय के सबसे प्रसिद्ध जैन आचार्य थे।" इनके बाद सोमप्रभ सूरि का नाम है; "ये भी एक जैन पंडित थे।" इसी प्रकार 'जैनाचार्य्य' मेरुतुंग का विवरण है। शुक्ल जी से किंचित् रुष्ट होने का कारण उनके इतिहास को जल्दी से पढ़कर कुछ गलत धारणाएँ बना लेना ही हो सकता है।

शोध-ग्रंथ की भूमिका में डॉ. द्विवेदी ने लिखा है : "विद्वानों की धारणा रही है कि ब्रजभाषा में सगुण भक्ति का काव्य ब्रजप्रदेश में वल्लभाचार्य के आगमन के बाद लिखा जाने लगा। शिवप्रसाद जी के इस निबन्ध से इस मान्यता का उचित निरास हो जाता है।"

डॉ. शिवप्रसाद सिंह ने भी लिखा है : "पं. रामचन्द्र शुक्ल ने मध्य प्रदेश में भक्ति-आन्दोलन का सूत्रपात खास तौर से ब्रजभाषा-प्रदेश में वल्लभाचार्य के आगमन के बाद माना है।"

शुक्ल जी ने भक्ति-आन्दोलन का सम्बन्ध वल्लभाचार्य के अलावा विद्यापति और जयदेव से जोड़ा है, भागवत में वर्णित कृष्णलीला को उसका स्रोत माना है, दक्षिण की कवयित्री अन्दाल का उल्लेख किया है : "जिसका जन्म सम्वत् 773 में हुआ था।"

शुक्ल जी ने वल्लभाचार्य का समय 1535-1587 वि. दिया है। इससे पहले उनके अनुसार रामानुजाचार्य (सं. 1073) ने (पाँच शताब्दियाँ पहले) "सगुण भक्ति का निरूपण किया था और उसकी ओर जनता आकर्षित होती चली आ रही थी।" मध्वाचार्य (सं. 1254-1333) ने अपना "द्वैतवादी वैष्णव सम्प्रदाय चलाया जिसकी ओर बहुत-से लोग झुके।" पन्द्रहवीं शताब्दी में "रामानन्दजी हुए जिन्होंने विष्णु के अवतार राम की उपासना पर जोर दिया।" और भी : "भागवत धर्म का उदय यद्यपि महाभारत काल में ही हो चुका था", वैष्णव धर्म के साम्प्रदायिक स्वरूप का संगठन

दक्षिण में हुआ। इस प्रकार शुक्ल जी ने भक्ति-आन्दोलन का सूत्रपात वल्लभाचार्य से बहुत पहले माना है। शुक्ल जी की यह धारणा भी नहीं है कि ब्रजभाषा में कृष्णभक्ति की स्थापना सबसे पहले सूरदास ने की। लिखा है : "राधाकृष्ण की प्रेम-लीला के गीत सूर के पहले से चले आते थे, यह तो कहा ही जा चुका है। बैजू बावरा एक प्रसिद्ध गवैया हो गया है", इत्यादि।

देखना चाहिए कि शिवप्रसाद जी ने कृष्णभक्ति की परम्परा की किन खोई हुई कड़ियों को ढूँढ़ निकाला है। उन्होंने सबसे पहले भागवत का उल्लेख किया है जिसका पता-ठिकाना हमें शुक्ल जी ने भी बताया था। भास के नाटकों में "कृष्ण के जीवन-चरित्र को नाट्यवस्तु के रूप में ग्रहण किया गया था।" इससे भास कृष्णभक्त कवि सिद्ध नहीं होते। "'शिशुपाल-वध' आदि में कृष्ण के जीवन और कार्यों का वर्णन किया गया है।" भक्ति की चर्चा में ये सब उल्लेख अप्रासंगिक हैं।

अब आइए अपभ्रंश के क्षेत्र में। पुष्पदन्त ने महापुराण लिखा : "जिसमें कृष्ण-जीवन का विशद चित्रण किया गया है। इस ग्रंथ में कृष्णभक्ति के निश्चित रूप का तो पता नहीं चलता, इत्यादि। शुक्ल जी को भी पुष्पदन्त का नाम मालूम था किन्तु उन्होंने भक्ति के प्रसंग में उचित ही उसका नामोल्लेख नहीं किया। पुष्पदन्त के बाद हेमचन्द्र-संकलित 'अपभ्रंश' के 'दो ऐसे दोहे हैं जिनमें कृष्ण-सम्बन्धी चर्चा है। एक में तो स्पष्ट रूप से कृष्ण और राधा के प्रेम की चर्चा की गई है। मेरा खयाल है कि ये दोहे एतत्-सम्बन्धी किसी पूर्ण काव्य ग्रंथ के अंश हैं।" जब तक वह पूर्ण काव्य-ग्रंथ सुलभ न हो तब तक कृष्णभक्ति की त्रुटित परम्परा में यह एक ही दोहा हाथ लगता है। इसका भावार्थ समझाते हुए शोधकर्ता ने लिखा है : "हरि को प्रांगण में नचानेवाले तथा लोगों को विस्मय में डाल देनेवाले राधा के पयोधरों को जो भावे सो हो।" इस भावार्थ के अन्तिम अंश का भाव अस्पष्ट है : "जो भावे सो हो"—किन्तु आगे की टिप्पणी स्पष्ट है : "इस पद में राधाकृष्ण के प्रेम का संकेत तो मिलता है किन्तु उस प्रेम को भक्ति संयुक्त मानने का कोई स्पष्ट संकेत नहीं मिलता।" इस तरह यह दोहा भी हाथ से गया। दूसरा दोहा "अवश्य ही स्तुतिमूलक है।" किन्तु दोहा उद्धृत करने के बाद लेखक को पुन: संशय जकड़ लेता है : "इस पद्य में नारायण और बलि की कथा का संकेत मिलता है। इसमें भी हम बहुत अंशों तक भक्ति के मूल भावों का निदर्शन नहीं पाते।" चलिए, छोड़िए इसे भी। "अब आशा यह रहती है कि ये दोहे आरम्भिक ब्रजभाषा के अज्ञात कृष्ण-काव्यों की सूचना तो देते ही हैं, इस तरह का न जाने कितना विपुल साहित्य रहा होगा जो दुर्भाग्यवश आज प्राप्त नहीं होता।" जो भी हो, उसे प्राप्त न कर सकने के लिए हम शुक्ल जी को अपराधी नहीं ठहरा सकते। प्राकृत पैंगलम् की चर्चा भी विशेष आशाजनक नहीं। कृष्ण-सम्बन्धी पद्यों में "लौकिक प्रेम का पूरा रूप प्रस्तुत करते हुए भी उसमें चिन्मय सत्ता का आरोप किया गया है।" क्या यह भक्ति का

कोई विशेष लक्षण है? अनेक पद्यों में कृष्ण की स्तुति है किन्तु लेखक को स्वयं स्तुतिमात्र से संतोष नहीं होता। "यह पद्य वैसे मूलत: स्तुतिपरक है किन्तु एक पंक्ति में कृष्ण और राधा के प्रेम-सम्बन्धों पर भी प्रकाश पड़ता है।"

डूबता आदमी जैसे तिनकों का सहारा ढूँढ़ता है, वैसे ही बेचारे शोधक ने कहीं एक पंक्ति, कहीं डेढ़ शब्द का सहारा लेकर अनुसन्धान-वैतरणी को पार करने का भगीरथ प्रयत्न किया है। शुक्ल जी ने भी प्राकृत पैंगलन का उल्लेख किया है यद्यपि भक्ति-आन्दोलन से उसका सम्बन्ध जोड़ना उन्होंने आवश्यक नहीं समझा।

अब आइए अगले विकास की ओर। "ब्रजभाषा में कृष्णभक्ति-सम्बन्धी काव्य का अगला विकास संत कवियों की रचनाओं में हुआ।" इन संतों में सबसे पहले नामदेव का नाम लिया गया है। इनके बारे में शुक्ल जी पहले ही लिख गए थे कि "महाराष्ट्र के भक्तों में नामदेव का नाम सबसे पहले आता है।" मराठी के अलावा "इनकी हिन्दी रचनाएँ भी प्रचुर परिमाण में मिलती हैं।" इसके बाद कबीर का नाम आता है। शुक्ल जी ने इनमें भी भक्ति-भावना के चिह्नों का उल्लेख किया है, "यद्यपि कबीर की बानी निर्गुन बानी कहलाती है पर उपासना-क्षेत्र में ब्रह्म निर्गुण नहीं बना रह सकता। सेव्य-सेवक भाव में स्वामी में कृपा, क्षमा, औदार्य आदि गुणों का आरोप हो ही जाता है।" कबीर निर्गुणपंथी नहीं थे, पूर्णत: कृष्णभक्त थे, यह दावा शोधकर्ता का भी नहीं है।

इसके बाद रैदास का नाम है। शुक्ल जी ने भी कबीर के बाद इन्हीं की चर्चा की है। उनके कुछ पद उद्धृत करने के बाद डॉ. शिवप्रसाद सिंह ने लिखा है : "रैदास की इस प्रकार की कविताओं में प्रेम की जिस सहज अनुभूति और पीड़ा की विवृति हुई है, क्या वह परवर्ती काल में सूर की विरहिणी गोपियों की अनुभूतियों से मेल नहीं खाती?" अधिक से अधिक मेल ही खा सकती है; उसे कृष्णभक्ति-काव्य में दर्ज नहीं किया जा सकता। 'संगीतकार कवियों' में गोपाल नायक का उल्लेख किया गया है। इनकी 'बहुत कम रचनाएँ प्राप्त हुई हैं।' 'राग कल्पद्रुम' से डॉ. सिंह ने चार पंक्तियों का एक पद उद्धृत किया है जिसमें 'लोई माँगवा' की तुक 'ले मुराद मालवा' से मिलाई गई है। हिन्दी साहित्य के इतिहास में यदि ऐसा एक पद उद्धृत न किया गया हो तो वृद्ध आचार्य को क्षमा किया जा सकता है।

गोपाल नायक के बाद आए बैजू बावरा। इन्हीं के सिलसिले में शुक्ल जी ने लिखा था कि राधाकृष्ण की प्रेम-लीला के गीत सूर के पहले से चले आते थे और बैजू का यह पद भी उद्धृत किया है :

मुरली बजाय रिझाय लई मुख मोहन तें। —इत्यादि।

इसके उपरान्त अप्रकाशित काव्यों के रचयिता "विष्णुदास, मेघनाथ आदि कवियों ने कृष्ण के जीवन-चरित्र से सम्बद्ध महाभारत, गीता आदि के भावानुवाद

किए हैं।" कहना न होगा कि कृष्णभक्ति के कृष्ण और गीता-महाभारत के कृष्ण में थोड़ा अन्तर है।

इसके बाद पूर्ण विश्वास से यह निष्कर्ष घोषित है : "इस प्रकार हमने देखा कि ब्रजभाषा में कृष्णभक्ति काव्य की परम्परा काफी पुरानी है। सूरदास के समय में अचानक कृष्णभक्ति के काव्य का उदय नहीं हुआ और न सूरदास इस प्रकार के प्रथम कवि हैं।" इस निष्कर्ष से शुक्ल जी ने हमें पहले ही परिचित करा दिया था। उन्होंने भक्ति काव्य-परम्परा का जो अनुसन्धान किया था, उसमें डॉ. शिवप्रसाद सिंह ने कुछ कड़ियाँ छोड़ अवश्य दी हैं, नई एक भी नहीं जोड़ी।

शुक्ल जी के विरुद्ध अभियोग यह था कि उन्होंने भक्ति-आन्दोलन का सूत्रपात 'खास तौर से ब्रजभाषा प्रदेश में' वल्लभाचार्य के आगमन के बाद माना है। क्या डॉ. शिवप्रसाद सिंह ने ब्रजभाषा क्षेत्र के किसी नये कृष्णभक्त का पता दिया है? न नामदेव ब्रजभूमि के थे, न कबीर। विष्णुनाथ और मेघनाथ भी ग्वालियर के थे। इस तरह 'खास तौर से' ब्रजभाषा प्रदेश के उन अज्ञात-नाम भक्त-कवियों का पता लगना अभी बाकी है जिनकी जानकारी न होने से शुक्ल जी का इतिहास अधूरा रह गया है।

डॉ. द्विवेदी ने अपनी भूमिका में लिखा है कि "शिवप्रसाद जी ने सूर-पूर्व ब्रजभाषा के जैन-काव्य का बहुत सुन्दर और संतुलित विवेचन किया है तथा पूर्ववर्ती अपभ्रंश और परवर्ती ब्रजभाषा-काव्य के अध्ययन में उचित महत्त्व भी दिखाया है।" पूर्ववर्ती अपभ्रंश की कुछ पंक्तियों से परवर्ती ब्रजभाषा-काव्य अर्थात् कृष्णभक्ति काव्य का सम्बन्ध किस तरह जोड़ा गया है, यह हम ऊपर देख चुके हैं। जैन काव्य का—हिन्दू काव्य, बौद्ध काव्य, मुस्लिम काव्य की तरह—जो भी अर्थ हो, शिवप्रसाद जी ने जिन सूर-पूर्व जैन कवियों की चर्चा की है, उनका कृष्णभक्ति से कोई सम्बन्ध नहीं है। जिसने शोध-ग्रंथ को पढ़ा न हो, केवल उसके पन्ने पलटे हों, उसके मन में यह धारणा बन सकती है कि जिन अप्रकाशित रचनाओं का उल्लेख किया गया है, उनसे सूरदास और उनके बाद के भक्त-कवियों की परम्परा जोड़ी गई है। आवरण पृष्ठ पर प्रकाशित विद्वानों की सम्मतियों में कहा गया है कि इस ग्रंथ में "ब्रजभाषा के पुराने साहित्य का धारावाहिक इतिहास" प्रस्तुत किया गया है। लेखक ने सूर-पूर्व ब्रजभाषा की अप्रकाशित सामग्री का "क्रमबद्ध विवेचन करते हुए भाषाशास्त्रीय और साहित्यिक मूल्यांकन प्रस्तुत किया है।"..."इस प्रबन्ध में सूर-पूर्व ब्रजभाषा की टूटी हुई शृंखला को जोड़कर इसके साहित्य को सभी पहलुओं के साथ अत्यन्त विस्तार और स्पष्टता के साथ उपस्थित किया गया है।" इन सम्मतियों को पढ़कर ऐसा लगता है मानो भाषा के साथ शोधकर्ता ने सूर-साहित्य की खोई हुई पूर्व-परम्परा भी ढूँढ़ निकाली है।

प्रथम अप्रकाशित पुस्तक, जिसका विवेचन किया गया है, 'प्रद्युम्न-चरित' है। इसमें कृष्ण की अनेक लीलाओं के साथ अपने पुत्र से उनके युद्ध का वर्णन भी

है। प्रद्युम्न ने अपनी माँ को साथ लेकर पिता कृष्ण को ललकारा : "मैं तुम्हारी प्राणवल्लभा को अपहृत करके ले जाता हूँ।" कृष्ण के अस्त्र-शस्त्र व्यर्थ हो गए। नारद ने आकर पिता से पुत्र का परिचय कराया। "कृष्ण ने व्यंग्यपूर्वक प्रद्युम्न से रुक्मिणी को ले जाने को कहा।" प्रद्युम्न ने विवाह भी किया था कृष्ण-शत्रु दुर्योधन की पुत्री से। स्पष्ट ही यह काव्य, जो चौबीस तीर्थंकरों की वन्दना से आरम्भ होता है और जिसके अन्त में कृष्ण और यादवों के अवसान के बाद "प्रद्युम्न ने जिनेन्द्र से दीक्षा ली", संकीर्ण साम्प्रदायिक दृष्टिकोण से लिखा गया है। पिता-पुत्र में माता को लेकर इस तरह का मजाक किसी भी देश की संस्कृति में वर्जित माना जाएगा। सूरदास या अन्य भक्त-कवियों से उसका क्या सम्बन्ध है, उसकी कल्पना की जा सकती है।

कवि दामो की लक्ष्मणसेन पद्मावती कथा, डूँगर बावनी, मानिक कवि की वैताल-पच्चीसी, ठक्कुरसी की पंचेन्द्रिय बेलि, पार्श्वनाथ शकुन सत्तावीसी आदि का भी सूर या उनकी परवर्ती साहित्य-परम्परा से कोई सम्बन्ध नहीं है। 'छिताई वार्ता' की कथा "अत्यन्त रोमानी और मर्मस्पर्शी है।" इसी प्रकार चतुर्भुजदास की 'मधु मालती' रोमानी हो सकती है, सूर-परम्परा की कड़ी नहीं। इन सब पुस्तकों का स्वतंत्र विवेचन बहुत दिलचस्प हो सकता है लेकिन यह कहना कि इनके द्वारा ब्रजभाषा के पुराने साहित्य का धारावाहिक इतिहास प्रस्तुत किया गया है, पाठकों की आँखों में धूल झोंकना है। कुछ स्थलों पर स्वयं शोधकर्ता ने जैन कवियों का इस तरह उल्लेख किया है मानो वह उनसे भक्त-कवियों का सम्बन्ध जोड़-रहा हो। पृ. 15 पर लिखा है : "कबीर या अन्य संतों की विचारधारा के मूल में नाथ सिद्धों के प्रभाव ढूँढ़ने का प्रयत्न तो होता है किन्तु जैन संतों के प्रभाव को विस्मरण कर दिया जाता है।" शोध-ग्रंथ में ऐसी कोई बात नहीं कही गई जिससे जैन 'संतों' का प्रभाव कबीर या अन्य संतों की विचारधारा पर दिखाई पड़े। यह बात अवश्य सम्भव है कि "सिद्ध साहित्य की अपेक्षा जैन साहित्य में रूप-सौन्दर्य का चित्रण कहीं ज्यादा बारीक और रंगीन हुआ है।" (पृ. 282)

डॉ. सिंह ने जैन कवियों के चरित-काव्यों से हिन्दी की समानधर्मा परवर्ती रचनाओं का सम्बन्ध जोड़ा है। इसके लिए भी उन्हें शुक्ल जी का आभार मानना चाहिए। उन्होंने अपने इतिहास में लिखा था : "सम्वत् 990 में देवसेन नामक एक जैन ग्रंथकार हुए हैं।" इनके दब्ब-सहाव-पयास (द्रव्य-स्वभाव-प्रकाश) का 'गाथा या साहित्य की प्राकृत' में रूपान्तरण किया गया। "इसके पीछे तो जैन कवियों की बहुत-सी रचनाएँ मिलती हैं, जैसे 'श्रुतिपंचमी कथा', 'योगसार', 'जसहर-चरिउ', 'णयकुमार चरिउ' इत्यादि। ध्यान देने की बात यह है कि चरित्र-काव्य या आख्यान-काव्य के लिए अधिकतर चौपाई-दोहे की पद्धति ग्रहण की गई है।" पुष्पदन्त के आदि-पुराण और चौपाइयों में लिखे हुए 'जसहर-चरिउ' का उल्लेख

करने के बाद शुक्ल जी ने यह मत प्रकट किया है : "चौपाई-दोहे की परम्परा हम आगे चलकर सूफियों की प्रेम-कहानियों में, तुलसी के रामचरितमानस में तथा छत्र प्रकाश, ब्रजविलास, सबलसिंह चौहान के महाभारत इत्यादि अनेक आख्यान काव्यों में पाते हैं।" इस प्रकार शुक्ल जी ने अवधी और ब्रज के काव्य-रूपों का सम्बन्ध भी जैन कवियों की रचनाओं से जोड़ा था।

अब देखना चाहिए, सूर-पूर्व काव्य की भाषा के बारे में आचार्य शुक्ल ने कौन-से भ्रम फैलाए हैं और नवीन अनुसन्धान ने किस तरह उनका निवारण किया है।

शोध-ग्रंथ को पढ़कर लगता है कि ज्यादातर विद्वानों ने ब्रजभाषा का आरम्भ सूरदास से माना है अर्थात् हिन्दी के अधिकांश अन्धपंडितों की निगाह में सूरदास अपनी अद्भुत काव्य-प्रतिभा के साथ अकस्मात् एक नई भाषा भी लेकर अवतरित हो गए। शुक्ल जी को इतना ही श्रेय है कि उन्होंने इस मान्यता पर 'कुछ संकोच और द्विधा व्यक्त की है।' गनीमत है, यहाँ वल्लभाचार्य और भक्ति के सिलसिले की तरह शुक्ल जी ने एकदम भ्रान्त धारणा का प्रचार नहीं किया। "वे प्रमाणों के अभावों में 'सूरसागर' को ब्रजभाषा की पहली रचना मानने के लिए विवश थे" किन्तु अपने 'प्रबल सत्याभिनिवेश' के कारण उन्हें एक गीत-काव्य-परम्परा की—'भले ही वह मौखिक रही हो'—कल्पना करनी पड़ी। शोधकर्ता की सहानुभूति सराहनीय है। उसने शुक्ल जी की ऐतिहासिक सीमाओं का ध्यान रखते हुए उन्हें एक काव्य-परम्परा की कल्पना करने के लिए बधाई दी है। फिर भी शुक्ल जी ने अपभ्रंश और वीरगाथा काल, दोनों ही युगों के साहित्य पर अन्यमनस्क भाव से विचार किया है। शुक्ल जी ने अपने इतिहास में विभिन्न धाराओं का विश्लेषण किया, साथ ही उनकी भाषा की छानबीन करना भी उनके उद्देश्य में शामिल था। "यह बात दूसरी है कि इस उद्देश्य की पूर्ति के लिए उनके पास ज्यादा अवकाश और स्थल न था।" विशेष रूप से निर्गुण संत-धारा के प्रति "उनके हृदय में स्पष्टत: बहुत उत्साह नहीं था।" इसलिए संतों की भाषा के प्रति भी उन्होंने बहुत आकर्षण नहीं दिखाया। "संतों की भाषा को सधुक्कड़ी नाम देकर शुक्ल जी आगे बढ़ गए।" कहीं कुछ 'सोच-विचार किया' तो लिखा कि परम्परागत काव्य-भाषा का ढाँचा नागर अपभ्रंश या ब्रज का था, नाथपंथियों ने अलग सधुक्कड़ी भाषा का सहारा लिया। शोधकर्ता को स्वीकार करना पड़ा है कि शुक्ल जी के अनुसार निर्गुणपंथियों ने ब्रजभाषा का व्यवहार किया था, इसलिए पैंतरा बदलकर वह प्रश्न करता है कि फिर शुक्ल जी को सूरदास की भाषा पर आश्चर्य क्यों हुआ? "इस काल का अप्रकाशित साहित्य तो सूरदास की पूर्वपीठिका के अध्ययन की दृष्टि से बहुमूल्य है ही"—लेकिन शुक्ल जी को इस अप्रकाशित साहित्य का पता न था। खैर, इसके लिए क्षमा किया, लेकिन "प्रकाशित साहित्य में नामदेव से लेकर नानक तक" की रचनाओं को देखने का भी वह कष्ट करते तो उन्हें मालूम होता कि "50 प्रतिशत से भी अधिक रचनाएँ ब्रजभाषा की

हैं।" इन संतों की भाषा के बारे में शुक्ल जी और डॉ. सिंह की मान्यताओं का तुलनात्मक अध्ययन काफी रोचक होगा।

संतों से पहले खुसरो को लीजिए। "खुसरो की भाषा का पं रामचन्द्र शुक्ल ने बहुत सही विश्लेषण किया है।"—ये शब्द डॉ. शिवप्रसाद सिंह के ही हैं। उनके अत्यन्त विस्तृत, परम वैज्ञानिक विवेचन का परिणाम वही है जिसे शुक्ल जी पहले लिख गए थे। बचाव का कोई रास्ता नहीं है। शुक्ल जी ने स्पष्ट लिखा है कि "खुसरो के गीतों और दोहों की भाषा ब्रज या मुख-प्रचलित काव्य-भाषा ही है।" आपने वृद्ध आचार्य के विश्लेषण को सही होने का सर्टिफिकेट दिया, इसके लिए हार्दिक धन्यवाद।

अब लीजिए, कबीर की भाषा को। डॉ. सिंह ने शुक्ल जी का यह कथन उद्धृत किया है कि कबीर ने दो तरह की भाषा लिखी है; उनके गीतों में ब्रजभाषा का व्यवहार किया गया है, कहीं-कहीं पुरबी बोली का भी। खुसरो और कबीर द्वारा ब्रजभाषा के प्रयोग के बारे में शुक्ल जी ने लिखा है : "इससे यह स्पष्ट हो जाता है कि गीतों के लिए काव्य की ब्रजभाषा ही स्वीकृत थी।" डॉ. सिंह का निष्कर्ष है कि कबीर ने जहाँ आत्मनिवेदन, आत्मा-परमात्मा-मिलन के गीत गाए हैं, वहाँ "उनकी रचनाओं का माध्यम ब्रजभाषा हो जाती है।" शुक्ल जी के विश्लेषण को सही होने का सर्टिफिकेट न देकर भी उसे अपने ही शब्दों में दोहरा दिया गया है। इसके लिए भी बधाई।

अब गुरु नानक को लीजिए। "शुक्ल जी ने नानक की भाषा पर निर्णय दिया है वह बहुत कुछ ठीक है।" लेखक ने यह नहीं बताया कि शुक्ल जी का निर्णय कम ठीक कहाँ पर है। फिर भी उसने शुक्ल जी का अनुसरण किया है, इसके लिए पुन: बधाई। शुक्ल जी ने गुरु नानक के हिन्दी पदों की भाषा के बारे में लिखा था : "यह हिन्दी कहीं तो देश की काव्य-भाषा या ब्रजभाषा है, कहीं खड़ी बोली जिसमें इधर-उधर पंजाबी के रूप भी आ गए हैं।" इससे फिर प्रकट होता है कि शुक्ल जी ने सूर-पूर्व ब्रजभाषा काव्य-परम्परा के अस्तित्व पर बराबर जोर दिया है

मीरा की भाषा के बारे में अनेक मत हैं। डॉ. शिवप्रसाद सिंह ने स्पृहणीय उदारता के आवेश में लिखा है : "मैं इस विषय में पं. रामचन्द्र शुक्ल का निष्कर्ष ही उचित मानता हूँ कि उनके पद दो प्रकार की भाषा में लिखे गए थे : राजस्थानी और ब्रज।" पुनः-पुनः धन्यवाद। स्वर्गीय आचार्य कृतार्थ हुए। वही शुक्ल जी हैं जो संतों की भाषा को 'सधुक्कड़ी' नाम देकर आगे बढ़ गए थे। बहुत सोच-विचारकर कुछ लिखा भी था तो यही कि काव्य-भाषा का ढाँचा नागर अपभ्रंश या ब्रज का था! कितने आश्चर्य की बात है कि खुसरो, कबीर, नानक, मीरा आदि की भाषा के बारे में उन्हीं शुक्ल जी का मत दोहराया जाता है और मुख-मंडल पर कहीं लज्जा की लालिमा झलकती नहीं, न कर-कमलों में कहीं लेखनी ही कम्पित होती है!

वास्तव में आश्चर्य की बात कुछ नहीं है। ये पी-एच.डी., डी.लिट्. आदि डिग्रियाँ प्राप्त करने के गुर हैं। स्वर्गीय आचार्य से ईषत् रुष्ट वर्तमान प्राचार्य संतुष्ट हो जाएँ। गाँठ में कुछ न होने पर माल भी स्वर्गीय आचार्य की ड्योढ़ी से ही उड़ाया जाए। सिद्धों की परम्परा की यह भी एक सिद्धि है!

अनेक विद्वानों ने ब्रजभाषा के विकास और उसकी व्याकरणिक विशेषताओं पर विचार किया है। इनमें आचार्य शुक्ल भी हैं। डॉ. शिवप्रसाद ने शुक्ल जी की 'बुद्धचरित' की भूमिका और रत्नाकर-कृत 'बिहारी रत्नाकर' का एक साथ उल्लेख करते हुए यह मत प्रकट किया है कि "इनमें न तो पूर्णता है, न वैज्ञानिकता।" शुक्ल जी ने कौन-सी अवैज्ञानिक बातें लिखी हैं, इसका उल्लेख करना श्री सिंह ने उचित और आवश्यक नहीं समझा। शुक्ल जी का भाषाविज्ञान से सम्बन्ध ही क्या? एक छोटा-सा वाक्य उन्हें और उनके विवेचन को उड़ा देने के लिए क्या पर्याप्त नहीं है?

यहाँ भी डॉ. सिंह के भाषाशास्त्रीय विवेचन से शुक्ल जी की स्थापनाओं की तुलना दिलचस्प होगी। पहले ब्रजभाषा की पूर्वपीठिका लीजिए। डॉ. सिंह कहते हैं : "हेमचन्द्र के शौरसेनी अपभ्रंश के उदाहरणों की भाषा को हम ब्रजभाषा की पूर्वपीठिका मानते हैं।" 'बुद्धचरित' की भूमिका में इन्हीं हेमचन्द्र के दोहों को उद्धृत करने के बाद शुक्ल जी ने लिखा था : "इन पद्यों में हम ब्रजभाषा के भूतकाल और पुं. कर्ता और कर्मकारक के रूपों के बीज पाते हैं।"..."क्रिया के पुरुष काल-वर्जित साधारण रूप भी" मौजूद हैं। 'संज्ञा के बहुवचन रूप भी हैं जो अवधी आदि पूरबी भाषाओं में बिना कारक चिह्न लगे नहीं होते।' शुक्ल जी का निष्कर्ष है : "काव्य की यह भाषा बहुत प्राचीनकाल में बन चुकी थी। यह हिन्दी की काव्य-भाषा का पूर्व रूप है। ढाँचा पश्चिमी होने पर भी यह काव्य की सामान्य भाषा थी जिसका प्रचार सारे उत्तरापथ में था।" डॉ. सिंह से पहले शुक्ल जी को पता था कि हेमचन्द्र के दोहों में ब्रजभाषा की अनेक विशेषताएँ मिलती हैं। उसका प्रचार सारे उत्तरापथ में था, यह भी उन्हें मालूम था। डॉ. सिंह ने दोहराया है : "हेमचन्द्र के काल में मध्यदेशीय शौरसेनी अपभ्रंश का सारे उत्तर भारत में आधिपत्य था।" बात एक ही है। अन्तर केवल उत्तर भारत और उत्तरापथ का है।

यहाँ यह कहना आवश्यक है कि डॉ. सिंह ने शुक्ल जी की कुछ स्थापनाएँ दोहराते हुए कुछ अन्य को छोड़ भी दिया है। शुक्ल जी ने बतलाया है कि हेमचन्द्र द्वारा दिये हुए उदाहरणों में ब्रज के अलावा अवधी और खड़ी बोली के रूप भी मिलते हैं। डॉ. सिंह ने इस तथ्य को ब्रजभाषा के गौरव के विरुद्ध समझकर छोड़ दिया है।

हेमचन्द्र द्वारा उद्धृत अपभ्रंश रचनाओं के बाद डॉ. सिंह के अनुसार : "अवहट्ट या पिंगल अपभ्रंश में लिखी सबसे महत्त्वपूर्ण पुस्तक 'प्राकृत पैंगलम्' है, जिसमें बारहवीं से चौदहवीं सदी तक बहुत-सी ब्रज रचनाएँ संकलित की गई हैं।"

शुक्ल जी ने उचित लिखा है कि 'प्राकृत पैंगलम्' में ब्रज के साथ अन्य बोलियों के रूप भी मिले हैं। हेमचन्द्र से उदाहरण देने के बाद उन्होंने लिखा है : "इस प्रकार हिन्दी की काव्य-भाषा के पूर्व रूप का पता विक्रमी की 11वीं शताब्दी से लगता है। जैसे पहले कहा जा चुका है, यद्यपि इस भाषा का ढाँचा पच्छिमी (ब्रज का-सा) था। पर यह साहित्य की एक व्यापक भाषा हो गई थी। इस व्यापकता के कारण और प्रदेशों के शब्द और रूप भी इसके भीतर आ गए थे। (विभिन्न बोलियों का तुलनात्मक अध्ययन न करने के कारण डॉ. सिंह इन रूपों के बारे में बार-बार उलझन में पड़ गए हैं।) ऊपर उद्धृत कविताएँ टकसाली भाषा की हैं और प्राय: पछाँह के चारणों और कवियों की रची हैं, इससे उनमें पंजाबी और अवधी ही तक के रूप मिलते हैं। पर 'प्राकृत पिंगल-सूत्र' में और पीछे के काल तक की (हम्मीर के समय तक की) तथा और पूरबी प्रदेशों की कविताओं के नमूने भी हैं।" इसके विपरीत डॉ. सिंह का निष्कर्ष एकांगी है। उनकी पद्धति पल्लवग्राही हैं; वह पल्लवों को ही वृक्ष कहती है; शाखा, मूल, तना उसे दिखाई नहीं देता। दूसरी ओर शुक्ल जी की पद्धति वैज्ञानिक है जो किसी भी प्रक्रिया के विभिन्न तत्त्वों, विरोधी तत्त्वों को भी देखती है और उनके परस्पर सम्बन्ध और अस्तित्व का कारण खोजती है।

डॉ. सिंह की पुस्तक से यह नहीं मालूम होता कि वह ब्रज, अवधी और भोजपुरी के सामान्य और विभिन्न तत्त्वों से भली भाँति परिचित हैं। नामदेव के कुछ पद उद्धृत करने के बाद डॉ. सिंह ने उनकी भाषा को 'पूर्णत: ब्रज' कहा है। इन्हीं पदों में 'बनिआई', 'बजाई' और 'भेटल' जैसे प्रयोग भी हैं। मेघनाथ के एक उद्धरण में 'करिहै जबही', 'परहिं पितर, 'धर्म एग अपकीरति होई' आदि प्रयोग हैं और इस भाषा को 'शुद्ध टकसाली ब्रज' कहा गया।

ब्रजभाषा के अध्ययन के लिए औक्तिक ग्रंथों का उल्लेख किया गया है। डॉ. द्विवेदी के अनुसार : डॉ. सिंह ने "'प्राकृत पैंगलम्', 'पृथ्वीराज रासो' और 'औक्तिक' ग्रंथों में प्रयुक्त होनेवाली ब्रजभाषा के विभिन्न स्वरूपों का बहुत अच्छा विवेचन किया है।" इस वाक्य से मालूम होता है कि 'औक्तिक' ग्रंथों में ब्रजभाषा का ही प्रयोग किया गया था किन्तु डॉ. सिंह पृष्ठ 7 पर लिखते हैं : "इस प्रकार के ग्रंथों में तत्कालीन बोलियों के व्याकरण दिये हुए हैं। इनमें से कोई भी मध्यदेशीय उक्ति या बोली का ग्रंथ नहीं है।" अर्थात् इनमें ब्रजभाषा का प्रयोग नहीं हुआ। डॉ. द्विवेदी ने उन ग्रंथों में भी ब्रजभाषा के व्यवहार का पता लगाने का श्रेय अपने शिष्य को दिया है, जहाँ उसके व्यवहार को डॉ. सिंह स्वयं लापता समझते हैं। इस प्रकार का अन्तर्विरोध गुरु-शिष्य की स्थापनाओं में नहीं है, शिष्य की अपनी स्थापनाओं में भी है। पृष्ठ 7 पर कहा गया है कि इनमें तत्कालीन बोलियों के व्याकरण दिये हुए हैं। पृ. 10 पर कहा गया है : "वैसे नव्य भारतीय आर्यभाषाओं का स्वरूप बोध करानेवाले कुछ 'औक्तिक ग्रंथ' प्राप्त हुए हैं, किन्तु इनमें किसी

निश्चित भाषा का पता नहीं चलता।" यदि किसी निश्चित भाषा का पता नहीं है तो यह कैसे मालूम हुआ कि इनमें तत्कालीन बोलियों के व्याकरण दिये हुए हैं?

पुनः पृ. 124 पर कहा गया है कि इन्हीं 'औक्तिक' ग्रंथों में मध्यदेश और राजस्थान की बोलियाँ हैं!

ब्रजभाषा का निर्माण कब हुआ? पृष्ठ 8 पर "विक्रमान्त 1400 तक ब्रजभाषा का एक स्पष्ट रूप निर्मित हो चुका था।" आगे चलकर पृ. 184 पर बताया गया है कि "15वीं शती का समय हिन्दी का संक्रान्तिकाल था।" इस समय ब्रज, खड़ी बोली और अवधी 'अपनी प्रारम्भिक अवस्था में थीं।' आश्चर्य की बात है कि 14वीं शती में व्यवस्थित होने के बाद ब्रजभाषा 15वीं शती में पुनः प्रारम्भिक अवस्था में आ गई। पृ. 290 पर सूचित किया गया है कि "ब्रजभाषा में कृष्ण-काव्य की परम्परा काफी पुरानी है, कम-से-कम उसका आरम्भ 12वीं शताब्दी तक तो मानना ही पड़ता है।" 15वीं शती में जिस भाषा की प्रारम्भिक अवस्था थी, उसमें कृष्ण-काव्य की परम्परा तीन सौ साल पहले से चली आ रही थी। यही नहीं, प्रारम्भिक अवस्था से तीन सौ साल पहले ब्रज और खड़ी बोली के संघर्ष का आरम्भ भी हो गया था। "खड़ी बोली की विजय कविता की भाषा के रूप 19वीं शताब्दी की घटना है किन्तु ब्रज से उसका युद्ध बहुत पुराना है। 12वीं शताब्दी के संक्रान्तिकाल में इस संघर्ष का आरम्भ हुआ।" (पृ. 138)

खड़ी बोली के लिए कहा गया है कि दिल्ली के आसपास की बोली होने के कारण उसे "मुसलमानी काल में बहुत प्रचार और प्रोत्साहन मिला।" (पृ. 133) इसी पृष्ठ पर यह भी लिखा है कि "खड़ी बोली हिन्दी 16वीं शताब्दी तक गँवारों की भाषा समझी जाती थी।" और यदि मुसलमान शासक खड़ी बोली को प्रोत्साहन देने पर तुले थे तो ब्रजभाषा को संगीत के क्षेत्र में क्यों अपनाते थे? ये सब भाषा-सम्बन्धी मान्यताएँ तथ्यों की छानबीन करके निश्चित नहीं की गईं। ऐसा लगता है कि ऋषियों के मंत्रों की तरह उल्लास के क्षणों में उन्होंने शोधक को दर्शन दिये हैं। ऋषियों के प्रसंग में उनकी भाषा से सम्बन्धित यह वाक्य भी उल्लेखनीय है : "ऋग्वैदिक भाषा आश्चर्यजनक रूप से पूर्वी ईरान और अफगानिस्तान में बसे हुए तत्कालीन कबीलों की बोली से साम्य रखती है।" (पृ. 18) ईरान और अफगानिस्तान के तत्कालीन कबीलों की बोलियों के नमूने कहाँ प्राप्त हुए? इनसे ऋग्वेद की भाषा की तुलना किसने और कहाँ की है?—इन सब प्रश्नों का एक ही उत्तर है—इलहाम!

दो शब्द अप्रकाशित ग्रंथों की तिथि-संवत् के बारे में। डॉ. शिवप्रसाद सिंह ने जिस तरह ब्रजभाषा के व्यवस्थित और प्रारम्भिक रूपों का काल-निर्णय किया है, उससे ग्रंथों के रचनाकाल के बारे में उनके मत पर स्वभावतः सन्देह होने लगता है। 'प्रद्युम्न-चरित' की विभिन्न प्रतियों में संवत् अलग-अलग दिये हुए हैं। जिस प्रति

के आधार पर डॉ. सिंह ने उसका रचनाकाल संवत् 1411 बताया है, उसके संवत् को श्री अगरचन्द नाहटा ने अग्राह्य माना है किन्तु डॉ. हीरालाल ने सही ठहराया है। नाहटा जी का कहना है कि प्राचीन संवतों की जन्त्री को देखा गया तो ग्रंथ में दी हुई तिथियों में वदी पंचमी, सुदी पंचमी और नवमी—तीनों दिन शनिवार और स्वाति नक्षत्र नहीं पड़ता। इसी प्रकार कवि दामो की लक्ष्मण-सेन पद्मावती कथा में उल्लिखित संवत्, तिथि, दिवस और नक्षत्रों की जाँच होनी चाहिए। शोधकर्ता ने यह जाँच नहीं की। दूसरे ने जाँच की हो तो वह उसका उल्लेख भर कर देता है, न की हो तो आँख मूँदकर उसे स्वीकार कर लेता है। 'डूंगर बावनी' की रचना का संवत् विश्वास के साथ 1538 लिखा गया है। उसके बाद के ही वाक्य में यह सूचना दी गई है : "तिथिकाल का जो संकेत कवि करता है, उसका अर्थ 1548 भी हो सकता है।" कवि ठक्कुरसी की 'पंचेन्द्रिय बेलि' में जो समय दिया गया है, उसके अनुसार लेखक ने उसे संवत् 1550 की रचना माना है किन्तु पुस्तक से यह उद्धरण भी दिया गया है : "इति श्री पंचेन्द्रिय समाप्त। संवत् 1688 आसोज वदि दूज, सुकुरवार लिखितम् जोतावारणी आगरा मध्ये।" पुस्तक संवत् 1550 में लिखी गई या 1688 में? या पुस्तक की रचना 1550 में हुई और कवि ने 138 वर्ष (50+88) बाद उसकी प्रतिलिपि की या अन्य किसी ने उसकी प्रतिलिपि की या अन्य किसी ने उसकी नकल की?—इन सब प्रश्नों का कोई उत्तर शोध-ग्रंथ में नहीं है।

अस्तु! शोध-ग्रंथ की मूल स्थापनाएँ दो हैं : सूर-पूर्व काव्य से पहले भक्ति की परम्परा स्थापित हो चुकी थी; सूर-पूर्व काव्य में ब्रजभाषा का प्रयोग होता था। इन दो स्थापनाओं की सिद्धि के लिए लेखक ने हिन्दी के इतिहासकारों, विशेष रूप से आचार्य शुक्ल पर यह आरोप लगाया कि उन्होंने इन दोनों तथ्यों को अस्वीकार किया है या उन पर ध्यान नहीं दिया। वास्तविकता यह है कि न तो शुक्ल जी ने भक्ति का आरम्भ वल्लभाचार्य से माना था, न सूरदास के साथ ही ब्रजभाषा के प्रकट होने की कल्पना की थी। उन्होंने बार-बार भक्ति और ब्रजभाषा-काव्य, दोनों की सूर-पूर्व परम्परा पर जोर दिया था। डॉ. शिवप्रसाद सिंह ने एक ओर शुक्ल जी के मत को गलत ढंग से प्रस्तुत किया है, जिससे उनके अनुसन्धान की मौलिकता सिद्ध हो, दूसरी ओर भक्ति और भाषा—दोनों ही की पुरानी कड़ियाँ ढूँढ़ते हुए उन्होंने शुक्ल जी की ही स्थापनाओं को दोहराया है और इस दोहराने में अपने एकांगी और असंतुलित दृष्टिकोण के कारण उनकी अनेक महत्त्वपूर्ण स्थापनाओं को छोड़ भी दिया है।

शायद थीसिस लिखने के लिए यह आवश्यक होता है कि पूर्वाचार्यों के कार्य को हीन सिद्ध किया जाए और अपने अनुसन्धान की मौलिकता को बढ़ा-बढ़ाकर दिखाया जाए। उपाधि प्राप्त करने के लिए परीक्षकों पर यों रोब जमाया जाए तो क्षम्य है लेकिन थीसिस प्रकाशित करते समय ऐसे अंश निकाल देने चाहिए।

शुक्ल जी हिन्दी साहित्य के सर्वश्रेष्ठ आलोचक हैं। वह अपने युग के श्रेष्ठ आलोचक थे, और इस थीसिस-युग के भी हैं। शिष्टता का तकाजा है कि कम-से-कम वे लोग उन पर व्यर्थ आक्षेप न करें जो मौलिक अनुसन्धान का दावा करते हुए उन्हीं की स्थापनाओं को दोहराते हैं। डॉ. शिवप्रसाद सिंह में परिश्रम करने की क्षमता है किन्तु वे अकाल ही महत्त्वाकांक्षा से पीड़ित हो गए हैं। इसका दोष विश्वविद्यालयों के उस वातावरण को है जहाँ अनेक आचार्य शुक्ल जी के आच्छादक व्यक्तित्व को हटते न देखकर उन्हें बार-बार ढकेलने का प्रयास करते देखे जाते हैं। चाहिए तो यह कि पुराने आचार्यों की देन को—जहाँ हम उससे सहमत हों—कृतज्ञतापूर्वक स्वीकार करें। जहाँ नया अनुसन्धान करें, उसकी चर्चा भी नम्रता से करें। इसके विपरीत इस ग्रंथ में शुक्ल जी को तो धता बताई गई है और उन आचार्यों की स्तुति की गई है जो शोध-ग्रंथों के निर्देशक थे या आगे उसके परीक्षक हो सकते थे। इस मनोवृत्ति को बढ़ावा देनेवाले ये आचार्य लोग ही हैं जो शुक्ल जी के समान आदर और सम्मान न पाने से हिन्दी-भाषियों से रुष्ट हैं। नये अनुसन्धानकर्ताओं को इनके रचे हुए दूषित वातावरण से बचना चाहिए।

[1959]

19

मैथिली और हिन्दी

मैथिली स्वतंत्र भाषा है या हिन्दी की बोली?

इस प्रश्न पर दो मत हैं। एक मत यह है कि वह स्वतंत्र भाषा है और दूसरा मत यह है कि वह हिन्दी की बोली है।

यह प्रश्न आज की सामाजिक परिस्थितियों में विशेष रूप से महत्त्वपूर्ण हो गया है। सारे देश में भाषा के आधार पर प्रान्त बनाने की माँग उठ रही है। आन्ध्र की जनता ने इस माँग के लिए जोरदार आन्दोलन करके आंशिक सफलता पाई है। पंजाब में इसके लिए आन्दोलन चल रहा है। मराठी, कन्नड़ आदि भाषाएँ बोलनेवाले लोग अपने जातीय इलाकों के पुनर्गठन की माँग कर रहे हैं। हिन्दी-भाषी जनता ने अभी संगठित रूप से इस तरह की माँग नहीं की। उसके ऐसा न करने के अनेक कारण हैं। इनमें दो भाषा-सम्बन्धी हैं। पहला यह कि हिन्दी-भाषियों का ध्यान जातीय पुनर्गठन की समस्या से हटाकर हिन्दी-उर्दू के विवाद में लगाया गया है। दूसरा यह कि जनपदीय आन्दोलन के नाम पर उनका ध्यान बोलियों के अलग-अलग इलाकों के स्वतंत्र अस्तित्व की तरफ खींचा गया है। ऐसी स्थिति में मैथिली स्वतंत्र भाषा है या हिन्दी की बोली, और मिथिला का स्वतंत्र सूबा बने या उसे हिन्दी प्रदेश का हिस्सा माना जाए, यह समस्या हमारे लिए खास तौर से विचारणीय है।

मैथिली का व्याकरण हिन्दी व्याकरण से भिन्न है। उसके शब्द-भंडार में जहाँ बहुत-से शब्द हिन्दी से मिलते-जुलते हैं, वहाँ काफी शब्द हिन्दी से भिन्न भी हैं। उसका अपना एक समृद्ध साहित्य है और मैथिली में अभी भी गद्य-पद्य का साहित्य रचा जा रहा है।

लेकिन हिन्दी की दूसरी बोलियों का व्याकरण भी हिन्दी से भिन्न है। अवधी, ब्रज, भोजपुरी आदि का व्याकरण हिन्दी से भिन्न है। यह भिन्नता हम दूसरी भाषाओं और उनकी बोलियों में भी देख सकते हैं। मिसाल के लिए वेल्श और अंग्रेजी, प्रोवांसाल और फ्रेंच, लहँदा और पंजाबी आदि का व्याकरण एक दूसरे से भिन्न है। इसलिए व्याकरण की भिन्नता से यह साबित नहीं होता कि मैथिली हिन्दी से स्वतंत्र भाषा होनी चाहिए।

मैथिली की तरह ब्रज, अवधी आदि का शब्द-भंडार हिन्दी से एक हद तक भिन्न है। वेल्श, प्रोवांसाल, लहँदा आदि का शब्द-भंडार भी अंग्रेजी, फ्रेंच, पंजाबी आदि से एक हद तक भिन्न है। यहाँ एक ध्यान देने की बात है कि मैथिली और हिन्दी की क्रियाएँ अधिकतर समान हैं। क्रियाओं की समानता मैथिली और हिन्दी की समानता का बहुत बड़ा कारण है। मैथिली के लिए अक्सर यह कहा जाता है कि वह बंगला के निकट है या कि वह हिन्दी की अपेक्षा बंगला के निकट है। लेकिन बंगला की पच्चीसों क्रियाएँ, जो हिन्दी के लिए गैर हैं, मैथिली के लिए भी गैर हैं। इसलिए केवल धातु रूपों में कुछ समानता होने पर मैथिली हिन्दी की अपेक्षा बंगला के अधिक निकट नहीं हो जाती। इस सिलसिले में मूल क्रियाओं के समूचे भंडार पर नजर डालना आवश्यक होगा।

मैथिली में क्रियाओं के कुछ प्रयोग देखिए। ये उदाहरण डॉ. जयकान्त मिश्र की पुस्तक 'मैथिली साहित्य का इतिहास' (अंग्रेजी) के दूसरे खंड से लिये गए हैं :

[1] ज्ञान शृङ्गारादि सम्बन्धी कविता पराकाष्ठा धरि पहुँचि गेल अछि। आब राष्ट्रीय विषयक कविताक प्रकाश होएब परमावश्यक अछि। कहबाक तात्पर्य जे अन्यान्य विषयक काव्यरस में हमर भारतवर्ष पूर्ण अवगाहित भए चुकल। [पृ. 99]

[2] जानकि जननि देवि मिथिले विजय हो। [पृ. 100]

[3] भगवन् हमर ई मिथिला सुख शान्ति केर घर हो। [उप.]

[4] शिव की सकितथि विष पचाए यदि लितथि न माथे।
जएतथि सिन्धु सुखाए बाड़वानलहिक हाथे।
की न ठिठुरि हिमवान मरण शय्यागत रहितथि।
यदि न अमरधुनि! अहँक अमृत रस भाग्ये पिबतथि।
शत-शत ज्वालामुखी मुख, जरि जैतथि भूदग्ध भय।
जौं न जुड़वितन्हि सुधामयि, अहँक सुधाधिक विमल पय॥ [पृ. 104]

[5] जगतहित लए मांथ मथि-मथि हम स्वयं उन्मन रहै छी।
संकलित कए कुसुम जग लए कंटक [क] बन्धन सहै छी।
हमर वीणाकेर आलोड़न सुनै अछि चाव सँ जग।
किन्तु रे, कियो पहुँचि सकइत जौं हमर जर्जर हृदय लग।
हम अपन क्रन्दनहुँ सँ जगक विनोद गान दै छी।
भीख माङी, पटहु नहि भेटओ, मुदा हम उएह शंकर।
सहि विषक अभिशाप अपने, सुधाधारक दैछ जे वर। [पृ. 908]

[6] फाटल चीटल खड़की पहिरी रुख सुख रोटी फाँका अधार।
अन्हरौखे सँ भरि साँझ कतहुँ श्रम करी श्रमिक छी हम बाबू। [पृ. 109]

[7] तास सतरंज छोड़, भाङ केर गंज छोड़ू,
देखू निज काज धाज आब तिरहुतिया।
जूम पर जूम छोड़ू, गप्प केर धूम छोड़ू,
बढ़बाक यत्न करू आब। [पृ. 1099]

[8] पुरजन परिजन सब छोड़ि छाड़ि
पहिलुक परिचय कै तोड़ि ताड़ि
अहिबातक पातिल फोड़ि फाड़ि
हम जाय रहल छी आन ठाम।
माँ मिथिले! ई अन्तिम प्रणाम। [पृ. 110]

[9] उठह कवि! तों दहक ललकार कने
गिरि शिखर पर पथिक दल चढ़तैक रे। [पृ. 110]

[10] भोजनक विन्यास आ वाक्‌चातुर्य जनिका सिखबाक होइन्हि से तिरहुत आबि कऽ सीखथि। एहन सुन्दर सीटल गप्प, कटगर विनोद, सरस परिहास आर कतय भेटत? [पृ. 128]

इन उदाहरणों में पहुँचना, होना, कहना, चुकना, सकना, लेना, जाना, आना, ठिठुरना, रहना, पीना, जलना, जुड़ाना, करना, सहना, सुनना, देना, माँगना, भेंटना, पहनना, छोड़ना, बढ़ना, तोड़ना, फोड़ना, उठना, चढ़ना, सीखना आदि हिन्दी की सामान्य क्रियाएँ हैं। इसलिए धातुओं की दृष्टि से मैथिली हिन्दी के बहुत ही निकट है।

साधारण शब्द-भंडार में सुख, शान्ति, घर, विष, माथा, हाथ, रस, जग, बन्धन, चाव, हृदय, गान, विनोद, भीख, पट, वर, रूखी-सूखी, रोटी, साँझ, बाबू, ताश, शतरंज, भाँग, काज, गप्प, धूम, ठाम, प्रणाम, कवि, ललकार, भोजन इत्यादि शब्द हिन्दी के सामान्य शब्द हैं।

बोलचाल के शब्दों के अलावा जो गैर बुनियादी शब्द हैं, वे भी हिन्दी के सामान्य शब्द-भंडार में हैं। ज्ञान, शृंगार, कविता, पराकाष्ठा, विषय, प्रकाश, परमावश्यक, तात्पर्य, अवगाहित, जननी, विजय, सिन्धु, बडवानल, हिमवान, मरणशय्या,अमृतरस, ज्वालामुखी, भूदग्ध, सुधामयी, विमल, वय, संकलित करना, कुसुम, कंटक, आलोड़न, जर्जर, अभिशाप, आधार, श्रम, श्रमिक, पुरजन, परिचय, अन्तिम, गिरि, शिखर, विन्यास, वाक्-चातुर्य, परिहास आदि शब्द हिन्दी के सामान्य शब्द-भंडार के हैं।

इसलिए व्याकरण की भिन्नता होते हुए भी क्रियाओं और शब्द-भंडार की दृष्टि से मैथिली हिन्दी के इतनी निकट है जितनी कि कोई बोली किसी भाषा के हो सकती है।

मैथिली का साहित्य समृद्ध है। ब्रजभाषा का साहित्य भी कम समृद्ध नहीं है। प्रोवांसाल, लहँदा आदि का साहित्य भी समृद्ध है; लेकिन इससे ये बोलियाँ फ्रेंच और पंजाबी से स्वतंत्र भाषाएँ नहीं हो जातीं।

मैथिलों को हिन्द-प्रदेश की जनता का ही एक अंग बनाने में ब्रज, अवध, और खड़ी बोली के साहित्य ने महत्त्वपूर्ण भूमिका पूरी की है। मिथिला में सूर और मीरा के गीत वैसे ही गाए जाते रहे हैं, जैसे ब्रज या अवध में। वहाँ तुलसी की रामायण वैसे ही पढ़ी जाती रही है, जैसे भोजपुरी या बुन्देलखंडी क्षेत्रों में। यह मिथिला और दूसरे जनपदों (ब्रज, अवध) आदि की जनता की भाषागत और सांस्कृतिक एकता का प्रमाण है। ध्यान देने की बात है कि सूर, मीरा और तुलसी इस तरह बंगाल या पंजाब की जनता के कवि नहीं हुए। उन्होंने मिथिला के लोगों को एक ही जातीय संस्कृति की धारा में खींचकर हिन्दी जनता के जातीय संगठन और विकास में सहायता दी।

इस सिलसिले में डॉ. जयकान्त मिश्र ने मैथिली साहित्य के इतिहास में कुछ रोचक तथ्य दिये हैं। डॉ. मिश्र मैथिली को स्वतंत्र भाषा मानते हैं; लेकिन उन्होंने क्रियाओं और शब्द-भंडार की छानबीन करके यह नतीजा नहीं निकाला। मैथिली साहित्य के इतिहास से मिथिला और बाकी हिन्दी प्रदेश की जहाँ भी एकता सिद्ध होती थी, उससे उन्हें क्षोभ हुआ है। लेकिन सवाल क्षोभ या प्रसन्नता का नहीं है; सवाल है, ऐतिहासिक विकास की गति समझने का।

मिथिला में अवधी और ब्रजभाषा में रचे हुए भजनों के प्रचार का कारण बतलाते हुए डॉ. मिश्र ने लिखा है कि शुद्ध मैथिली में वैष्णव भजन प्राय: नहीं हैं और लोगों को जरूरत होती है तो दूसरी भाषाओं से उन्हें ले लेते हैं। उनका विचार है कि मैथिल वैष्णव अपने को सब बन्धनों से मुक्त समझता है, इसलिए शायद भजनों के लिए दूसरी जगह की भाषा को भी माध्यम मान लेता है। वह राम और कृष्ण की जन्मभूमि अवध और मथुरा की भाषाएँ अपनाता है।

मैथिल वैष्णव जितने बन्धन-मुक्त होते हैं, उतने ही बन्धन-मुक्त बंगाली वैष्णव भी हो सकते हैं। लेकिन बंगाली वैष्णवों ने अवधी और ब्रज के भजनों से प्रभावित होते हुए भी उन्हें मैथिलों की तरह अपनाया नहीं। मैथिलों द्वारा ब्रज और अवधी के भजन अपनाने का कारण बन्धन-मुक्ति नहीं है बल्कि शेष हिन्दी जनता से उनकी भाषागत और सांस्कृतिक एकता है।

साधारण जनता में किसी दूसरी 'भाषा' के भजनों का प्रचार होना असम्भव-सा है। भजन जैसी लोकप्रिय रचनाओं का चलन उन्हीं बोलियों के क्षेत्रों में हो सकता है, जो एक दूसरे के बहुत ही निकट हैं, जिनके बोलनेवाले एक सामान्य जाति में घुल-मिलकर एक हो रहे हों।

यदि अवधी और ब्रज की अपेक्षा बंगला मैथिली के ज्यादा निकट होती तो मिथिला में बंगला के गीतों का ही चलन होता। भौगोलिक दृष्टि से बंगाल जहाँ

मिथिला का पड़ोसी है, वहाँ ब्रज और अवध उससे कोसों दूर हैं। बंगला के वैष्णव भजनों के बदले मिथिला में ब्रज के भजनों का प्रचार मैथिली-हिन्दी जनता की बढ़ती हुई जातीय एकता के कारण ही सम्भव हुआ।

लॉर्ड कार्नवालिस द्वारा पक्का बन्दोबस्त चालू होने पर मिथिला में ब्रज साहित्य का प्रचार और भी बढ़ा।

महाराज राघवसिंह के बाद यानी 18वीं सदी के उत्तरार्द्ध में ब्रजभाषा का प्रचार बढ़ा। मिथिला के अनेक कवि ब्रजभाषा में लिखते रहे हैं। यह क्रम बीसवीं सदी तक चलता रहा। वास्तव में ब्रजभाषा और खड़ी बोली के विवाद में जब पद्य के लिए खड़ी बोली को माध्यम बनानेवाले जीत गए, तब मिथिला के कवि भी ब्रजभाषा छोड़कर पद्य के लिए खड़ी बोली अपनाने लगे। डॉ. मिश्र ने ब्रजभाषा में लिखनेवाले कवियों में लोचन के अलावा, लक्ष्मीनारायण मैथिल, हलधरदास, बलबीर, सीताराम, मैथिल रमापति, शंकरदत्त, गुमान कवि, सोन कवि, हेम कवि, ईशा कवि, गोपाल, कृष्णा, लच्छिराम, चिरंजीव, लालदास, रघुनन्दन दास, हर्षनाथ झा, सोने कवि, गोपीश्वर सिंह, बुद्धिलाल, फतुरालाल, साहेबराम, लक्ष्मीनाथ आदि कवियों के नाम दिये हैं। ये कवि ब्रजभाषा में वैसे ही कविता करते थे, जैसे अवध या भोजपुर के कवि।

मैथिल कवियों ने ब्रजभाषा में रचनाएँ ही नहीं कीं, वरन् मैथिली में लिखते हुए उससे प्रभावित भी हुए। मिसाल के लिए एक लोकप्रिय कवि के गीतों को डॉ. मिश्र ने 'slightly contaminated by Brajbhasha' बतलाया है (उप., पृ. 431); अर्थात् उसके गीतों को थोड़ी-बहुत ब्रजभाषा की छूत लग गई थी। यही नहीं, 18वीं सदी के उत्तरार्द्ध में तुलसी और सूर के अनुकरण पर गीत लिखना फैशन हो गया।

मिथिला में अवधी के प्रचार का एक कारण वहाँ अवधी बोलनेवाले मुसलमानों का रहना था। डॉ. मिश्र ने ग्रियर्सन के एक लेख से जो उद्धरण दिया है, उसमें कहा गया है कि मिथिला के सभी मुसलमान मैथिली नहीं बोलते, उनकी बोली अवधी से मिलती-जुलती है। (उप., पृ. 41) 'बिहारी' हिन्दी के सिलसिले में डॉ. मिश्र ने लिखा है कि इससे हिन्दुस्तानी के मिश्र रूप का बोध होता है, जिसे बिहार के अवधी बोलनेवाले मुसलमानों ने चालू किया है। (उप., पृ. 56)

मिथिला में भोजपुरी का प्रवेश भी ध्यान देने योग्य है। डॉ. मिश्र के अनुसार : किसी समय समूचा चम्पारन मिथिला में था। लेकिन अब वहाँ मध्यदेश की बोली या ब्रजभाषा का चलन हो गया है।

डॉ. मिश्र के अनुसार : चम्पारन में भोजपुरी ने मैथिली की जगह ले ली, लेकिन इससे यह आश्चर्यजनक परिणाम निकाला गया है कि भोजपुरी मुख्य भाषा मैथिली की बोली है। यही नहीं, मगही भी मैथिली की बोली समझी जा सकती है और मगध विशाल मिथिला का अंग बन जाएगा। आश्चर्य यही है कि डॉ. साहब ने

हिन्दी को भी मैथिली की बोली नहीं कहा और विशाल मिथिला में ब्रज और अवध को मिलाने का आग्रह नहीं किया। लेकिन मिथिला से बाहर डॉ. मिश्र ने भोजपुरी को पछाहीं बोली माना है और भोजपुरी प्रदेश को यू.पी. में मिला देने की सिफारिश की है। (उप., पृ. 57-59)

भोजपुरी के अलावा मगही की भी समस्या है जिसका सम्बन्ध खड़ी बोली से प्राय: वही है, जो अवधी का। डॉ. सुनीतिकुमार चाटुर्ज्या ने डॉ. मिश्र को यह सुझाव दिया था कि मैथिली का नाम छोड़कर बिहारी नाम अपनाने से मगही बोलनेवाले उसकी तरफ ज्यादा आकर्षित होंगे। मैथिली और मगही, दोनों से बिहारी भाषा बनेगी। इसके लिए पटना के मैथिल बुद्धिजीवी मगही बुद्धिजीवियों से तुरन्त सम्पर्क कायम करें और दोनों मिलकर मगही-मैथिली को एक ही भाषा 'बिहारी' कहने लगें।

डॉ. सुनीतिकुमार चाटुर्ज्या ने एक बहुत बड़े 'अगर' की बात कही है—अगर मगहिये मैथिल को अपनी साहित्यिक भाषा मान लेते! लेकिन मगहिये बुद्धिजीवी खड़ी बोली का बराबर प्रयोग करते रहे हैं और उनका साथ देनेवालों में बहुत-से मैथिली बुद्धिजीवी भी मिल गए। डॉ. चाटुर्ज्या को बिहार की भाषा-परिस्थिति पेचीदा मालूम होती है; उसे वह 'बिहारी' भाषा से हल करना चाहते हैं। बिहारी भाषा भी उनका आविष्कार नहीं है; इसका श्रेय स्वनामधन्य ग्रियर्सन को है। बिहार में मगही, मैथिली और भोजपुरी बोलियाँ बोली जाती हैं और इनके बोलनेवाले राजनीतिक और सांस्कृतिक कार्यों के लिए अधिकाधिक खड़ी बोली को काम में लाते रहे हैं, यह ऐतिहासिक सत्य है। लेकिन पेचीदा परिस्थिति को खड़ी बोली द्वारा हल करने का यह तरीका कुछ विद्वानों को पसन्द नहीं है।

ऊपर इस बात का उल्लेख हो चुका है कि ग्रियर्सन के अनुसार बिहार के मुसलमान अवधी-मिश्रित हिन्दुस्तानी का प्रयोग करते रहे हैं। 19वीं सदी के उत्तरार्द्ध में मिथिला में उर्दू को राजभाषा का दर्जा दिया गया। पटना शहर ने हिन्दी के विकास में योग दिया और वह मैथिली का साहित्यिक केन्द्र न बन पाया। मैथिली के लिए देवनागरी लिपि का चलन हुआ। देवनागरी लिपि का चलन क्यों हुआ, यह बतलाते हुए डॉ. मिश्र ने एक कारण यह भी दिया है कि मिथिला में सरकारी और गैर-सरकारी तौर पर उपन्यास, पत्रिकाएँ और मनोरंजक साहित्य का चलन हिन्दी में हुआ और मैथिली लिपि में उसका अभाव था।

किसी समय अवधी और ब्रज के भजन मिथिला में पैठ गए थे; वैसे ही नये जमाने में वहाँ खड़ी बोली के साहित्य का प्रवेश हुआ। डॉ. मिश्र ने इस बात पर खेद प्रकट किया है कि देवनागरी ने मैथिल लिपि को पदच्युत कर दिया (लेकिन यह काम भी मैथिल-हिन्दी जनता के जातीय विकास में सहायक हुआ)। डॉ. मिश्र इस बात से असंतुष्ट हैं कि हिन्दी के विद्वानों ने विद्यापति को हिन्दी का कवि मान

लिया है। लेकिन मिथिला और शेष हिन्दी प्रदेश के सांस्कृतिक सम्बन्ध देखते हुए उनका ऐसा न करना ही आश्चर्यजनक होता।

मैथिल कवियों की भाषा पर जैसे ब्रज का असर पड़ा था, वैसे ही खड़ी बोली का असर भी पड़ा। डॉ. मिश्र इस तरह के असर को दुर्भाग्य की बात समझते हैं। एक आधुनिक लेखक रघुनन्दनदास के 'सुभद्रा-हरण' काव्य का जिक्र करते हुए वह लिखते हैं : Unfortunately as in many of the works of Raghunandandas, the influence of Hindi is writ large in the language and the handling of the plot of this Kavya (उप., दूसरा खंड, पृ. 86) लेकिन इसमें दुर्भाग्य की क्या बात है? अवधी, खड़ी बोली, मैथिली न जाने कब से एक-दूसरे को प्रभावित करती रही हैं और परस्पर प्रभावों को ग्रहण करके ही उनका साहित्य विकसित हो सका है।

मिथिला में नाटक हिन्दी में रचे गए और खेले गए हैं। इनमें डॉ. मिश्र ने पारसी कम्पनियों के हिन्दी नाटकों का जिक्र किया है। (उप., पृ. 115) उन्होंने 'मिथिला नाटक' की भूमिका से जो उद्धरण दिया है, उसमें कहा गया है कि "मिथिलहु मे त अनेक गोटे नाटक मंडली स्थिर कऽ शकुन्तला, हरिश्चन्द्र इत्यादि करैत छथि जाहि नाटक सब-हित आधार हिन्दी भाषामय थोरे मूल्यक किताबे होयत।" (उप., पृ. 119)

मिथिला में हिन्दी नाटकों का चलन मैथिल-हिन्दी एकता का दूसरा प्रमाण है।

मिथिला में हिन्दी के चलन पर नागार्जुन के उपन्यासों में कुछ दिलचस्प बातें मिलती हैं।

दरभंगा मिथिला का सांस्कृतिक केन्द्र है। लेकिन वहाँ भी जनसाधारण में खड़ी बोली का व्यवहार चलता है। बलचनमा, इसी नाम के उपन्यास में, दरभंगा के 'प्लाट फारम' पर लोगों का मुआयना करके कहता है : "रूप-रंग के साथ यहाँ के लोगों की बोली भी बदली थी। यह काह-कुहे सुनने का मौका था मेरे लिए।" (पृ. 45) 'काह-कुहे' पर लेखक का नोट है : 'का-को वाली बोली, हिन्दी-उर्दू'।

बलचनमा आगे कहता है : "अब तो मुझे भी इसी बोली की लत पड़ गई है। अपनी बोली भूलता जा रहा हूँ। बबुनी की तो बात छोड़ो, चार बरख का मेरा ननकिरबा परदिपबा फर-फर हिन्दी बोलता है।"

इससे सिद्ध होता है कि मिथिला के बुद्धिजीवियों ने ही हिन्दी नहीं अपनाई, साधारण लोगों में भी बोलचाल के लिए हिन्दी का प्रयोग बढ़ रहा है।

दरभंगा की तरह गया में लोगों की बोली के बारे में यथार्थदर्शी बलचनमा कहता है : "कुली भी पक्की बोली बोलते हैं। सिगरेट बेचनेवाले भी काहे-कुहे करते हैं।" (पृ. 124)

इससे यह साबित होता है कि मगध और मिथिला में जिस सामान्य जातीय भाषा का प्रसार हो रहा है, वह हिन्दी है। इसके पहले कि पटना के मगहिये बुद्धिजीवी डॉ. सुनीतिकुमार चाटुर्ज्या का फॉर्मूला मानकर बिहारी भाषा का चलन करें, गया के कुलियों और सिगरेट बेचनेवालों ने पक्की बोली अपना ली है। यह पक्की बोली मगहियों और मैथिलों की जातीय भाषा ही नहीं है, वह उन्हें शेष हिन्दी जनता से मिलाने का भी साधन है।

पटना की बोली पर बलचनमा की टिप्पणी यह है : "पटना के तरफ शहरूपन ज्यादा है। उधर जिसको 'रखना' कहेंगे, इधर उसको हम 'धरना' कहेंगे। उधर के लोग साफ जबान बोलते हैं। यहाँ गाड़ी में बाबू लोगों के मुँह से 'किहिस-दिहिस' निकलता है, तो उधर तुम लोगों के मुँह से 'किया-दिया' सुनोगे।" (उप., पृ. 134)

इसका मतलब यह है कि बिहार का सांस्कृतिक केन्द्र पटना है। वहाँ की हिन्दी बिहार के दूसरे इलाकों के लिए आदर्श भाषा है। इस ऐतिहासिक क्रम को उलटकर मगही को मैथिल की बोली मानने और पटना को मैथिली का सांस्कृतिक केन्द्र बनाने का ख्वाब देखना बेमानी है।

नागार्जुन के दूसरे उपन्यास 'रतिनाथ की चाची' में हम साधारण गृहस्थों के यहाँ तुलसी-रामायण का पाठ होते देखते हैं। (पृ. 36) रतिनाथ खुद ही नहीं पढ़ता, वरन् अक्षर-ज्ञान कराने के बाद अपनी चाची को भी रामायण पढ़ने लायक बना देता है। (पृ. 96) 'रतिनाथ की चाची' में ब्रजभाषा का यह गीत देहात में सुना जाता है : "जागहु हो बृजराज, लाज मोर राखहु हो बृजराज।" (पृ. 62)

'नयी पौध' का दिगम्बर साहित्य-सम्मेलन की परीक्षा के लिए गाँव की लड़की शकुन्तला को हिन्दी पढ़ाता है। (पृ. 65) दिगम्बर के नाना अवधी और ब्रज में कविता करते थे। दिगम्बर ने मीरा के पद मस्त होकर सुने हैं : "मीरा के वे अनमोल पद बहुधा दिगम्बर को अपनी लय में बहा ले जाते थे।" (पृ. 111) मीरा के गीतों के अलावा 'चुपके-चुपके बोल मैना', 'काली कमलीवाले तुमको लाखों पर्नाम' आदि गीत भी वहाँ प्रचलित हैं। अदालत के नजदीक मिथिला के बुकसेलर हिन्दी की ये किताबें बेचते हैं : "'किस्सा तोता-मैना', 'किस्सा सवाचार यार', 'सत्यनारायण कथा', 'सुन्दर-कांड रामायण' (तुलसीदास)।" (पृ. 96)

इससे सिद्ध होता है कि मैथिल जनता के सांस्कृतिक जीवन पर बहुत कुछ उन्हीं रचनाओं का असर पड़ता रहा है जिनका असर अवध या ब्रज की जनता पर पड़ा है। निःसन्देह 'किस्सा तोता-मैना' और 'किस्सा सवाचार यार' जैसे सस्ते मनोरंजक साहित्य ने भी मिथिला में खड़ी बोली के प्रचार में सहायता दी है।

ऊपर के तथ्यों से हम ये परिणाम निकाल सकते हैं।

मैथिली का व्याकरण हिन्दी से भिन्न है, लेकिन इससे वह स्वतंत्र भाषा नहीं हो जाती। हिन्दी की दूसरी बोलियों का व्याकरण भी हिन्दी से भिन्न है। दूसरे देशों

की भी भाषाएँ और उनकी बोलियाँ व्याकरण में भिन्न हैं। मैथिली और हिन्दी की क्रियाएँ अधिकतर समान हैं। यह हिन्दी-मैथिली समानता का बहुत बड़ा कारण है। इस कारण हम मैथिली को बंगला की अपेक्षा हिन्दी के अधिक निकट पाते हैं। मैथिली साहित्य में प्रयुक्त शब्द-भंडार हिन्दी के समान है। मैथिल साहित्य समृद्ध है, जैसे ब्रज और अवधी का साहित्य समृद्ध है। साहित्य का समृद्ध होना उसका पृथक् अस्तित्व सिद्ध नहीं करता।

मिथिला का सांस्कृतिक इतिहास यह साबित करता है कि वहाँ के लोग शेष हिन्दी प्रदेश की जनता का ही अंग हैं। मिथिला में ब्रज और अवधी के भजनों का प्रचार हुआ। मिथिला के पचीसों कवियों ने ब्रजभाषा में रचना की। मैथिली पर ब्रजभाषा का असर पड़ा। तुलसी और सूर के अनुकरण पर यहाँ सैकड़ों पद बनाए गए।

मैथिली की पड़ोसी बोलियाँ भोजपुरी और मगही एक-दूसरे से घुलती-मिलती रहीं। उन पर हिन्दी का असर पड़ा और उनके बोलनेवालों ने जातीय भाषा के तौर पर हिन्दी अपनाई। चम्पारन में मैथिली की जगह भोजपुरी ने ली। मिथिला में मुसलमानों ने अवधी-मिश्रित हिन्दुस्तानी का चलन किया। मनोरंजक साहित्य का प्रसार हिन्दी के माध्यम से हुआ। मैथिली पर हिन्दी का असर पड़ा। बहुत-से लेखक मैथिली छोड़कर हिन्दी में लिखने लगे या मैथिली और हिन्दी में लिखते रहे। मिथिला में हिन्दी-नाटकों का यथेष्ट प्रचार हुआ। ब्रजभाषा के गीत शहरी पढ़े-लिखों तक सीमित नहीं रहे, उनका प्रचार गाँवों तक में हुआ। गाँवों में तुलसी-रामायण के साथ खड़ी बोली के सस्ते मनोरंजक साहित्य और हिन्दी गीतों का प्रवेश भी हुआ। बिहार के शहरों की भाषा हिन्दी है। गया, पटना और दरभंगा के कुली तक खड़ी बोली का प्रयोग करते हैं। ये सब तथ्य जातीय निर्माण में बोलियों के निकट आने के प्रमाण हैं।

सामाजिक विकास-क्रम में मिथिला का अलगाव टूट चुका है। मिथिला की जनता सिमटकर विशाल हिन्दी जनता की भागीरथी में शामिल हो रही है। बृहत्तर मिथिला के निर्माण का खयाल, मैथिली को स्वतंत्र भाषा और मगही को उसकी बोली समझने का विचार, हिन्दी से अलग बिहारी भाषा की कल्पना (और हिन्दुस्तानी जाति से अलग बिहारी जाति की कल्पना) आदि अवैज्ञानिक धारणाएँ हैं जो ऐतिहासिक विकास के प्रतिकूल सिद्ध होती हैं।

अब बिहार की राजभाषा हिन्दी है। फिल्म, साहित्य, अखबारों आदि के जरिये हिन्दी का प्रचार और भी बढ़ रहा है। राजनीतिक आन्दोलन मिथिला का अलगाव खत्म करके हिन्दी के माध्यम से उसे बिहार के सार्वजनिक जीवन में खींच रहा है। इसका यह मतलब नहीं कि मैथिली की कोई उपयोगिता नहीं है। किसानों का सांस्कृतिक स्तर ऊँचा करने के लिए उसकी आवश्यकता आज भी है और बहुत दिनों तक आगे

भी रहेगी। लेकिन इस काम में हिन्दी भी हाथ बँटा रही है, आगे और भी बँटाएगी। हिन्दी के मुकाबले में मैथिली का महत्त्व अब बोली का है और मिथिला में सामन्ती अवशेष खत्म होने पर, वहाँ उद्योग-धन्धों की उन्नति होने पर, मैथिली का बोली मात्र रहना और भी स्पष्ट हो जाएगा—मैथिलों की जातीय भाषा हिन्दी और भी दृढ़ता से प्रतिष्ठित होगी।

इसलिए मिथिला के अलगाव का नारा छोड़कर हमें समूचे हिन्दी-भाषी प्रदेश को एक करने की कोशिश करनी चाहिए। मिथिला की उन्नति का मार्ग शेष हिन्दी प्रदेश से घुल-मिलकर आगे बढ़ने में ही है। साहित्य और समाज का इतिहास इसी दिशा की ओर संकेत करता है।

[1954]

20

हिन्दी भाषा, साहित्य और फ़िराक़

हिन्दी कविता के किन्हीं विशेष दोषों पर आपत्ति हो और फ़िराक़ उसका सुधार करने पर तुले हों, सो बात नहीं है। उन्हें सम्पूर्ण हिन्दी साहित्य में कोई भी ऐसी चीज नजर नहीं आती, जिसे संसार की किसी प्रसिद्ध रचना की तुलना में रखा जा सके : न कथा-साहित्य में, न आलोचना में, न कविता में। हाँ, हिन्दी में एक लेखक थे प्रेमचन्द जरूर, परन्तु वह उर्दू के लेखक थे, इसलिए प्रेमचन्द के भी हाथ से निकल जाने पर हिन्दी का दिवाला पिट जाता है। श्री रघुपतिसहाय को आपत्ति है हिन्दी के उस सम्पूर्ण विकार पर जो, भला या बुरा, हिन्दी लेखकों की साधना के फलस्वरूप अब तक अनेक विघ्न-बाधाओं को पार करता हुआ अपने क्रम को अटूट बनाए रख सका है। सभी जानते हैं कि हिन्दी के लेखकों ने सोने के कौर नहीं खाए। उनका जीवन त्याग, तपस्या और संघर्ष का जीवन रहा है। अपनी भाषा और साहित्य के लिए उन्होंने जो कष्ट सहे हैं, वे केवल किसी प्रवंचना और भुलावे में आकर, या हिन्दी लिखने-बोलनेवालों का उनसे कोई हित भी हुआ है? श्री रघुपतिसहाय ने उस साधना का जो मूल्य आँका है, वह मेरी समझ में गलत है। साहित्य की जिस कसौटी पर और जिस तरह उन्होंने हिन्दी साहित्य को परखा है, वह सब भी गलत है।

उनका विचार है कि आधुनिक हिन्दी के विकास की जड़ में ब्राह्मणत्व या पंडिताऊपन की भावना काम करती रही है। जैसे अनेक संस्थाओं में कायस्थ, ब्राह्मण-पार्टियाँ बन जाती हैं, वैसे ही मानो साहित्य में भी पार्टीबन्दी हो गई है। भारतेन्दु से लेकर श्री श्यामसुन्दर दास तक जो अब्राह्मण हिन्दी लेखक हुए हैं, उन्होंने मानो अपनी स्वार्थ-सिद्धि के लिए ब्राह्मण-पार्टी में ही शामिल होना उचित समझा था। आप कहते हैं : "जिस संकीर्ण और मूर्खतापूर्ण ब्राह्मणत्व ने हमको अब तक डुबोया है, मुझे उसी का डर आज हिन्दी साहित्य में नजर आ रहा है।" प्रसाद जी की 'कामायनी' की भाषा कठिन है, इसलिए कि वहाँ उन पर ब्राह्मणत्व का रोब गालिब हो गया है। उनके उपन्यासों और कहानियों की भाषा सरल है, इसलिए कि वहाँ वह कायस्थ-पार्टी में मिल गए हैं। श्री मैथिलीशरण गुप्त के 'जयद्रथ-वध' की भाषा सरल है, क्योंकि उस समय वे कायस्थ-पार्टी में थे। 'साकेत' लिखते समय

वे ब्राह्मण-पार्टी में आ मिले; क्योंकि उस समय मंत्रिमंडल उसी पार्टी का था। निराला जी ने 'तुलसीदास' में वह क्लिष्ट भाषा लिखी है कि श्री रघुपतिसहाय को मूर्च्छा आ जाए। 'देवी', 'चतुरी चमार' आदि कहानियों और अपने उपन्यासों में उन्होंने उसी मूर्च्छा को दूर करने के लिए सरल भाषा लिखी है। विषय और शैली की तदनुरूपता का कोई प्रश्न नहीं है। प्रश्न है ब्राह्मणत्व और अब्राह्मणत्व का!

इस पार्टीबन्दी का यह परिणाम हुआ है कि प्रशंसा और आमदनी की जगहें निकम्मे आदमियों को मिल गई हैं। इन लोगों में पं. रामचन्द्र शुक्ल और डॉ. धीरेन्द्र वर्मा—ब्राह्मण और अब्राह्मण—दोनों ही तरह के लोग हैं, क्योंकि Coalition Ministry में दोनों तरह के लोग मिल गए थे और ब्राह्मणत्व का पोषण करने लगे थे। श्री रघुपतिसहाय ने बड़े सभ्य शब्दों में हिन्दी के आचार्यों को याद किया है : "हिन्दी के आचार्यों, पंडितों और समालोचकों में अब तक तो गलत और घातक किस्म का ब्राह्मणत्व रहा है। इस छूतछात से काम नहीं चलेगा। हिन्दी के बहुत-से विद्वान् हमारे विश्वविद्यालयों के होनहार लड़कों के सामने छोटे आदमी मालूम होते हैं। इनके अध्ययन और इनकी समालोचना की सीमा सूर और तुलसीदास पर मोटी-मोटी ऐसी पोथियाँ लिखने तक है, जिनसे अधिक तत्त्वपूर्ण और चमत्कारपूर्ण निबन्ध हमारे होनहार लड़के क्लास में लिखते हैं। ग्रियर्सन ने तुलसीदास पर जो कुछ लिख दिया है, वैसा लिखना तो दर-किनार, उसका समझना भी इन आचार्यों के बस की बात नहीं। इनकी मोटी-मोटी पोथियाँ देखकर तो यही कहना पड़ता है कि मियाँ की दौड़ मस्जिद तक। इस नीच कोटि के काम का कारण एक तो यह है कि प्रतिष्ठा और साहित्य-शास्त्र की पदवी पर बहुत छोटे आदमी विद्यमान हैं। दूसरा कारण यह है कि अँगरेजी के विश्व-साहित्य के और विश्व-संस्कृति के स्पर्श से हिन्दीवाले छुईमुई की तरह डरते हैं।"

इन शब्दों से श्री रघुपतिसहाय की हेकड़ी समझ में आ जाती है। यह ध्यान देने की बात है कि सूर और तुलसी पर आलोचना लिखकर जिन लोगों ने 'नीच कोटि का काम' किया है, उनमें स्वर्गीय आचार्य रामचन्द्र शुक्ल जैसे आलोचक भी हैं। किसी भी भाषा और साहित्य में इस तरह की अपमानजनक बातों को तरह नहीं दी जा सकती। ऐसी ही बातें उन्होंने हिन्दी कवियों के बारे में कही हैं। 'तरुण' में जिन कवियों को फूहड़ बताया गया है, उनमें श्री मैथिलीशरण गुप्त, प्रसाद जी, निराला जी, श्री सुमित्रानन्दन पंत आदि हिन्दी के सभी सर्वमान्य कवि आ जाते हैं। कहावतों और मुहावरों के बारे में लिखते हुए आपने हिन्दी कवियों पर राय दी है : "आज कुछ साहित्यसेवी गँवारों के हाथों हिन्दी की इन्हीं चीजों का खून हो रहा है।" याद रखिए कि हिन्दी के महान् कवि साहित्य-सेवी गँवार नहीं हैं और जो उनको ऐसा कहेगा, उसे मुँह तोड़ उत्तर मिलेगा। श्री रघुपतिसहाय कहते हैं : "मैं झल्लाहट में बहुत कुछ कह गया।" मानो इससे उनकी असभ्यता पर पर्दा पड़ जाएगा।

हिन्दी-प्रेम को वह एक खतरनाक नशा बताते हैं और स्वयं जिस नशे में जबान को बेलगाम छोड़ देते हैं, उसका जिक्र नहीं करते। कहते हैं : "उर्दू कवि हिन्दी की चिन्दी करते हैं तब जाके मातृभाषा चमक उठती है और बिना ऐसा किए हिन्दी का भविष्य संतोषजनक नहीं हो सकता।" किसी चीज की चिन्दी करने का अर्थ है, उसके रूप को बिगाड़ना। अगर उर्दू-लेखक हिन्दी की चिन्दी करते हैं तो इससे आपको बड़ी खुशी होती है। आपका विचार है, बिना हिन्दी की चिन्दी किए उसका भविष्य संतोषजनक नहीं हो सकता। हिन्दी की चिन्दी न की गई तो उसका प्रचार "पूरे हिन्दू-जाति को गँवार बना देगा, पढ़ा लिखा गँवार।"

श्री रघुपतिसहाय हिन्दी पढ़ने-लिखनेवाले गँवारों को हिन्दी की चिन्दी करके अपनी सभ्यता का परिचय देने पर तुले हुए हैं। हिन्दी में एक शब्द है : 'कृति'। फ़िराक़ को इस शब्द से कुछ विशेष मोह है। इसके पर्यायवाची दूसरे सरल शब्द हैं, परन्तु हिन्दी न जानने के कारण उनमें जो हीन भावना घर कर गई है, उससे प्रेरित होकर वह कठिन शब्दों का प्रयोग करने से बाज नहीं आते। उल्टा हिन्दीवालों पर दोष लगाते हैं कि 'पेट परे गुन करी' वाली कहावत को चरितार्थ करते हुए वे बिना समझे हुए संस्कृत शब्दों का प्रयोग करते हैं। हिन्दी शब्द 'कृति' की जब चिन्दी होती है तब वह हो जाता है, 'कीर्ति'! अब इसका प्रयोग देखिए : "मैं आपको विश्वास दिलाता हूँ कि मैं इसके लिए उधार खाए नहीं बैठा हूँ कि हो न हो, मैं हिन्दी कवियों की कीर्तियों पर एतराज करूँ।" और इस तरह हिन्दी की चिन्दी न की जाए, तो हिन्दी का भविष्य उज्ज्वल न होगा! दूसरा उदाहरण लीजिए। बात है मुहावरों की। इनका बहुत बड़ा खजाना "हिन्दी कवियों के यहाँ तो नहीं, लेकिन उर्दू कवियों और साहित्यिकों की कीर्तियों में बिखरा पड़ा है।" यह शब्द श्री रघुपतिसहाय को कितना प्रिय है, इसका एक प्रमाण और लीजिए : "इनकी कीर्तियाँ महान् साहित्य तो नहीं हैं लेकिन कई अर्थों में उच्च कोटि की हैं।" बताइए, इनकी कीर्तियाँ महान् साहित्य हो जाएँगी तो आपने हिन्दी में जो 'कीर्ति' रची है, उसका क्या होगा? श्री रघुपतिसहाय से कोई कहता है कि आपको हिन्दी नहीं आती तो आप चिढ़ जाते हैं और कहते हैं—यानी अपने लेख में लिखते हैं : "मुझे इस तरह अपनी बेरादरी से बाहर तो न कीजिए।" कोई बेरादर से पूछे, अगर हिन्दी सीख ही लोगे तो क्या बिगड़ जाएगा?

श्री रघुपतिसहाय आदिकाल से या उपनिषदों से कम बात नहीं करते। बीस बरस तक आपने हिन्दू दर्शन का अध्ययन किया है परन्तु अभी अध्यात्मवाद साफ-साफ मुँह से नहीं निकलता। उसकी चिन्दी करके आप उसे 'आध्यात्मवाद' ही कहते हैं। इसी तरह पुनरुक्ति की चिन्दी करके उसे 'पुनरोक्ति' बनाते हैं। लेकिन ये सब बारीक बातें हैं। होनहार आलोचक को अभी हिन्दी पढ़ने की भी तमीज नहीं है। 'देशदूत' के वाद-विवाद में आप इस बात पर मचल गए थे कि हम 'हुङ्कार' को 'हुँकार' ही पढ़ेंगे और बड़े आत्मविश्वास के साथ आपने लिखा था कि हिन्दी में 'हुङ्कार'

जैसा कोई शब्द ही नहीं है। वैसे तो दुनिया बुद्धिमानों से खाली नहीं है लेकिन इनका जोड़ीदार मिलना मुश्किल है। यही हैं वह विद्वान्—जिनको अभी ठीक-ठीक हिन्दी का अक्षर-ज्ञान भी नहीं हुआ—जो समग्र हिन्दी साहित्य और हिन्दी लेखकों पर धूल बरसाने पर उतारू हैं। साहित्य के मर्म तक पहुँचना और बात है, यहाँ प्राइमरी शिक्षा का यह हाल है कि हुंकार सामने लिखा हुआ देखकर भी उसे 'हुँकार' ही पढ़ते हैं। आपके होनहार विद्यार्थी हिन्दी के आचार्यों से अच्छे लेख लिख लेते हैं; उन विद्यार्थियों के होनहार अध्यापक जी अभी साबित हिन्दी भी नहीं पढ़ पाते।

अपने अज्ञान पर पर्दा डालने के लिए श्री रघुपतिसहाय उपनिषदों का अक्सर जिक्र करते हैं। लेखों में यह दिखाना चाहते हैं कि उन्होंने समग्र भारतीय साहित्य को मथ डाला है। हिन्दी के प्रचलित शब्द भी आपको अपनी विद्धत्ता के कारण अप्रचलित मालूम पड़ते हैं। उन्हें हर जगह हिन्दी आन्दोलन का भूत दिखाई देता है। आपके विचार से हिन्दी आन्दोलन के कारण रात की जगह 'निशा', दिल की जगह 'उर', अपने की जगह 'निज', मार्ग या रास्ते की जगह 'मग', हाथ की जगह 'कर' आदि शब्दों का प्रयोग होने लगा है। ध्यान देने की बात है कि मार्ग या रास्ते की जगह भी संस्कृत शब्द 'मग' का प्रयोग होने लगा है! तद्भव और तत्सम की कनफोड़ तोतारटन्त के बाद भी आपको अभी यह तमीज नहीं हुई कि मार्ग शब्द तत्सम है या तद्भव? आपकी समझ में 'निशा', 'निज', 'उर' आदि के प्रयोग से ठेठ भाषा का गला घोंट दिया गया है। आपने भाषाविज्ञान का गला घोंट दिया है, वह कुछ नहीं?

अब देखिए, जिन शब्दों पर आपने आपत्ति की है, उनका पुरानी हिन्दी में बराबर प्रयोग होता रहा है या आधुनिक हिन्दी में हिन्दी आन्दोलन के कारण उनका प्रयोग होने लगा है। यह भी देखिए कि वे भारत की अन्य भाषाओं की भी सम्पत्ति हैं या केवल हिन्दी वालों को उन शब्दों से विशेष मोह है? पहले 'निशा' शब्द लीजिए। आपने तुलसीदास जी का यह गीत सुना है : "अब लौं नसानी अब ना नसैहौं।" उसी की दूसरी पंक्ति है : "रामकृपा भवनिसा सिरानी जागे अब न डसैहौं।" तुलसीदास जी पर भी हिन्दी आन्दोलन की छाया पड़ चुकी थी। और देखिए रामचरितमानस में :

निसा घोर गम्भीर बन, पंथ न सुनहु सुजान।
बसहु आजु अस जानि तुम्ह, जाएहु होत बिहान॥

आपको छोड़कर और किसी को भी यह समझाने की आवश्यकता न होती कि निशा, निज, उर आदि शब्द हिन्दी-आन्दोलन के कारण नये कवियों को प्रिय नहीं हो गए हैं। लेकिन आप भी हैं इस दुनिया के समझदारों में, इसलिए उद्धरण देकर आपको समझाने की जरूरत है कि इन शब्दों का प्रयोग प्रायः तब से होता चला आया है जब से हिन्दी का जन्म हुआ था। रामचरितमानस से—जो हिन्दुस्तान का

सबसे लोकप्रिय ग्रंथ है, शायद आप भी इस बात को जानते होंगे; उसे पढ़ा न हो, यह दूसरी बात है—कुछ उदाहरण और लीजिए :

उठे लखन निसि विगत सुनि, अरुनसिखा धुनि कान।
गुरु ते पहिले जगतपति, जागे राम सुजान॥

× × ×

गिरा अलिनि मुखपंकज रोकी।
प्रगट न लाज निसा अवलोकी॥

अब हिन्दी-आन्दोलन के कारण इस शब्द का बंगला में प्रयोग देखिए। श्री रवीन्द्रनाथ ठाकुर की रचनाओं से उदाहरण लीजिए :

जागो सहचरी, आजिकार निशि भूलो ना। [वर्षामंगल]
कोन फागुनेर शुक्ल निशाय
यौवनेरि नवीन नेशाय। [सेकाल]
निशिदिन धरे दाँडाये शियरे मोर पुरातन भृत्य। [पुरातन भृत्य]

आप यदि कहें कि बंगला में रात को निशा ही कहते हैं—तो भी कोई आश्चर्य की बात न होगी। बंगला में रात्रि और रात का भी प्रयोग होता है, यह बात जान लीजिए और यह भी याद रखिए कि उसके पर्यायवाची 'रजनी', 'विभावरी', 'यामिनी' आदि शब्दों का भी आवश्यकता पड़ने पर बराबर प्रयोग होता है।

अब 'उर' शब्द लीजिए। इसका प्रयोग भी हिन्दी कवि हिन्दी-आन्दोलन के कारण करने लगे हैं। बिहारी का यह दोहा याद कर लीजिए :

तो पर वारौं उरबसी, सुनु राधिके सुजान।
तू मोहन के उर बसी, ह्वै उरबसी सुजान॥

अगर आपने रामचरितमानस पढ़ा होता, तो आरम्भ में ही देखते :

करौ सो मम उर धाम, सदा छीर सागर सयन।

और उदाहरण भी लीजिए :

उर धरि धीर राम महतारी।
बोली बचन समय अनुसारी॥

× × ×

सूत बचन सुनतहि नरनाहू।
परेउ धरनि उर दारुन दाहू॥

× × ×

लिये उठाइ लगाइ उर लोचन मोचति बारि।

× × ×

भरत न राजनीति उर आनी।
तब कलंकु अब जीवन-हानी॥

× × ×

लीन्ह राय उर लाइ जानकी।
मिटी महामरजाद ज्ञान की।

× × ×

खरभरु नगर सोचु सब काहू।
दुसह दाहु उर मिटा उछाहू॥

× × ×

अस विचारि उर छाँड़हु कोहू।
सोक कलंक कोठि जन होहू॥

× × ×

दीन्ह असीस लाइ उर लीन्हें।
भूषन बसन निछावरि कीन्हें॥

× × ×

बचन बिनीत मधुर रघुबर के।
सरसम लगे मातु उर करके॥

हिन्दी-आन्दोलन के कारण यह शब्द तुलसीदास को इतना प्रिय हो गया था कि वह औसतन हर दूसरे पृष्ठ पर उसका प्रयोग करते थे। श्री रघुपतिसहाय अरबी-फारसी के शब्दों से हिन्दी के शब्दकोश को भरने की बड़ी लम्बी-चौड़ी बातें करते हैं, परन्तु जिन शब्दों का तुलसी से लेकर अब तक हिन्दी कविता में बराबर प्रयोग होता रहा है, उनसे हिन्दी का शब्दकोश खाली कर देना चाहते हैं। 'उर' शब्द की लोकप्रियता का एक प्रमाण यह भी है कि श्री रघुपतिसहाय ने भी अपनी एकमात्र हिन्दी कविता में उसका प्रयोग किया है। लेकिन प्रयोग कितना सुन्दर है :

उफ कवि का उर! कितने युग
प्रतिक्षण आते हैं काम यहीं।

यह है 'पेट परे गुन करी' की नीति। 'उर' शब्द को गाली भी देते जाते हैं परन्तु अपनी हीन भावना के कारण यह भी दिखाना चाहते हैं कि हम उसका प्रयोग कर सकते हैं। 'उफ कवि का उर!' फूहड़पन की इससे बढ़िया मिसाल और कहाँ मिलेगी?

अब 'निज' शब्द लीजिए। यह शब्द इतना प्रचलित है कि श्री रघुपतिसहाय को छोड़कर और कोई न कहता कि इसका प्रयोग हिन्दी-आन्दोलन के कारण होने लगा है। देखिए, रामचरितमानस में ही 'निज' शब्द का प्रयोग :

सिर धरि मुनिवर बचन सब, निज निज काजहिं लाग।

× × ×

तुम्हहिं न सोच सोहाग बल, निज बस जानहु राउ।

× × ×

का पूछहु तुम्ह अबहुँ न जाना।
निज हित अनहित पसु पहिचाना।

× × ×

निज प्रतिबिम्ब बरुकु गहि जाई।
जानि न जाइ नारिगति भाई।

× × ×

तहँ सियरामु सयन निसि करहीं।
निज छबि रति मनोज मृदु हरहीं।

'निसा' की तरह 'निज' शब्द भी भारतीय भाषाओं की सम्पत्ति है, हिन्दी-आन्दोलन के कारण हिन्दी कवियों का ही प्रिय शब्द नहीं है। श्री रवीन्द्रनाथ ठाकुर की कविताओं में 'निज' शब्द के उदाहरण देखिए :

के लये छे निज शिरे राजभाले मुकुटेर सम
सविनये सगौरवे धरामाझे दुःख महत्तम। [भाषा औ' छंद]
संन्यासी बसि आड़ष्ट शिर तुलि निल निज अंके। [अभिसार]
छूटे जेन निज नीड़े। [बन्दी वीर]

कहिल—इहारे बधिते हइबे निज हाते अबहेले। [उप.]

अगर किसी को प्रमाण की जरूरत हो तो ऊपर के उदाहरणों से उसे इस बात का प्रमाण मिल जाएगा कि आधुनिक बंगला आदि भाषाओं में तथा पुरानी हिन्दी में 'निज' शब्द का बराबर प्रयोग होता रहा है। हिन्दी-आन्दोलन के कारण हिन्दी कवियों ने उसे नहीं अपना लिया। अज्ञान की भी कोई सीमा होती है। एक साथ कोई इतनी ऊटपटाँग बातें कहे तो उसे उत्तर भी कैसे दिया जाए?

इसी तरह 'कर' शब्द का बंगला और पुरानी हिन्दी में बराबर प्रयोग मिलेगा। 'विषभांड लये बाम करे'—श्री रवीन्द्रनाथ, और 'पुनि पुनि विनय करिअ कर जोरी'—गोस्वामी तुलसीदास। सबसे मनोरंजक आपत्ति आपकी 'मग' और 'मार्ग'

के बारे में है। हिन्दी कवियों ने पंडिताऊपन और संस्कृत-प्रेम के कारण मार्ग की जगह 'मग' लिखना शुरू कर दिया। हिन्दी-प्रेम के खतरनाक नशे के कारण तुलसीदास जी ने 'मग' जैसे शुद्ध तत्सम का प्रयोग बहुतायत से किया है। उदाहरण लीजिए :

हृदय कम्प तनु सुधि कछु नाहीं।
नयन मूँदि बैठी मग माहीं॥

× × ×

अति अकेल बन बिपुल कलेसू।
तदपि न मृगमग तजहि नरेसू॥

× × ×

लोचन मग रामहिं उर आनी।
दीन्हें पलक कपाट सयानी॥

× × ×

ये बिचरहिं मग बिनु पदत्राना।
रचे बादि बिधि बाहन नाना॥

× × ×

मृदु पदकमल कठिन मगु जानी।
गहबरि हृदय कहइ बरबानी॥

× × ×

एहि बिधि रघुकुल-कमल रबि, मंगलोगन्ह सुख देत।

× × ×

प्रभुपद रेख बीच बिच सीता।
धरति चरन मग चलति सभीता॥

× × ×

एहि बिधि भरत चले मग जाहीं।
दसा देखि मुनि सिद्ध सिहाहीं॥

× × ×

मगबासी नरनारि सुनि, धाम काम तजि धाइ।

× × ×

भरतदरस देखत खुलेउ, मग लोगन्ह कर भाग।

अब श्री रघुपतिसहाय को मान जाना चाहिए कि हिन्दी-आन्दोलन के बारे में उन्हें बहुत बड़ी गलतफहमी थी। न मानें तो इसमें मेरा दोष नहीं। मैं नहीं समझता कि जिसने रामचरितमानस के दो पन्ने भी पढ़े होंगे, वह कह देगा कि निशा, निज, उर, मग आदि शब्दों का प्रयोग नये हिन्दी कवि हिन्दी-आन्दोलन के कारण करने लगे हैं।

हमारे आलोचक जी को हिन्दी के विकास और इतिहास का जैसा ज्ञान है, वैसा ही प्रेम उन्हें हिन्दी शब्दों की ध्वनि से भी है। हिन्दी कविता के ध्वनि-सौन्दर्य को आप झंकार-टंकार कहकर टाल देते हैं। पंत जी की दो पंक्तियाँ हैं :

गंध मुग्ध हो अन्ध समीरण
लगा थिरकने बारम्बार।

इस पर आपकी टिप्पणी है : "अगर आपके कान सड़ नहीं गए हैं या पत्थर नहीं हो गए हैं और अगर आपकी अक्ल मारी नहीं गई है तो इन पंक्तियों को तीन-चार बार दोहराइए, तबीयत बदमजा हो जाएगी। 'गन्ध-अन्ध' का तालसम भी अनुपम है जिसके पर्दे से देहाती कवित्त कहनेवालों का गँवारपन झाँक रहा है।"

क्या अडिग आत्मविश्वास है! क्या आत्मप्रवंचना है! गन्ध-अन्ध की बात याद रखिए और अपने कानों के पर्दे ठीक करके जरा पढ़िए स्वर्गीय रवीन्द्रनाथ ठाकुर की इन पंक्तियों को :

कुडिर भितर काँदिछे गंध अन्ध हये—
काँदिछे आपन मने।

जरा फिर तो कहिए कि गंध-अन्ध का तालसम अनुपम है और उसके पर्दे से देहाती कवित्त कहनेवालों का गँवरपन झाँक रहा है। जिन लोगों ने भारतीय साहित्य को देखा तक नहीं है, केवल दूर से उसे मुँह बिदकाना सीखा है, अगर वे ही इस तरह की बातें न करेंगे तो और कौन करेगा! एक उदाहरण 'गँवारपन' का और लीजिए। 'उर्वशी' श्री रवीन्द्रनाथ की अत्यन्त प्रसिद्ध कविता है। उसी में उनकी पंक्ति है :

तोमार मदिर गंध अन्ध वायु बहे चारिभिते।

अब समझिए, गँवारपन श्री रवीन्द्रनाथ ठाकुर और श्री सुमित्रानन्दन पंत में है या आप में।

श्री रघुपतिसहाय के विचित्र संस्कार हैं। कहो खेत की तो सुनते हैं खलिहान की। पंत जी की एक पंक्ति में लोचन शब्द देखकर आपको गाँव के पंडित रामलोचन पाँड़े की याद आ जाती है। फरमाते हैं : "मुझे तो इस लोचन शब्द से अपने गाँव के पं. रामलोचन पाँड़े याद आ जाते हैं। बेचारे मर गए, बहुत अच्छे आदमी थे।" नीचे की पंक्तियाँ पढ़िए और याद कीजिए अपने गाँव के पं. रामलोचन पाँड़े को :

देखि रूप लोचन ललचाने।
हरषे जनु निज निधि पहचाने॥

× × ×

सब दुःख दुसह सहावउ मोही।
लोचन ओट राम जनि होहीं॥

× × ×

सुनि मृदु वचन मनोहर पिय के।
लोचन ललित भरे जल सिय के॥

अपनी-अपनी रुचि और अपने-अपने संस्कार। लोचन शब्द देखकर आपको पं. रामलोचन पाँड़े याद आ जाते हैं और "उदित उदय गिरि मंच पर, रघुवर बाल पतंग"—इस सुन्दर पंक्ति में पतंग शब्द देखकर आपको पतंग उड़ाने की याद आ जाए तो क्या आश्चर्य?

हिन्दी में एक शब्द है : 'कमल'। इस शब्द को क्या हिन्दी में, क्या बंगला में और क्या भारत की अन्य भाषाओं में—सभी छोटे-बड़े कवि अपनी कविता में प्रयुक्त करते रहे हैं। श्री रघुपतिसहाय ने पता लगाया है कि यह शब्द पूर्ण रूप से सभ्य नहीं है और उसमें संगीत की भी कमी है। कमल का उच्चारण 'कँवल' होना चाहिए। फर्माते हैं : "जिसे संस्कृत और हिन्दी में कमल कहते हैं, उसे उर्दू में कँवल कहते हैं। किस शब्द की ध्वनि अधिक सभ्य और संगीतपूर्ण है, इसे निष्पक्ष रूप से आप ही सोचिए।" कहना चाहिए कि तुलसीदास और रवीन्द्रनाथ को सभ्यता और संगीत की उचित शिक्षा न मिली थी जो वे कमल जैसे अर्द्धसभ्य और संगीत-शून्य शब्द का प्रयोग करते रहे थे।

श्री रघुपतिसहाय को जैसे कमल शब्द पसन्द नहीं है, वैसे ही उन्हें उन तमाम शब्दों पर भी आपत्ति है जिनके किसी व्यंजन में 'र' या 'ऋ' जुड़ी होती है। उन्हीं की सभ्य शब्दावली में : "हिन्दी में किसी व्यंजन का पेट या मुँह फाड़कर उसी में से 'र' का शब्द निकालना शोभा नहीं देता। यह रोग आजकल की हिन्दी में बहुत फैल रहा है।" अपने अडिग आत्मविश्वास के साथ आप कहते हैं : "कबीर से लेकर अब से पचास बरस पहले तक के हिन्दी कवियों ने इस बेतुकेपन और इस बेअटकली का सबूत नहीं दिया था।" मेरा दावा है कि किसी भी देश और किसी भी काल में इस अटकल का आलोचक न मिलेगा। जरा रामचरितमानस (खोलिए और निकालिए एक भी ऐसा पृष्ठ—मेरे शब्दों पर ध्यान दीजिए—एक भी ऐसा पृष्ठ जिसमें दो-चार जगह किसी व्यंजन में 'र' न जोड़ा गया हो। हिन्दी भाषा की प्रकृति को आपने क्या खूब पहचाना है। मातृभाषा और प्रेम जैसे शब्द आपके मुँह से कैसे निकल जाते हैं या इन शब्दों की भी चिन्दी करके आप उन्हें बोलते हैं। रामचरितमानस के पहले ही पृष्ठ पर आपको ये शब्द दिखाई देंगे—द्रवों, कृपा, दृष्टि, दृग, मृदु, श्री, प्रसूती, प्रगट, कुपासिन्धु इत्यादि। यह बेअटकली का सबूत है, यह बेतुकापन है। मालूम होता है, हिन्दी पढ़ने का घर पर ही अभ्यास किया

है और बहुत जल्दी अपने-आपको हिन्दी साहित्यिकों की आलोचना करने योग्य समझ लिया है। हिन्दी कवियों के लिए आपने लिखा है कि वे "अपने को सुकरात न समझें"। अब देखिए, बुकरातपन की गंध किधर से आ रही है।

मुंशी जी ने जिन शब्दों से खफा होकर यह बेअटकली और बेतुकेपन की बात कही है, वे शब्द हैं : मृदु और स्मृति। ये शब्द भारतीय साहित्य में इतने प्रचलित हैं कि सहसा किसी को विश्वास न होगा कि इनके प्रयोग पर किसी को बेतुकेपन की बात लिखनी पड़ी होगी। लेकिन जब लिखनेवाले श्री रघुपतिसहाय हों तब सब कुछ सम्भव है। यदि किसी को विश्वास न हो तो जुलाई, सन् '42 का 'तरुण' उठाकर पृष्ठ 278-79 देख ले। अब मृदु शब्द के उदाहरण रामचरितमानस से लीजिए :

गुरुपदरज मृदु मंजुल अंजन।
नयन अमिय दृगदोषविभंजन।

× × ×

करि पूजा मुनि सुजस बखानी।
बोले अति पुनीत मृदु बानी॥

× × ×

देखि स्याम मृदु मंजुल गाता।
कहहिं सप्रेम बचन सब माता॥

× × ×

तब कर जोरि जनक मृदु बानी।
बोले सब बरात सनमानी॥

× × ×

पुनि बोलेउ मृदु गिरा सुहाई।
जानि पिता प्रभु करौं ढिठाई॥

मृदु शब्द ही नहीं, मृग, नृप, तृषित, सुहृद्, गृह, मृतक, हृष्ट, मृदुल, भृकुटि आदि पचीसों शब्द आपको रामचरितमानस में बराबर प्रयुक्त होते दिखाई देंगे। क्या बात कही है मुंशी रघुपतिसहाय ने—कबीर से लेकर अब से पचास बरस पहले तक के हिन्दी कवियों ने इस बेतुकेपन और बेअटकली का सबूत न दिया था!

अब देखिए, जिस स्मृति शब्द को आप हिन्दी से निकाल देना चाहते हैं—क्योंकि आप उसका ठीक-ठीक उच्चारण नहीं कर सकते—उस शब्द को श्री रवीन्द्रनाथ ठाकुर अपनी कविता में कितने प्रेम से जगह देते हैं :

एने दिस् अतीतेर स्मृति। *[संध्या]*

× × ×

बाँधिस् ने स्मृति बाहिनी। [उद्‌बोधन]

× × ×

कतो जे सुखेर स्मृति ओ दुखेर प्रीति। [यात्राशेष]

× × ×

ताहादेर स्मृति आज वायुभरे
उड़े जाय दिल्लीर पथेर धूलि परे। [शाजहान]

यदि आप समझते हैं कि बंगला में 'स्मृति' का उच्चारण सरल हो जाता है तो किसी से सुनकर उस शब्द का उच्चारण कीजिए और देखिए, वह अपनी हँसी रोक पाता है या नहीं।

जैसे आप भारतीय भाषाओं के जानकार हैं, जैसा आपने उन भाषाओं के साहित्य का गहन अध्ययन किया है, वैसी ही उच्चकोटि की आपकी आलोचना भी होती है। एक तरह की आलोचना तो वह है, जिसमें हिन्दी कविता के लिए मुर्दा, बेजान, फूहड़, सिलपट, ठस आदि विशेषणों की भरमार रहती है। दूसरी तरह की आलोचना प्रश्नों के रूप में होती है—अब इस 'भी' की मिसाल मैं हिन्दी में कहाँ पाऊँ? और तीसरी किस्म है वह, जहाँ उर्दू शेरों की प्रशंसा में वह बाग-बाग हो जाते हैं। साहित्य का इतिहास से भी सम्बन्ध है, मनोवैज्ञानिक या दार्शनिक आधार पर भी उसकी व्याख्या हो सकती है, इन सब बातों पर आपने विचार नहीं किया। जिन लोगों ने विचार किया है, उन्होंने आलोचना लिखकर नीच कोटि का काम किया है। कभी-कभी किसी शेर से इतिहास का सम्बन्ध जोड़ने की कोशिश करते हैं, लेकिन बुरी तरह धोखा खाते हैं। उर्दू शेरों में बिजली और कफस की कमी नहीं है। मोमिन के इस शेर में :

डरता हूँ आसमान से बिजली न गिर पड़े।
सैयाद की निगाह सुए आशियाँ नहीं।

आप दिल्ली पर अहमदशाह, नादिरशाह, जाट और अंग्रेजों के हमलों का वर्णन पढ़ लेते हैं। आज अगर कोई ऐसा शेर लिखे तो श्री रघुपतिसहाय उसमें जापानी हमला, रूस-जर्मनी की लड़ाई और शायद पिछली और एक आनेवाली लड़ाई का वर्णन भी ढूँढ़ निकालेंगे! लेकिन बात आपके इतिहास-ज्ञान की है। जिस बात को किसी हाईस्कूल का विद्यार्थी भी जानता है, उसी के बारे में आप लिखते हैं : "मोमिन के जमाने के कुछ पहले दिल्ली पर अहमदशाद दुर्रानी का हमला हुआ था और फिर बाद को नादिरशाह का।" आपको दृढ़ विश्वास है कि नादिरशाह ने अहमदशाह के बाद हमला किया था; इसलिए बिना किसी झिझक के लिखते हैं : "फिर बाद को नादिरशाह का।" मान लीजिए, आपको सन् याद न रहा, लेकिन

इतना तो मालूम होना चाहिए था कि नादिरशाह का हमला पहले हुआ था। जब इतना भी नहीं जानते, तब मोमिन के शेरों में ऐतिहासिक घटना ढूँढ़ने क्यों चले थे? लेकिन आपका आत्मविश्वास देखने लायक है। कहते हैं : "सजग और चौकन्ना अध्यापक बड़ा खतरनाक आदमी होता है।" कहना चाहिए कि वह इतना खतरनाक होता है कि अपने पैर में खुद ही कुल्हाड़ी मार लेता है।

आपकी आलोचना सबसे बढ़िया तब होती है, जब आप अपने दिल में शेरों के नश्तर चुभोते हैं। सुनिए :

"बड़े मार्के का शेर है।"

"कयामत का शेर है।"

"इस अनुभव में कितनी करुणा है। ऐसे ही शेर को नश्तर कहा जाता है।"

"दो-तीन बार इस शेर को गुनगुनाइए। अधिक व्याख्या की जरूरत नहीं।"

"शेर एक नर्म नश्तर है जो दिल में उतरता जा रहा है और एक ही साथ जलन और ठंडक पैदा करता जा रहा है।"

"क्या शेर कहा है! तड़पना चाहिए तो तड़प भी नहीं सकते।"

"यह दिल के उस घाव की तरफ इशारा करता है जो मरहम रखने से और दुखे।"

"कितना नाजुक शेर कहा है!"

कहने का मतलब यह है कि हज़रत फ़िराक़ आलोचना के नाम पर इसी तरह बटेर लड़ाया करते हैं। कभी-कभी सच्ची बातें भी कह जाते हैं, जैसे : "मैं संस्कृत के श्लोकों पर उन्हें बिला समझे हुए सर धुनता हूँ।" लेकिन फिर बहककर कहते हैं : "मैं 'छान्दोग्योपनिषद' तो समझ जाता हूँ, हिन्दी कविता क्यों नहीं समझ पाता?"

कभी-कभी आप तुलनात्मक आलोचना भी करते हैं। एक लेख के अन्त में आपने उर्दू शेरों की व्याख्या करते हुए गीता, गीतगोविन्द, कालिदास और अन्य संस्कृत नाट्यकार और "भारतवर्ष की अन्य भाषाओं के कवियों की कल्पना और रचना और ध्वनि" को एक साथ याद कर डाला है। दुर्भाग्य से आपने संस्कृत तथा अन्य भाषाओं से उद्धरण नहीं दिये, नहीं तो आपकी आलोचना विश्व-साहित्य को एक देन होती। फिर भी श्लोक न सही, भारतीय संस्कृति से अपने परिचय पर यथासम्भव प्रकाश डालते रहते हैं। दाग़ का एक शेर है :

मेरे आशियाने में थे चार तिनके।
चमन लुट गया आँधियाँ आते-आते।

क्या नाजुकखयाली है। 'चमन लुट गया आँधियाँ आते-आते!' और आशियाने में कुल चार तिनके! अब इस शेर में शिव के तांडव-नृत्य का ओज देखिए। श्री रघुपतिसहाय की आँखों से देखिए, "बर्बादी के विषय को भी ओज और जोश से कवि ने भर दिया है। और अपने जिन्दादिली का सबूत दिया है। शिव के तांडव-

नृत्य में भी यही जोश है।" गोया शिव का तांडव-नृत्य और मिस अज़ूरी का नाच एक ही चीज हैं।

अभी तो तांडव-नृत्य का सम्बन्ध बरबादी से ही था। आगे चलकर इसी से पुनर्निर्माण भी होगा। सुनिए : "यहाँ से वो आँधियाँ उठीं जिन्होंने विनाश और पुनर्जीवन अथवा पुनर्निर्माण का तांडव-नृत्य नाचा।" यह आँधियों का नाच है, जो विनाश के साथ पुनर्निर्माण भी करता है! श्री रघुपतिसहाय को चाहिए कि उदयशंकर की नृत्यशाला में अब कुछ ऐसे होनहार विद्यार्थी तैयार करें, जो आँधियों का पुनर्जीवन तांडव भी नाचें और उदयशंकर को वैसे ही छोटा आदमी साबित कर दें, जैसे उनके विद्यार्थियों के निबन्ध हिन्दी के आचार्यों की 'कीर्तियों' को बहुत छोटी चीज साबित कर देते हैं!

तुलनात्मक आलोचना का एक और अनोखा उदाहरण देख लीजिए। वैसे तो श्री रघुपतिसहाय को उर्दू शेरों के टक्कर की पंक्तियाँ हिन्दी में मिलती नहीं हैं; फिर भी एक बार एक पंक्ति मिल गई थी और उसे उन्होंने प्रशंसा के साथ उद्धृत कर दिया था। शेर है :

क्या ढूँढ़ती है बाग में मेरे तू ऐ ख़िज़ाँ।
तू जानती है सबके चमन में बहार है!

अब इस पर टिप्पणी सुनिए : "ऐसे ही शेर को नश्तर कहा जाता है। अभी बाग में ख़िज़ाँ आई भी नहीं और बाग कहता है कि हम तो बेखिजाँ के उजड़ चुके।" इसके बाद तुलना के लिए यह पंक्ति दी गई है : "मैं पापिन ऐसी जली, कोयला भई न राख।" गीता, उपनिषद्, कालिदास आदि-आदि का नाम लेने के बाद श्री रघुपतिसहाय ने उर्दू शेर की तुलना के लिए जो पंक्ति उद्धृत की, वह 'कोयला भई न राख' वाली। पाठक यह न समझें कि श्री रघुपतिसहाय ने उस शेर का मजाक उड़ाया है। वह शेर उनके पूज्य पिताजी का लिखा हुआ है। मजाक की गुंजाइश ही न थी। जब 'कोयला भई न राख' वाला ही स्टैंडर्ड है तो बार-बार यह कहने की क्या जरूरत है कि अब इस शेर की टक्कर की पंक्तियाँ हिन्दी में कहाँ मिलें। आप बेकार ऐसी चीजें प्रसाद, निराला, पंत आदि की रचनाओं में ढूँढ़ते हैं। 'कोयला भई न राख' या 'आँगना में गिल्ली खेले' जैसी पंक्तियाँ आपको आँधियों के नाच के साथ सड़कों पर उड़ती मिल जाएँगी। आप उन्हें उद्धृत करके भारतीय साहित्य के अपने गम्भीर अध्ययन का परिचय दे सकेंगे। गीता और कालिदास का नाम लेकर दूसरों को प्रभावित करने की जरूरत भी न पड़ेगी।

अब श्री रघुपतिसहाय स्वयं इस बात का निर्णय करें कि जिस व्यक्ति का हिन्दी का अक्षर-ज्ञान इतना है कि वह हुंकार को 'हुँकार' पढ़ता है, जिसका शब्द-ज्ञान इतना है कि कृति को बराबर 'कीर्ति' लिखता है, जिसके साहित्यिक संस्कार ऐसे प्रबल हैं कि 'लोचन' शब्द को देखकर उसे अपने गाँव के पं. रामलोचन पाँड़े की याद

आ जाती है; जिसे हिन्दी भाषा के विकास का इतना अच्छा ज्ञान है कि निशा, निज, उर आदि शब्दों के प्रयोग का कारण उसे हिन्दी-आन्दोलन मालूम होता है; जिसके कानों के पर्दे इतने कोमल हैं कि 'कमल' शब्द से भी वे झनझना उठते हैं; जिसकी जबान इतनी नाजुक है कि प्रेम या मृदु जैसे शब्दों का भी उच्चारण नहीं कर पाती, जिसने हिन्दी साहित्य का भी गम्भीर अध्ययन करके यह परिणाम निकाला है कि 'र' से जुड़े व्यंजन हिन्दी-शब्दों की प्रकृति के विपरीत हैं, जिसे ध्वनि-सौन्दर्य की इतनी परख है कि किसी कवि की पंक्ति में गंध-अन्ध को एक साथ आते देखकर उन्हें गँवारपन का सबूत कह सकता है जो स्वयं दिल में शेरों के नश्तर लगाता है और हिन्दी आलोचकों की 'कीर्तियों' को नीच कोटि का काम बतलाता है, जो उर्दू शेरों में कभी विनाश का तांडव देखता है और कभी रेगिस्तान में पुनर्निर्माण का तांडव-नृत्य करता है, जो समझता है कि आधुनिक हिन्दी का विकास या सत्यानाश ब्राह्मणत्व के कारण हो रहा है और हिन्दी के बड़े-बड़े कवियों की रचनाएँ फूहड़ हैं और वे स्वयं साहित्य-सेवी गँवार हैं—ऐसे व्यक्ति के लिए मैं श्री रघुपतिसहाय से ही पूछता हूँ कि कौन-से विशेषण उपयुक्त होंगे? खैर, विशेषण न मिलें, मैं उनकी विशेषताओं से हिन्दी पाठकों को परिचित कराता रहूँगा।

श्री रघुपतिसहाय को हिन्दी कवियों से सबसे बड़ी शिकायत यह है कि उन्होंने अपनी रचनाओं में संस्कृत शब्दों की भरमार कर दी है। उनकी समझ में इसका कारण ब्राह्मणत्व या पंडिताऊपन की भावना है। मैंने पहले दिखाया है कि हिन्दी आन्दोलन के बारे में उन्हें बहुत बड़ी गलतफहमी हुई है। जिन शब्दों का प्रयोग ब्राह्मणत्व या हिन्दी-आन्दोलन के कारण होने लगा है, उनका प्रयोग हिन्दी के पुराने कवि और आधुनिक भारतीय भाषाओं के अन्य कवि भी बराबर करते रहे हैं। इसी तरह मृदु या स्मृति जैसे शब्दों को हिन्दी से यह कहकर नहीं निकाला जा सकता कि इनमें तो व्यंजना के मुँह में 'र' घुसा हुआ है। मैं यह भी दिखा चुका हूँ कि श्री रघुपतिसहाय को अभी ठीक-ठीक तत्सम और तद्भव रूपों की परख नहीं है। हिन्दी की चिन्दी करने के लिए वह जरूर उतावले रहते हैं। 'कीर्ति', 'पुनरोक्ति', 'आध्यात्मवाद' उनके अनुपम भाषा-ज्ञान के साक्षी हैं। परन्तु इस तरह की नीति वह फारसी शब्दों के साथ नहीं बरतना चाहते। औरत के बहुवचन में 'र' को हलन्त होना चाहिए। ऐसे ही रेशम से विशेषण बनाएँ तो उसमें 'श' भी हलन्त हो जाना चाहिए। अगर हिसाब लगाया जाए कि फारसी-शब्दों के कितने तद्भव रूपों को उन्होंने अपनाया है तो उनकी तद्भव-नीति का भंडाफोड़ बड़ी आसानी से हो जाएगा। फारसी से तद्भव रूप बनाने की वह जरूरत नहीं समझते। स्वाति का 'सिवाती' करना जरूर वांछनीय है। हिन्दी में तद्भव रूपों से किसी को परहेज नहीं है। क्षण को 'छिन', 'किरन' और इस तरह के सैकड़ों रूप हिन्दी कविता में प्रचलित हैं : उन कवियों की रचनाओं में भी, जो संस्कृतबहुल भाषा से एक खास तरह की शैली में कविता

लिखते हैं। लेकिन स्वाति को 'सिवाती' लिखकर आधुनिक हिन्दी कवियों ने अपने को हास्यास्पद नहीं बनाया।

श्री रघुपतिसहाय को ठेठ हिन्दी में लिखी हुई कविता के नमूने हिन्दी कवियों की 'कीर्तियों' में नहीं मिलते। उसके उदाहरण वह उर्दू कविता से देते हैं। उर्दू कविता में भी चुनाव करना कठिन हो जाता है। हिन्दी लिपि में उर्दू कविता के जो संकलन निकले हैं, वे उन्हें पसन्द नहीं आते। केसर की क्यारियों में 'बहुत फूहड़ किस्म की उर्दू शायरी प्राय: प्रकाशित होती रही है।' और कविता कौमुदी (उर्दू) में भी अनेक त्रुटियों के अलावा "सैकड़ों सरस और सुरीली और तत्त्वपूर्ण उर्दू कविताएँ" नहीं दी गईं। हिन्दी वालों के सामने एक सुरीले शेरों का संकलन पेश करने के लिए उन्होंने 'उर्दू कवियों की कल्पनाएँ' नामक लेखमाला 'तरुण' में प्रकाशित की थी। इसमें मुंशी रंगबहादुरलाल गोरखपुरी से लेकर श्री रघुपतिसहाय 'फ़िराक़' गोरखपुरी तक नाना प्रकार के शायरों के कलाम हैं, जिन्हें घोलकर पी जाने से हिन्दी कवियों को हिन्दी लिखना आ जाएगा। यह मानना होगा कि जितने सरस और सुरीले शेर इस संग्रह में आए हैं, उतने अभी तक किसी भी संकलन में न आए थे : संकलन चाहे किसी उर्दू वाले ने किया हो, चाहे किसी हिन्दी वाले ने। इसका कारण यह है कि उर्दू के सबसे सुरीले शायर हज़रत फ़िराक़ गोरखपुरी को अभी तक किसी संकलनकर्ता ने ठीक-ठीक पहचाना न था। श्री रघुपतिसहाय ने फ़िराक़ के शेरों को इस संकलन में जी खोलकर उद्धृत किया है, क्योंकि रघुपतिसहाय और फ़िराक़ एक ही व्यक्ति के दो नाम हैं। सुनिए : "मैं अपना भी एक शेर अर्ज करता हूँ।"

"मुझे अपना शेर याद आ गया।"

"आज मेरी स्मृति थकी हुई है और इत्तेफाक से दूसरों के शेर कम याद आ रहे हैं, इसलिए आज्ञा दीजिए तो दो-चार अपने ही शेर निवेदन करूँ।"

"अब मैं अपने कुछ शेर आपकी सेवा में पेश करता हूँ।"

"अब मैं अपने कुछ शेर फिर आपको सुनाता हूँ।"

"मुझे अपना एक शेर फिर याद आ गया।"

"अपना एक शेर याद आ गया।"

और, इन्हीं वाक्यों को दस-पाँच बार थोड़े-से हेर-फेर के साथ और पढ़ जाइए तो मालूम हो जाएगा कि इन शेर अर्ज करनेवाले महाशय में अहम्मन्यता की मात्रा उस टिटिहरी से कम नहीं है, जो अपने पैरों पर आसमान साधे हुए थी। कविवर को अपने शेर क्यों बार-बार याद आ जाते हैं, इसका कारण उन्हीं के शब्दों में सुन लीजिए : "सौभाग्य से मेरी स्मृति घटिया चीजों को सुरक्षित नहीं रखती।" गले में अपनी गजलों का गजरा डाले हुए राह चलते आदमी को भी बुलाकर आप कहते हैं : "जरा इधर भी देखना भाई। हिन्दी की फूहड़ कविता पर लट्टू हो? भला ईमान से कहो, मेरी इस माला की चमक-दमक के आगे क्या हिन्दी के मोती फीके नहीं हैं?"

शेर आपके ही सही। अच्छे हों तो हम उन्हें आपसे भी सुनने के लिए तैयार हैं। अगर हम उनसे अच्छी हिन्दी लिखना सीख सकें तो उन्हें क्यों न सुनें? मेरा मतलब यह है कि उनसे अगर कोई अच्छी हिन्दी लिखना सीख सकता तो आपको बार-बार यह कहने की जरूरत न होती : "अब मैं अपने कुछ शेर आपको फिर सुनाता हूँ।" अपनी लेखमाला में अपने-बिराने जो भी शेर आपने उद्धृत किए हैं, उनकी 'जबान' के बारे में आपने लिखा है : "हर पंक्ति में ऐसा मालूम होता है कि हमारी बोली छंद में ढल गई है।" थोड़ा होश आने पर आपने देखा कि यह बहुत बड़ा झूठ है, इसलिए बात बदलकर बोले कि हमारी बोली के उदाहरण इन शेरों की पहली पंक्ति में नहीं, दूसरी पंक्ति में देखिए। "पहली पंक्ति में प्राय: बीस से तीस फीसदी एक तो फारसी शब्द होंगे, लेकिन दूसरी पंक्ति में खूबसूरत फौवारे की तरह हिन्दी शब्द वायुमंडल में नृत्य करते हुए दिखाई देंगे।" और भी : "पहली पंक्ति में तो संध्याकालिमा या धुँधलका नजर आएँगे, दूसरी पंक्ति में तारे छटक आएँगे।" पहली पंक्ति में जब संध्याकालिमा है, तब उसका जिक्र ही क्या! दूसरी पंक्ति में ही ठेठ हिन्दी शब्दों का फौवारा-नृत्य देखिए। यह याद रखना चाहिए कि ठेठ हिन्दी का ठाठ दिखाने के लिए श्री रघुपतिसहाय ने विशेष परिश्रम से यह रामबाण संकलन तैयार किया है और उसमें भी धुँधलकावाली पहली पंक्ति को छोड़कर ये छटके तारों वाली दूसरी पंक्ति ही दी जा रही है :

उम्र भर रंगे मिज़ाजे बाग़बाँ देखा किये।

'रंगे मिज़ाजे बाग़बाँ' कितना छोटा समास है! मुंशी जी को कोमल पदगामिनि के समास पर आपत्ति थी, परन्तु रंगे मिज़ाजे बाग़बाँ के रंग में मस्त हैं।

कि मोख़्तसर भी है, कारे जहाँ दराज़ भी है।

इसमें ठेठ शब्द 'कि' है, 'भी' है जो दो बार आया है और 'है' भी है! पता नहीं, इस ठेठ हिन्दी में रची हुई पंक्ति का अर्थ लिखने की क्या जरूरत थी!

अपनी लेखमाला में उद्धृत शेरों का अर्थ आपने क्यों दिया? उनमें ऐसे सरल शब्द आए थे, जिन्हें चार बरस का बच्चा भी समझता है। आपका बार-बार अर्थ लिखना ही आपके ठेठ हिन्दी के ठाठ का टाट उलट देता है!

देते हैं बादा जर्फ़े कदहख़्वार देखकर।

आपको 'गन्ध-अन्ध' के तालसम में गँवारपन क्यों न मालूम दे, चाहे वह तालसम रवीन्द्रनाथ की कविता में ही मिलता हो! तद्भव शब्दों के प्रयोग की कितनी सुन्दर मिसाल है :

क़यामत है सरश्कालूद होना तेरी मिज़गाँ का।

आप ही ने लिखा है न : "हिन्दीवालों को ठेठ हिन्दी के इस सच्चे ठाठ से द्वेष पैदा हो गया, इसलिए कि ऐसा चमत्कृत प्रयोग हिन्दीवालों को अपनी कमतरी का एहसास कराता था।" ऊपर की पंक्ति पढ़कर आपको शायद बड़प्पन का एहसास होता है!

फकीहो सूफ़ियों शायर की नाख़ुशन्देशी।

'की' शब्द का कैसा सुन्दर प्रयोग हुआ है! कहिए, इस 'की' की मिसाल हिन्दी में कहाँ ढूँढ़ूँ? संध्याकालिमा की बात आपने खूब कही थी। यह शेर की दूसरी पंक्ति ही है। यहाँ तारे तो छटके हैं लेकिन रात अमावस की है और महीना सावन का!

अकीदे अक्ल उन्सर सब-के-सब आपस में लड़ते हैं।

आखिर क्यों? आप अपने दिमाग का इलाज क्यों नहीं कराते, जो इस तरह की पंक्तियों को ठेठ हिन्दी का नमूना समझकर पेश कर रहे हैं?

कि चश्मे तंग शायद कसरते नज़्ज़ारा सेवा हो।

'की' और 'हो' के बीच में तद्भव शब्दों की फीसदी का हिसाब लगाइएगा जरा! आप फर्माते हैं : "अनपढ़ों की भाषा को साहित्यिक और चमत्कृत बनाना साहित्यकार का सबसे उच्च ध्येय, सबसे बड़ी विजय है।" नमूना ऊपर मौज़ूद है।

तुम एक बज़्म में मर्दुमशनास बैठे हो।

बज़्म को आपने खूब हज्म किया है। बड़ा मधुर शब्द है। उतना ही मधुर, जितना 'कमल' शब्द असंगीतपूर्ण है। आपकी पाचनशक्ति है भी तेज :

न पूछ हज्म किए कैसे इश्क के सुख-दुख।
कोई पचाये गर इनको तो चीथड़े उड़ जायँ।

जब चीथड़े उड़ानेवाला इश्क आप पचा जाते हैं, तब फ़ारसी-शब्द तो शब्द-मात्र हैं! बज़्म को हज्म करना कौन-सी बड़ी बात है!

यादगारे रौनक़े महफ़िल थी परवाने की ख़ाक।

'थी' और 'की' ठेठ हिन्दी के शब्दों के प्रयोग पर ध्यान दीजिए। यादगारे रौनक़े महफ़िल—यानी महफ़िल की रौनक़ की यादगार—महफ़िल से चलिए, तब यादगार तक आइए। बोली-ठोली की कैसी अच्छी ठिठोली है!

करे क़फ़स में फ़राहम ख़स आशियाँ के लिये।

आप फर्माते हैं : "मैं जो रह-रहकर उर्दू की तारीफ कर बैठता हूँ, वह इसलिए नहीं कि उर्दू फ़ारसी लिपि में छपती है या उसमें अरबी, फ़ारसी के शब्द आते हैं, बल्कि इसलिए कि उसमें ठेठ शब्दों की भरमार-सी होती है।" ठेठ शब्दों की भरमार से ऊपर की पंक्ति कितनी संगीतपूर्ण हो गई है!

मुबारक बर्क़ को ग़ारत गरे सद आशियाँ होना।

'को' और 'होना' दो ठेठ शब्दों का प्रयोग देखिए। यह पंक्ति श्री रघुपतिसहाय की ही कलम का कमाल है! आपने लिखा है : आपको विश्वास दिलाता हूँ कि उर्दूवालों के मुकाबिले में मैं अपने-आपको हिन्दीवालों के निकट पाता हूँ।' तभी तो आपने अपनी हिन्दी के 'चमत्कृत' रूप से इस पंक्ति को चमका दिया है। इस ठेठ हिन्दी के कुछ 'चमत्कृत' उदाहरण और देखिए :

जन्नत में उन्हीं से राहत थी
दोजख़ में उन्हीं से अजाब भी थे।

× × ×

यहीं से और पैदा कर ख़ुदा वो अह्रमन कोई।

× × ×

कि मुश्ते ख़ाक की हसरत में कोई कोहकन क्यों हो।

× × ×

हाल हमने देखा है वेशतर ख़राब उनका।

× × ×

आह वो तीर नीमकश जिसका न हो कोई हदफ़।

× × ×

खिंच गई बादा सभी दुर्दे तहे जाम बहुत।

× × ×

उठे महफ़िल से सब बेगानये शमये सहर होकर।

× × ×

दिल को उस गोरे ग़रीबाँ में पुकारा होता।

× × ×

ऐ शमये शबे हिज्र मेरा साथ दिये जा।

× × ×

सैयाद की निगाह सुये आशियाँ नहीं।

× × ×

क्या नशेमन से कोई सोख़्ता सामाँ निकला।

× × ×

गुल तो गुल ख़ार से भी राप्ता पैदा करना।

× × ×

मैं सरे शाख़ चलूँ साया तहे दाम चले।

× × ×

कभी तो सूये गुलिस्ताँ नज़र गई होती।

× × ×

बनती नहीं है बादाओ सागर कहे बग़ैर।

× × ×

चमन जंगार है आईन-ए-बादेबहारी का।

× × ×

हो गये मेहरो मह तमाशाई।

× × ×

अब करे क्यों गिलए नंगिये दामाँ कोई।

× × ×

मगर बादेसवा की पाकदामानी नहीं जाती।

× × ×

खिज़ाँ शहीदे तबस्सुम हुई बहार हुई।

× × ×

कि अब के बूये क़फ़न दामने बहार में है।

× × ×

गुलिस्ताँ लहलहाये बारहा नज़रे ख़िज़ाँ होकर।

× × ×

क़दम-क़दम पै छलकता है रंगे फ़ितनागरी।

× × ×

हम मह्वे, नालये जरसे कारवाँ रहे।

× × ×

मेहरो माहो मुश्तरी को हमअना समझा था मैं।

× × ×

लिपटे रहे जो बगूलों से दश्ते गुरबत के।

× × ×

बहुत है इस तरह भी ख़ैर यादे रफ़्तगाँ होना।

× × ×

शकस्त रंगे रुख़े रोज़गार हैं हम लोग।

छटके तारों के इतने उदाहरण काफी होंगे। पाठक ऊपर की पंक्तियाँ पढ़ें और फिर श्री रघुपतिसहाय की इन बातों को भी : "अगर हिन्दी के प्रेमी उर्दू सीखने के लिए उर्दू न सीखें तो कम-से-कम अपनी हिन्दी सीखने के लिए उर्दू सीखें।" और "उर्दू कवियों ने फारसी का थोड़ा सहारा लेते हुए ठेठ हिन्दी का ठाठ ही दिखलाया है।" और : "उर्दू कवियों ने अपने कलेजे का खून खा-खाकर हिन्दी को चिन्दी की है। गँवारों की भाषा को रचाकर और सजाकर उत्कृष्ट साहित्य की पदवी दी है और उसे राजमहल की भाषा बनाया है।" और अन्त में : "दूसरी पंक्ति में खूबसूरत फौवारे की तरह हिन्दी शब्द वायुमंडल में नृत्य करते हुए दिखाई देंगे।" इस तरह की जीट हाँकने से फायदा क्या?

मेरा यह मतलब नहीं कि सरल उर्दू में शेर लिखे नहीं जाते या श्री रघुपतिसहाय ने उन्हें उद्धृत ही नहीं किया। मेरा मतलब सिर्फ इतना है कि जो व्यक्ति समझता है कि हिन्दी कवि निज, उर, निशा आदि शब्दों का प्रयोग हिन्दी-आन्दोलन के कारण करने लगे हैं, वह फारसी के कठिन और अप्रचलित शब्दों को भी बड़ी आसानी से आमफहम मान लेता है और वैसी पंक्तियों को—जैसी ऊपर उद्धृत की गई हैं—तद्भव शब्दों से रची हुई हिन्दी के उदाहरणस्वरूप पेश करता है। हिन्दी में तत्सम शब्दों के प्रयोग के बारे में इतना याद रखना चाहिए कि हिन्दी का फारसी से वही सम्बन्ध नहीं है, जो संस्कृत से है। जो समझता है कि कमल और स्वाति को 'कँवल' और 'सिवाती' लिखना चाहिए और 'सरश्क़ालूद' और 'ख़स आशियाँ' से हिन्दी का भविष्य उज्ज्वल होता है, वह अक्ल का अन्धा है और इन्द्र के समान हजार आँखें होने पर भी उसे सूझेगा सब हरा-हरा ही।

अब उन शब्दों को लीजिए, जिनका प्रयोग हिन्दी पाठकों को गुमराह कर रहा है। यह याद दिलाने की जरूरत नहीं कि सभी कविता एक ही शैली में नहीं लिखी जा सकती। यदि हिन्दी कविता के किसी भाग में तत्सम शब्दों का बाहुल्य है तो इसका यह मतलब नहीं कि सरल हिन्दी में कविता लिखी ही नहीं गई। अन्य भाषाओं का भी यही हाल है। यह कहना कि शेली या ऑडेन की भाषा में ऐसे शब्दों की प्रधानता है, जिन्हें चार-पाँच बरस के अंग्रेज बच्चे भी समझ लेते हैं, अपने-आपको धोखा देना है। देखना यह है कि आधुनिक हिन्दी के उन कवियों ने, जिनकी भाषा संस्कृत-बहुल है, अपनी शैली का निर्वाह कैसे किया है। तत्सम शब्दों का निरर्थक या भद्दा प्रयोग तो नहीं किया। श्री रघुपतिसहाय जिन शब्दों का अर्थ नहीं समझे, उनकी बात दूसरी है; जिन शब्दों के प्रयोग को उन्होंने गलत बताया है, उन्हें सही साबित करने के लिए मैं तुलसीदास और रवीन्द्रनाथ ठाकुर से प्रमाण दूँगा। अगर इस पर भी किसी को तसल्ली न हो, तो वह कुछ दिन किसी विद्वान् के पास भारतीय साहित्य का अध्ययन करे। यों

ही अपने-आपको पाँच सवारों में न गिनने लगे। श्री रघुपतिसहाय ने जिन शब्दों के प्रयोग पर आपत्ति की है, वे यहाँ दिये जाते हैं :

'परिहतवसना'।—इस शब्द का आप अर्थ नहीं समझे, कहते हैं : "क्या जिसके वस्त्र-हरण कर लिये गए हों? या जिसने किसी और का वस्त्र छीन लिया हो?" यह संस्कृत श्लोकों को बिना समझे हुए सिर धुनने का नतीजा है जो 'परिहतवसना' में वस्त्र-हरण दिखाई दे रहा है। आपको यह भी आपत्ति है : "किसी गद्य में परिहतवसना का प्रयोग कीजिए तो इसका बेतुकापन मालूम होगा।" शेली के बारे में सबसे बड़ा मुग़ालता आपको यही है। स्वयं लिखते हैं :

अश्क से दीदये अंजुम में झलक जाते हैं।

अब कोई कहे कि आपके दीदों में अश्क से झलक जाते हैं तो मानो यह एक तुक की बात होगी!

'म्लानमना'।—कहते हैं : "म्लानमना का कुछ सम्बन्ध महामना से तो नहीं है?" है क्यों नहीं, जैसे 'लोचन' शब्द का पं. रामलोचन पाँड़े से था। देखिए रवीन्द्रनाथ की पंक्ति पढ़कर आपको महामना की याद आती है या नहीं।

मुक्तकेशे म्लानवेशे सजलनयने [मेघदूत]

आपने हिन्दी कवियों को नसीहत दी है : "पंत जी और हिन्दी के अन्य लेखक भी इसका ध्यान रखें कि संस्कृत के वह शब्द जिनमें कई व्यंजनों को हलन्त कर या काटकर मिलाया जाता है, जैसे म्लान इत्यादि यह शब्द-प्रणाली हिन्दी में अरुचिकर समझा जाता है।" जरूर 'समझा जाता है' क्योंकि "आज की भाषा सूर और तुलसी की भाषा न सही लेकिन उनकी रचनाओं में जो मिश्रित व्यंजनों का अभाव या कमी है, वह इसी कारण है, न कि इस कारण कि वह इन शब्दों को नहीं जानते थे।" सूर और तुलसी का आपने जैसा गम्भीर अध्ययन किया है, उसका प्रमाण तो मैं पिछले लेख में दे चुका हूँ। इस 'म्लान' शब्द की ध्वनि शायद बंगाल में ही कुछ विशेष मधुर हो जाती है जो श्री रवीन्द्रनाथ ठाकुर को वह इतना प्रिय है :

म्लान क्षुधा तृषातुर अन्ध दशाहारा। [निष्फल कामना]
धरार कुयाशा म्लान करे जथा आकाश ऊषार काया। [सूरदासेर प्रार्थना]

रवीन्द्रनाथ ठाकुर की कविताओं से 'म्लान' शब्द के इतने उदाहरण दिये जा सकते हैं जितने पंत जी की कविता में कुल शब्द होंगे। अपने को अक्लमन्द साबित करना हो तो इशारे से ही मान जाइए।

'धूलि-धूसरित'। —इसके लिए आपने लिखा है : हिन्दी में धकार का इस रूप में दुहराना फूहड़ है। जरूर फूहड़ है, जैसे तुलसीदास की इस पंक्ति में :

भरत कमल कर जोरि, धीर-धुरन्धर धीर धरि।

'धकार' से हार्ट फेल तो नहीं हो गया? फिर सँभलिए :

जो न होत जग जनम भरत को
सकल धरमधुरि धरनि धरत को।

आशा है, इस पंक्ति को पढ़ने से आपके स्वास्थ्य पर कोई बुरा प्रभाव न पड़ेगा।

'शुचि'। —कहते हैं : "सोचिए, तो अगर कोई पंत जी से पूछे कि आपका शुचि जन्मस्थान कहाँ है तो इस हिन्दी को पंत जी कैसे बताएँगे?" पंत जी से ऐसा प्रश्न कोई मूर्ख ही करेगा। तुलसीदास ने लिखा है : "सुचि जल पियत मुदित मन भयऊ।" इसे पढ़कर आप ही शायद अपने नौकर से कहेंगे—जरा शुचि जल दे जाना। शुचि फल, शुचि सुअन, शुचि सेवक आदि तुलसीदास के अन्य प्रयोग हैं। शैली-ज्ञान पैदा कीजिए। रवीन्द्रनाथ भी कहते हैं :

ऐसो ब्राह्मण, शुचि वरि मन
धरो हात सबाकार। *[भारत-तीर्थ]*

इसका यह मतलब नहीं है कि आप अपना मन 'शुचि' करके मेरा लेख पढ़ें!

'कलगान।'—"कलगान कोई हिन्दी नहीं। कलकल गान हो सकता था।" कल से कलकल का ध्यान आपको खूब आया! 'सुरसुन्दरी करहिं कल गाना'—यहाँ आपकी समझ में कलकल गाना होना चाहिए था! तुलसीदास का नाम तो आप बहुत लेते हैं लेकिन मालूम होता है, 'मानस' के पास तक न पहुँचकर दूर से ही मँडराकर लौट आए हैं। गोस्वामी जी ने 'मानस' से दूर रहनेवाले कुछ जीव-जन्तुओं के बारे में लिखा भी था :

अति खल जे बिषई बग कागा।
एहि सर निकट न जाहिं अभागा॥

श्री रवीन्द्रनाथ ठाकुर लिखें 'गेये जाइ कलगान' (वसुन्धरा) तो उसमें भी संशोधन करके कलकल गान कर दीजिए।

'विकच पुष्प'। —"विकच पुष्प भी कितनी सुन्दर शैली है।" उतनी सुन्दर जितनी रवीन्द्रनाथ की शैली इन पंक्तियों में :

विकच कुसुम सम फुल्ल मुखखानि। [मानस-सुन्दरी]
विकसित वनस्थल विकच फुले। [हृदय जमुना]

विकच फूल, विकच कुसुम हो सकता है, परन्तु विकच पुष्प नहीं! आप रवीन्द्रनाथ ठाकुर की शैली की आलोचना लिख डालें तो कैसा हो?

पलक पाँवड़े बिछा खड़े कर
रोओं में पुलकित प्रतिहार।

इन पंक्तियों पर टिप्पणी है : "पाँवड़े और खड़े में 'ड़'कार जिस तरह डकार ले रहा है, वह मृदुल संगीत की लासानी मिसाल है।" आइए, मृदुल संगीत के उदाहरण रवीन्द्रनाथ ठाकुर से भी लीजिए :

निठुर पीड़ने निंगाड़ि वक्ष [जीवन-देवता]

और :

उठे शून्य पाने पड़े आछाड़िया [निर्झरेर स्वप्नभंग]

'ड़' भाषा में है तो वह निकाल न दिया जाएगा। लेकिन अगर पंत और रवीन्द्रनाथ की पक्तियों में 'ड़'कार डकार ले रहा है, तो आपने अपनी लेखमाला में इसी तरह की 'ड़'कार वाली पंक्ति क्यों उद्धृत की थी? क्या इसलिए कि उर्दू में ड़कार की डकार आपको मधुर मालूम होती है?

कुंजे क़फ़स में बाग़ से उड़-उड़के आये गुल।

पंत जी की पंक्ति में दो 'ड़'कारों के बीच में तीन अक्षर हैं, यहाँ केवल एक! परन्तु उर्दू की पंक्ति में 'ड़'कार सुन्दर लगते हैं और पंत जी की पंक्ति में कर्णकटु! कहते हैं : "ऐसी भद्दी आवाजें देहात के विरहों और अन्य देहाती गानों में भी नहीं मिलतीं।"

'तरु-तृण-गुल्मों की पृथ्वी पर'। —"हाइफन द्वारा इस तरह का बहुवचन संस्कृत में होता है, ऐसा होना हिन्दी में अच्छा नहीं लगता।" हाइफन द्वारा संस्कृत में बहुवचन बनाने की बात आपने बेजोड़ कही है! यह तीन शब्दों का बहुवचन है, रवीन्द्रनाथ ऐसे ही चार शब्दों का बहुवचन बिना हाइफन लगाए ही बना लेते हैं :

नव रौद्रालोके
तरुलतातृणगुल्म की गूढ़ पुलके *[वसुन्धरा]*

तरुतृण के उच्चारण में जबान अटकती है। और रवीन्द्रनाथ की पंक्ति में 'लतातृण' कहने में?

"विपुल कल्पना कहाँ की हिन्दी है?" वहीं की, जहाँ की 'विपुल विश्वास' बंगला है :

विश्वास विपुल
जागे मने। [मानस-सुन्दरी]

'विजन निशा'। —"विजन निशा का कोई अर्थ नहीं। विजन माने एकान्त के हैं। एकान्त स्थान होता है। यह शब्द देश के लिए आता है, काल के लिए नहीं आता।" कोई 'निर्ज्जन निशा' लिखे तो आप उसे क्षमा करेंगे या नहीं?

वृष्टि पड़े अविश्राम, घनाये आँधार
आसिछे निर्ज्जन निशा। [मेघदूत]

पंत जी के गुरु बनकर आप लिखते हैं : "पंत जी से गलती यह हुई है कि सूनी या सुनसान रात का तरजुमा विजन निशा से कर दिया है।" और यदि रवीन्द्रनाथ ने निर्ज्जन नहीं, विजन शब्द का ही प्रयोग रात के लिए किया हो, तो? आप कहेंगे—रवीन्द्रनाथ ठाकुर से गलती यह हुई है कि...!

सुनिए :

विजन वसंतराते मिलन-शयने [वैष्णव-कविता]

अब कहिए, विजन शब्द देश के लिए ही आ सकता है, काल के लिए नहीं। आपकी आत्मप्रवंचना देखने लायक है। लिखते हैं : "अगर कोई विद्यार्थी अपने निबन्ध में या परीक्षा-पत्र के उत्तर में विजन निशा लिखे तो उस गरीब को तो मूर्ख और गँवार कह दिया जाएगा, लेकिन यहाँ तो कोई देखनेवाला या टोकनेवाला है ही नहीं।" पढ़िए रवीन्द्रनाथ की पंक्ति को और कहिए कि विजन, निशा लिखनेवाला विद्यार्थी गँवार कहा जाएगा! ऐसी हिन्दी लिखनेवालों को ही श्री रघुपतिसहाय ने 'धोतीप्रसाद' का नाम दिया है। कहते हैं : "क्या मेरी-आपकी यह जिम्मेदारी नहीं कि हिन्दीवालों को धोतीप्रसाद बनने से बचाएँ?" पता नहीं, सुथनासहाय बनकर ही कोई हिन्दी का कौन-सा उपकार कर लेगा!

'शिथिल वसन'। —"शिथिल वसन का क्या मतलब है? शिथिल मन, शिथिल शरीर, शिथिल हृदय इत्यादि तो सुना था, लेकिन शिथिल वसन शायद आदिकाल से लेकर अब तक के संस्कृत और हिन्दी कवियों और साहित्यिकों की शैली पर तरक्की है।" यह आदिकालवाला कॉम्प्लेक्स दूर कीजिए। हर जगह आदिकाल की दुहाई देने से भेद बहुत जल्दी खुल जाएगा। 'कहु जग मोहिं समान को जोधा' कहने के पहले जरा अपने कसबल का अन्दाज भी कर लीजिए। वृथा गाल बजाने से क्या लाभ? जिसने संस्कृत और हिन्दी साहित्य का गम्भीर अध्ययन किया होगा, वह भी

इस तरह की बात कहने के पहले दो-चार बार सोचेगा। आप अपनी उसी बात पर अड़े रहिए कि बिना संस्कृत समझे हुए ही आप संस्कृत श्लोकों पर सिर धुनते हैं। समग्र संस्कृत-साहित्य पर राय देकर आप अपनी अनुपम विद्वत्ता का सबूत क्यों देने लगते हैं : "संस्कृत साहित्य अपने तमाम चमत्कार के साथ-साथ वह दोष रखता है, खास कर कही-कहीं कालिदास की कविता, जहाँ उपमाएँ और शब्दों की बौछार वस्तु को या विचार को दफ्न कर देते हैं।" बड़े अधिकार से आप संस्कृत साहित्य पर राय दे रहे हैं। मालूम होता है, सारा संस्कृत साहित्य हस्तामलकवत् है, उसमें भी कालिदास की कविता विशेष रूप से। कालिदास का जरूर गम्भीर अध्ययन किया है। तभी तो 'घटस्तन' का अर्थ किया था : घड़े के बराबर स्तन। आपने अपनी कविता में एक पंक्ति लिखी थी :

अपने दग्ध हृदय से कवि ने क्या-क्या गेंद उछाले हैं।

इसके समर्थन में आपने 'कुमारसम्भव' से यह आधी पंक्ति उद्धृत की थी : 'घटस्तनप्रस्रवणैर्व्यवर्धयत्।' और इसका अर्थ किया था : जगन्माता पार्वती का स्तन बढ़कर घड़े के बराबर हो गया है! (भाव यह था कि पार्वती घड़ों से वृक्षों को सींचती थीं मानो बच्चों को अपने स्तनों से दूध पिलाती हों!) लेकिन कितना जबर्दस्त यह आदिकाल वाला कॉम्प्लेक्स है! बिना संस्कृत की दुहाई दिये आप दो वाक्य भी नहीं लिख सकते। कहते हैं : "आज मैं कविता की भाषा के विकास पर आपके सामने कुछ सिद्धान्त पेश करूँगा।" और ये सिद्धान्त : "आदिकाल से लेकर अब तक की सफल और उत्कृष्ट काव्य-रचनाओं को देखकर और उनकी शैली के सौन्दर्य तथा वाक्य-निर्माण पर गौर करके बनाए गए हैं।"

इस आदिकाल की दुहाई के साथ आपके संस्कृत-ज्ञान के स्टैंडर्ड हैं लॉर्ड लिनलिथगो! पाठकों को विश्वास न हो तो यह रोचक कहानी श्री रघुपतिसहाय के शब्दों में ही सुन लें। आपने लिखा है : "एक बार मेरे सम्मानित मित्र पंडित अमरनाथ झा बड़े लाट लॉर्ड लिनलिथगो से मिले। लाट साहब ने उनसे यह कहकर कि मैं संस्कृत नहीं जानता, कहा कि संस्कृत का कोई श्लोक सुनाइए। अभी पंडित अमरनाथ झा ने दो ही एक श्लोक सुनाए थे कि लाट साहब बोल उठे : Very dignified, very dignified. अब आया आपकी समझ में मेरे बिला संस्कृत जाने संस्कृत पर सिर धुनना?" जी हाँ, और यह भी समझ में आ गया कि आपको समग्र संस्कृत साहित्य में वह दोष क्यों दिखाई देता है जिससे भाव शब्दों के नीचे दफ्न किए हुए मालूम पड़ते हैं। लेकिन लाट साहब की नकल करने से आप क्यों बाज आते? लाट साहब ने श्लोकों को बिना समझे हुए very dignified ही कहा था, आपने तो भावों और शब्दों की छानबीन भी कर डाली है और दो-चार श्लोकों पर ही नहीं, समग्र संस्कृत साहित्य पर राय दे डाली है। मैं यह नहीं कहता कि आपकी

राय गलत है। मैं कहता हूँ कि राय गलत हो या सही, संस्कृत साहित्य पर राय देने लायक अभी आप हैं नहीं।

श्री रघुपतिसहाय के संस्कृत-अध्ययन के बारे में पाठक एक मनोरंजक कहानी और सुन लें। कहते हैं : "मेरी जिन्दगी में एक ऐसा समय भी गुजरा है कि यह सोचकर कि जब मैं संस्कृत नहीं जानता तो जीना व्यर्थ है, मैं आत्महत्या क्यों न कर लूँ? फिर मेरे दिल से आवाज आई कि संस्कृत भाषा बाद को है, पहले तो वह जीवन है और अगर वह जीवन है तो मैंने हजारों पूर्वजों से जीवन के वे तमाम संस्कार पाए हैं जो संस्कृत साहित्य में और उस साहित्य की संस्कृति में विद्यमान हैं। संस्कृत तो मैंने अपनी माँ के दूध के साथ पी है।" आपकी टिप्पणियाँ देखकर यह नहीं मालूम होता कि वह दुग्धपान अभी तक आपकी मदद कर रहा है।

बात थी 'शिथिल वसन' की, जिसके लिए आपने संस्कृत से लेकर श्री रवीन्द्रनाथ ठाकुर तक के भारतीय कवियों को याद कर डाला है। विश्व-कवि की रचनाओं का आपने विशेष अध्ययन किया है। इसलिए लिखा है : "सोचिए कि कविवर रवीन्द्रनाथ ठाकुर शिथिल वसन पढ़कर कितना खुश होते!" उतना ही जितना वह 'शिथिल साजे' लिखकर खुश हुए हैं :

कोनो मते आछे परान धरिया
कामिनी शिथिल साजे।

'साजे' में देखिए, वसन इत्यादि आते हैं या मन, शरीर इत्यादि, और यह भी बताइए कि 'केश' मन और शरीर की श्रेणी में हैं या वसन और 'साजे' की श्रेणी में?

नूतन मालिका परेछि शिथिल केशे। [भ्रष्ट लग्न]

केश शिथिल हो सकते हैं, परन्तु वसन नहीं? अच्छा, अब नीचे की पंक्तियाँ ध्यान देकर पढ़िए :

बकुलतले बाँधिछे चूल एकेला बसि
कामिनी मलयानिल-शिथिल-दूकूले। [मदनभस्मेर पूर्वे]

अब देखिए, दूकूल के लिए कविवर ने 'खुश' होकर 'शिथिल' शब्द लिखा है या नहीं? आपने मसीहा बनने की बहुत जल्दी तैयारी कर डाली। थोड़ी संस्कृत और बंगला सीख लेते तो अपने-आपको हास्यास्पद बनाने की यह नौबत क्यों आती? अज्ञान की गठरी को विद्वत्ता न समझिए। उसे जाकर गंगाजी में डुबो दीजिए। क्यों आप अपने दिल को दर्द से भरकर कहते हैं : "ऐसी ही कविताएँ पढ़ा-पढ़ाकर हम अपने कई करोड़ बच्चों को झूठ की शिक्षा देते हैं, उनकी कल्पनाओं को पागलों की कल्पना बनाते हैं, उनकी विचारशक्ति को चौपट करते हैं और उनकी बोली

को पागलों की बड़बड़ाहट बनाते हैं?" आप चाहे न समझें, लेकिन साधारण बुद्धि के पाठक भी समझ जाएँगे कि पागलों की बड़बड़ाहट किसकी है। यदि हिन्दी कविता में वे दोष जो आपने दिखाए हैं और जिनकी मिसाल मैंने रवीन्द्रनाथ और तुलसीदास से दी है, हमारी भाषा को पागलों की बड़बड़ाहट बनाते हैं तो मानना होगा कि कवि पागल ही होते हैं और उनकी कविताएँ पढ़ना-पढ़ाना बन्द कर देना चाहिए। यदि विजन निशा या शिथिल वसन लिखना पागलपन नहीं है तो आपको स्वीकार करना पड़ेगा कि आपसे बड़ा पागल दुनिया में नहीं है, जो कविता के 'क ख ग घ' से भी अपरिचित है, लेकिन बात कालिदास और रवीन्द्रनाथ से कम नहीं करता। आपने रवीन्द्रनाथ का नाम लेने के पहले उनकी कितनी रचनाएँ पढ़ी थीं? आपने यह न सोचा था कि जिन प्रयोगों पर आपकी समझ में रवीन्द्रनाथ और तुलसीदास मुँह पीट लेंगे, वे प्रयोग उनकी रचनाओं में भी मिल सकते हैं? जब आपको अभी साबित हिन्दी पढ़ने की तमीज नहीं है, तब आप किस बिरते पर संस्कृत से लेकर बंगला और हिन्दी कवियों पर राय देने के लिए तैयार हो गए हैं? आपकी शेखी आप ही को मुँह चिढ़ाएगी : "अब मैं इस बात की जरूरत समझता हूँ कि इस वार्तालाप के द्वारा आपको ठोस मिसालें देकर यह बताऊँ कि हिन्दी साहित्य खास कर हिन्दी कविता में आजकल अधिकतर कैसी हानिकारक, कैसी गुमराह करनेवाली, कैसी फूहड़ और गँवार बना देनेवाली बातों की भरमार रहती है।" मैंने जो रवीन्द्रनाथ और तुलसीदास से उद्धरण दिये हैं, उन्हें पढ़िए और देखिए, फूहड़ और गुमराह कौन हैं। आपका वह वार्तालाप प्रलाप था और अब आपके विलाप की बारी है!

हिन्दी के नये कवियों में जिन लोगों ने संस्कृत दर्शन और साहित्य का गम्भीर अध्ययन किया है, उनमें प्रसाद जी का नाम सबसे पहले आता है। उनके अध्ययन पर उँगली उठाने के पहले कोई विद्वान् भी दो-चार बार आगा-पीछा सोचेगा। परन्तु अंग्रेजी कहावत : Fools rush in where angels fear to tread—श्री रघुपतिसहाय ने 'कामायनी' के दार्शनिक विचारों पर ही सम्मति देने की कृपा की है। वह सम्मति इस प्रकार है : "जब भोग-विलास जिसके आधुनिक अल्प रूप को समझने का सबूत कवि ने नहीं दिया और न वैदेह जनक के भोग-विलास की प्राचीन कल्पना या कृष्ण रासलीला के रहस्यात्मक तत्त्व को समझने का भी कवि ने सबूत नहीं दिया, जब जटिल मनोवैज्ञानिक समस्याओं को oversimplify कर दिया..." यानी भारतीय दर्शन को प्रसाद जी ने उतना ही समझा जितना श्री रघुपतिसहाय ने 'कामायनी' को! जरा 'वैदेह' पर तो गौर फरमाइए, मुंशी जी! इस एक शब्द से आपके गम्भीर अध्ययन की कलई खुल जाती है। आपकी तरह प्रसाद जी ने भोग-विलास के आधुनिक उच्च रूप को नहीं समझा, 'वैदेह' के भोग-विलास और कृष्ण की रासलीला को भी नहीं समझा!

कहीं 'कामायनी' लिखने से पहले उन्होंने आपसे इस्लाह ले ली होती तो उनकी 'कीर्ति' कैसी 'चमत्कृत' हो जाती!

एक लेख में 'कामायनी' के कर्म सर्ग से आपने 28 पंक्तियाँ उद्धृत की हैं और उनका जो अर्थ किया है, वह बस आप ही कर सकते थे। इन्हीं में कवि ने सुख को, भोग-विलास को न समझने की गलती की है। पहले ही बंद में स्पष्ट लिखा है :

तुच्छ नहीं है अपना सुख भी
श्रद्धे! वह भी कुछ है।
दो दिन के इस जीवन में तो
वही चरम सब कुछ है॥

इन पंक्तियों को पढ़कर अन्धा भी कह देगा कि सुख तुच्छ नहीं है। जीवन दो दिन का है, लेकिन उसमें यह सुख ही सब कुछ है। आखिर इससे अधिक स्पष्ट भाषा और कौन-सी हो सकती थीं? 'तुच्छ नहीं है अपना सुख भी।'—अब आप इसका यही अर्थ करें कि सुख तुच्छ है तो कोई आपको फाँसी न दे देगा लेकिन अर्थ गलत जरूर है। मनु सुख के गीत गा रहे हैं लेकिन आपकी समझ में वह सुख की निन्दा कर रहे हैं!

मनु ने अपने विचार पर आगे भी प्रकाश डाला है। बात को और भी स्पष्ट करते हुए वह कहते हैं :

विश्व-माधुरी जिसके सन्मुख
मुकुर बनी रहती हो,
वह अपना सुख-स्वर्ग नहीं है,
यह तुम क्या कहती हो!

अपना सुख-स्वर्ग इसी जीवन में है। विश्व की माधुरी उसके सामने दर्पण बनी रहती है। मुंशी जी टीका करते हैं : "अभिलाषाओं की सतत सफलता विश्वमाधुरी के आईने में झलक रही है लेकिन यह झलक हमारा सुख-स्वर्ग नहीं है। कवि हमें भोगवाद से कर्मवाद की ओर ले जाना चाहता है।" यह भी याद न रहा कि मनु सोमपान करके भोग की ही इच्छा से श्रद्धा के पास आए हैं। कवि ने ऊपर लिखा था :

जाग उठी थी तरल वासना,
मिली रही मादकता,
मनु को कौन वहाँ आने से
भला रोक अब सकता।

लेकिन मुंशी जी अपने अर्थ से संतुष्ट होकर कहते हैं : "एक हद तक ये विचार सही हैं लेकिन ये कहने को जी चाहता है कि कर्म का महत्त्व समझाने के लिए वैराग्य का उपदेश देना जरा पुरानी बात है।" यद्यपि वैराग्य का कहीं नाम भी नहीं लिया गया!

आगे चलकर मनु कहते हैं :

जिसे खोजता फिरता मैं
इस हिमगिरि के अंचल में,
वही अभाव स्वर्ग बन हँसता
इस जीवन चंचल में।

जिसे वह हिमाचल में ढूँढ़कर हार गए, वह उन्हें चंचल जीवन में ही मिल गया। पहले एक अभाव था; अब वह जीवन के सुख में परिवर्तित हो गया है। लेकिन श्री रघुपतिसहाय सम्मति देते हैं : "विचार कुछ सूक्ष्म जरूर है यानी जीवन के सुखों का तत्त्व यदि देखा जाए तो वह अभाव ही के एक रूप नजर आएँगे।" बड़ी दूर की कौड़ी लाए। और सुनिए : "अंग्रेजी में इसे stultification कहते हैं।" stultification के बाद कुछ अधिक गम्भीर होकर आप लिखते हैं : "मेरा तो कुछ ऐसा विचार है कि पुराने खयाल के लोग भोग-विलास को इसलिए बुरा कह देते थे कि उच्च जीवन का ताल-मेल पुराने लोग प्राय: मिला नहीं पाए थे।" सम्भव है, पुराने लोगों को इस तरह के ताल-मेल में उतनी सफलता न मिली हो, जितनी आपको मिली है, लेकिन उन्होंने इस तरह अर्थ का अनर्थ तो नहीं किया। और इस तरह ताल-मेल के बाद आप हवाला किन विद्वानों का देते हैं : "इस सम्बन्ध में इमर्सन का तत्त्वपूर्ण निबन्ध Compensation के शीर्षक से देखने योग्य है। अरस्तू के विचार भी मनन करने योग्य है और एडवर्ड कारपेंटर के लेख भी।" इस तरह नाम गिनाकर कच्ची अक्ल के विद्यार्थी अपने निबन्धों को 'तत्त्वपूर्ण' बनाया करते हैं। जिन होनहार विद्यार्थियों को आप हिन्दी के आचार्यों के सिर पर बिठा रहे थे, वे भी बुद्धि के ऐसे प्रबल अभाव का परिचय न देंगे। आप 'कामायनी' को बिना समझे हुए 'ता ता धिन्ना ता ता धिन्ना'[1] करके उसकी नकल तो उतारते हैं लेकिन फिर शिकायत भी करते हैं कि आप जैसे "हिन्दी के पुजारियों को कोई उर्दूवाला कहता है, कोई मियाँजी कहता है, कोई भाड़ कहता है, कोई एक्कावाला कहता है, कोई चिकनी-चुपड़ी बातोंवाला कहता है, कोई कोरमापोलाव वाला कहता है, कोई शोहदा और लफंगा कहता है।" आप शायद चाहते थे कि लोग आपकी आरती उतारते, बलाएँ लेते, सदके जाते!

---

1. 'कामायनी' की पैरोडी करते हुए श्री रघुपतिसहाय ने सचमुच ही यह पंक्ति लिखी है, मैंने अपनी तरफ से उसे नहीं गढ़ा।

'कामायनी' की आलोचना के एक-दो उदाहरण और देखिए। एक पंक्ति है : 'झरने झरते आलिंगित नग'। इस पर लिखा है : "'झरने झरते' की जगह झरनों से झरते होना चाहिए क्योंकि झरना transitive verb है।" इस व्याकरण-ज्ञान के आगे मुंशी जी का और सभी तरह का अज्ञान झख मारता है। 'झरने झरते' गलत है। क्यों? इसलिए कि झरना सकर्मक क्रिया है। प्रसाद जी ने उसे कर्महीन कर दिया था। श्री रघुपतिसहाय उसका विशुद्ध कर्म-युक्त प्रयोग करते हैं : 'झरनों से झरते!' ढूँढ़िए चिराग लेकर उस transitive verb के object को! एक बात और। जब 'झरने झरते' की जगह 'झरनों से झरते' हो गया तब झरते क्रिया के कर्ता को भी ढूँढ़िए। यह कर्ता-कर्मवाली बातें चौथे दर्जे के लड़कों को सिखाई जाती हैं। यहाँ बारह बरस दिल्ली में रहने के बाद भी रहे वही के वही!

'झरने झरते' के बाद 'आलिंगित नग' का टुकड़ा है जिस पर आपने लिखा है : "'आलिंगित नग', बहुत खूबसूरत उपमा है लेकिन लिपटे हुए चमकते साँप ज्यादा निखरी हुई भाषा होगी।" पाठकों को आश्चर्य होगा कि ये लिपटे हुए साँप कहाँ से निकल आए। ये लिपटे हुए नाग आलिंगित नग से निकले हैं। कालिदास ने लिखा था : 'हिमालयो नाम नागाधिराज'। उसका अर्थ है : हिमालय नागों का राजा है क्योंकि वहाँ बहुत-से साँप रहते हैं! 'आलिंगित नग' से नागनाथ खूब निकले! लेकिन किस ठहरी हुई नजर से, किस ठंडे दिल से आप हिन्दी कविता पर विचार करते हैं! कहते हैं : "आइए, आज नई हिन्दी की कुछ पंक्तियों को ठंडे दिल से और ठहरी हुई नजर से देखें, अपने कान की गवाही लें, अपने दिलों की धड़कन की गवाही लें..." इस वाक्य में यह और जोड़ दीजिए कि अपने दिमाग से भी काम लें। उस बहुत जरूरी चीज को आप अक्सर भूल जाते हैं!

एक दूसरे लेख में आपने 'कामायनी' के आरम्भ की 28 पक्तियाँ उद्धृत की हैं। यहाँ आप अपने कानों से गवाही लेते वक्त आँखों से काम लेना भूल गए हैं। 11-12 पंक्तियाँ इस प्रकार हैं :

अवयव की दृढ़ मांसपेशियाँ,
ऊर्जस्वित था वीर्य अपार।
स्फीत शिराएँ, स्वस्थ रक्त का,
होता था जिनमें संचार।

मुंशी जी यह नहीं समझ पाए, यह किसका वर्णन हो रहा है। कहते हैं : "और यह तो बताइए कि आपने यह क्यों नहीं बताया कि किसके अवयव की दृढ़ मांसपेशियाँ वह अच्छे गुण रखती है जिन्हें इतने भयानक शब्दों में बयान किया गया है? उस पुरुष की, जो कई पंक्तियों ऊपर लटक रहा है?" पहले तो यह समझिए कि 'अवयव की दृढ़ मांसपेशियाँ' कहने के बाद कवि उन्हीं के गुणों का वर्णन

नहीं करता। 'ऊर्जस्वित वीर्य' और शिराओं में रक्त-संचार की बात वह कर रहा है। आप रक्त और वीर्य का अर्थ न जानते हों तो किसी राह चलते आदमी से पूछ लीजिए। यह कहते हुए जरा शर्म खाइए कि वीर्य और स्वस्थ रक्त के वर्णन में कवि ने मांसपेशियों के गुण बताए हैं। वैसे तो वे सब एक शरीर में हैं ही!

अच्छा, अब उस आदमी को ढूँढ़िए—ठंडे दिल से, ठहरी नजर से—जिसके ऊर्जस्वित वीर्य और स्वस्थ रक्त से आपकी आँखों के आगे अँधेरा छा गया है। आप पूछते हैं : "उस पुरुष की जो कई पंक्तियों ऊपर लटक रहा है?" आपका मतलब दूसरी पंक्ति से है जिसमें उस पुरुष का जिक्र है :

एक पुरुष भीगे नयनों से,
देख रहा था प्रलय-प्रवाह।

श्री रघुपतिसहाय के अनुसार, प्रसाद जी ने बिना किसी सूचना के 11-12 पंक्तियों में उसकी मांसपेशियों के गुणों का वर्णन शुरू कर दिया है। एक बार आँखें मलिए और देखिए 7वीं पंक्ति को :

तरुण तपस्वी-सा वह बैठा,
साधन करता सुर-श्मसान।

तीन पंक्तियों के बाद आप इस तपस्वी को भूल गए? लेकिन देखिए, 9वीं पंक्ति में यह फिर उसी का जिक्र है :

उसी तपस्वी से लम्बे थे,
देवदारु दो चार खड़े।

वह तपस्वी देवदारु जैसा बड़ा होता तो भी शायद आपको न टिपता। दूसरी, सातवीं और नौवीं पंक्तियों मे तरुण तपस्वी का जिक्र करने के बाद ग्यारहवीं पंक्ति में ही प्रसाद जी ने उसकी मांसपेशियों आदि का वर्णन किया है। लेकिन आँखों पर पट्टी बाँधे हुए आप तो फतवा देने के लिए उतावले हैं। सुनिए : "न क्रिया ठीक, न कर्ता ठीक! ऐसी दार्शनिक कल्पना से हिन्दी को भगवान् बचावे। एम.ए., बी.ए. के छात्रों को ऐसी ही भाषा सिखाकर हिन्दू-संस्कृति का उपकार और हिन्दी भाषा का प्रचार कीजिए!" भगवान् आपको दार्शनिक विचारों से जरूर बचावे, क्योंकि जब सिर्फ एक पंक्ति ऊपर आपको तपस्वी नहीं दिखाई दिया, तब दार्शनिक विचारों को ग्रहण करने में आपकी कोमल कल्पना को जरूर काठ मार जाएगा।

शेखचिल्ली की शेखी और शोखी का एक उदाहरण और लीजिए। निराला जी ने लिखा : 'मौन प्रिय, मेरा मधुमय गान।' बस, मुंशी जी 'मधुमय' शब्द देखकर उबल पड़े। बोले : "इन कवियों को शहद की नहर में इतनी देर तक डबकोइया दें कि

जन्म भर 'मधु' या 'मधुमय' शब्द लिखना भूल जाएँ। ऐसी नहर में इन कवियों से endurance swimming कराना चाहिए। फिर देखिए, कै घंटे तक ये लोग छपकोइया मारते हैं।" विचार अच्छा है। मैं आपको निराला जी के साथ—जो एक अच्छे तैराक हैं—दो-चार अन्य कवियों के नाम भी देता हूँ जिससे competition दिलचस्प हो। पहले अपने देश से शुरू कीजिए, विश्व-कवि श्री रवीन्द्रनाथ ठाकुर से जिन्हें 'मधुमाखा कंठेर काकली'—शहद में डूबी हुई आवाज—पसन्द है और इनके साथ लीजिए टेनिसन को जिसे honey'd rain, honey'd answer—मधुमय वर्षाजल, मधुमय उत्तर—आदि पसन्द हैं। वड्र्सवर्थ को जिसे honey'd shade—मधुमय छाया और कीट्स को जिसे honey'd voice, honey'd tongue—मधुमय स्वर, 'शहद लगी जीभ' (या मधुमय गान) आदि पसन्द हैं। ये सब लोग मधुर भाषा नहीं लिख पाते थे, इसलिए मधुमय लिखकर उसे मधुर बनाने का प्रयत्न करते थे। आप जैसे व्यक्ति उनके पन्ने के पन्ने चाट जाएँ तो भी समझेंगे, आलिंगित नग से लिपटे हुए साँप ही! अपने competition में शेक्सपियर को भी शामिल कर लीजिए जो नींद की मधुमय ओस चाटता है : Enjoy the honey-heavy dew of slumber.—ये तो हुए शहद की नहरों में तैरनेवाले। अब आप यह भी बताइए कि खुद आपको किस पीपे में बन्द किया जाए जो कहते हैं : "यद्यपि बातचीत का विषय तत्त्व, यथार्थ और जीवन के रहस्य हैं लेकिन शराब और प्याले का जिक्र किए बगैर काम नहीं चलता।" हिन्दी कवियों को अभी शहद की इतनी जरूरत नहीं है कि उसके बिना उनका काम ही न चले। अपने लिए कितनी नहरें खुदवाइएगा जो छपकोइया मारते हुए बेहोश होकर उसी में 'डबकोइया' भी लेने लगें? बात करने का सलीका सीखिए, सलीका। और यह भी याद रखिए कि निराला जी को शहद की नहर में तैराने के पहले आपको शराब के पीपे में सही-सलामती से पैक कर दिया जाएगा और तब वहीं से कहिएगा—एक शेर मेरा भी सुन लीजिए।

आपने पंत जी के 'मधुमय भोजन' पर भी आपत्ति की थी। 'मधुमय' तो नापसन्द था ही, 'भोजन' भी नहीं रुचा। पंत जी ने लिखा था :

दुःख इस मानव आत्मा का
रे नित का मधुमय भोजन।

इस पर आपकी शोखी : "कभी भोजन और आहार के शब्द में जो अन्तर है, उस पर भी आपने विचार किया? या कोश के भरोसे कविता कर रहे हैं?" बड़ी बारीकी से आपने हिन्दी शब्दों पर विचार किया है! प्रेमचन्द जी ने लिखा था : 'प्रेम ही तो आध्यात्मिक भोजन है।' उन्होंने कोश को देखकर भोजन लिख दिया था। आपने उन्हें आहार लिखना क्यों न सिखाया?

छोड़िए इन शब्दों को। हिन्दी कविता ने कोश देखकर तत्सम शब्दों का फूहड़ और सिलपट प्रयोग किया है। आइए, अब उनके व्याकरण-सम्बन्धी दोषों पर

विचार कीजिए, जहाँ वे क्रिया के साथ बहुत तरह के अन्याय करते हुए दिखाई देते हैं। पहली आपत्ति आपकी यह है कि हिन्दी कवि क्रिया के 'था' या 'है' को उड़ा देते हैं और इस तरह हिन्दी व्याकरण से अपरिचित होने का सबूत देते हैं। अगर आप 'पल्लव' की भूमिका पढ़ें तो आप देखेंगे, पंत जी ने जान-बूझकर 'है' को उड़ा देने की सलाह दी है। अब सवाल यह है कि हिन्दी कविता की परम्परा उन्हें ऐसा करने की अनुमति देती है या नहीं। आपका विचार है : "संस्कृत के कवि भी, ब्रजभाषा के कवि भी और हिन्दी के अन्य बोलियों के कवि भी क्रियाओं के गले पर यों उलटी छुरी नहीं फेरते।" आपने ब्रजभाषा की कविता पढ़ी होती तो यह उलटी छुरी वाली बात न लिखते। जब सूरदास जी कहते हैं : 'निसिदिन बरसत नैन हमारे'—तब आपकी समझ में आता है, पूर्ण क्रिया क्या होनी चाहिए? पूर्ण क्रिया होनी चाहिए : बरसत हैं! लेकिन महाकवि ने क्रिया को उल्टी छुरी से रेत दिया है। अगर आप कहें कि पूर्ण क्रिया 'बरसत' ही है तो भी आपकी विद्वत्ता में धब्बा न लगेगा। ब्रजभाषा में पूर्ण क्रिया इस प्रकार होती है :

'स्याम करत हैं मन की चोरी।' पूर्ण क्रिया है : 'करत हैं।'

'मनहुँ खेलत हैं परस्पर मकरध्वज द्वै मीन।' पूर्ण क्रिया है 'खेलत हैं।' परन्तु क्या सूरदास, क्या ब्रजभाषा के अन्य कवि क्रियाओं के खेलत, करत आदि रूप ही उनके यहाँ अधिक मिलेंगे यानी 'खेलत हैं' रूप पाँच फीसदी हैं तो 'खेलत' रूप पंचानवे फीसदी। उल्टी छुरी से क्रियाओं को इतना रेता गया है कि उसमें दूसरी तरफ भी धार हो गई है।

किलकत कान्ह घुटुरुवन आवत।
मनिमय कनक नन्द कौं आँगन बिंब पकरिबैं धावत।

या

हरि अपनैं आँगन कछु गावत।
तनक तनक चरननि सों नाचत मन हरिलेत रिझावत।

ब्रजभाषा में अधिकांश रूप रिझावत, गावत, आवत, धावत आदि ही मिलेंगे। आपने कहीं लिखा था कि आप सूरदास के पदों पर सिर धुनते हैं। सिर धुनने के पहले आपने उनके कितने पद सुने थे जिनमें पूर्ण क्रियाओं का ही प्रयोग किया गया है? उनकी 'दुमकटी' और 'परकटी' क्रियाओं पर आप कैसे रीझ गए? क्या ये विशेषण आपकी अक्ल पर ही ज्यादा लागू नहीं होते?

जहाँ तक क्रिया के दो टुकड़े करके उन्हें उलटकर या कुछ फासले से रखने की बात है, वहाँ आप श्री रवीद्रनाथ ठाकुर के इन प्रयोगों पर ध्यान दें। 'चले जा रहे थे' की जगह 'जा रहे थे चले' कोई नहीं कहता लेकिन कवि इस तरह के

उलटफेर के लिए किसी हद तक बराबर स्वाधीन रहे हैं। श्री रवीन्द्रनाथ ठाकुर क्रिया के टुकड़ों को यों उलटकर रखते हैं : 'खुलि गेलो' को लिखते हैं 'गेलो खुलि'। 'भूलि गेलो' को 'गेलो भूलि'। 'फुटे उठे' को 'उठे फुटे' इत्यादि। नीचे की पंक्तियाँ देखिए :

हृदय आजि मोर केमने गेलो खुलि।
पराने कथा उठे बचन गेलो भुलि।
× × ×
रौद्र उठे फुटे, जेगे उठे देश।
× × ×
सागर पार गिये पूरबे जाबि मिशे।

इसके सिवा क्रिया के दो टुकड़ों के बीच में सर्वनाम, संज्ञा आदि का रखना भी देखिए :

शिहरिया मोर उठिबे काय।
['शिहरिया उठिबे' के बीच में 'मोर'।]
बलिते आमि पारिब ना तो भद्रतार वाणी।
['बलिते पारिब' के बीच में 'आमि'।]
लह मोरे तुले आलोक मगन मुरति भुवन हते।
['मोरे तुले लह' की जगह 'लह मोरे तुले'।]

खैर, श्री रवीन्द्रनाथ ठाकुर ने भी बंगला को चौपट कर दिया। मैं पूछता हूँ कि आपने जब अपने पिताजी की यह पंक्ति उद्धृत की थी तब आपका क्रिया-ज्ञान कहाँ घास चरने चला गया था? :

"गर्मी जो थी वो खुद पड़ी फैलाये पाँव थी।"

'पड़ी' और 'थी' के बीच में गर्मी ने जो पाँव फैला दिये हैं, उस पर आपकी जबान क्यों नहीं चलती?

अब पूर्वकालिक कृदन्त लीजिए जिसका प्रयोग करते हुए हिन्दी कवि बहुधा 'कर' या 'के' उड़ा जाते हैं। पहले तो बंगला में इस कृदन्त को छोटा करने की प्रणाली देखिए। रवीन्द्रनाथ ठाकुर बसिया, चाहिया, आसिया आदि के संक्षिप्त रूप बसि, चाहि, आसि आदि का बराबर प्रयोग करते हैं।

'जदि ओ क्लान्ति आसिछे अंगे नामिया।' यहाँ पूर्ण रूप नामिया है। परन्तु नीचे की पंक्ति में केवल नामि है :

जे दिन हिमाद्रि शृंगे नामि आसे आसन्न आषाढ़।

बंगला की तरह ब्रजभाषा में भी पूर्वकालिक कृदन्त का 'कै' अधिकतर उड़ा दिया जाता है।

कछुक करुना करि जसोदा करति निपट निहोर

यहाँ पूर्ण रूप 'करिकै' होना चाहिए था, जैसे इस पंक्ति में :

देखि सुदामा की दीन दसा
करुना करिकै करुनानिधि रोये।

गोस्वामी तुलसीदास की यह पंक्ति देखिए :

प्रभु रुख पाइकै बोलाइ बाल घरनिहिं,
बन्दिकै चरन चहुँ दिसि बैठे घेरि घेरि।

यहाँ पाइकै, बन्दिकै पूर्ण रूप हैं परन्तु नीचे की पंक्ति में अपूर्ण रूप देखिए :

छोटो सो कठौता भरि आनि पानी गंगा जू को,
धोइ पायँ, पीयत पुनीत बारि फेरि फेरि।

यहाँ भरि, धोइ आदि के साथ कै चिह्न नहीं लगाया गया।

पुरानी हिन्दी जाने दीजिए। हिन्दी गद्य में ही लेखक 'कर' या 'के' उड़ा देते हैं, फिर कविता में तो कुछ स्वच्छंदता रहती ही है। आपने निराला जी के 'आलोकित कर' पर आपत्ति की थी, उसे होना चाहिए था : 'आलोकित करके'। आप जिस तरह हर लेख में इस 'कर' और 'के' के पीछे पड़ गए हैं, उससे मालूम होता है कि बस, इन्हीं से हिन्दी की सभ्यता-असभ्यता का निर्णय होगा। इस 'के' और 'कर' को जहाँ-तहाँ न देखकर आपने जो बेहूदा बातें कही हैं, उन्हें मैं दोहराना नहीं चाहता। उन्हें याद कीजिए और नीचे की मिसालों पर गौर कीजिए।

प्रेमचन्द हिन्दी के लेखक न सही, उर्दू के लेखक तो थे। क्रिया है 'खड़ी करना', इसका पूर्वकालिक रूप हुआ : 'खड़ी करके' जैसे 'आलोकित करना' से 'आलोकित करके' बना। अब देखिए, प्रेमचन्द जी ने लिखा है : 'हमारे साहित्यकार कल्पना की एक सृष्टि खड़ी कर उसमें मनमाने तिलिस्म बाँधा करते थे।' और श्री राहुल सांकृत्यायन के प्रयोग देखिए, जिनकी विद्वत्ता का जिक्र भी आपने कहीं किया है। कहते हैं : 'हिन्दी उर्दू को अलग भाषाएँ स्वीकार कर हम एक दूसरे के साहित्य से परिचित होने के लिए रास्ता निकाल सकते हैं।'

यहाँ 'स्वीकार करके' होना चाहिए था। इन उदाहरणों में तो दो 'कर' थे जिनमें एक उड़ाया गया है। राहुल जी तथा अन्य लेखक, 'समझकर' की जगह 'समझ', 'घूमकर' की जगह 'घूम' लिखना भी अनुचित नहीं समझते। पहले राहुल जी :

"कितने लोग पंचों का फैसला सिर-माथे पर कह हिन्दुस्तानी नाम को स्वीकार करने को तैयार हैं?" ('कहकर' की जगह 'कह')

और भी :

"रूसी मध्य एशिया में किसी वक्त पढ़े-लिखे लोग अपनी मातृभाषा गँवारू समझ साहित्यिक तुर्की को पढ़ते थे।" ('समझकर' की जगह 'समझ')

डॉ. राजेन्द्रप्रसाद—हिन्दी कविता पर आप जिनकी सम्मति जानने को उत्सुक हैं :

"वे अफगानिस्तान के पच्छिम से उत्तर घूम मध्य एशिया में घुसे और इधर उन्होंने सिन्ध पर हमला कर उसे जीत लिया।" ('घूमकर, हमला करके')

आचार्य महावीर प्रसाद द्विवेदी : "जिस भैंसे को कानपुर की सड़कों पर गाड़ी खींचते देख करुणा आती है, वह वहाँ रावण के समान गम्भीर गर्जन कर रहा है"। ('देखकर' की जगह 'देख') और अन्त में स्वयं प्रेमचन्द :

"काँपते हुए हाथों से रुपये लेकर आँखों में आँसू भर लौट आती"। ('भरकर' या 'भरके')

इन उदाहरणों को आँखें फाड़-फाड़कर देखिए और बताइए कि प्रसाद, निराला या पंत ने ही कौन-सा अपराध किया था जो अपनी सारी भलमनसाहत आपने उन्हीं पर उड़ेल दी? थोड़ी-सी डॉ. राजेन्द्रप्रसाद, आचार्य महावीर प्रसाद द्विवेदी, प्रेमचन्द और राहुल जी को भी बाँट दीजिए। आपके सिर का बोझ हलका हो जाएगा और तब दबी हुई अक्ल भी शायद आपको यह समझने का मौका दे कि गुस्ताखी और बदतमीजी का नाम समालोचना नहीं है।

आप हिन्दी कविता की खूब कड़ी आलोचना कीजिए, लेकिन कुछ पढ़-लिख लेने के बाद, उस विद्वत्ता के भरोसे नहीं, जो भूसे के भाव बिक जाए। ब्रजभाषा की क्रियाओं का जिक्र कीजिए, उनका अध्ययन कर लेने के बाद। बार-बार यह कहने के बदले कि बिना सुन्दर गद्य जाने सुन्दर पद्य नहीं लिखा न सकता, पहले खुद सुन्दर नहीं तो सही गद्य लिखना सीखिए। मैं आपके लेखों में भाव प्रकाशन, शब्द-चयन, शैली-सौन्दर्य आदि की बात नहीं करता। मैं यहाँ उन दोषों की बात करना चाहता हूँ जो सिर्फ चिट्ठी लिख-पढ़ लेनेवालों की हिन्दी में पाए जाते हैं। अगर आप हिन्दुस्तान में किसी को भी अपने से ज्यादा हिन्दी जाननेवाला समझते हों, तो उससे पूछिए कि नीचे के प्रयोग सही हैं या गलत। सुन्दर गद्य के ये सब उदाहरण आपकी बातचीत और उर्दू कवियों की कल्पनाओं वाली लेखमाला से लिये गए हैं।

"कविता को अच्छा या बुरा कहने के पहले यह देखिए कि उसके प्रत्येक वाक्य या जुमले ख़ूबसूरत हैं या नहीं।" प्रत्येक लड़का, प्रत्येक अध्यापक, प्रत्येक वाक्य, न कि प्रत्येक लड़कों, अध्यापकों या वाक्यों। उसके प्रत्येक वाक्य खूबसूरत हैं, गलत हिन्दी है।

"जिन्हें हम जनता कहते हैं, वह शिक्षित समाज से निकट आती जा रही है।" व्याकरण से दूर न जाकर उसके पास आइए। समाज के निकट, मेरे निकट, न कि मुझसे निकट, मुझसे पास या समाज से पास या समाज से निकट।

"आजकल की कविता जितना ही पढ़ता हूँ, आधुनिक हिन्दी कविता में अशुद्धियों की उतनी ही भरमार पाता हूँ।" अपनी अशुद्धियों पर भी ध्यान दीजिए। सर्वनाम किसलिए बनाए गए हैं? आधुनिक हिन्दी कविता का वही अर्थ है, जो आजकल की हिन्दी कविता का। आपका वाक्य यों हुआ : "आजकल की कविता जितना ही पढ़ता हूँ, आजकल की हिन्दी कविता में अशुद्धियों की उतनी ही भरमार पाता हूँ।"

"निम्नलिखित कविता में आप शैली का वह सौन्दर्य पाएँगे, जनता की बोली का वह चमत्कार देखेंगे जो कविता को सफल बनाती है और ठेठ और सरल रखते हुए भी उसे विद्धत्तापूर्ण बना देती है।" 'बनाती है' और 'बना देती है' क्रियाओं के कर्ता ढूँढ़िए। सौन्दर्य और चमत्कार "जो कविता को सफल बनाती है, उसे विद्धत्तापूर्ण बना देती हैं!" झखमार गद्य का कैसा सफल उदाहरण है!

"जहाँ तक भाषा का सम्बन्ध है, हिन्दी और उर्दू कविता, दोनों में कठिन संस्कृत और फारसी शब्दों को छोड़कर आपस में बहुत मिलते-जुलते हैं।" क्या मिलते-जुलते हैं? शब्द? आप कहना चाहते थे कि हिन्दी और उर्दू कविता कठिन शब्दों को छोड़कर मिलती-जुलती हैं। लेकिन वाक्य के अन्त तक पहुँचते-पहुँचते लड़खड़ा गए।

"यह बात जब पैदा हो सकती है, तरक्की की उस मंजिल पर हम उस वक्त आ सकते हैं, जब बीस-पच्चीस बरस तक कई लाख लड़के..." उस वक्त के साथ 'जब' ठीक है लेकिन 'जब' के साथ 'जब' भद्दा है। "यह बात जब पैदा हो सकती है जब कई लाख लड़के हिन्दी-उर्दू पढ़ें"—यह फूहड़ हिन्दी है।

"हिन्दी के जिन संस्कृत टुकड़ों से उर्दू वाले झझकते हैं और उर्दू के जिन फारसी-अरबी टुकड़ों से हिन्दी वाले झझकते हैं, यह डर और झझक इस कारण है कि..." उन संस्कृत और फारसी-अरबी के टुकड़ों का क्या हुआ, जिनके पहले दो 'जिन' बैठे हुए हैं? "जिस आदमी से मैं डर रहा था, वह डर इस कारण है"—इसी सुन्दर गद्य के भरोसे आप सुन्दर पद्य लिखते हैं।

"अपनी मातृभाषा को सीखने की तरह सीखना और उसे आने की तरह आना बड़ा मुश्किल है।" बात ठीक है, अपना ही वाक्य देखिए। हिन्दी या उर्दू का आना मुश्किल है, न कि हिन्दी को आना, उर्दू को आना, उसको आना या उसे आना। 'मातृभाषा को' के सम पर आप 'उसे' आना लिख गए हैं।

"जब तक आँसू बनकर आँखों से न टपके तब तक मैं रक्त के संचालन और रक्त के रक्त होने का मैं कायल नहीं।" चाहे सादे आँसू गिराइए, चाहे रक्त के, यह 'मैं मैं' की मधुर ध्वनि बन्द कीजिए।

"उर्दू कविता में हर वाक्य में तान क्रिया पर टूटती है और ऊपर दी हुई मिसालों से आप क्रिया के प्रयोग की रौशन और शानदार मिसालें देखेंगे।" 'मिसालों से मिसालें' आपने खूब दिखाई हैं, जैसे लोग बात में बात ढूँढ़ निकालते हैं।

"पहली पंक्ति में प्राय: तो बीस से तीस फीसदी तक तो फारसी शब्द होंगे।" 'तो' से आपको इतनी मोहब्बत क्यों है?

"श्री राहुल सांकृत्यायन ऐसे लोग भी जो बहुत कुछ इस जमाने से और विश्व साहित्य से फायदा उठा चुके हैं, वह भी ऐसी भाषा लिखने लगते हैं जिनमें संस्कृत हिन्दी का गला घोंटती हुई नजर आती है।" 'वह भी' निरर्थक है क्योंकि श्री राहुल सांकृत्यायन अपने साथियों के साथ कर्ता रूप में डटे हुए हैं और 'जिनमें' किनमें? भाषा में? यह तो कठिन हिन्दी नहीं है। संस्कृत नहीं है। अलिंगित नग और (कृति आपकी कीर्ति) भी नहीं है। तब 'जब', 'जो', 'से' आदि की गलतियाँ आप क्यों करते हैं?

"गुरु की एक दृष्टि ने उनको मामूली तुकबन्दी से उन्हें महाकवि बना दिया।" 'उनको', फिर 'उन्हें', होश में या बेहोशी में?

"क्या इस दृश्य से एक अर्धज्ञात रूप से कुछ शोक, कुछ पछताना, कुछ करुणा आपके दिल में पैदा नहीं हुआ?" सुन्दर गद्य की मिसालें देखकर आपके दिल में कुछ पछतावा पैदा हुआ। इसी तरह अपने दिल में कुछ रोना, कुछ चिल्लाना भी पैदा कीजिए और करुणा लिखने के बाद क्रिया 'पैदा हुआ'? करुणा पैदा नहीं हुई? यह भी अध्यात्मवाद की तरह मुश्किल है क्या?

"संसार की सभा के रौनक जलते हुए दिल हैं।"

और : "रात भर की महफिल के रौनक की केवल एक यादगार थी।" आपके लेख हिन्दी के रौनक हैं? मजा यह कि रौनक उर्दू में भी स्त्रीलिंग है।

"दाग के शागिर्द नूह नारवी भी, जिसका जिक्र ऊपर आ चुका है, एक अच्छा सा शेर कह गए हैं।" 'जिसका' लिखने के बाद आपको गौरवे बहुवचनं लिखने की सूझी।

"अन्त में एक शेर अपने स्वर्गवासी मित्र माजिद इलाहाबादी का सुना रहा हूँ जो उसी दिन से मेरे हृदय में गूँज रहा है जो अब से बीस बरस पहले हॉलैंड हॉल इलाहाबाद के मुशायरे में अपने खास लय में सुनाया था।" बड़ा रचा हुआ वाक्य है। उसी दिन से जो मुशायरे में सुनाया था। कमाल की वाक्य-रचना है।

"उनकी यही आकांक्षा होती है कि जो भाव चहारदीवारी के अन्दर उनके दिल में उठ रहे हैं, उसी की नाद वह कैदखाने के बाहर भी सुनें!" किसकी नाद? उन भावों की, जो चहारदीवारी के अन्दर उनके दिल में उठ रहे हैं? उसी की नाद? एक तो नाद, फिर भावों की नाद, नाँद में खली-भुस खाकर जैसे कुछ पशु नाद-विशेष करने लगते हैं, वैसे ही आपके भावों की नाद है जिसे आप चहारदीवारी के बाहर के लोगों को भी सुना देना चाहते हैं।

"कालिदास के 'ऋतुसंहार' में तो छह ऋतु माने गए हैं" और "खिजा के ऋतु पर किसी ने मुस्करा दिया"—ऐसे वाक्य हैं जिन पर हिन्दी लिखनेवाले मुस्करा देंगे। रुत लिखें तो और भी अच्छा मालूम हो। कालिदास के 'रुत संहार' में तो छ 'रुत' माने गए हैं। उर्दू में भी 'रुत' स्त्रीलिंग है, लेकिन आप हिन्दी में—अपने विशेष व्याकरण ज्ञान के कारण—उसे पुल्लिंग मान लेते हैं। खिजा के ऋतु से आपके हिन्दी-ज्ञान पर अधिक प्रकाश पड़ा है या उर्दू-ज्ञान पर?

"अध्यापक की हैसियत से हिन्दी के सैकड़ों विद्यार्थी और प्रेमी मुझसे बराबर मिलते रहते हैं।" आपके हिन्दी ज्ञान को देखते हुए कोई आश्चर्य नहीं, यदि हिन्दी के विद्यार्थी आपसे अध्यापक की हैसियत से मिलते रहे हों। ऊपर के वाक्य में अपनी हैसियत पर ध्यान दीजिए। अध्यापक की हैसियत से विद्यार्थी आपसे मिले, इसका यही अर्थ है कि विद्यार्थियों की हैसियत अध्यापकों की थी और अध्यापक जी विद्यार्थियों से भी गए-बीते निकले।

"मुझे तो यह लेख लिखने के बाद खुद शंका होने लगा!" अभी बहुत तरह की शंकाएँ होंगी; लेख लिखने के बाद तो एक ही शंका हुआ था।

"और न शेली की इस पंक्ति में जो उन्होंने पछुआ हवा को सम्बोधित करते हुए कहा।" इस पंक्ति में 'जो' उन्होंने कहा?

"यह शब्द-प्रणाली हिन्दी में अरुचिकर समझा जाता है।" पाठकों के लिए टीका की जरूरत नहीं लेकिन श्री रघुपतिसहाय को अब भी अपनी गलती मालूम न हो तो बता दूँ कि 'प्रणाली समझी जाती है' होना चाहिए।

"हम तीसरी पंक्ति की संस्कृतमय भाषा को जभी कविता में जगह दे सकते हैं जब इसके ऊपर की दोनों पंक्तियाँ बहुत सरल और स्वाभाविक होतीं।" वाह रे जभी, जब के फूहड़पन!

"लेकिन यह तो बताइए कि धनुष तो खींचने से झुकती है।" कहाँ के रहने वाले हैं आप? वहाँ धनुष झुकती है, हाथी जाती है, फ़िराक़ लिखती है—लोग इसी तरह बोलते हैं क्या?

"उर्दू साहित्यसेवी दो सौ बरस की लगातार परिश्रम से हिन्दी ही से लेकर हिन्दी को दे पाए थे।" मेहनत क्यों न लिख दिया जो परिश्रम आपको ले डूबा?

आप कहेंगे 'परिश्रम' मुझे ले डूबी!

"न जाने हमारे हिन्दी लेखकों की शैलीज्ञान या शब्दों के रूपज्ञान को क्या हो गया है!" अपनी व्याकरण-ज्ञान को तो सँभालिए। आपकी शैली-ज्ञान पर लिखूँगा तो 'माधुरी' का एक विशेषांक तैयार हो जाएगा।

"कृपया हिन्दी पर अनुकम्पा करके धूलि-धूसरित लिखना छोड़ दीजिए।" 'कृपया' हिन्दी पर 'कृपा करके', 'कृपया' और 'अनुकम्पा' एक ही वाक्य में लिखना छोड़ दीजिए।

"हमारे भारतवर्ष में सूरदास के बहुत-से भजन, मीरा, तुलसीदास, कबीर इत्यादि की रचनाएँ जो स्थान हमारे सामूहिक जीवन में रखती हैं, गिस्सिंग ने अंग्रेजी कविता को जनसाधारण से उसी तरह व्यापक बनाया।" उस 'जो स्थान' का क्या हुआ मुंशी जी? बड़ी सुन्दर वाक्य-रचना है आपकी!

"अंग्रेजी का वह उच्चकोटि का महान् लेखक था।" अगर मैं यह न कहूँ कि आप हिन्दी के उच्चकोटि के महान् लेखक हैं तो आपको अपनी ऊँचाई का सही अन्दाज न होगा।

"और उसके समूचे काव्य-रचना में लगभग एक लाख शब्द आए हैं।" आपके गद्य रचना में 'उतने' ही गलतियाँ भी हैं।

"वही संस्कृत आज हिन्दी भाषा के लिए एक जानलेवा खतरा बन गया है।" संस्कृत खतरा बन गया है? अक्ल चिड़िया बनकर उड़ गया है। इन लेखों का हिन्दी खूब रच गया है। आपका दिमाग सातवें आसमान पर चढ़ गई थी; अब वह नीचे उतर आएगी।

"मैं उर्दू कवियों की कल्पनाएँ पर जो लेखमाला लिखता रहा हूँ, अगर उन्हें आपने देखा होगा..." जो लेखमाला आपने लिखी है, 'उन्हें' जरूर देखा है। सुन्दर गद्य के नमूने भी 'उन' लेखमाला से लिये हैं।

"हिन्दी गद्य-पद्य अभी उतनी सरल और स्वाभाविक नहीं है उतनी मँजी हुई नहीं है"—और भी : "फारसी की ललित और सरस, सुसंस्कृत और संगीतपूर्ण गद्य-पद्य सुनकर प्रसन्न होने का अधिकार नहीं रखते?" टीका टिप्पणी अनावश्यक।

"किसी में चेतना उत्पन्न किया जा सकता है।" सचेत हो जाइए।

"वह अंग्रेजी के विद्वान जिनकी इज्जत खुद हिन्दी जगत् करती है।"

कहाँ तक गिनाऊँ! हाथ थक गया और शायद आप भी अघा गए होंगे। जब अपने लेख पुस्तक-रूप में प्रकाशित कीजिए, तो इन प्रयोगों को रेखांकित कर दीजिए जिससे हिन्दी लिखनेवालों को विशेष लाभ हो। इनसे चौगुने अभी मेरे पास और बाकी हैं जो जरा भी कम विद्वत्तापूर्ण नहीं हैं। लेकिन असर होना होगा तो इतने उदाहरणों से ही हो जाएगा। न होना होगा तो दो-चार सौ भी कम हैं।

[1943]